Also in the Variorum Collected Studies Series:

MICHEL HUGLO
Les sources du plain-chant et de la musique médiévale

CHRISTOPHER PAGE
Music and Instruments of the Middle Ages: Studies on Texts and Performance

DAVID FALLOWS
Songs and Musicians in the Fifteenth Century

JAMES McKINNON
The Temple, the Church Fathers and Early Western Chant

RICHARD SHERR
Music and Musicians in Renaissance Rome and Other Courts

ERNEST H. SANDERS
French and English Polyphony of the 13th and 14th Centuries: Style and Notation

RUTH STEINER
Studies in Gregorian Chant

MICHAEL TALBOT
Venetian Music in the Age of Vivaldi

STEPHEN BONTA
Studies in Italian Sacred and Instrumental Music in the 17th Century

TIM CARTER
Monteverdi and his Contemporaries

BONNIE J. BLACKBURN
Composition, Printing and Performance: Studies in Renaissance Music

H. COLIN SLIM
Painting Music in the Sixteenth Century: Essays in Iconography

RICHARD CROCKER
Studies in Medieval Music Theory and the Early Sequence

DAVID CHARLTON
French Opera 1730–1830: Meaning and Media

ROGER BOWERS
English Church Polyphony: Singers and Sources from the 14th to the 17th Century

VARIORUM COLLECTED STUDIES SERIES

Les anciens répertoires de plain-chant

Dr Michel Huglo

Michel Huglo

Les anciens répertoires de plain-chant

Published in the Variorum Collected Studies Series by

Ashgate Publishing Limited
Gower House, Croft Road,
Aldershot, Hampshire
GU11 3HR
Great Britain

Ashgate Publishing Company
Suite 420
101 Cherry Street
Burlington, VT 05401–4405
USA

Ashgate website: http://www.ashgate.com

ISBN 0 86078 945 4

British Library Cataloguing in Publication Data
Huglo, Michel
Les anciens repertoires de plain-chant. – (Variorum collected studies series)
1. Gregorian chants – History and criticism 2. Music – 500–1400 – History and criticism
I. Title
782.2'92'0902

Library of Congress Cataloging-in-Publication Data
Huglo, Michel.
Les anciens répertoires de plain-chant / Michel Huglo.
p. cm. – (Variorum collected studies series ; 804)
In French, German, or Italian; includes introduction in French with English translation. Includes bibliographical references (p.) and indexes.
Contents: Vieux-romain – Aquiléien – Gallican – Hispanique – Pièces gréco-latines.
ISBN 0–86078–945–4 (alk. paper)
1. Gregorian chants – History and criticism. 2. Music – 500–1400 – History and criticism. I. Title. II. Collected studies ; CS804.

ML 170. H84 2004
782.2'92–dc22

The paper used in this publication meets the minimum requirements of the American National Standard for Information Sciences – Permanence of Paper for Printed Library Materials, ANSI Z39.48–1984. ∞ ™

Printed and bound in Great Britain by TJ International Ltd, Padstow, Cornwall

VARIORUM COLLECTED STUDIES SERIES CS804

TABLE DES MATIÈRES

GALLICAN

HISPANIQUE

PIÈCES GRÉCO-LATINES

This volume contains xvi + 326 pages

NOTE DE L'ÉDITEUR

Les articles dans ce volume, comme dans tous les autres de la Série Recueils d'Etudes, n'ont pas reçu une nouvelle pagination suivie. En vue d'éviter une confusion possible et de faciliter la consultation lorsqu'il est fait référence ailleurs à ces mêmes études, on a maintenu la pagination originelle partout où c'était faisable.

Tous les articles ont été pourvus d'un numéro en chiffres romains selon leur ordre dans ce livre et conformément au Sommaire. Ce numéro se répète sur chaque page et se retrouve aux titres de l'Index.

INTRODUCTION

Le second volume de mes articles recueille des études sur les anciens répertoires liturgiques latins antérieurs au chant grégorien (articles I–XIV) et aux pièces gréco-latines (art. XV–XXI) qui ont pénétré dans ces divers répertoires et ont parfois survécu jusqu'à nos jours dans les livres de la liturgie romaine.

Les quatre premiers articles de ce recueil concernent les sources du répertoire appelé "vieux-romain" (*altrömisch*) par Bruno Stäblein en 1950. Les articles I et II à ce sujet, difficilement accessibles aujourd'hui, ont été à l'origine de discussions qui durent encore actuellement au sujet des rapports entre ce répertoire archaïque et le chant grégorien: ce n'est pas le lieu de relater ici les différentes positions des chercheurs à ce propos. Il est nécessaire en revanche de mentionner les facsimilés des manuscrits romains publiés au cours du siècle dernier, et de signaler les sources concernant le "vieux-romain" qui n'étaient pas connues dans les années cinquante.

Bien que ces articles sur le chant "vieux-romain" et ses rapports avec le grégorien ouvrent le présent volume, ce n'est pas par ce répertoire "parallèle" au grégorien que commencèrent mes investigations. L'examen des livres de chant en notation wisigothique sans lignes, photographiés en 1905 par Dom Maur Sablayrolles pour la "Paléographie musicale" de Solesmes, et la lecture des ouvrages de Dom Marius Férotin sur les sacramentaires et sur le *Liber ordinum* de la liturgie "mozarabe", aboutit à la rédaction de mon premier article en 1949 (art. XIII), puis à un second en 1955 (art. XII). Par la suite, le séjour à Solesmes de Dom Anscari Mundó, qui me laissa de sa main tant de notes érudites sur les manuscrits en notation wisigothique, entretint mon interêt pour l'ancien chant hispanique jusqu'au jour de 1983 où je pus enfin examiner *in vivo* ces manuscrits.

Grâce aux missions accordées par le CNRS en 1985, 1987 et 1992, j'ai pu étudier les onze manuscrits wisigothiques des *Etymologiae* d'Isidore. La plupart de ces manuscrits comprennent un diagramme ajouté qui donne l'échelle de l'ancien chant hispanique (art. IX et XI).

Au cours des années 1950, je fis connaissance de Don Aurelio Fossati, prêtre du diocèse de Milan, qui cherchait à maintenir le chant ambrosien dans sa paroisse: il me mit en relation avec Don Ernesto Moneta-Caglio, membre de l'Institut Pontifical de Musique Sacrée de Milan, qui souhaitait un répertoire des manuscrits de chant ambrosien. En collaboration avec Don Fossati, je fis un premier essai de liste d'antiphonaires et d'hymnaires ambrosiens: cet essai fut complété par la suite par Don Moneta-Caglio et aboutit en 1957 à la publication à Milan des *Fonti e paleografia del canto ambrosiano*. Ces listes sont à compléter aujourd'hui par l' "Inventario sommario di libri liturgici ambrosiani" de Giacomo Baroffio, paru dans *Ævum* 74 (2000): 573–603.

Les rapports entre le répertoire ambrosien et l'ancien chant bénéventain devaient orienter mes recherches sur ce répertoire archaïque de l'Italie du sud. Les publications recentes de Thomas F. Kelly, *The Beneventan Chant* (Cambridge: Cambridge University Press, 1989), et celles de Jean Mallet et André Thibaut, *Les manuscrits en écriture bénéventaine de la Bibliothèque capitulaire de Bénévent* (t. 2–3, Turnhout: Brepols, 1997) ont dépassé mon exposé non reproduit ici sur "L'ancien chant bénéventain" (*Ecclesia orans* 2 [1985]: 265–93), rédigé non pas sur les sources manuscrites, mais compilé d'après les vingt articles de Dom Raphaël Andoyer "L'ancienne liturgie de Bénévent" (*Revue du chant grégorien*, 1912–21) et sur les quatre articles de Dom René-Jean Hesbert: "L'antiphonale missarum de l'ancien rit bénéventain" (*Ephemerides liturgicae*, 1938–45).

L'article VI sur les manuscrits de l'ancien rit d'Aquilée disparu au IXe siècle a été rédigé après mes séjours à Cividale et à Udine en septembre 1967 et en avril 1968. Cette première étude incita le professeur Giulio Cattin et Mgr. Battisti, archévêque d'Udine, à m'inviter pour étudier en avril 1984 les manuscrits de Cividale, d'Udine et de Gorizia qui avaient été récemment restaurés à Praglia et à Rome: de cette visite résulta l'article V qui reproduit avec commentaire le catalogue des manuscrits de la cathédrale d'Aquilée rédigé en 1408.

L'article VIII concernant l'ancien chant gallican a une histoire toute différente: lorsque Karl Gustav Fellerer fut chargé de préparer la seconde édition de la *Geschichte der Katholischen Kirchenmusik* (Dusseldorf: Schwann, 1949; 2e éd. Kassel: Bärenreiter, 1972), il me demanda de collaborer à son entreprise pour rédiger le chapitre sur l'ancien chant gallican que Bruno Stäblein avait refusé d'écrire (en effet, son article, "Gallikanischer Gesang" dans le Vol. 4 de la MGG, a été publié en 1980).[1] La même année, mon article fut remanié et traduit pour le *New Grove Dictionary of Music and Musicians* ("Gallican rite, music of the": t. 7, 113–25), mais avec un supplément sur l'hymnaire gallican (ibid., 121–2). Les deux répertoires "gallicans" de Gaule et d'Espagne, contiennent plusieurs pièces bilingues et d'autres qui, de toute évidence, sont traduites du grec: ces pièces font l'objet des derniers articles (XV–XXI) de ce deuxième recueil.

C'est à l'occasion de mes compte-rendus dans la *Revue grégorienne,* entre 1949 et 1952, sur les volumes édités dans la collection des *Monumenta Musicae Byzantinae* (MMB) que j'entrais en relation avec le Dr. Egon Wellesz.

---

[1] J'ai fait la connaissance de Fellerer bien après sa visite à Solesmes en 1940. Voir Michel Huglo, "Fellerer at Solesmes (December 1940)," *The Musical Quarterly* 87/1 (2004) [sous presse].

Aussitôt après mon édition de l'ancienne version de l'hymne acathiste en 1951 (art. XX), Egon Wellesz s'attela à la transcription de la mélodie de cette "hymne" et la publia dans *The Akathistos Hymn*, Monumenta musicae Byzantinae transcripta, 9 (Copenhagen: Munksgaard, 1957). Toujours intéressé par les pièces de chant traduites du grec (cf. art. XVIII), il m'invita au XIIIe Congress of Byzantine Studies à Oxford pour étudier les relations musicales entre Byzance et l'Occident (art. XV): l'année suivante il devait rééditer ses *Eastern Elements in Western Chant* (Oxford: Byzantine Institute, 1947; rev. Copenhagen: Munksgaard, 1967).

Après sa mort, survenue à Oxford le 9 novembre 1974, je repris la question des relations musicales Est-Ouest à l'aide des transcriptions effectuées à mon intention par Oliver Strunk. Cependant, ma seconde étude à ce sujet, revue et augmentée, est demeurée en manuscrit.

Cette sélection d'anciens articles suggérée par Barbara Haggh et édités avec son assistance permettra, je l'espère, de fournir non seulement un point de comparaison pour l'analyse des caractéristiques esthétiques du chant grégorien, mais aussi une contribution à la connaissance de ses anciens antécédents qui aidera à mieux connaître ses origines.

Enfin, je voudrais remercier John Smedley et Celia Hoare pour le soin accordé à la publication de mon texte, ainsi que les éditeurs qui m'ont permis de reproduire les articles inclus ici. Barbara Haggh et moi-même sommes également reconnaissants envers Erica Nicole Rosser, participant à l'"Undergraduate Research Assistance Program" de l'Université du Maryland à College Park, qui nous a aidé à préparer les indices de ce volume, et à Michael Holmes pour la mise-en-page du tableau comparatif des répons de l'Office des morts dans les Addenda à l'article I.

MICHEL HUGLO

College Park, Maryland
18 mars 2004

INTRODUCTION

The second volume of my articles brings together studies of the Latin liturgical repertories that preceded Gregorian chant (articles I–XIV) and of Greco-Latin compositions (art. XV–XXI) that have penetrated these diverse repertories and have sometimes survived until the present in books of the Roman liturgy.

The first four articles of this collection concern the sources of the repertory of chant called "Old Roman" by Bruno Stäblein in 1950. The first two articles, which are difficult to find today, were at the origin of discussions, which still continue, about the relationships between this older repertory and Gregorian chant. This is not the place to review the different positions taken by scholars on this topic. On the other hand, it is necessary to mention the facsimiles of Roman manuscripts published in the last century and to indicate those sources of "Old Roman" chant that were not known in the 1950s.

Although the articles on "Old Roman" chant and its relationship to Gregorian chant open this volume, my research did not begin with this repertory parallel to Gregorian chant. The study of books of chant in Visigothic notation *a campo aperto*, which were photographed in 1905 by Dom Maur Sablayrolles for the "Paléographie musicale" at Solesmes, and my study of the publications of Dom Marius Férotin on the sacramentaries and *Liber ordinum* of the Mozarabic liturgy, led me to write my first article in 1949 (art. XIII) and then a second in 1955 (art. XII). As a consequence of Dom Anscari Mundó's stay at Solesmes, when he left me many of his erudite handwritten notes on the manuscripts in Visigothic notation, I maintained my interest in Visigothic notation and in Old Hispanic chant until that day in 1983 when I could finally examine those manuscripts *in vivo*.

Thanks to the travel grants awarded me by the CNRS in 1985, 1987 and 1992, I could study eleven Visigothic manuscripts of the *Etymologiae* of Isidore of Seville. Most of these manuscripts include an added diagram of the scale of the Old Hispanic chant (art. IX and XI).

During the 1950s, I became acquainted with Don Aurelio Fossati, a priest from the diocese of Milan who wanted to maintain the Ambrosian chant in his parish: he put me in contact with Don Ernesto Moneta-Caglio, a member of the Pontifical Institute of Sacred Music in Milan, who wanted to establish a list of manuscripts of Ambrosian chant. In collaboration with Don Fossati, I compiled a preliminary list of Ambrosian antiphoners and hymnals. My work was then completed by Don Moneta-Caglio and resulted in the publication in 1957 in

Milan of the *Fonti e paleografia del canto ambrosiano*. These lists can be supplemented today by Giacomo Baroffio's "Inventario sommario di libri liturgici ambrosiani" in *Ævum* 74 (2000): 573–603.

The connections between the Ambrosian and Old Beneventan repertories oriented my research to the latter repertory from southern Italy. Recent publications by Thomas F. Kelly, *The Beneventan Chant* (Cambridge: Cambridge University Press, 1989) and Jean Mallet and André Thibaut, *Les manuscrits en écriture bénéventaine de la Bibliothèque capitulaire de Bénévent* (Vols. II–III, Turnhout: Brepols, 1997) supersede my article not reproduced here, "L'ancien chant bénéventain," *Ecclesia orans* 2 (1985): 265–93, which was not written on the basis of the manuscript sources, but provided a résumé of twenty articles by Dom Raphaël Andoyer ("L'ancienne liturgie de Bénévent," *Revue du chant grégorien*, 1912–21) and four by Dom René-Jean Hesbert ("L'antiphonale missarum de l'ancien rit bénéventain," *Ephemerides liturgicae*, 1938–45).

Article VI on the manuscripts of the old rite of Aquileia, which had disappeared in the ninth century, was written after my stays in Cividale and Udine in September 1967 and in April 1968. This first study encouraged Professor Giulio Cattin and Mgr. Battisti, archbishop of Udine, to invite me to study in April 1984 the manuscripts of Cividale, Udine and Gorizia, which had been recently restored in Praglia and in Rome: this visit resulted in article V, which reproduces with commentary the catalogue of the manuscripts of the cathedral of Aquileia written in 1408.

Article VIII concerning Gallican chant has an entirely different history: when Karl Gustav Fellerer was encharged with preparing the second edition of the *Geschichte der Katholischen Kirchenmusik* (Düsseldorf: Schwann, 1949; 2d ed. Kassel: Barenreiter, 1972), he asked me to collaborate in the project by contributing a chapter on Gallican chant that Bruno Stäblein had refused to write (in fact, Stäblein's article, "Gallikanischer Gesang" in Vol. 4 of MGG, was published in 1980).[1] That year my chapter, revised and translated, was published in the *New Grove Dictionary of Music and Musicians* ("Gallican rite, music of the," Vol. 7, 113–25), with a supplement on the Gallican hymnal (ibid., 121–2).

The two "Gallican" repertories of Gaul and of Spain contain many bilingual pieces, and others that all the evidence indicates were translated from Greek. These compositions are the subject of the last articles (XV–XXI) in volume II.

When I wrote book reviews for the *Revue grégorienne* between 1949 and 1952 on the volumes edited in the collection *Monumenta Musicae Byzantinae*

---

[1] I became acquainted with Fellerer well after his first visit to Solesmes in 1940. See Michel Huglo, "Fellerer at Solesmes (December 1940)," *The Musical Quarterly* 87/1 (2004) [in press].

(MMB), I came into contact with Dr. Egon Wellesz. Immediately after my edition of the old version of the Akathistos hymn was published in 1951 (art. XX), Egon Wellesz eagerly transcribed the melody of this hymn and published it in *The Akathistos Hymn*, Monumenta musicae Byzantinae transcripta, 9 (Copenhagen: Munksgaard, 1957). Wellesz, who was always interested in Latin chant translated from Greek (cf. art. XVIII), invited me to the 13th Congress of Byzantine Studies in Oxford in 1967 to study the musical relationships between Byzantium and the West (art. XV). The next year, he would revise his *Eastern Elements in Western Chant* (Oxford: Byzantine Institute, 1947, rev. edn. Copenhagen: Munksgaard, 1967).

After his death in Oxford on 9 November 1974, I took up the question of the musical relationships between the East and West again, thanks to transcriptions that Professor Oliver Strunk kindly made for me. My revised and augmented study has remained in manuscript, however.

This selection of articles suggested by Barbara Haggh and edited with her assistance permits me, I hope, to furnish not only a point of comparison for the analysis of the aesthetic characteristics of Gregorian chant, but also a contribution to the knowledge of its older antecedents, which will help us to understand its origins better.

In closing, I would like to thank John Smedley and Celia Hoare for the care they have given to the publication of my text as well as the editors who have allowed me to reproduce my articles. Barbara Haggh and I are also very grateful to Erica Nicole Rosser, participant in the Undergraduate Research Assistance Program at the University of Maryland, College Park, for assisting us in preparing the indexes to this volume, and to Michael Holmes for preparing the comparative table of the responsories of the Office of the Dead in the Addenda to article I.

MICHEL HUGLO

College Park, Maryland
18 March 2004

I

Le chant « vieux-romain »

Liste des manuscrits et témoins indirects

Le Moyen-Age nous a légué plusieurs milliers de graduels et d'antiphonaires, de missels et de bréviaires notés qui nous transmettent les mélodies liturgiques encore en usage aujourd'hui. Suivant une ancienne tradition, ce chant aurait été centonisé par Saint Grégoire. De Rome, il aurait été, sous ses successeurs et grâce à l'appui du pouvoir carolingien, diffusé par toute l'Europe.

Cette tradition de l'origine romaine du chant grégorien ne cadre pas bien avec l'état exact de la répartition des manuscrits aujourd'hui connus. Comme Bannister l'avait déja fait remarquer, on n'a pas encore pu retrouver un seul manuscrit de chant grégorien qui ait été transcrit et noté à Rome même avant le milieu du XIIIe siècle. Surtout, et ceci est beaucoup plus grave, les seuls manuscrits sûrement romains antérieurs au milieu de ce siècle contiennent un répertoire liturgiquement semblable à celui des manuscrits grégoriens mais différent du point de vue mélodique.

Ce répertoire distinct a été désigné de différentes manières. On l'a tantôt dénommé chant « basilical » parce que les manuscrits qui nous le transmettent ont été en usage dans les basiliques romaines. Dom Andoyer l'a appelé « chant antégrégorien » parce qu'il pensait que ces mélodies archaïques étaient antérieures aux mélodies grégoriennes : d'où, pour la même raison, le qualificatif analogue de « prégrégorien ».

Le terme le plus adéquat pour éviter toute équivoque semble celui de chant « vieux-romain » (*altrömisch*) que nous adoptons comme plus conforme au genre archaïque des mélodies et à l'emploi certain du répertoire à Rome même. Il nous arrivera de parler parfois, pour simplifier, de chant romain *sine addito*, mais ce qualificatif ne sera jamais employé pour désigner le chant grégorien actuel.

Entièrement inédit, ce chant vieux-romain est encore mal connu. Seuls de rares spécialistes l'avaient remarqué et s'ils s'accordaient à constater les différences qui le distinguent du chant grégorien, leurs avis restaient partagés sur l'origine et la date de cette « tradition aussi singulière que mystérieuse ».

Avant de formuler des hypothèses sur les origines du vieux-romain et sur ses rapports avec le grégorien, il faut d'abord relever tous les témoins de cette tradition particulière afin d'en mieux mesurer l'extension dans l'espace et le temps. Le présent travail n'a pas d'autre but : dresser l'inventaire des manuscrits et des témoins indirects du vieux-romain.

Les manuscrits notés sont en effet les premiers témoins à identifier. Si leur organisation liturgique ne diffère pas, dans l'ensemble, de celle des manuscrits grégoriens, leurs mélodies fort différentes des mélodies traditionnelles empêchent de les confondre avec ceux-ci. Le groupe une fois constitué, il suffit de rechercher dans ces manuscrits le détail des particularités liturgiques et textuelles qui ne se retrouvent jamais dans les manuscrits grégoriens contemporains et plus anciens.

Cette liste de particularités est destinée à l'identification des manuscrits sans notation et des témoins indirects, d'âge plus avancé que nos manuscrits vieux-romains notés aux XIe, XIIe et XIIIe siècles. Car, de même que les vieux *Manuels* milanais attestent l'existence, aux Xe et XIe siècles, des mélodies ambrosiennes notées seulement au XIIe, ainsi les manuscrits non notés et les témoins indirects du vieux-romain fourniront la preuve de l'antiquité des mélodies transmises par les manuscrits notés d'époque plus récente. Le tout est de savoir distinguer avec précision les variantes de texte et particularités d'ordonnance liturgique propres aux graduels et aux antiphonaires du vieux-romain.

I. — Graduels.

Les témoins les plus importants du Graduel vieux-romain sont au nombre de cinq : trois sont notés (nº 1-3) et les deux autres (nº 10, 11), plus anciens, sont sans notation musicale. A ces cinq manuscrits s'ajoutent divers témoins d'importance secondaire avec ou sans notation.

A. — *Manuscrits notés.*

1. Londres, *Ms. Phillipps* 16069 (128 ff. 31×19,5 cms. 13 portées).

Graduel copié et noté en 1071 par le prêtre Jean pour l'usage de sainte Cécile du Transtévère. Au xviiie siècle, le ms. appartenait au Cardinal Gentili. Un extrait (Paris, B. N. lat. 17177, fol. 143) fut copié entre 1728 et 1731 sur le ms. Le texte fut intégralement édité en 1744 par Domenico Giorgi dans le IVe volume de son *De liturgia Romani Pontificis*. Enfin, le graduel fut acheté en 1861 par Sir Thomas Phillipps. Il est depuis 1946 en possession de MM. William H. Robinson de Londres [1].

Le graduel contient tous les chants de l'année liturgique dans la version du vieux romain : une lacune d'une trentaine de feuillets nous prive de la fin du sanctoral, à partir du 29 juin, et des dimanches après la Pentecôte.

Comme le répertoire vieux romain ne contient qu'une cinquantaine de versets alléluiatiques, un complément d'une trentaine de versets *grégoriens* a été distribué tout au long du

1. Voir Dom J. Hourlier et Dom M. Huglo, *Un important témoin du chant vieux-romain : le Graduel de Sainte Cécile du Transtévère* dans *Revue Grégorienne* XXXI, 1952, p. 26-37. On trouvera dans cet article la description paléographique et liturgique du ms. — *Catalogue N° 83 of rare Books and Manuscripts offered for Sale by William Robinson, Ltd.* (London 1953), p. 59-62, avec trois photogravures. — Les indications sur la Bible de Sainte Cécile données dans ces deux notices sont à rectifier par l'étude d'E. B. Garrison, *Notes on the history of certain twelfth Century Central Italian mss. of importance for the history of Painting*, dans *La Bibliofilia* de Florence, vol. LIV (1952), tiré à part.

manuscrit. Enfin, le graduel compte 19 séquences et une vingtaine de tropes. Toutes ces pièces étrangères s'apparentent aux manuscrits bénéventains.

2. ROME, *Vat. lat.* 5319 (159 ff. 30×20 cms. 13 portées).

Graduel écrit et noté à la fin du XIe ou au début du XIIe siècle à l'usage d'une basilique romaine, peut-être le Latran [1]. Au fol. 139, on lit la mention de la fête de la Dédicace du Latran (*Dedicatio S. Salvatoris*). On y trouve aussi les chants des Vêpres pascales, propres aux grandes basiliques, alors qu'ils ne figurent pas dans le graduel précédent.

A la fin du manuscrit (fol. 145 et ss.), un appendice groupe les pièces étrangères : tropes du Kyrie, dix versets d'alleluia grégoriens et huit séquences.

3. ROME, *Vat. Basilic. F.* 22 (103 ff. 31×21 cms. 11-12 portées).

Graduel du XIIIe siècle avec notation plus épaissie que dans les deux précédents [2].

La séparation entre Temporal et Sanctoral, la disparition des versets d'Offertoire sont des indices du caractère plus récent de ce ms. Pourtant, à la différence des deux autres graduels, aucune trace d'alleluia grégoriens, aucune séquence et aucun trope n'a pénétré ici : la tradition de saint Pierre de Rome s'est montrée sur ce point plus conservatrice que celle du Latran et de sainte Cécile.

Cependant, dans ce Graduel comme dans les deux précédents, on relève une importante interpolation grégorienne au Samedi-Saint : celle des Traits de la vigile pascale. Au lieu de la mélodie du vieux-romain, semblable à celle des autres traits du Carême, on trouve dans nos trois témoins la mélodie grégorienne [3].

1. Écriture, décoration et notation très semblables à celles du ms. précédent : cf. *Paléographie musicale*, t. II, pl. 28 ; t. XV, p. 96, n° 274 ; BANNISTER, *Monumenti Vaticani di paleografia musicale*, p. 136, n° 397 et tav. 81 a.

2. *Pal. mus.* XV, p. 96, n° 271. — Quelques mélodies ont été éditées d'après ce ms. dans *Rassegna gregoriana* I, 1902, p. 127 et dans la *Rev. du chant grégorien*, XX, 1912, p. 69, 107 et 119.

3. Ces traits du VIIIe mode ont bien conservé les parties qui,

Ces traits grégoriens ont dû, à une époque assez ancienne [1], évincer les Cantiques du Vieux-romain. Ces cantiques nous ont été heureusement conservé : le texte se trouve dans un ms. du pays de Galles et la mélodie de l'un des cantiques est transcrite dans le graduel grégorien décrit ci-après [2].

4. ROME, *Vallicel. C.* 52 (166 ff. 23×15 cms. 12 portées).

Graduel grégorien du XIIe siècle écrit et noté a S. Eutizio de Norcia, au Nord de Rome. Ce manuscrit ajoute aux traits grégoriens du Samedi saint le cantique *Vinea* avec une mélodie de style vieux-romain. Le texte de ce Cantique est tiré de l'ancienne version latine en usage à Rome au temps de saint Grégoire le Grand [3]. La mélodie, du même genre que les archaïques mélodies du vieux-romain, classe le cantique dans le groupe des chants responsoriaux : les versets du cantique sont chantés, selon un récitatif très simple, par un soliste tandis que le chœur reprend après chaque verset la réclame *Domus Israel* [4].

Texte et mélodie garantissent l'origine romaine de ce cantique qui, à Rome même, fut remplacé par le trait grégorien *Vinea*. La mélodie des autres cantiques romains ne nous est pas parvenue. Cependant, le lectionnaire de sainte Cécile

conformément à la tradition grégorienne authentique, doivent être récitées sur le *si* alors que dans tous les autres mss. sur lignes — sauf ceux de Bénévent — ces cordes récitatives sont montées au *do*.

1. Probablement, bien avant le XIe siècle : le Vatic. Basilic. F. 12 (X^e-XIe s.), de Rome ou des environs (cf. A. EBNER, *Quellen und Forschungen zur Geschichte... des Missale Romanum - Iter Italicum* (Freiburg in Br. 1896, p. 185), note en neumes d'Italie Centrale l'incipit des traits, suivant la mélodie grégorienne.

2. Pour plus de détails sur l'histoire de cette substitution des traits grégoriens aux anciens cantiques voir les *Notes historiques... sur les Cantiques de la Vigile pascale* publiées par la *Revue grégorienne*, XXXI, 1952, p. 130 et ss.

3. Voir Dom B. FISCHER, *die Lesungen der römischen Ostervigil unter Gregor der Gr.* in *Colligere fragmenta* (Festschrift Dold) Beuron 1952, p. 143-154 : édition des leçons et cantiques du ms. de Galles (Oxford, Bodl. Auct. F. 4. 32 du IXe s., 1e moitié).

4. La mélodie est reproduite dans *Rev. grég.* 1952, *art. cit.* p. 131. Depuis, nous avons retrouvé ce même cantique dans le Graduel Pistoie C. 119 (XIIe s.).

du Transtévère [1] donne la mélodie du Cantique de Jonas et de la prière d'Azarias, chants à comparer au style musical vieux-romain.

5. ROME, *Vat. Basilic. F.* 11 (166 f. 23×14 cms. 8 portées).

Orationale de S. Pierre, du début du XIIe siècle contenant le Canon de la messe et plusieurs extraits du Missel [2].

Après l'office des morts on a transcrit le messe d'enterrement *Rogamus te* (fol. 52^v), la messe de mariage *Deus Israhel* (fol. 81) et enfin la messe des Litanies majeures *Exaudivit* (fol. 87^v) selon la version du vieux-romain.

6. FLORENCE, *Riccardi* 299 (230 ff. 26×16 cms.).

Sacramentaire de la fin du XIe siècle, à l'usage des Camaldules de S. Philippe et S. Jacques, au diocèse de Sienne. (EBNER, p. 47).

Au fol. 182, *Missa sponsalicia* avec les mêmes mélodies que dans les mss. n° 2 et 5 de la présente liste. La présence d'un formulaire vieux-romain dans ce ms. et le suivant s'explique sans peine : comme le répertoire grégorien n'a prévu aucune pièce de chant spéciale [3] pour la messe de mariage, on a puisé dans le chant de Rome qui comportait le répertoire propre suivant : Intr. *Deus Israel* ; Gr. *Uxor tua* ; All *Mittat tibi* ; Off. *In te speravi* (emprunté au Temporal) ; Comm. *Ecce sic*.

1. Cambridge, Fitzwilliam Museum : voir la bibliographie de ce ms. dans *Rev. grég.* XXXI, 1952, p. 32, note 3.

2. A. EBNER, *Iter Italic.* p. 182-184 ; *Pal. mus.*, t. XV, p. 96 n° 269.

3. Rien de prévu pour la messe de mariage dans les graduels grégoriens les plus anciens. Dans les missels, la messe de mariage comporte oraisons et lectures propres mais pas de pièces de chant spéciales : ainsi par ex. dans Lyon 537, fol. 107 ; Cambrai 234 (224), fol. 408^v. D'autres missels donnent parfois comme pièces de chant celles de la messe de la S. Trinité : voir les témoins cités dans *Surtees Society*, vol. 63 (1875) p. 157-169. C'est en Italie que le formulaire vieux-romain des messes de mariage est passé dans les mss. grégoriens : la messe *Deus Israhel* figure, sans neumes, dans le Graduel Rome Angelica 123 (fol. 152^v) copié en 1039. Ce n'est qu'au XIIe siècle qu'on rencontre pour la première fois une mélodie de type « grégorien » pour ces textes (Modène O. I. 20 : cf. EBNER, p. 97. Madrid B. Ac. Hist. 51).

Ce formulaire se retrouve encore dans quelques manuscrits d'Italie Centrale dans lesquels les pièces de chant ne sont pas notées [1]. Ces mêmes pièces sont encore attestées au XIVe siècle [2]. Elles passeront enfin dans les diverses éditions du Missel Romain à partir de 1481. Sur ces textes, les éditeurs de graduels, à partir du XVIIe s., adapteront des mélodies « grégoriennes » qui diffèrent toutes entre elles et qui sont sans rapport avec les anciennes mélodies du vieux-romain.

7. FLORENCE, *Riccardi* 300 (129 ff. 24×16 cms.).

Fragment de Missel noté de la fin du XIe siècle (EBNER, p. 51), à l'usage du même monastère que le manuscrit précédent. Au fol. 7v, *Missa pro congregatione* (Intr. *Salus populi* ; Grad. *Oculi* ; Off. *Si ambulavero* ; Comm. *Tu mandasti*) et au fol. 9v, *Missa ad sponsas benedicendas* : les chants de ces deux messes sont empruntés au répertoire du vieux-romain.

8. ROME, *Vatic. Basilic. F.* 18 (203 ff. 27×19 cms.).

Missel du XIIe-XIIIe s. à l'usage de saint Pierre de Rome (EBNER, p. 191). Quelques neumes ont été ajoutés de seconde main au dessus du texte de l'alleluia du Samedi-Saint, au fol. 61v : la mélodie ainsi notée correspond exactement à celle qu'on peut lire dans le graduel F. 22, décrit plus haut (no 3).

9. (Appendice). *Le Pontifical de la Curie romaine.*

Le « Pontifical romain du XIIe siècle » fut remanié à Rome au début du XIIIe par un liturgiste de l'entourage d'Innocent III (1198-1216). Ce nouveau type de Pontifical a reçu le titre de *Pontificale secundum consuetudinem et usum Romanae Curiae.*

Dans les divers exemplaires du Pontifical de la Curie, trois

1. Par ex. dans le sacramentaire de S. Tryphon et Respicius de Rome (Vatic. Basilic. F. 14, du XIIe s., fol. 128 : cf. EBNER, p. 187) ; le missel de saint Barthélemy (Rome, Vallicel. B. 23, du XIIe s. fol. 284 : cf. EBNER, p. 195) indique le Grad. *Oculi* au lieu d'*Uxor tua*.

2. Par ex. dans le Basilic. E. 8 : cf. EBNER, p. 181.

des antiennes de la procession des reliques sont notées suivant la version du vieux romain telle qu'on la peut trouver dans le Vat. lat. 5319 (notre n° 2), avant la messe de la Dédicace, et non suivant la version « grégorienne » figurant dans les diverses formes de Pontificaux issues du « Pontifical romano-germanique » [1].

Les manuscrits du Pontifical de la Curie, qu'ils appartiennent à la recension longue, brève ou mixte, donnent toujours la mélodie du vieux romain pour les trois antiennes *Cum jucunditate*, *Ambulate* et *Ecce populus.*

Voici la liste des principaux témoins du Pontifical de la Curie dans lesquels la version vieux-romain des 3 antiennes a été controlée [2] :

AVIGNON, 203 (XIIIe-XIVe s.)	Andrieu,	M;	Leroq.	202
LYON 5132 (après 1334)	—	L	—	62
PARIS, Arsenal 333 (XIVe s.)	—	A	—	82
— Mazarine 536 (XIIIe s., 1e m.)	—	D	—	85
— Nationale 959 (XIVe s.)	—	P	—	108
— — 15619 (XIVe, mil.)	—	H	—	155
PLAISANCE, Bibl. Cap. 32 (XVe s.)				
ROME, Vat. Basilic. H. 54 (XIVe s.)	—	Q		
— — Barberini 549 (XIIIe s.)	—	φ		
— — Borgh. 72 (XIVe s.)	—	T		
— — lat. 4745 (fin XIVe s.)	—	K		
— — — 4747 (XIVe s.)	—	J		
— — — 4748, I (XIVe s.)	—	Y		
— — — 4748, II (fin XIVe s.)	—	Z		
— — — 5791 (fin du XIIIe s.)	—	S		

1. Pour plus de détails, voir la note concernant *Les antiennes de la procession des reliques : vestiges du Vieux-Romain au Pontifical* dans *Revue grégorienne*, XXXI, 1952, p. 135 et ss.

2. Cette liste a été dressée d'après les notices de Mgr. ANDRIEU, *Le Pontifical de la Curie romaine au XIIIe s.* (Studi e Testi 97, 1940, p. 3 et ss.) dont nous relevons le sigle. Nous renvoyons aussi aux descriptions de V. LEROQUAIS, *Les Pontificaux des biblioth. publ. de France.* Nous avons écarté de la présente liste le ms. 592 de Chartres aujourd'hui détruit : bien que nous n'ayons pu contrôler la version de ses mélodies, il est permis de le considérer, pour les trois antiennes étudiées, comme témoin du vieux romain.

Il est légitime de conclure que si tous les anciens témoins du Pontifical de la Curie donnent la mélodie du vieux-romain celle-ci fut mise en circulation par l'archétype de la tradition manuscrite, fixé au début du XIIIe siècle dans l'entourage du Pape.

Le Pontifical de la Curie fut répandu en France pendant le séjour des Papes en Avignon. Il s'en suivit une large contamination de textes et de mélodies. C'est ainsi que dans plusieurs exemplaires du Pontifical de Durand de Mende on trouve la version du vieux-romain pour l'une des trois antiennes et la version grégorienne pour les autres [1].

B. — *Manuscrits sans notation.*

Les graduels notés qui viennent d'être signalés attestent l'existence du vieux-romain à des époques relativement tardives : fin du XIe, XIIe et XIIIe siècles. Au lieu de s'arrêter à ces seuls documents, la recherche doit se poursuivre : il reste encore à examiner s'il est possible d'identifier des graduels sans notation qui attesteront indirectement l'existence du vieux-romain à des âges plus reculés. Mais comment distinguer si ces graduels non notés correspondent au répertoire vieux-romain ou au grégorien?

Le rattachement des manuscrits non notés à la famille du vieux-romain ne peut se baser que sur des critères extra-musicaux. Ces critères devront d'une part, demeurer étroitement corrélatifs au genre musical des manuscrits romains et, d'autre part, éviter toute confusion avec les manuscrits grégoriens. Deux critères répondent à ces conditions : les variantes de texte et les différences d'ordonnance liturgique.

1°) *Les variantes de texte* : la collation des textes du graduel vieux-romain sur le grégorien fait apparaître un certain nombre de variantes de détail que nous n'étudierons pas ici. Nous nous contenterons de relever, sur le tableau dressé plus loin, quelques différences textuelles plus importantes telles que pièces ou versets différents. Il faut encore signaler les incises du vieux-romain qu'on ne retrouve jamais dans le

1. Sur ce point comme sur celui des éditions du Pontifical, voir *Rev. Grég.* 1952, *art. cit.*

grégorien : par exemple, celles de la communion *Simon Johannis* (cf. nº 13) ou celle de la communion de sainte Cécile *Confundantur* :

VIEUX-ROMAIN	GRÉGORIEN
Confundantur superbi quia injuste iniquitatem fecerunt in me :	Confundantur superbi quia injuste iniquitatem fecerunt in me :
ego autem exercebor in mandatis tuis. *Fiat cor meum immaculatum*	ego autem in mandatis tuis exercebor
in tuis justificationibus ut non confundar.	in tuis justificationibus ut non confundar.

Comparons encore le texte de l'unique offertoire *Offeruntur* du vieux-romain aux deux offertoires grégoriens bâtis sur le même verset du Ps. 44 :

VIEUX-ROMAIN	GRÉGORIEN	
	Major	*minor*
Offeruntur regi virgines :	Offeruntur regi virgines :	Offeruntur regi virgines ;
postea		post eam
proximae ejus	proximae ejus	proximae ejus
offeruntur tibi,	offeruntur tibi	offeruntur tibi.—
adducentur		℣.II. *Adducentur*
in letitia	in letitia	*in letitia*
et exultatione ;	et exultatione ;	*et exultatione* ;
adducentur in templum regis.	adducentur in templum regi Domino.	*adducentur in templum regis.*
*Offeruntur regi virgines.		

Les différences textuelles citées ici et toutes les autres sont évidemment solidaires d'une mélodie qui n'est transmise que par des manuscrits notés tardifs. Retrouver les textes dans les anciens manuscrits sans notation c'est du même coup faire bénéficier leurs mélodies d'une plus haute antiquité.

Cependant, le premier critère, si intéressant soit-il, ne peut servir à l'identification des tables d'antiphonaires qui ne citent que les premiers mots des pièces de chant. Il faut donc, dans ce cas, se rabattre sur le second critère qui concerne l'ordre des pièces, légèrement différent dans les deux répertoires.

2°) *Les différences d'ordonnance liturgique* : Dans la famille grégorienne considérée isolément, on constate que les pièces du fonds ancien sont toujours affectées à la même fête ou au même dimanche. Cette règle est quasi absolue dans le Temporal, sauf pour les versets d'alleluia. Le chantre avait habituellement toute liberté de choisir le verset alléluiatique qu'il voulait : *quale volueris*. Ce choix n'était déterminé qu'aux grandes fêtes et à certains dimanches, par exemple en Avent. Vers le VIIIe-IXe siècle, le choix des versets des dimanches et fêtes de saints se stabilisa pour se fixer définitivement, dans un ordre différent selon chaque église. L'examen des listes alléluiatiques livre donc le précieux moyen de déceler les influences et relations des manuscrits entre eux.

La liste alléluiatique du vieux-romain est caractérisée par le nombre extrêmement réduit de ses versets, ce qui entraîne, dans le Sanctoral surtout, d'incessantes répétitions. D'autre part, ces versets sont presque tous tirés des Psaumes et quelques uns se chantaient même en grec (cf. n° 12 et 20).

Le vieux-romain se distingue de tous les manuscrits grégoriens par sa liste de versets alléluiatiques [1] mais aussi par d'autres différences d'ordonnance. La confrontation des trois graduels notés du vieux-romain et du bloc des manuscrits grégoriens fait apparaître un certain nombre de déplacements de pièces qui doit être, dans son ensemble, considéré comme caractéristique du vieux-romain puisque, du VIIIe au XVIe siècle, aucun témoin reconnu par ailleurs comme grégorien ne les atteste. Variantes d'ordre liturgique et répertoire musical sont solidaires : dater les unes, c'est en même temps dater l'autre.

Sur le tableau des p. 108-109, plusieurs modifications d'ordonnance et variantes textuelles ont été relevées d'après les trois graduels notés : C (= n° 1), V (= n° 2) et P (= n° 3). Nous

1. Sur l'alleluia dans le chant vieux-romain, voir l'article *Alleluia* du Dr. Stäblein dans l'encyclopédie *Musik in Geschichte und Gegenwart*, I col. 338 et ss., ainsi que son mémoire du Congrès de Rome 1950 : *Zur Frühgeschichte des röm. Choral.* (*Atti*.... p. 271 sq.),

I

indiquons en même temps le témoignage de la table de Graduel de Fulda F (= n° 10), malheureusement lacunaire (ces lacunes sont signalées au tableau par un tiret), et celui du Missel noté de Norcia N (= n° 11) afin de justifier leur origine romaine. La notice qui concerne chacun de ces deux manuscrits suivra ici même. Nous ajouterons enfin deux manuscrits grégoriens sur lesquels l'influence du vieux-romain peut être décelée de façon certaine.

10. CASSEL, *Landesbibliothek Theol. Fol.*36, *feuilles de garde* :

Les feuillets de garde du ms. Fol. theol. 36 viennent d'une table de graduel sans notation copiée au IXe siècle. L'écriture atteste une influence anglo-saxonne. Le modèle, apporté des Iles (ou de Rome), a probablement été copié à Fulda. L'ordonnance des pièces qui restent [1] atteste, comme on peut le constater sur notre tableau, que ce fragment appartient au groupe des mss. du vieux-romain.

11. ROME, *Bibl. Vallicel. B.* 8 (408 ff. 35×22 cm.).

Missel de S. Eutizio de Norcia, du Xe-XIe siècle [2]. Il porte le sigle M dans les collations du Graduel de Tommasi-Vezzozi [3]. Dom Wilmart avait déja remarqué que ce manuscrit se rattachait, par son lectionnaire, à la liturgie de Rome [4].

1. Éditées par B. OPFERMANN, *Un frammento liturgico di Fulda del IX° sec.* dans *Ephemer. liturg.* 50, 1936, p. 208-219. Le fragment donne l'incipit des pièces de chant du 27 déc. au mercredi des cendres et du IVe dimanche après Pâques au 9 août. (Le ℣ alléluiatique est souvent indéterminé). Ce document mériterait d'être réédité avec plus d'exactitude.

2. EBNER (p. 205, n. 1) et OPFERMANN (*art. cit.* p. 221) donnent le ms. comme perdu. Ils ont sans doute été égarés par une erreur de cote. Il faut en effet la citer exactement : B. 8, et non B. VIII comme Tommasi-Vezzozi. Par ailleurs le ms. n'a pas changé de cote ainsi que le croyait AZEVEDO (*Vet. Missale Lateran.* 1754, p. 219, note). Sur ce ms., voir *Pal. Mus.* XIV, p. 129, note 2 et N. PIRRI, *La scuola miniaturistica di S. Eutizio in Valcastoriana presso Norcia nei secoli X-XII*, dans *Scriptorium* III, 1949, p. 3 et 5 ; cf. pl. 4-6a.

3. *Opera omnia* V, p. XIII. On constate beaucoup d'omissions et d'imprécisions dans ces collations. Dom E. CARDINE a contrôlé sur le ms. tous les cas douteux.

4. Voir son étude sur *Le lectionnaire d'Alcuin* dans *Ephem. liturg.* 51, 1937, p. 193, note 114 ; cf. A. CHAVASSE, *Les plus anciens*

Tableau des principales différences liturgiques et textuelles entre chant vieux-romain et chant grégorien

Date	Pièce	Vieux-Romain		Grégorien
Dom. I Adv.	All.	Excita	–NCVP	Ostende
Dom. II. Adv.	All.	Ostende	–N VP	Laetatus sum
13 dec.	Com.	Simile est	–NCV?	Diffusa est
Fer. VI QT.	Off.	Ad te Domine	–NCVP	Deus tu convertens
Sabb. QT.	Gr.	Excita Dne.		Excita Dne.
		V. Fiat manus	–NCVP	V. Qui regis Israël
27 dec. (M. 1e).	Gr.	Beatus vir	FNCVP	Justus ut palma
Dom. I p.Ep.	Int.	Omnis terra	F CVP	In excelso throno
	All.	Te decet	FNCVP	Jubilate Deo
	Off.	Jubilate ... meae, alleluia	FNCVP	Jubilate ... ipse est Deus
Dom. II p.Ep.	Int.	In excelso	F CVP	Omnis terra
	All.	Adorabo ad t.	FNCVP	Laudate Deum o. ang.
	Off.	Jubilate ... Deus	FNCVP	Jubilate ... alleluia
Dom. III p. Ep.	Com.	{ Mirabantur	FN P	Mirabantur
		{ Puer Jesus	FNCV	(*omitt.*)
14 jan.	All.	Justus non conturbabitur	FNCV	*Variable*
20 jan.		1) S. Sebastiani		SS. Fabiani et Sebast.
	Int.	Salus autem	FNCVP	Intret
	Gr.	Pretiosa	F CVP	Gloriosus (+ N)
	All.	Gaudete justi	FNCVP	Sancti tui
	Off.	Letamini	FNCVP	*Letamini*
	Com.	Multitudo	FNCVP	*Multitudo*
eod. die		2) S. Fabiani		
	Int.	Sacerdotes Dei (tui)	FNCV	
	Gr.	{ Sacerdotes	FN	
		{ Juravit	CV	
	Off.	{ Veritas mea	C	
		{ Inveni	FN V	
	Com.	Semel juravi	FNCV	
28 jan.	Int.	Cognovi	F CVP	Vultum tuum (*sic* N)
	Gr.	Audi filia	F CVP	Specie tua (*sic* N)
	Off.	Offerentur	F CVP	Diffusa est (*sic* N)
5 febr.	Off.	Offerentur regi ... in	FN VP	Offerentur (*minor* ou *ma-*

DATE	PIÈCE	VIEUX-ROMAIN		GRÉGORIEN
		templum regis ; *Offer. regi virgines, (UN *seul offert. pour les vierges*).		*jor*, soit DEUX *offert. différ.* Cf. p. 105)
eod. die	OFF.		C	Diem festum (*Bénévent.*)
14 febr.	OFF.	Gloria et honore	FNCVP	In virtute
25 mart.	ANT. *ad coll.*	Propitius	–NCV	*omitt.*
fer. VI p. Cin.	GR.	Domine refugium	–NCVP	Unam petii (Domine refugium)
fer. IV p. Dom. IV Quadr.	GR.	Venite filii V. Benedicam	–NCVP	Venite filii V. Accedite ad eum
Tempore paschali	ALL.	(cf. *tableau séparé au* n° 12)		(cf. *tableau séparé*)
Dom. IV p. Pas.	INT.	Vocem jucunditatis	–NCVP	Cantate Domino
Dom. V p. Pas.	INT.	Cantate Domino	FNCVP	Vocem jucunditatis
	COM.	Pater cum essem	FNCVP	Cantate Domino
Dom. p. Asc.	ALL.	Lauda anima	NCVP	℣. *variable.*
	COM.	Tristitia vestra (*Ce dim. est omis par le ms.* F	NCVP	Pater cum essem (*Ce dim. est omis par le* Blandiniensis)
25 maii	INT.	Sacerdotes ejus	FNCV	Sacerdotes tui
2 jul.	COM.	Justorum animae	F –	
		Beati mundo	N–VP	Anima nostra
5 jul.	OFF.	Beatus es Simon	N–VP	Exultabunt
	COM.	Domine si tu es (*Pas d'octave ds.* F)	N–VP	Iustorum animae
29 jul.	COM.	{ Sint lumbi vestri { Ego vos elegi	FN–V – P	{ Justorum animae { Beatus servus
15 aug.	COM.	In salutari tuo	– –V	Dilexi justitiam
29 sept.	ALL.	Confitebor	–N–VP	Laudate Dom. o. Angeli
	OFF.	In conspectu	–N–VP	{ In conspectu (*Blandin.*) { Stetit Ang. (*tous les autres mss.*)
Fer. VI QT. Sept.	GR.	Dirigatur	–N–VP	Convertere
	OFF.	Benedicam Dominum	–N–VP	Benedic anima mea

Il faut en dire autant de l'antiphonaire de la messe qui se rattache indiscutablement aux manuscrits du vieux-romain[1].

Enfin, ce Missel a sauvé le texte des deux anciens cantiques de la Vigile pascale, évincés à Rome même par les traits grégoriens : les cantiques *Vinea* et *Cantemus*. Entre chacun des versets est insérée la *responsa* reprise par le peuple [2].

12. ROME, *Vat. Barberini* 560 (106 ff. 32,5×26 cm.)

Missel plénier, écrit en Italie centrale à la fin du xe siècle. Pas de notation musicale sauf sur les lectures [3]. La liste alléluiatique de la semaine de Pâques et de la plupart des dimanches du Temps pascal est identique à celle des manuscrits du vieux-romain. Le tableau suivant, dans lequel le présent manuscrit est désigné par le sigle B, établit la relation entre la liste des mss. romains notés (C, V, P) et les mss. sans notation plus anciens (B, N).

	VIEUX-ROMAIN		GRÉGORIEN
		Mss.	
fer. II Pasc.	*Dominus regnavit* .	N	*Dom. regnavit*
	'Ο Κύριος ἐβασίλευσεν	VP	
fer. III	Venite exultemus	BNCVP	*Quale volueris*
fer. IV	Adorabo	BNCVP	» »
fer. V	Qui confidunt	BNCVP	» »
fer. VI	*'Επὶ σοι Κύριε*	BN P	» »
Dnica. II	Quoniam confirmata	BNCVP	(Verset variable)
(*Misericordia*)	*'Οτι Θεὸς*	BN V	
Dnica. III	Preoccupemus	BNCVP	» »
	'Επὶ σοι Κύριε	N VP	
Dnica. V (2e v.)	Jubilate	BNCVP	» »

N.B. Tous les versets grecs cités sont transcrits, dans tous les mss., en lettres latines.

types du lectionnaire et de l'antiphonaire romains de la messe dans la *Rev. bénédictine* 62, 1952, p. 8.

1. Tout au moins le fond ancien (Voir notre tableau). Certaines messes, telle que celle *de S. Agnete secundo* attestent l'influence de l'ordonnance du grégorien.

2. Voir le texte dans TOMMASI-VEZZOZI, *Opera omnia* V, p. 250 ; cf. supra no 4.

3. TOMMASI-VEZZOZI, V, p. XIII (sig e S) ; EBNER, p. 142 ; BANNISTER, *Mon. Vat.* p. 118 no 341.

13. Bruxelles, *Bibl. Royale* 10127-10144.

Manuscrit écrit à la fin du VIIIe siècle. Dès le début du siècle suivant, sa présence est attestée dans la région de Liège et, au XIIIe s., il appartenait au Mont Blandin [1]. Il contient plusieurs *Ordines Romani* et un *Antiphonale missarum*. Le texte et l'ordonnance de cet antiphonaire sont conformes à ceux des autres antiphonaires de la messe grégoriens. Il a pourtant conservé plusieurs particularités intéressantes qui ne s'expliquent pas sans relation avec le vieux-romain :

1° A la fin de la comm. *Simon Johannis*, on relève l'addition de l'incise *Pasce oves meas* qui ne figure dans aucun graduel grégorien mais qu'on retrouve avec notation musicale dans les manuscrits du vieux romain (n° 2 et 3 ; le n° 1 a une lacune en cet endroit).

2° Au lieu de l'offert. *Stetit Angelus* donné par toute la tradition grégorienne pour la fête de saint Michel, le *Blandin.* indique l'offert. *In conspectu angelorum* : le texte de cet offertoire et de ses versets concorde avec le texte et les versets du même offertoire noté dans les manuscrits du vieux-romain mais inconnu de la tradition grégorienne.

3° La messe *Omnes gentes* ne figure pas au VIIe dimanche après la Pentecôte. Une note en donne la raison : ISTA HEBDOMATA NON EST IN ANTEFONARIOS ROMANOS. De fait, la messe *Omnes gentes* fait totalement défaut dans les manuscrits du vieux-romain, non seulement aux dimanches après la Pentecôte mais même à la Vigile de l'Ascension [2]. L'auteur de la note devait donc avoir sous les yeux un *antifonarium Roma-*

1. M. Andrieu, *Les Ordines Romani du Haut Moyen Age*, I. *Les mss.* (Louvain 1931), p. 91 et ss. Dom R. J. Hesbert, *Antiphonale missarum sextuplex* (Bruxelles 1935), p. XV et ss. *Sacris erudiri* V, 1953, p. 189 ss.

2. L'introït seul figure à la Vigile de l'Ascension dans le ms. n° 1 de notre liste (graduel de sainte Cécile, celui des mss. romains le plus influencé par le grégorien) ; cette attestation n'est soutenue par aucun autre ms. romain. Qu'il s'agisse d'une interpolation, le fait n'est pas douteux : quelques témoins du grégorien, tel que le tonaire de Metz 351 (IXe s.), ignorent cet introït dont la mélodie est calquée sur celle des offert. *Stetit Angelus* ou *Viri Galilei* : or, ces deux offert. sont inconnus du vieux-romain. Pas plus dans le vieux romain que dans le grégorien, l'intr. *Omnes gentes* ne paraît primitif.

nae ecclesiae analogue à celui qui est mentionné dans le plus ancien catalogue des livres de Fontenelle, vers 787. Ces *antifonarios romanos* opposés à la tradition reçue ne seraient-ils pas justement les antiphonaires du vieux-romain ?

II. — Antiphonaires

Pour l'inventaire des manuscrits et témoins indirects de l'antiphonaire, nous procéderons de la même manière que dans l'étude des graduels : identification des manuscrits vieux-romains notés, analyse de leurs particularités liturgiques, relevé des documents sans notation dans lesquels se retrouvent ces particularités. Il faut pourtant reconnaître que l'étude de l'antiphonaire s'annonce comme plus complexe que celle du graduel : tout d'abord, les antiphonaires romains notés ne datent que de la seconde moitié du XIIe siècle. D'autre part, le texte et l'ordre primitifs de l'antiphonaire grégorien ont subi en Gaule, dès le IXe siècle, bien des remaniements et additions : aussi n'est-il pas toujours facile d'en connaître la teneur primitive. Que vaut dès lors la comparaison de deux traditions ayant chacune évolué dans des directions différentes ? Il convient donc de se limiter à l'étude de points qui permettront de tirer des conclusions solides. On verra alors que la tradition romaine est indirectement attestée par des documents beaucoup plus anciens que les deux antiphonaires notés actuellement subsistants. Cette identification des documents indirects nécessitera une démonstration vu que leur appartenance au vieux romain n'a pas encore été reconnue.

A. — *Manuscrits notés.*

14. Londres, *Brith. Mus. add.* 29.988 (154 ff. 28 × 18 cm. 13 portées).

Antiphonaire du milieu du XIIe s. La notation musicale appartient au groupe des mss. de transition entre zone bénéventaine et Italie Centrale [1].

1. Cf. *The Musical Notation of the Middle Age* (London 1890), pl. XII. La notice donne le ms. comme originaire d'Espagne... — *Pal. Mus.* t. XV, p. 96, n° 276.

Le Temporal et le Sanctoral sont mélangés. Vêpres pascales (fol. 74) : à partir du mardi de Pâques, quelques pièces n'ont pas reçu de notation (cf. plus loin n° 20). Pas de séries d'antiennes évangéliques pour les dimanches après la Pentecôte. — Invitatoires (fol. 153). — Office des morts (fol. 153^{v}) ; *Incipit diaconia* (fol. 154^{v}) : suite d'antiennes et de répons pour les défunts ; une lacune nous prive de la fin du texte qu'on retrouve heureusement dans les deux manuscrits suivants.

15. ROME, *Bibl. Vatic. Basilic. B.* 79 (198 ff. 35,5 × 25 cms. 11 portées).

Antiphonaire de la basilique de saint Pierre, comme en témoignent les rubriques. L'écriture et la notation musicale paraissent de la seconde moitié ou de la fin du XIIe siècle [1]. Sur le dernier folio est ajoutée la date du 9 février 1257. Le texte liturgique et les rubriques ont été éditées par Tommasi [2].

La première constatation générale que l'on fait en ouvrant cet antiphonaire et le précédent est la pauvreté relative du répertoire. Le nombre des répons est très inférieur à celui qu'on peut trouver dans n'importe quel antiphonaire grégorien contemporain : la proportion est à peu près de 55 %. Ce nombre diminue encore si, de nos deux mss. du vieux romain, on retire les 38 pièces empruntées au Graduel (34 Comm., 2 Off. et 2 Intr.) qui ont été transformées en répons par l'adjonction d'un verset avec mélodie du même type que celle des autres versets de répons vieux-romain.

16. ROME, *Vat. Basilic. F.* 11.

Orationale du début du XIIe siècle, déja décrit au n° 5.

Ce ms. doit être cité ici une seconde fois, car il contient l'office des morts (fol. 40^{v}) et les *diaconia* pour les défunts. La composition de cet office des morts est identique à celle

1. Cf. *Pal. mus.* t. XV, p. 96, n° 270.

2. *Responsorialia et antiphonaria Romanae Eccl.* 1686, p. I-CCXV. — *Opera omnia* IV, p. 1-170. Cf. P. ALFONSO, *I responsori biblici dell' Ufficio rom.* (Roma, 1936) p. 53 et ss. qui compare le texte des répons bibliques de cette édition avec celui des mss. grégoriens.

qu'on peut trouver dans les deux antiphonaires précédents, tant pour les textes que pour les mélodies. Le texte correspond exactement à celui que Tommasi a édité d'après le ms. nº 1 des Archives de S. Pierre [1].

17. *Manuscrit non identifié* :

Dom R. Baratta, moine de Monte Vergine, nous a déclaré avoir trouvé chez un bouquiniste romain un petit diurnal ou rituel noté, de format in octavo, avec les mélodies du vieux-romain. Ce manuscrit n'a pu être retrouvé.

B. — *Documents sans notation.*

18. *Le « Liber politicus » du chanoine Benoit* (= *Ordo XI* de Mabillon).

Le *Liber politicus* est un document officiel rédigé entre 1140 et 1143 [2].

Les prescriptions liturgiques de cet *Ordo*, l'ordre des pièces occasionnellement citées coïncident exactement avec les rubriques et l'ordonnance de l'antiphonaire de saint Pierre [3].

De cette concordance il faut conclure qu'au milieu du XIIe siècle, le chant liturgique vieux-romain était encore en usage non seulement à saint Pierre de Rome et dans quelques autres basiliques [4] mais au sein même de la Curie romaine.

1. *Responsorialia...* p. CCCCXV et ss. — D'après la réédition de Vezzozi (*Opera omnia*, t. IV p. 332 et 330 n. 1), ce ms. aujourd'hui perdu datait du Xe siècle. — Notons en passant que l'office des morts tel qu'il figure dans les *Heures de Rome*, manuscrites ou imprimées, diffère totalement de cet office vieux-romain.

2. Editions : P. L. LXXVIII, c. 1025 et ss. — FABRE-DUCHESNE, *Le Liber Censuum de l'Église romaine*, t. II (Paris 1910), p. 141-159. — Sur le caractère officiel du document, voir J. KÖSTERS, *Studien zu Mabillon's röm. Ordines* (Münster in W. 1905), p. 53 ; FABRE et DUCHESNE, t. I. Introduction.

3. Cf. TOMM. VEZZ., t. IV, p. XXXXII ; FABRE et DUCHESNE, *op. cit.* I, p. 105. L'antiphonaire de saint Pierre est d'un quart de siècle postérieur à l'*Ordo*.

4. Telle était l'opinion de Dom ANDOYER, *Le chant romain antégrégorien* dans la *Revue du chant grégorien* XX, 1912, p. 109.

19. *L'« Ordo antiphonarum »* (= *Ordo XII* de Mgr. Andrieu).

L'*Ordo* romain XIIe a été conservé par sept manuscrits dont les plus anciens datent du IXe siècle. Il est considéré par Mgr. Andrieu comme « un de ces opuscules sans utilité pratique que les scribes renoncèrent vite à reproduire » (*Les Ordines rom.* II, p. 455).

Cet *Ordo*, de fait, s'écarte de l'organisation consacrée par l'ensemble de la tradition grégorienne pour se rapprocher du groupe des mss. du vieux-romain. L'un des points où l'on décèle tout particulièrement le vrai caractère de cet *Ordo* est celui des offices doubles aux Vigiles des grandes fêtes.

Ces doubles vigiles constituent un archaïsme dont on recherche en vain la trace dans les plus anciens antiphonaires grégoriens. Dans les mss. du vieux-romain, au contraire, on trouve au moins deux fois ce double formulaire vigilial : pour la Nativité de N. S. et pour la fête de saint Pierre. Il y a concordance manifeste entre cette disposition et les prescriptions de notre *Ordo* qui porte en sous-titre : *De festis sanctorum qualiter APUD ROMANOS celebrentur* (éd. Andrieu II, p. 465).

Au IXe siècle, le double office avait lieu plus souvent qu'au XIIe. C'est ainsi qu'Amalaire énumère les fêtes « doubles » : S. Jean Baptiste, S. Pierre et Paul, S. Laurent, l'Assomption, S. André et la Nativité de N. S.

Il importe de souligner cette disposition liturgique du vieux-romain par un rapprochement avec un très ancien document, l'homiliaire de S. Philippe et S. Jacques de Rome [1], écrit au VIIIe siècle par le prêtre Agimundus. On y trouve l'attestation des doubles vigiles pour les fêtes des 29 et 30 juin.

Enfin, relevons une autre particularité de l'Ordo XII : pour Noël, la liste des Répons est indiquée. Or, les répons sont au nombre de huit, chiffre traditionnel à Rome [2], alors

1. Vat. lat. 3835 : cf. LOWE, *Codices latini antiquiores* I, n° 18 TOMMASI-VEZZOZI, *Opera omnia* IV, p. 319.

2. Voir sur ce point les remarques d'Amalaire (P. L. CV, c. 1248 D) ; L. FISCHER, *Ordo off. Lateranensis* (München 1916), p. 6.

que tous les manuscrits grégoriens donnent toujours neuf répons.

Cette liste de répons ne coïncide pas avec celle de l'un ou l'autre des offices de Noël des deux antiphonaires décrits plus haut. Cette divergence et quelques autres points de détail mériteraient d'être examinés de plus près. La différence d'âge et de provenance des documents comparés laissent une marge appréciable pour un certain nombre de modifications.

20. *L'Ordo des Vêpres pascales* (= *Ordo XXVII* de Mgr. Andrieu).

Cet *Ordo* décrit les cérémonies et énumère les chants des Vêpres célébrées par le Pape au Latran durant l'Octave de Pâques. Au cours de l'office, on se rendait en procession au baptistère et à l'oratoire où avait eu lieu le Confirmation.

L'*Ordo* qui nous décrit cette grandiose fonction « bien postérieur à l'adoption des usages qu'il rapporte... était en France dès la seconde moitié du VIIIe siècle » (*Les Ord. Rom.* III, p. 342).

Son texte a circulé séparément avant d'être attaché à la fin d'un *Ordo* de la Semaine sainte [1].

Pour l'étude de l'antiphonaire, l'*Ordo* des Vêpres pascales, est du plus haut intérêt. Il nous donne la liste des 13 versets alléluiatiques latins, avec leurs sous-versets, et des cinq versets grecs, avec leurs sous-versets, et enfin la liste des antiennes qui accompagnaient la psalmodie de Vêpres : en tout, une cinquantaine de pièces de chant.

Devant une telle liste, on se demande aussitôt quels sont les antiphonaires dans lesquels on retrouve les *mêmes chants* dans le *même ordre*.

1. Il semble que le *libellus romanus* dont s'est inspiré Amalaire pour décrire le *gloriosum officium* des Vêpres pascales était un *Ordo* séparé. Dans le ms. de Wissembourg (= W dans l'édition de Mgr. Andrieu), l'*Ordo* des Vêpres est, de fait, isolé. D'après ce ms. l'office spécial des Vêpres se poursuivait, non pas jusqu'au samedi *in albis*, comme le veulent les autres mss., mais bien jusqu'au dimanche *post albas*. Cette disposition est d'ailleurs la seule qui soit conforme à celle des sacramentaires (cf. p. 117, note) et des tiphonaires romains.

Nous en connaissons seulement deux : le Vat. lat. 5319 (cf. nº 2) et l'add. 29988 (cf. nº 14).

Dans ce dernier ms., les versets alléluiatiques ne sont plus notés à partir du mardi de Pâques : la notation musicale a seulement été indiquée sur les antiennes.

Dans l'antiphonaire de la Basilique de saint Pierre (Vat. Basilic. B. 79) ne figurent, pour les Vêpres de l'octave de Pâques, que les seules pièces notées dans le ms. de Londres : les versets alléluiatiques ont disparu complètement, sauf au dimanche de Pâques. On assiste ainsi à l'abandon progressif des Vêpres pascales.

Cette réduction constatée dans les mss. correspond bien à ce que nous apprennent les *Ordines romani* de Mabillon : au milieu du XIIᵉ s. (cf. *Ordo* XI, nº 53, 54), le Pape célébrait encore les Vêpres pascales jusqu'au Samedi in albis, tandis qu'à la fin du même siècle (cf. *Ordo* XII, nº 37), il n'est plus question que de la cérémonie du lundi.

En somme, les seuls mss. de chant qui concordent avec les *Ordines* XXVII de Mgr. Andrieu et XI-XII de Mabillon sont les antiphonaires vieux-romains [1].

Toute la force démonstrative de cette conclusion s'anéantirait si elle n'avait pas un caractère exclusif ; par exemple, si la liste des chants de l'*Ordo* XXVII se rencontrait aussi dans *un seul* antiphonaire grégorien. Il faut donc examiner le témoignage de la tradition grégorienne pour mieux laisser ressortir, par contraste, les rapprochements faits plus haut.

De l'enquête entreprise sur 100 antiphonaires et bréviaires notés, il ressort que la tradition grégorienne se divise en trois groupes :

1. — dans le *premier groupe*, rien de particulier pour les Vêpres de Pâques n'est prévu : ni procession, ni versets allé-

1. Ces antiphonaires donnent non seulement le texte des chants dans le même ordre que l'*Ordo* XXVII, mais encore les oraisons *ad vesperum, ad fontes* et *ad S. Andream* comme dans les sacramentaires gélasiens grégorianisés et les grégoriens et ainsi durant toute l'octave : en somme, sacramentaires et *Ordo* XXVII s'accordent intimement avec les antiphonaires du vieux-romain et garantissent la haute antiquité des chants que nous transmettent ces derniers.

luiatiques, ni antiennes spéciales. Ce groupe comprend 42 mss. d'époques et de provenances très diverses.

2. — Un *second groupe* comprend les mss. qui ont recueilli sous diverses formes abrégées les prescriptions de l'Ordo XXVII concernant le seul dimanche de Pâques. Les mss. de ce groupe sont les suivants :

Paris, BN. lat. 17436 (ixe s.), Antiph. non noté de Compiègne dont on trouvera le texte dans P. L. 78, c. 770.

Monza, B. Cap. C 12/75 (xie in.), Grad. ant. de Monza (= M).

Florence, Archevêché, s. c. (xi-xiie), Antiph. du Duomo (= A).

L'*Ordo* de ce dernier antiphonaire a déjà été édité (*Rassegna greg.* IV, 1905, c. 102 s.), mais nous le reproduirons ici en même temps que celui de l'antiphonaire de Monza pour permettre la comparaison avec les *Ordines* plus anciens édités par Mgr. Andrieu. Les pièces notées en neumes dans M et sur lignes dans A sont désignées par l'astérisque : cependant le texte de ces pièces n'a pas été reproduit ici en entier.

Incipit ordo Paschalis ad vesperum (M *om. titul.*)

Conveniente schola temporius cum (M. *om.* cum) episcopis et diaconibus in ecclesia majore (et *add.* M) ad locum (a loco, M) Crucifixi, incipiunt *Kyrie eleison* et veniunt usque ad altare. Ascendentibus diaconibus in pogium, episcopi et presbyteri statuuntur in locis suis et schola ante altare. Finito (finitur M) *Kyrie eleison.*

A	M
	annuit archidiaconus
et cant. hanc AN. *Magna et mirabilia** deinde primus scolae et	primo scolae et
ille se inclinans incipiat *e u o u a e*. Deinde annuit archidiaconus	ille se inclinans incipiat
alleluia, alleluia, alleluia, alleluia, e u o u a e *.	*alleluia*
Et cantet cum has alleluia tres PS. per ordinem *Dixit Dominus, Confitebor, Beatus vir*.	cum PS. *Dixit Dominus*.

Post haec canitur Gr. *Haec dies.* Deinde sequitur All. *Pascha.* ℣. *Epulemur.* Finita alleluia incipit archidiaconus hanc Ant. *Nolite expavescere. Et respicientes.*

Post hanc ant. dicit sacerdos orationem sicut dignum est.

Post hunc

sequitur All. *Pascha n.* V. *Epulem.* Haec expleta incipit archidiaconus A. *Scio quod Jesum.* A. *Et respicientes.*

Post hanc dat sacerdos orationem. Et descendunt ad fontes cum A. *In die resurrectionis.* Deinde vadunt ad sanctum Andream ad Crucem canentes A. *Dignus est Agnus. — Christus resurgens**. A. *Ego sum alpha et ω.* Haec ratio per totam ebdomadam servatur usque in dominica in albas.

Le texte de AM est en somme un abrégé de l'*Ordo* inséré dans l'antiphonaire de Compiègne : on a réduit les cérémonies et supprimé plusieurs pièces de chant. L'*Ordo* de Compiègne est lui-même une réduction de l'*Ordo* XXVII, absolument identique à l'abrégé que nous a transmis l'*Ordo* de saint Amand (= XXX B de Mgr. Andrieu) de la fin du VIIIe siècle. Tous ces remaniements se ressemblent par leur souci d'abréger le fastidieux *Ordo* XXVII et par la répétition sur la semaine de ce qui s'est fait le dimanche. En somme, les mss. grégoriens les plus complets et les plus anciens ne reproduisent jamais les dispositions de l'*Ordo* XXVII.

3. — Le *troisième groupe* peut être considéré comme l'annexe du précédent car il recueille les 55 mss. qui ont conservé de l'*Ordo* pascal quelques pièces de chant *ad fontes* ou *ad processionem.* Il faut s'empresser d'ajouter que le choix de ces pièces ne coïncide jamais avec les indications précises de l'*Ordo* et que chaque ms. diffère des autres par le nombre et la liste des chants adoptés. Les plus complets n'ont recueilli que quelques versets alléluiatiques et ne reproduisent pas même la liste de l'*Ordo* abrégé Compiègne - S. Amand. Voici la liste des mss. plus riches que les autres en versets alléluiatiques :

Antiphonale Sarisburiense (éd. W. H. Frere) et 5 autres mss. anglo-normands.

GöRZ, Semin. A et B (XIIIe-XIVe s.), antiphonaires d'Aquilée.
Metz 461 (XIIIe), Bréviaire de Metz.
Paris, S. Geneviève 117 (XIIIe s.), Antiph. de S. Michel de Beauvais.
Trèves, Chap. L. 59 (ou 180 F), Bréviaire noté de Trèves (XIIIe s.).

En résumé, l'*Ordo* de Compiègne-S. Amand est à considérer comme une adaptation d'un *Ordo* du vieux romain à l'usage des églises qui chantaient le grégorien. Cette réduction a sans cesse été remaniée et diversement modifiée. Au contraire, l'Ordo XXVII est un *Ordo* du chant vieux-romain le plus pur. Sa date de composition remonte, d'après son éditeur, au VIIIe siècle : les mélodies du vieux-romain existaient donc dès cette époque au moins [1].

21. *L'antiphonaire de Corbie.*

Dans son *de ordine antiphonarii* [2], écrit peu après 844, Amalaire compare l'ant. romain de Corbie et la tradition grégorienne de Metz. Cette collation a mis en évidence un certain nombre de divergences entre les deux traditions : « Quae memorata volumina contuli cum nostris antiphonariis inveniique ea discrepare a nostris, non solum in ordine verum etiam in verbis et multitudine responsoriorum et antiphonarum quam nos non cantamus » [3].

Le relevé de ces divergences montre bien que le manuscrit donné à Corbie par le pape Hadrien I est un témoin de l'office vieux-romain. Certaines particularités du ms. de Corbie signalées par Amalaire se retrouvent dans les antiphonaires

1. En particulier les versets alléluiatiques grecs ou latins qui étaient encore employés aux messes dominicales (cf. n° 12). Les versets grecs ne se retrouvent pas, sauf exceptions isolées, dans les manuscrits grégoriens : cette nouvelle coïncidence entre l'*Ordo* XXVII et l'antiphonaire vieux-romain est à souligner.

2. P. L. CV, 1243-1316 ; édit. HANSSENS, dans *Studi e Testi* 140. Sur la date de composition, cf. *Studi e Testi* 138, p. 179.

3. *De ord. antiph.* prolog. — Amalaire vise ici les répons des apôtres et martyrs romains dont on ne retrouve pas trace dans les antiphonaires grégoriens (cf. *de ord. antiph.* cap. XXVIII).

vieux-romains alors qu'on les chercherait vainement dans les antiphonaires grégoriens. Ces particularités portent sur les points suivants :

1°) Le double office de Noël (*de ord. antiph.* cap. XV ; cf. supra, n° 19).

2°) Les antiennes des Matines de Pâques : dans l'antiphonaire vieux-romain n° 15, les trois psaumes de Matines de Pâques se chantent avec l'alleluia comme antienne, organisation attestée par l'*Ordo* XXX B (éd. Andrieu III, p. 475) et par l'antiphonaire de Corbie. L'antiphonaire de Metz, au contraire, et *tous* les antiphonaires grégoriens font accompagner ces trois Psaumes des antiennes *Ego sum qui sum*, *Postulavi* et *Ego dormivi* [1].

3°) Les Vêpres pascales, dans l'antiph. de Corbie, sont conformes au vieux-romain (cf. n° 20).

4°) Double office de Matines pour saint Pierre et quelques autres saints (cf. n° 19).

5°) Absence de répons propres pour la Dédicace de saint Michel, dans Corbie comme dans le vieux-romain [2].

6°) Enfin, l'absence de série d'antiennes évangéliques pour les dimanches après la Pentecôte : cette série manque dans les deux antiphonaires romains et cette absence n'est pas le fait d'une lacune accidentelle. Ces antiennes figurent au contraire dans tous les antiphonaires grégoriens [3].

Tels sont les points principaux qui inclinent à ranger l'an-

1. Dans les offices monastiques à 12 Psaumes, ces trois antiennes sont le plus souvent distribuées sur les trois nocturnes : voir notre étude sur *L'office du dimanche de Pâques dans les monastères bénédictins*, dans *Rev. grégorienne*, XXX, 1951, p. 191-203.

2. Amalaire (*de ord. antiph.* c. LXVII) oppose sur ce point l'indigence de la tradition romaine, constatée effectivement dans nos mss. 14 et 15, à l'étonnante abondance de répons des mss. grégoriens.

3. Les antiennes dominicales *de Evangelio* figurent en séries séparées dans plusieurs manuscrits de l'Ouest ou du Sud-Ouest de la France : Chartres 47 (*Pal. Mus.* XI, p. 134 du facs.) ; B. N. 909, fol. 260v ; 1121, fol. 187. Peut-être ne sont-elles pas primitives (voir à ce sujet les remarques d'Amalaire, *de ord. ant.*, chap. LXVIII).

tiphonaire de Corbie, désigné du symbole R (= *Romanus*) par Amalaire, parmi les ancêtres de nos antiphonaires vieux-romains [1] actuellement conservés.

De cette liste de manuscrits et témoins indirects, il ressort que l'existence du répertoire liturgico-musical du vieux-romain, distinct du répertoire grégorien, est attesté, sur plusieurs points importants, dès la fin du VIIIe siècle. Ce chant vieux-romain ne saurait donc plus désormais, passer pour une déformation tardive du chant grégorien. Cet essai d'explication, outre qu'il ne cadre pas avec les résultats de l'analyse musicale, est à rejeter comme contraire au donné paléographique : le vieux-romain, à en juger par les manuscrits et témoins indirects, est aussi ancien que le chant grégorien puisqu'il est attesté dès la fin du VIIIe siècle.

L'aire de diffusion du vieux-romain comprend en premier lieu Rome. On a cru parfois que le vieux-romain avait été relégué dans l'une ou l'autre des chapelles des basiliques romaines mais n'avait jamais été employé dans la liturgie officielle : on l'aurait seulement toléré par souci de maintenir une vénérable tradition. Nous avons vu, au contraire, que du VIIIe siècle (cf. n° 20) au XIIe (cf. n° 18), voire même au XIIIe (cf. n° 9), le vieux-romain fait figure de chant officiel : il est même, à s'en tenir aux documents, le seul chant connu de la Curie pontificale, du clergé de Rome et des églises suburbicaires. Quelques églises d'Italie Centrale ont fait emprunt au même répertoire (cf. n° 4, 6-8, 11, 12).

Le vieux-romain a encore été rencontré en Allemagne dans les fragments écrits au IXe siècle à Fulda, l'un des centres de rayonnement des missionnaires romains. Le vieux romain aurait-il été apporté là par les légats de Grégoire II comme le laisserait penser une lettre pontificale datée de 712, ou aurait-il été introduit par les missionnaires anglo-saxons?

Les influences anglo-saxonnes constatées sur le fragment

1. Tommasi avait déja fait ce rapprochement (*Op. omn.*, IV, p. XXXII).

de Fulda et le recueil gallois des Cantiques de la Vigile pascale (cf. p. 100) seraient les seuls indices en faveur de la présence du vieux-romain en Angleterre, indices bien fragiles, il faut le reconnaître. Mais, en fait de témoins anglais, nous sommes, pour la période antérieure à l'invasion normande, aussi mal servis que pour l'histoire du grégorien. Pourtant, la mission de S. Augustin en Angleterre et les relations incessantes entre Saint Pierre de Rome et les fondations romaines de Grande Bretagne ne sont pas les moindres arguments indirects en faveur de la diffusion du vieux romain en Angleterre au cours du VIIe siècle. Ces conclusions ne prendraient valeur absolue que si l'on savait à quelle époque — au VIIIe siècle, probablement — le grégorien fut centonisé : elles dépassent déja le cadre de cette enquête sur les documents.

Le vieux-romain est un répertoire italien localisé, dès ses origines, à Rome même, tout comme l'ambrosien à Milan et le vieux bénéventain à Bénévent. Sa diffusion suivit en somme celle du Psautier Romain : là où l'on employa le Psautier Romain pour la récitation de l'Office divin nous avons relevé des indices de la présence du chant vieux-romain. Or, de même que le Psautier Romain fut progressivement délogé de ses positions par le Psautier dit Gallican, ainsi le vieux-romain fut peu à peu remplacé par le grégorien. Au IXe siècle, le grégorien imposé par le pouvoir officiel avait partout triomphé sauf à Rome et à Milan. Mais bientôt, sous l'influence des Papes et des clercs allemands, à l'époque des Otton, le grégorien s'infiltrait au sein même du vieux-romain : c'est ainsi qu'un certain nombre d'alleluia grégoriens, de tropes et de séquences pénétrèrent dans les manuscrits décrits plus haut (nos 1 et 2), exactement comme certains usages francs ou germaniques pénétrèrent dans la liturgie romaine à la même époque. La victoire définitive du grégorien ne date pourtant que du XIIIe siècle. Les Ordres Mendiants ont contribué pour une bonne part à ce triomphe : les plus anciens manuscrits grégoriens de Rome sont des livres franciscains. D'après Raoul de Rivo, c'est Nicolas III qui les adopta officiellement. Les derniers vestiges des antiques mélodies romaines durent disparaître au cours du séjour des Papes en Avignon.

SUMMARIUM

In ingenti mole codicum qui « gregorianam » cantilenam nobis tradiderunt, nullus invenitur qui Romae ante saeculi XIII medietatem scriptus sit. Quinimmo, codices a saeculo XI usque ad saeculum XIV in Urbe scripti ac notulis musicis decorati melodias exhibent quae ab illis usu hodierno receptis satis discrepant, cum textus ipsi necnon eorum ordo fere idem sint ac in gregorianis libris. Oritur ergo quaestio de istius « romanae cantilenae » antiquitate. In primis, prostat enumeratio et descriptio testium illius traditionis particularis, tam illorum qui notis musicis ornantur, quam eorum qui ab illis deficiunt.

Omnes veteres romanae cantilenae intra Missarum sollemnia emittendae in tribus tantum Gradualibus (n° 1-3) servatae sunt sed aliquot cantus ejusdem originis in libris aliis tam in Urbe (n° 5, 8, 9) quam in Italia (n° 4, 6, 7) manu scriptis, inveniuntur.

Inter romanam traditionem illam et gregorianam, discrimen ad paucas lectiones textuum variantes et ad pluriores ordinis liturgici variationes spectat. Inde, comparatione inter istos et supra citatos codices instructa, non impossibile videtur alios etiam antiquiores illius romanae liturgiae testes inveniri. Etenim, quattuor antiquiores libri sine notis, seculis VIII-X transcripti (n° 10-13), in eamdem familiam et traditionem ac recentioris aetatis gradualia manuscripta inscribi possunt.

Simili modo, officii divini antiphonaria (n° 14-15) et alia liturgica monumenta (n° 18-21) recitantur quae romanorum librorum peculiarem ordinem exhibent : praecipuus inter illa exstat antiquus romanus « Ordo vesperarum paschalium » (n° 20) qui, seculo VIII divulgatus, easdem antiphonas eosdemque alleluiaticos versus in eadem liturgica successione servavit ac antiphonaria romana neumatibus adornata.

Liquet ergo cantilenam romanam etiam in libros saeculorum XII-XIII traditam, jam ante saeculum IX, non solum in Urbe et in aliquot Italiae partibus sed etiam in Germania (cf. n° 10) exstare, in illis scilicet locis ubi Psalterium Romanum divulgatum erat ; tandem cantiones illas romanas in oblivionem devenire statim ut Carolus Magnus « Sancti Gregorii cantum » ubique imposuit : denique saeculo XIII, antiquiores traditiones, etiam Romae cadere.

Un important témoin du chant « vieux-romain ».

LE GRADUEL DE SAINTE-CÉCILE DU TRANSTÉVÈRE (Manuscrit Phillipps 16069, daté de 1071).

Le dernier Congrès de Musique Sacrée, tenu à Rome en mai 1950, avait attiré l'attention sur le répertoire musical conservé par quelques manuscrits ayant appartenu à des basiliques romaines. Entièrement inédit [1], ce chant « romain » est encore à peine connu. Seuls, de rares

[1] Une édition préparée par le Dr. STÄBLEIN avec la collaboration de Dom Maur PFAFF, moine de Beuron, avait été annoncée par un prospectus de la Bärenreiter Verlag sous le titre *Monumenta Monodica Medii Aevi* (vol. II, chants de la Messe; vol. III, chants de l'Office).

spécialistes l'avaient remarqué, et, s'ils s'accordaient à constater sa divergence sensible du chant grégorien, leurs avis restaient partagés sur la nature et la date de ce répertoire. Rejoignant les idées exprimées en 1912 par Dom Andoyer, le Professeur Stäblein reconnaissait, au Congrès de Rome, l'antériorité des mélodies qu'il appelle « vieux-romain » *(altrömisch)*. Le compte rendu du Congrès publié dans la *Revue Grégorienne* (1950, p. 191) signalait l'accord de Solesmes avec le Professeur Stäblein sur cette antériorité.

Il sera plus facile de se faire une idée de la question, lorsque le Professeur Stäblein aura mené à bien la publication du « vieux-romain », transcrit en notation carrée. Son travail est basé sur deux Graduels (Vat. lat. 5319 et Vat. Basil. F. 22) et deux Antiphonaires (Vat. Basil. B. 79 et Brit. Mus. add. 29.988). Les trois premiers manuscrits sont connus depuis longtemps; l'existence du quatrième a été indiquée par la *Paléographie Musicale* [1]. En réalité, le nombre des témoins, plus ou moins complets, doit être aujourd'hui porté à une vingtaine.

L'un de ces témoins, transcrit en 1071, est un Graduel, dont le texte littéraire a été publié dès le XVIIIe siècle par Domenico Georgi. L'importance de la publication rendait plus sensible la perte du manuscrit. Sorti de la bibliothèque du Cardinal Gentili, il était entré dans les collections de Sir Phillipps, à Cheltenham. Le Professeur Stäblein le supposait venu plus tard en la possession de Lord Crawford, mais ignorait ce qu'il était devenu finalement. Bannister et le tome XIV de la *Paléographie Musicale* [2] le disaient perdu.

Les recherches que nous avions entreprises pour le retrouver sont longtemps restées infructueuses. Une erreur de cote ne simplifiait guère le travail [3]. Il appartient aux amateurs de romans policiers de raconter comment le précieux manuscrit a pu être découvert, après une poursuite assez mouvementée, à laquelle n'ont manqué ni les coups de téléphone, ni les courses en auto. Grâce à l'aide obligeante de Miss C. R. Gabain, nous pouvons savoir que l'ancien manuscrit Phillipps 16.069 est en possession de MM. William H. Robinson, Ltd., antiquaires à Londres, 16 Pall Mall.

Nous devons à l'amabilité des possesseurs actuels du manuscrit d'avoir pu l'étudier à loisir et d'en publier ici la notice. Qu'ils nous permettent de rendre hommage à leur libéralité et à leur extrême serviabilité.

---

[1] Tome II, p. 5; tome XIV, p. 127, 278; voir aussi la table des manuscrits cités, p. 470.

[2] H. M. Bannister, *Monumenti Vaticani di paleografia musicale latina* (Leipzig 1913), p. 136, note 7; *Pal. Mus.* t. XIV, p. 440, note 2.

[3] Nous devons la rectification de la cote au « librarian » de la John Rylands library, Sir Edw. Robertson.

Notice sur le manuscrit « Phillipps 16069 »

Le manuscrit compte 128 folios de parchemin mesurant 312 × 196 millimètres. Les folios sont numérotés au recto : en petits chiffres romains dans le haut des pages à droite, et en chiffres arabes dans le coin inférieur gauche.

Le nombre actuel des cahiers est de 16; mais le manuscrit a dû en perdre plusieurs, qui contenaient le sanctoral de juillet à novembre et les dimanches après la Pentecôte. Un feuillet, sur lequel étaient transcrits les chants du deuxième dimanche de l'Avent, a également disparu. La numérotation romaine est antérieure à l'ablation de ce folio, mais postérieure à la disparition des cahiers contenant la fin du sanctoral. Le manuscrit s'arrêtant aujourd'hui au milieu d'une antienne, nous devons en conclure qu'il manque encore quelques feuillets à la fin.

Le nombre primitif des feuillets ne peut être évalué avec exactitude [1], vu que la composition des cahiers semble assez variable. La numérotation arabe donne le chiffre exact des feuillets subsistants. Du folio 3 au folio 25, cette numérotation arabe est en retard d'un point sur la numérotation romaine, à cause de la disparition du deuxième dimanche de l'Avent. Mais les deux numérotations redeviennent concordantes à partir du folio xxv bis, grâce à une erreur du scribe, qui a porté une seconde fois le chiffre xxv, au lieu de xxvi.

Le premier et le dernier folios, en partie détachés, ont été collés sur onglet de papier. Le premier contient une table pascale; le dernier permet de préciser que le manuscrit, écrit en 1071, était à l'usage de Sainte-Cécile-du-Transtévère.

Les folios sont réglés à 52 lignes : 13, comptées de 4 en 4, sont réservés à l'écriture du texte, et les autres servent à noter la mélodie, à raison de 3 lignes par portée.

La reliure italienne du XVIIIe siècle, en maroquin rouge, porte sur les plats une bordure dorée à fleurs et des coins ornés, le tout encadré de deux filets à trois lignes. Des 7 compartiments du dos, 6 sont garnis d'ornements fleuris; le septième avait été réservé au titre, aujourd'hui disparu. Un ancien numéro de bibliothèque " 77 " est collé sur le compartiment supérieur.

A l'intérieur, les plats sont bordés de rinceaux dorés, dans le goût de l'époque. Des gardes de papier ont été insérées au siècle dernier. Enfin, les tranches sont ciselées.

---

[1] A en juger par le graduel romain Vat. lat. 5319, de dimensions semblables (303×200, à 13 lignes également), il faudrait 32 folios pour terminer la transcription des chants jusqu'à la fin de l'année liturgique : notre manuscrit devait donc compter dans les 159 folios, comme celui de la Vaticane.

L'écriture.

L'écriture de notre manuscrit est la minuscule ordinaire de la fin du XIe siècle, telle qu'on la peut étudier dans les Bibles romaines contemporaines, par exemple la Bible de Sainte-Marie-des-Martyrs [1], ou mieux la Bible de Sainte-Cécile [2], écrite en 1097 par le prêtre Jean. Dom Quentin, dans son *Mémoire sur l'établissement du texte de la Vulgate* (p. 364 et sqq.), a sommairement décrit cette dernière Bible et en a donné plusieurs fac-similés.

Dans ces trois manuscrits, on rencontre la même forme arrondie, qui annonce de loin la *littera humanistica.* Comme particularités d'écriture, communes aux trois manuscrits, on peut relever la forme onciale du *d* final. Cette forme est parfois juxtaposée à la forme ordinaire : *adducent* (fol. XX), *reddam* (fol. XXI). On remarquera encore l'épaulement de l'*r* légèrement remontant, la forme de l'*y* et enfin le même signe abréviatif ⁊ pour *bus* et *que.* L'*m* n'est habituellement pas remplacée par un signe abréviatif, si ce n'est en fin de ligne. Comme particularités orthographiques, il faut signaler l'emploi de l'*h* prosthétique (h*edificatur,* f° LVIII v°, LXXXV *etc*; h*odire,* f° LV, LVI *etc.*); l'usage du *c,* après la nasale précédant un *x* (*uncxi, distincxerunt, precincxit*); enfin, quelques confusions dans l'usage du *b* et du *v* (*davit* pour *dabit*; *flebimus* pour *flevimus* etc.).

La décoration.

Par leur écriture, ces trois manuscrits romains appartiennent au même groupe; l'étude de la décoration permet de distinguer un sous-groupe.

Suivant la remarque de Dom Quentin, les initiales des Bibles italiennes se peuvent classer en deux types : un type simple et un type plus orné. C'est de ce dernier type que se rapprochent les petites initiales du graduel 16.069. Elles sont nombreuses, puisqu'on en compte environ 110. On retrouve ce genre de lettrines à rinceaux dans beaucoup de manuscrits de l'Italie centrale, par exemple dans le graduel romain Vat. lat. 5.319.

Ces petites initiales sont tracées au moyen de bandes colorées, cernées par deux traits à l'encre, qui s'épanouissent en fleurons aux extrémités. Autour de ces bandes s'enchevêtrent des rinceaux, qui

---

[1] Vat. lat. 12958 (XIe s.) : fac-similé dans Dom H. QUENTIN, *Mémoire sur l'établissement du texte de la Vulgate (Collectanea biblica latina,* vol. VI, Rome 1922), p. 371, facs. 53; p. 373, facs. 54; et dans Mgr. BESSON, *L'Eglise et la Bible* (Genève, 1927), pl. 58 et 59. De cette Bible on rapprochera un passionnaire de même provenance, quoique légèrement postérieur (Vat. lat. 5696).

[2] Vat. Barberini lat. 587 : notice et fac-similé dans Dom QUENTIN, *op. cit.* p. 364; p. 369, facs. 52; p. 375, facs. 56; p. 382, facs. 57 et p. 383, facs. 58; cf. BANNISTER, *op. cit.* p. 139, n° 315.

se détachent sur un fond peint, aux couleurs vives, jaune, rouge ou vert.

Les éléments zoomorphes ne figurent que dans les lettres de plus grande dimension (folios XXIX v°, LXX v° et CIV v°) ou dans les initiales à pleine page (folios XI v° et LXXIX v°).

Le frontispice, aujourd'hui disparu, devait être décoré d'un grand A, pour le début de l'Introït *Ad te levavi*, du premier dimanche de l'Avent. Cette lettre était certainement semblable aux initiales de *Puer* (folio XI v°) et de *Resurrexi* (folio LXXIX v°), peintes à pleine page.

L'encadrement de l'initiale P rappelle ceux du Psautier d'Oderise [1]; mais ici les bandes se raccordent à angle droit, au lieu de se couper sous des cercles. De plus, les teintes unies des fonds de nos lettrines les distinguent des grandes lettres du Psautier d'Oderise : ces dernières rappellent le fond des mosaïques byzantines. Par ailleurs, les entrelacs des rinceaux et les fonds à teintes plates rapprocheraient les lettrines de notre graduel des livres liturgiques de l'Italie centrale, tel que le Sacramentaire de Subiaco [2], écrit vers 1075.

A la première et à la dernière pages, on remarque deux cercles concentriques, semblables à la *rota* des grandes bulles pontificales, introduite par Léon IX, un demi-siècle plus tôt, dans la pratique de la chancellerie romaine. A l'intérieur de la *rota*, sur le dernier folio, on lit l'attestation de la date et les mots « Emmanuhel, Barachihel, Thr(o)n(i), Ts (?), Ser(a)p(hi)n », écrits en majuscule. Dans l'espace intermédiaire entre les deux cercles, se voient, en minuscule, les noms divins : « Adonai, Eloim, Sotyr, Emmanuhel », et HON(OR) PAX, en capitale.

Les titres courants, tracés au minium, empruntent leurs caractères à la capitale et à l'onciale; ils adoptent parfois des formes abâtardies, par exemple à la première page :

ANIMAM MEAM DEUS MEUS

Analyse.

Le manuscrit Phillipps 16.069 est un graduel-tropaire-séquentiaire : il contient les chants de la messe [3] : féries, propre des dimanches et

---

[1] Paris, Bibl. Mazarine 364 : cf. E. BERTAUX, *L'art dans l'Italie méridionale* (Paris 1904), p. 200, fig. 85 qui reproduit un cadre tout semblable, d'après le Vat. lat. 1202.

[2] Rome, Bibl. Vallicel. B. 24 : cf. A. EBNER, *Quellen und Forschungen zur Geschichte und Kunstgeschichte des* Missale Romanum (Freiburg in Br. 1896), p. 197; cf. *Archivio paleografico italiano*, pl. 33-43.

[3] La présente analyse se borne à l'essentiel, car les textes liturgiques de notre ms. ont été intégralement édités par Domenico GEORGI dans le tome IVe du *De liturgia Romani Pontificis* (Romæ 1744), p. 441-528.

fêtes; commun de la messe ou Kyriale; les « grands tropes » et les « petits tropes »; les séquences de toutes les grandes fêtes. A l'exception d'un Kyriale ajouté à la fin du manuscrit (folio CXVI sqq.), ces divers genres de pièces se trouvent habituellement réunis pour une même messe. C'est ainsi que pour les principales fêtes, l'ordre des pièces est le suivant :

Introït, parfois précédé d'un trope, suivi d'un verset de Psaume et d'un verset *ad repetendum*;

Kyrie et Gloria, avec leurs tropes;

graduel suivi d'un ou, parfois, de plusieurs alleluia avec leurs versets;

séquence ou prose;

offertoire avec ses versets (parfois supprimés ou en nombre réduit),

et enfin l'antienne de communion avec le début du psaume de communion.

(le Sanctus et l'Agnus ne figurent pas dans le corps du manuscrit).

Les longs mélismes d'alleluia sont parfois suivis d'une prosule. Les messes de Carême ne comportent naturellement ni prosules, ni tropes, ni séquences.

Le temporal et le sanctoral sont mélangés, suivant la manière traditionnelle. On a donc l'ordre suivant : Ier dimanche de l'Avent; le IIe dimanche manque par suite d'une lacune; sainte Lucie (f. III); fin de l'Avent; cycle de Noël et de l'Epiphanie. Sanctoral du 14 janvier au 2 février (f. XXIV — XXXIII v^o). Septuagésime; Carême; Temps pascal jusqu'au Ve dimanche après Pâques (f. XXXIV — XCI v^o); Sanctoral du 14 avril au 19 mai; Ascension; Pentecôte et Sanctoral du 2 au 28 juin [1]. Suivent les versets d'alleluia du commun des Saints (f. CXIII sqq.); puis le Kyriale et enfin quelques antiennes de procession. Le manuscrit s'arrête au milieu de l'antienne *Omnipotens Deus, supplices.*

Les tropes de l'ensemble du Kyriale n'appartiennent pas en propre au graduel de Sainte-Cécile; la plupart de ces pièces se retrouvent dans les tropaires italiens, et plus particulièrement dans ceux de Bénévent.

---

[1] Il est peu probable que le ms. s'arrêtait à la fin du mois de juin, comme par exemple l'homiliaire de saint Philippe et saint Jacques de Rome (Vat. lat. 3835, VIIIe s.) : il suffisait d'une trentaine de folios pour terminer la transcription de notre Graduel tandis qu'un volume entier était nécessaire pour la copie des nombreuses homélies des mois de juillet à novembre.

De même, les vingt séquences du manuscrit se chantaient dans d'autres Eglises d'Italie au XIe siècle, sauf les pièces suivantes, pour lesquelles notre manuscrit semble être le seul témoin :

Qui venturus es, veni (CHEVALIER, *Repertor. hymnologicum*, n° 16.540)

Ecce jam sancta Agnes (*Analecta Hymnica*, vol. 37 p. 99)

Summa sollempnitas.

Le texte de ces pièces a été édité par Georgi, mais la mélodie, donnée par ce seul témoin, reste encore inédite [1].

Ajoutons, pour terminer, à la dernière page, un *Kyrie* et une formule de conjuration.

La notation.

Un liturgiste aura pu remarquer l'intérêt du manuscrit à son point de vue; l'étude de la notation en fera mieux saisir la valeur pour le musicologue.

Les pièces de chant sont notées sur trois lignes : une rouge et deux à la pointe sèche. Ce système de portée, qui précise avec exactitude les intervalles mélodiques, avait été introduit à Rome, un demi-siècle plus tôt, par le moine Guy d'Arezzo, lorsque celui-ci, en 1027-1028, vint présenter au pape Jean XIX son antiphonaire; le manuscrit de Sainte-Cécile est actuellement le plus ancien témoin romain de la portée guidonienne.

Les lettres-clés habituellement employées sont au nombre de deux : C et F. On rencontre cependant le *gamma* (Γ) comme clé de *sol* (fol. LXXXI v° et LXXXIII) au début de deux séquences, comme dans le manuscrit VI 34 de Bénévent (fol. 24v... 131 *etc.*), et l'*a* minuscule comme clé de *la* (fol. LXXII v°).

La forme des neumes retient l'attention : elle appartient à ce genre de notation que Bannister a désigné du nom de « notation de transition », intermédiaire entre la notation de l'Italie du Sud et celle de l'Italie centrale [2]. On la trouve dans plusieurs manuscrits romains. Il faut rapprocher tout particulièrement de notre graduel le lectionnaire de Sainte-Cécile pour les deux leçons prophétiques notées [3]. A côté

---

[1] La mélodie intitulée « *Romana* » par les anciens séquentiaires et éditée par Dom A. HUGHES, d'après les papiers de BANNISTER (*Anglo-french Sequelæ*, 192, p. 70, n° 50), est ici représentée par les proses *Johannes Jesu Christo* (*Anal. hymnica*, 53, p. 276) et *Clara gaudia* (*ib.* p. 71).

[2] Cf. *Pal. Mus.* t. XV, p. 89 et 96.

[3] Cambridge, Fintzwilliam Museum, coll. Sydney Cockerell : voir la notice descriptive de W. H. FRERE, *Studies in early roman liturgy* III, *The roman epistle lectionary* (Alcuin Club coll. n° XXXII, Oxford 1935) p. 70. La *Pal. Mus.* a utilisé le témoignage de ce ms. pour la restitution du cantique de Jonas (t. XIV,

de ce manuscrit, contemporain du graduel et de même provenance, on citerait encore un graduel romain de la Vaticane [1], bien qu'il soit un peu plus récent : les dimensions des deux manuscrits sont à peu près identiques et le nombre de portées est le même de part et d'autre; la forme des neumes est semblable, mais le manuscrit de la Vaticane note le si bémol.

Ces diverses constatations s'accordent avec l'origine romaine de notre manuscrit. Et celle-ci se trouve singulièrement confirmée par les particularités de la version musicale. En effet, le graduel de Sainte-Cécile est, avec le Vatican. lat. 5.319, le Basilicanus [2] F. 22 et quelques autres, l'un des rares témoins de la version mélodique désignée sous les noms de « vieux chant romain », de « chant prégrégorien », etc.[3]. Ces mélodies diffèrent des mélodies grégoriennes proprement dites par leur caractère archaïque. Le problème de leur origine et de leur rapport avec les mélodies grégoriennes n'est pas élucidé : il fait actuellement l'objet de recherches. Le graduel de Sainte-Cécile doit être désormais considéré comme le plus ancien témoin de ce « vieux chant romain ».

Histoire du manuscrit.

C'est donc à Rome que le graduel Phillipps 16.069 a été écrit. Il a été copié et noté, en 1071, par le prêtre Jean, ainsi que l'atteste l'incription du dernier folio :

« *Hic tempore domni Alexandri papæ scriptus neumatusque est per Johannem presbyterum indic. VIIII antiphonarius iste.* »

Dans une *rota*, au bas de la même page, un collophon précise la date d'achèvement de la transcription :

Anno Domini millesimo LXXI
Indictione nona tempore Alexandri
secundi papæ mense mai, die XX
antiphonarius iste completus est.

---

p. 272-273) ainsi que pour celle de la prière d'Azarias (ib. p. 319). Sur les autres lectionnaires qui contiennent aussi ces cantiques, voir THOMASI, ed. VEZZOSI, tome V (1750), p. 341-342.

[1] Vat. lat. 5319 : cf. *Pal. Mus.* t. II, pl. 28; BANNISTER, *Mon. Vatic*, p. 136, n° 397 et tavola 81 a.

[2] Sur ce ms., cf. *Pal. Mus.* t. XV p. 96, n° 271; quelques mélodies ont été éditées d'après ce ms. dans *Rassegna gregoriana* I (1902) p. 127 et dans la *Revue du chant grégorien* XX (1912), p. 69, 107 et 119.

[3] Voir Dom R. ANDOYER, *Le chant romain antégrégorien* dans *Rev. du ch. grég.* XX, 1912, p. 71-75; 107-114; Dr Br. STÄBLEIN, *Zur Frühgeschichte des römischen Choral*, Mémoire présenté au Congrès international de Musique Sacrée tenu à Rome en mai 1950 et reproduit dans le volume des *Atti*. Le Dr. Stäblein estime que notre « grégorien » est le résultat d'une réforme musicale achevée sous le pontificat de Vitalien.

De la Bible de Sainte-Cécile, copiée en 1097, par ce même prêtre Jean, on déduit que le copiste appartenait au *titulus* de Sainte-Cécile-du-Transtévère et qu'il en était l'archiprêtre. C'est donc pour le service de cette Eglise que fut copié le graduel. L'absence du sanctoral de juillet à novembre ne permet pas de vérifier si un grand titre ou une lettre ornée précédait les textes pour la fête de Sainte-Cécile, au 22 novembre.

Un *ex-libris*, ajouté en cursive, sans doute au XIIIe siècle, confirme l'origine. Cet *ex-libris* a été en partie gratté, mais, grâce aux moyens modernes d'investigation, il a été possible de le restituer en son entier :

« *Iste liber est sanctæ (cecilie transtiberyn) de urbe fecit Johannes* » [1].

Le graduel de Sainte-Cécile est donc l'un des témoins d'un scriptorium qui semble avoir été particulièrement actif, puisqu'il a produit, vers la même époque, le graduel, la Bible, le lectionnaire et un peu plus tard un passionnaire [2]. Lorsque Dom Quentin revendique pour Rome toute une série de manuscrits, si proches les uns des autres par le format, l'écriture, l'ornementation et la destination, il convient de faire au Transtévère une place de choix parmi les ateliers qui les ont écrits et décorés.

Notre graduel porte témoignage de son usage liturgique au service de la basilique pour laquelle il a été copié. Des additions, en effet, qui peuvent se situer au XIIIe siècle, donnent les références nécessaires pour retrouver les pièces qui ne sont citées que par l'incipit, et indiquent les modifications apportées dans le choix des versets alléluiatiques (f. xxx v°, lxxxix v°, cvii).

---

[1] Les deux mots entre parenthèses avaient déja été grattés lorsque Domenico Georgi entreprit l'édition du ms. MM. Robinson ont eu l'amabilité de faire faire plusieurs agrandissements photographiques de l'*ex-libris*, les uns exécutés à la lumière ultra-violette et les autres avec filtre vert. Malgré les difficultés de lecture, il nous a été possible de restituer les deux mots manquants et de rétablir ainsi le texte : Iste liber est s(an)c(t)ae Cæciliæ transtiberyn de urbe.

Quelques lettres seulement des mots « cæciliæ transtiberyn » ont pu être vues avec certitude, notamment celles du second mot supprimé dont les boucles et les hastes avaient été mal grattées. D'autres lettres se devinaient à peine; le reste a été suppléé d'après l'espacement. Cette restitution ne fait toutefois aucun doute : les lettres et la longueur du premier mot gratté ne permettant pas de chercher une autre église dans le Transtévère. Enfin la mention de Jean, archiprêtre de sainte Cécile, dissiperait les hésitations qui auraient pu demeurer.

[2] Vat. lat. 5736 (XIIe s.) : nous n'avons pu examiner ce ms. dont l'étude devrait être entreprise en même temps que celle des nombreux passionnaires romains contemporains. Signalons aussi les Vat. lat. 6075 et 6076, copiés en 1601 sur deux très anciens mss. de Sainte-Cécile.

C'est vers la même époque qu'une écriture déjà humanistique indique, sur un grattage, la station du samedi *Sitientes* (f. LXII) à Saint-Nicolas-de-Carcere. La mention primitive était celle de Saint-Laurent-hors-les-Murs, où longtemps se fit le Scrutin de ce jour. Lorsque la discipline des Scrutins tomba en désuétude, on adopta une Station moins lointaine. Le changement se produisit au cours du XIIe siècle, si nous en croyons le témoignage de l'antiphonaire Basilic. B. 79, écrit dans la seconde moitié du XIIe siècle et où la Station à Saint-Nicolas figure de première main [1].

Nous perdons la trace de notre manuscrit pendant cinq siècles, du XIIIe au XVIIIe. Il resta probablement dans le Trésor de Sainte-Cécile. Mais il fut mis hors d'usage le jour où Nicolas III (1277-1280) supprima les anciens manuscrits de chant romains pour les remplacer par les livres franciscains [2]. Il eut cependant la bonne fortune de n'être pas détruit.

Au début du XVIIIe siècle, nous le trouvons dans la bibliothèque de Mgr Antonio Saverio Gentili, sans que nous puissions savoir si ce dernier l'a reçu directement de l'Eglise de Sainte-Cécile, ou s'il y eut des intermédiaires. Gentili naquit à Rome le 9 février 1681 d'une famille de Camerino. Après de solides études juridiques, il fut secrétaire de Mgr Altieri, évêque de Camerino, qu'il suivit à Rome lorsque celui-ci devint cardinal, puis Souverain Pontife sous le nom de Clément X. Sa carrière était ainsi assurée; sans détailler ici toutes ses charges [3], il suffit de rappeler qu'en 1727 il était promu au titre d'archevêque de Patra et qu'il recevait le chapeau en 1731. Il mourut le 13 mars 1753, laissant le souvenir d'un mécène profondément érudit, dont la maison s'ouvrait largement à tous les amis de la République des Lettres.

On s'explique ainsi que nous retrouvions aujourd'hui, dans un recueil de la Bibliothèque Nationale à Paris [4], deux pages d'extraits

---

[1] Edité par THOMASI, *Responsorialia et antiphonaria Rom. Eccl.* (Romæ 1686), p. C; *Opera omnia*, éd. Vezzosi, t. IV (1749), p. 81; cf. l'Ordo XVI de Mabillon, dans *P. L. LXXVIII*, c. 1370.

[2] Cf. Raoul de Rivo, *de can. obs.* prop. XXII (ed. MOHLBERG, II, 1915, p. 128). Le premier témoin de l'usage franciscain à Rome serait un Bréviaire noté, daté de 1235 : cf. *Pal. Mus.* t. XV, p. 96, nº 377.

[3] Pour plus de détails, voir les articles « Gentili » dans le *Dizionario di erudizione storico-ecclesiastica* de G. MORONI ROMANO, XXIX (1844), p. 14-16 et dans le *Grand dictionnaire historique* de MORERI V (1759), p. 141. Ajoutons que trois manuscrits du XVIIe s. ont appartenu au Cardinal Gentili et sont actuellement conservés à la Vaticane (fonds lat. nº 10.173, 10.265, et 10.248).

[4] Paris, Bibl. Nationale, lat. 17.177 (recueil de fragments rassemblés au début du siècle dernier), fol. 43. Sur cette copie, voir *Pal. Mus.* t. XIV, à la fin de la note 2 de la page 440.

copiés sur notre manuscrit, avec le collophon. La note suivante, en français, accompagne cette copie :

> « Tout ceci a esté copié et noté avec la dernière exactitude tant pour le caractère des lettres que pour la figure des notes sur un ancien manuscrit de l'année 1071 : comme le témoigne Jean prestre qui assure au bas du manuscrit qu'Il l'a escrit l'Indiction IX : sous le Pontificat du Pape Alexandre II : an : 1071.
>
> Ce manuscrit ce *(sic)* trouve aujourd'huy dans la bibliotèque de Monseigr Illme et Rme Gentili secre. de la Congon des Evêques et Réguliers ».

Par conséquent, le manuscrit a été consulté par un musicologue français [1] entre 1728, date de la nomination de Mgr Gentili à la Congrégation des Evêques et Réguliers, et 1731, car le copiste n'aurait pas manqué de signaler le titre cardinalice du propriétaire.

Il faut croire que Gentili attachait un intérêt particulier à son livre et qu'il le montrait volontiers. En 1744, le texte latin du graduel est intégralement publié par le liturgiste Domenico Georgi, dans son « de Liturgia Romani Pontificis in solemni celebratione missarum liber quartus... » (tome troisième de l'ouvrage), Rome MDCCXLIV, Typis Nicolai et Marci Palearini.

Sans qu'on puisse savoir par quelles mains passa le graduel à la mort du cardinal Gentili, on le retrouve mentionné dans un lot de « manuscrits provenant des archives de deux familles princières de Rome » achetées au milieu du siècle dernier par les libraires londoniens Payne and Foss.

Vendu aux enchères en 1860 et acheté par le bookseller Boone, le manuscrit fut acquis, un an plus tard, par le baronnet Phillipps qui lui donna le numéro 16.069. En 1862, Sir Thomas Phillipps transférait sa bibliothèque de Middlehill à Cheltenham. C'est là que le graduel fut consulté par Dom Baümer, alors qu'il préparait sa « Geschichte des Breviers » (le livre paraîtra en 1895). Cet auteur donne malheureusement une référence inexacte, le citant [2] sous le nº 16.059.

Il devait rester dans la collection Phillipps jusqu'à la dispersion complète du fonds. C'est par une supposition purement gratuite qu'on a voulu en attribuer la possession à Lord Crawford lors d'un

---

[1] Des recherches dans la correspondance et les papiers de J. P. Burette, de Dom Caffiaux, voire même de l'abbé Lebeuf apporteraient peut-être quelque lumière sur ce point de détail.

[2] *Geschichte des Breviers* (Freiburg in Br. 1895), p. 311; traduction française de Dom R. Biron, t. II (1905), p. 11, note 4.

récent Congrès de musicologie. En 1946, la Maison William H. Robinson acquérait le graduel de Sainte-Cécile avec tout le reliquat du fonds Phillipps [1].

Le graduel de Sainte-Cécile-du-Transtévère est à considérer comme un intéressant témoin de la vie romaine dans la seconde moitié du XIe siècle. Son écriture et sa décoration intéressent le paléographe et l'artiste; sa notation, et la version mélodique qu'il nous conserve, sont encore plus précieuses pour le musicologue, ainsi que le texte pour le liturgiste. Enfin, son origine et sa date, certaines, en font un document particulièrement précieux.

fr. Jacques HOURLIER, m. b.

fr. Michel HUGLO, m. b.

[1] Une série de monographies sur les collections de Sir Thomas Phillipps est préparée par les soins de MM. Robinson et de divers collaborateurs sous le titre « *Phillipps Studies* ». Le N° 1 est intitulé : *The Catalogue of manuscripts and printed books of Sir Thomas Phillipps. Their Composition and Distribution* by A. N. L. MUNBY.

II/2

• *Das Graduale von Santa Cecilia in Trastevere (1071), Codex Bodmer 74,* hrsg. von Max Lütolf. Band I: *Kommentar und Register* (224 p.). Band II: *Faksimile* (254 p.). Cologny-Genève, Fond. Bodmer, 1987. (*Bibliotheca Bodmeriana,* Reihe Texte, II). Prix: SFr. 240,-

Voici un siècle que deux collaborateurs de la *Paléographie musicale* découvraient dans l'Archivio di San Pietro deux manuscrits notés, un graduel et un antiphonaire qui, sur les textes de chant officiels, portaient des mélodies fort différentes de la « cantilène grégorienne ». Le problème de ce singulier répertoire musical fut reposé en 1950, lorsque Bruno Stäblein (*d.* 6 mars 1978) formula son hypothèse d'une seule et unique origine romaine pour les deux répertoires: le « vieux-romain » (*altrömisch*) contenu dans les deux mss de San Pietro, F 22 et B 79, et le « grégorien » partout répandu.

Fin 1951, Dom Jacques Hourlier (*d.* 16 septembre 1984) et moi-même découvrions le dépôt d'un nouveau témoin de ce mystérieux vieux-romain, le ms. Phillipps 16069, alors entre les mains de la firme Robinson, chargée de disperser peu à peu les collections de Sir Thomas Phillipps. Après avoir donné la description de ce graduel dans la *Revue grégorienne* de 1952, puis dans le Catalogue de vente n. 83 de William Robinson (London, 1953, p. 59-62), je procédais à un « ratissage » de la tradition manuscrite des chants de la messe et de l'office, afin de dresser un inventaire précis des mss et témoins indirects du « vieux-romain » (*Sacris erudiri* VI, 1954, pp. 96-124). C'est à cette époque que fusèrent de toutes parts les hypothèses plus ou moins vraisemblables sur l'origine de chacun de ces répertoires. Il devint alors évident qu'on ne pourrait trouver une solution valable du problème avant d'avoir étudié à fond les sources de ce chant vieux-romain. Aussi, en 1970 Bruno Stäblein publiait une transcription du graduel Vat. lat. 5319, précédée d'un inventaire commenté des sources historiques relatives à cette dichotomie de la tradition musicale des chants liturgiques. Enfin, en 1979, Paul F. Cutter comparait sur trois colonnes le répertoire de la messe du « vieux-romain » d'après le Vat. lat. 5319, le F 22 de l'Arch. di San Pietro et le graduel de Ste.-Cécile (cf. *Scriptorium* 35, 1981/2, p. 358). Malheureusement, l'A. ne put consulter directement ce dernier ms. qui avait été acquis par Martin Bodmer en 1953: il dut se contenter de l'édition de Giorgi (1744). Le refus de communication du graduel de la part de son nouveau possesseur se justifiait du fait que le projet d'une édition phototypique du graduel avait été lancé en 1960. Ce projet avait déjà trouvé un commencement de réalisation: je me souviens en effet d'avoir vu à Cologny en 1964 le tirage en sépia des planches de la phototypie. Cependant le prof. Franz Brenn, pressenti pour écrire la préface, était décédé depuis un an...

Le second volume, contenant le facsimilé du graduel, est judicieusement séparé du premier dans lequel le prof. Max Lütolf (Zurich) présente le ms. et retrace son histoire. Le facs. est donné en noir sur fonds gris: sa lisibilité a été accrue par retouche des clichés, afin d'effacer les taches mauves d'humidité du parchemin. Par contre, le contraste entre le côté poil (jauni) et le côté chair (blanc) du parchemin a disparu (cf. Bd. I, p. 14). Enfin, pour donner au lecteur une idée exacte de l'aspect réel du ms., les initiales à pleine page de Noël (f. 11v) et de Pâques (f. 79v) ont été reproduites en couleurs à leur place; en outre, l'éd. a donné dans le premier volume (p. 32, Taf. 1a) une planche en couleurs reproduisant le début de la messe du premier dimanche de Carême (f. 39v).

Après les préliminaires d'usage, l'A. présente avec minutie le manuscrit, son plan, son écriture, sa notation musicale, et enfin sa décoration. Comme particularités, il relève (p. 18-19) dans les rubriques l'indication de toutes les stations où doivent se célébrer les messes des fêtes et des féries: c'est là un indice de « romanité » indiscutable. Par contre, les tropes de l'Ordinaire (ou Kyriale) ainsi que le trope de la messe du jour de Noël impliquent des relations avec les répertoires des églises du nord de l'Italie et de la Provence (cf. *Corpus Troporum* 1, p. 165; 5, p. 89 et 183, que l'A. n'a pas cru devoir citer). Dans l'analyse de l'écriture, M. L. observe que le copiste n'est pas constant dans l'écriture des titres utilisant l'alphabet en capitale rustique, ni dans l'emploi des sigles contractés pour désigner les genres des chants, particulièrement pour le *Tractus* (p. 24): il en tirera plus loin les conséquences au sujet du copiste, le prêtre Jean, qui a daté et signé à la dernière page du ms.

La notation musicale est longuement décrite (p. 24-31): les neumes dits « de transition » qui détiennent leur ductus des neumes d'Italie centrale et à la fois de ceux de Bénévent sont étagés sur une portée de couleur précisant la place du demi-ton: ligne jaune réservée au do (avec clé C) et ligne rouge pour le fa (avec clé F). Ce système bien connu avait été préconisé par Guy d'Arezzo dans son *Prologus in Antiphonarium:* encore eût-il été opportun de rappeler ici que la première utilisatrice du procédé fut la Schola cantorum de Rome qui reçut les enseignements de Guy sous le pontificat de Jean XIX (1024-1033). Le graduel de Ste. Cécile est donc, sinon le plus ancien, du moins un des deux plus anciens témoins (avec Florence, B. Laur. 158) de la portée guidonienne tricolore.

La décoration du graduel se réduit à des initiales à entrelacs de dimension moyenne — une ou deux portées de la notation — et à trois initiales à pleine page: la première, aujourd'hui disparue, étant l'A du premier dimanche de l'Avent qui ouvrait le graduel, la seconde le P de *Puer* à Noël et la troisième le R de *Resurrexi* à Pâques. Leur composition, — des rinceaux à entrelacs dont les claire-voies sont teintées de rouge, de vert et de jaune — est identique à celle du graduel vieux-romain, Vat.lat. 5319 (Taf. 1b, p. 32) et à celle de divers autres mss de Rome ou d'Italie centrale: la Bible de Ste. Cécile (Vat. Barb. lat. 587: Taf. 2, p. 33); Oxford, Bodl. Libr., Add. D 104 (Taf. 3, p. 34), enfin Florence, B. Laur., 17.27 (Taf. 4, p. 35). Après comparaison du graduel avec quelques autres mss de Ste. Cécile identifiés par E. B. Garrison et par Ch. Stroux, l'A. croit pouvoir conclure que l'église Ste-Cécile du Transtévère possédait un scriptorium pour la transcription de ses propres livres liturgiques. Cette conclusion assez généreuse me semble dépasser quelque peu les prémisses recueillies en cours d'analyse et les conclusions du chap. 4 suivant, sur l'activité de deux ou même de plusieurs copistes pour la confection du graduel. En effet, les maigres indices tirés du changement de couleur d'encre (p. 41) et des variations de module (ex. f. 64r, en bas de page) ne semblent pas justifier l'hypothèse d'un scriptorium à l'ombre du titulus transtévérien. Le prêtre Jean, un des membres du nombreux clergé de Ste. Cécile (cf. p. 43), n'est pas un copiste professionnel: il ne respecte pas bien la hiérarchie des titres et sous-titres; il a une orthographe assez particulière (p. 39) et il lui arrive d'employer une fois le diminutif roman *prosunzola* au lieu de *prosa* (p. 17). Sans nul doute est-il obligé, comme beaucoup d'autres prêtres de paroisse au Moyen âge, de copier et de noter de sa propre main les livres liturgiques nécessaires au culte. Scn graduel et aussi peut-être son antiphonaire (cf. p. 49), du fait de leur qualité assez remarquable, survécurent à l'abrogation du chant vieux-romain que M. L. croit antérieure au pontificat du pape franciscain Nicolas III (cf. p. 47): il est en effet probable que le pape Victor III, auparavant abbé du Mont-Cassin et cardinal du titre de Ste. Cécile, qui supprima le chant bénéventain dans son ancienne abbaye (cf. *Bulletin codicologique* 1987, n. 238) ne dut pas être étranger à cette suppression du vieux-romain dans le *titulus sanctae Ceciliae ...*

La dernière page du graduel a reçu quelques additions au XIVe s. (p. 22), entre autres le texte de cette antienne *Mentem sanctam* (CAO 3, n. 3746) qui était parfois gravé sur la jupe des nouvelles cloches. Puis on perd la trace du ms. jusqu'au XVIIIe s., c'est à dire au moment où il parvint entre les mains de Mgr. Antonio Saverio Gentili: c'est alors, entre 1728 et 1731, qu'un érudit non identifié en prit copie (B. N. lat. 17177, f. 43-44, feuillets que M. L. scrute attentivement à la p. 48) à destination d'un collègue français. Le cheminement final du graduel jusqu'aux rives du Léman est soigneusement retracé, bien que le passage problématique du ms. dans la collection de Lord Crawford n'ait pas été entièrement élucidé.

L'histoire du graduel est suivie de la liste des nombreux mss cités dans l'introduction (p. 51-52) et d'une bibliographie exhaustive des travaux effectués sur le répertoire vieux-romain en général et sur ce graduel en particulier. La table analytique est dressée sur une cinquantaine de pages en concordance avec les deux autres graduels romains (Vat. lat. 5319 et S. Pietro F 22) et éventuellement avec d'autres fragments du vieux-romain épars dans la tradition manuscrite. Cette table analytique composée par informatique est ensuite « renversée » en table par genres (p. 114-141) et en table alphabétique (p. 144-224), toujours en concordance avec les deux autres mss cités et aussi avec référence à l'édition du Vat. lat. 5319 dans les *Monumenta monodica Medii Aevi,* II (1970).

Si les musiscologues et codicologues ont dû attendre longtemps la publication du graduel de Ste. Cécile annoncée dès 1960, ils peuvent se déclarer aujourd'hui entièrement satisfaits de la reproduction du ms. en facsimilé, de la minutie de l'analyse et enfin de l'objectivité impartiale de la présentation. C'est sur de tels travaux et non sur un fragile échaffaudage d'hypothèses que doit se fonder la recherche d'une solution du « Central Problem » posé par l'existence de deux ensembles mélodiques différents appliqués tous deux au même et unique répertoire liturgique romain.

III

Les diverses Mélodies du « Te decet laus »

A propos du Vieux-Romain

Le nature des rapports entre le chant transmis par les manuscrits en usage dans les basiliques de Rome aux XIIe et XIIIe siècles, et le chant conservé par la grande masse des manuscrits notés de l'Europe occidentale a été, à bon droit, qualifiée de « Central Problem of Gregorian Chant ».

Ce problème d'une double tradition mélodique pour chaque pièce se rencontre non seulement pour les chants du Graduel et de l'Antiphonaire, mais encore pour une hymne très ancienne, propre à la liturgie des diverses branches de l'Ordre bénédictin: l'hymne *Te decet laus.*

Pour cette pièce en effet, il existe une version commune, de type grégorien, et une version particulière, du genre de celle qu'on appelle communément « altrömisch »[1], ou encore, suivant Jammers[2] « die andere, abweichende ». Mais auparavant, il convient de retracer la « préhistoire » de cette hymne, c'est-à-dire l'origine de son texte.

---

1 Le terme « altrömisch » dû au Dr. B. Stäblein, désigne la tradition musicale spéciale transmise par cinq manuscrits notés (3 graduels et 2 antiphonaires) qui ont été en usage dans les églises romaines (Le Latran, St. Pierre et Ste. Cécile du Transtévère) : voir M. Huglo, *Le chant Vieux-romain* (Sacris erudiri VI) 1954, p. 96—124 ; H. P. F. Cutter, *The Question of the « Old-Roman » Chant : A Reappraisal* AMl 39, 1967, p. 2—20.

2 E. Jammers, *Musik in Byzanz, im päpstlichen Rom und im Frankenreich* (Abh. der Heidelberger Akad. der Wiss., Philos.-hist. Kl., Jg. 1962, 1. Abh.) Heidelberg 1962, S. 108.

Le *Te decet laus* est une des plus anciennes «hymnes» du christianisme, puispu'on la trouve — en grec — dans les *Constitutions Apostoliques*[3] qui datent probablement du IVe siècle:

Σοὶ πρέπει αἶνος	Te decet laus,
σοὶ πρέπει ὕμνος	te decet hymnus,
σοὶ δόξα πρέπει	tibi gloria,
τῷ Πατρί καὶ τῷ Υἱῷ	(Deo) Patri et Filio
καὶ τῷ ἁγίῳ Πνεύματι	cum Sancto Spiritu:
εἰς τοὺς αἰῶνας τῶν αἰώνων. 'Αμήν	in secula seculorum, Amen.

La version latine doit sûrement être ancienne, puisque la *Regula Monasteriorum* attribuée à saint Benoit de Nursie (vers 547), prescrit de la chanter après l'Evangile qui termine les Nocturnes des dimanches et fêtes: «legat Abbas lectionem de Evangelio: qua perlecta respondeant omnes *Amen* et subsequatur mox Abbas hymnus *Te decet laus*» (Reg., cap. XI).

Cependant, les premiers témoins du texte latin de l'hymne n'apparaissent que longtemps après les prescriptions de la Règle monastique: il s'agit naturellement de psautiers monastiques.

L'hymne *Te decet laus* se trouve d'abord dans les Psautiers monastiques qui suivent, pour les Psaumes, la version du *Psalterium Romanum*[4], version qui resta en usage dans la liturgie jusqu'au X—XIe siècles en Italie Centrale, bien plus tard en Italie du Sud et plus longtemps encore à Rome même (on sait que le chœur de la basilique St. Pierre du Vatican fut le dernier «bastion» qui maintint en pratique le *Psalterium Romanum!*). Ces Psautiers sont presque tous écrits en *littera beneventana:*

FIRENZE, Bibl.Laurenz.Plut. XVI 37 (XIes.) Benevento
LONDON, Brit.Mus. add. 18859 (XIIes.) Monte-Cassino
MONTE-CASSINO, Archivio della Badia 559 (XI—XIIes.) p. 139 (4*bis*)
PARIS, Bibl. Mazarine 364 (XIe ex.) Monte-Cassino, f.126
ROM, Bibl. Vat. lat. 84 (XIe) Nonantola.

— 4406 (XIIes.), f. 108 vo
— 4928 (ca. 1000) S. Sophia-de-Benevento f. 187 vo
Reg.lat. 13 (XIes.), f. 120
Urbin 585 (XIIes.), Monte-Cassino, f. 98

La seconde catégorie de témoins du texte du *Te decet laus* est constituée par les psautiers monastiques qui transmettent le *Psalterium Gallicum*, c'est-à-dire la version latine du Psautier, revue et corrigée par saint Jérôme sur le texte grec des Hexaples, mais utilisée dans la pratique liturgique seulement à la fin du VIIIe siècle, à l'Est et à l'Ouest du Rhin[5]: le plus ancien témoin contenant le *Te decet laus* semble être le ms. 20 de la Stiftsbibliothek de Saint-Gall[6].

Enfin, troisème groupe de témoins: les Psautiers triples ou quadruples qui placent en colonnes parallèles les diverses versions des Psaumes: text grec, Romanum, Gallicanum, juxta Haebreos.

---

3 Lib. VII, Kap. 48: Migne, *Patrol. greca* I, Sp. 1058; J. Pitra, *Hymnographie de l'Eglise greque*; Rome 1867, S. 36 ; W. Christ u. M. Paranikas, *Anthologia greca carminum christianorum*, Lipsiae 1871, S. 39 ; F. X. Funk, *Didascalia et Constitutiones Apostolicae* Paderborn 1905, S. 456. — L'hymne figure à l'*Horologion*. Elle a été traduite en syriaque par Paul d'Edesse (cf. F. Nau, *Patrologia orientalis* VII, 799).

4 Cette version du *Psalterium Romanum* était depuis le Moyen-Age attribuée à Saint Jérôme, mais Dom de Bruyne a démontré la fausseté de cette attribution : *Le problème du Psautier Romain* (*Revue bénédictine* 42) 1930, p. 101, 126. Cette opinion suivie par Lagrange (cf. *Revue biblique* 41, 1932, p. 161—186) est généralement admise aujourd'hui: cf. R. Weber, *Le Psautier Romain et les autres anciens psautiers latins*, Rome 1953, *Collectanea biblica latina* X, p. viij—ix.

4bis Ce Psautier contient bien le *Romanum* (et non le *Gallicanum*, comme indique le Catalogue) S. Weber, *op. cit.* S. xv.

5 A. Wilmart, *Smaragde et le Psautier* (Revue biblique 31) 1922, p. 350—359; B. Capelle dans Revue Bénédictine 37, 1925, p. 215; M. Schneider, *Die altlateinischen biblischen Cantica* (Texte u. Arbeiten der Erzabtei Beuron 29—30) 1938, S. 53.

6 Il n'est pas possible, en se servant des seuls catalogues de manuscrits, de déterminer si un Psautier contient l'hymne *Te decet laus*. Comme cette hymne est souvent transcrite à la suite du *Te Deum*, les auteurs des descriptions ne l'ont pas remarquée! J. Mearns, *The Canticles of the Christian Church Eastern and Western in Early Medieval Times*, Cambridge 1914, n'a pas toujours indiqué si l'hymne se trouvait bien dans les Psautiers analysés. . .

Ces psautiers d'étude, composés dans des monastères, donnent le *Te decet laus* à la suite du *Te Deum*, mais en latin seulement:

BAMBERG, Staatl. Bibl. lit.44 (A I 14), vers 909, f. 162[7]
PARIS, B.N. nouv.acq. lat.2195, ann.1105, Tournai, f. 117[8].

Ces préliminaires au sujet du texte nous aideront à mieux comprendre la répartition géographique des diverses mélodies qui se rencontrent dans la tradition des livres notés.

Si on écarte une mélodie récente, propre aux livres imprimés[9], on rencontre pour le *Te decet laus* trois types mélodiques nettement différents:

A — La version mélodique la plus répandue est celle qui se rencontre dans les antiphonaires et autres livres notés des diverses branches de l'Ordre bénédictin (chartreux, cisterciens, Olivétains etc.), en France, en Italie du Nord et en Allemagne.

Cette mélodie commence par une intonation classique en 7e mode, qui — en raison de la loi « Même mot entraine même mélodie »[10] — se trouve identique à celle d'un verset d'alleluia pour les dimanches après la Pentecôte:

HYMN. Te de- cet laus...
All. ℣. Te de- cet hymnus

(Remarquons des variantes sur la place du podatus d'ornement dans les éditions actuelles)

Cette mélodie se rencontre dans les manuscrits suivants (parfois seul le début de l'hymne est noté):

ANGERS, Archives du Maine-et-Loir, fragments d'antiphonaire du XIIIes.
— Bibl.Municipale 100(92), Evangéliaire du XIIIes., f. 171
BAMBERG, Staatl. Bibl. lit. 46, Evangéliaire de 1503
BOURGES, Bibl.Munic. 27 (26*bis*), Psautier de Chezal-Benoit, f. 166
CAMBRIDGE, Magdalene Coll. F.4.10 (XIII—XIVe), Antiphonaire, p. 131
FIRENZE, Bibl.Laurenziana, Conv.soppr. 292 (XIIes.) f. 90v
GRANDE-CHARTREUSE 808 (XIIIes.) Antiphonaire cartusien, p. 244
KÖLN, Stadtarchiv W.107 (XVes.) Hymnar, p. 109
LE MANS, Arch. de la Sarthe, fragm. d'antiphonaire du XIIIes.
MOUNT-MELLERAY 469 (XIIes.) Antiphonaire cistercien, f. 12
PARIS, B.N.lat. 8882 (XIVe.) Antiphon.cistercien f. 144
12066 (XIIIes.) Evangéliaire de St.Maur, f. 126 (neumes)
16662 (XIIIes.) fonds Sorbonne: traités (f. 81)
n.acq.lat.1410 (XIIIe) Antiph.cist.Morimondo, f. 167
4112 (XIIIe) f. 189

7 Le Psautier quadruple d'Essen a été copié sur celui de Bamberg, mais nous n'avons pu savoir s'il contenait aussi notre hymne.

8 Le modèle de ce Psautier serait celui de St.-Amand (Valenciennes, Bibl. Mun. 14).

9 Une mélodie du premier ton se rencontre dans quelques processionaux manuscrits du XVII e s.: *Processionale Cluniacense* (1632), f°CXII; *Processionale . . . S. Vitoni & Hydulphi* (1636); *Processionale Congregationis S. Mauri. . .* (1749). — Cette mélodie « récente » a été reprise dans les éditions modernes de l'*Antiphonale Monasticum*, Solesmis 1891, 1935. Sur cette mélodie, voir J. Pothier, *Deux chants pour l'hymne Te decet laus* (Revue du chant grégorien 21) 1913, p. 161—169.

10 Sur cette « loi de centonisation » suivie par tous les répertoires anciens, voir M. Huglo, *Fonti e paleografia del canto ambrosiano*, Milano 1957, p. 65 n. 29 et p. 146; (Revue grégorienne 30) 1951, p. 40 (pour le chant byzantin). Dans le chant vieux-romain, cette loi de centonisation est beaucoup moins poussée que dans le grégorien: l'étude comparative des deux répertoires sur ce point est riche d'enseignements.

PARKMINSTER, A.33 (XIIIes.) Graduel cartusien avec quelques hymnes
ROME, Vallicel. C.105 (XVe) Directorium chori
SAINT-OMER, Bibl.Munic.58 (XVes.) Evangél.cartusien
SALZBURG, St.Peter a XI 6 (XIV—XVes.) Directorium chori, f. 110
VALENCIENNES, B.Mun. 121 (Cat.128), Evangéliaire de St.Ghislain, f. 288
WORCESTER, Chapter Libr. F.160 (XIIIes.) Antiphonaire: facsim. dans Paléogr.Musicale,t.XII,1922, S.6.

Ainsi, cette mélodie «A» appartient tant par son style de composition que par sa zone de diffusion au « grégorien » proprement dit.

B — Une deuxième mélodie se rencontre dans un seul témoin, un antiphonaire de Silos, transcrit en écriture wisigothique et noté en neumes wisigothiques du Nord, de l'Espagne à la fin du XIe siècle[11].

Cet antiphonaire est l'un des rares témoins[12] qui offre cette particularité de transmettre les mélodies au moyen d'une écriture et d'une notation réservées jusqu'alors au répertoire liturgico-musical hispanique, supprimé par décision pontificale à la fin du XIe siècle.

Ce manuscrit de transition, qui note les mélodies grégoriennes habituelles avec des neumes mozarabes, donne pour le *Te decet laus* une mélodie qui, si l'on en juge par la tendance diastématique des neumes, ne semble se rattacher ni au premier groupe ni au suivant:

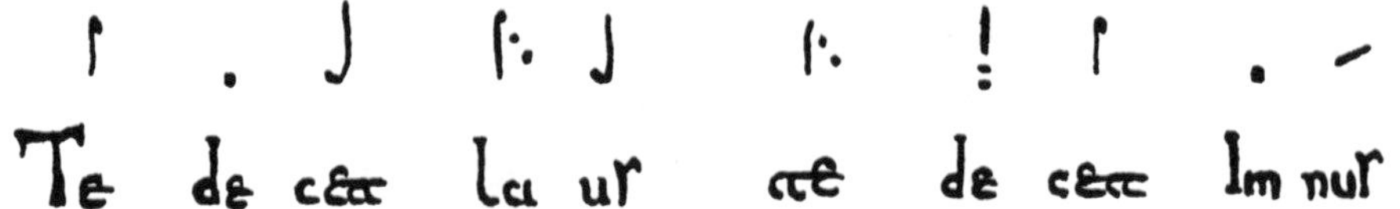

Il est possible qu'une ancienne mélodie mozarabe propre aux monastéres bénédictins d'Espagne a survécu, grâce à ce manuscrit: il faudrait en retrouver la traduction dans un manuscrit diastématique aquitain d'Espagne[13].

C — Une autre mélodie, d'un style très différent de A, est conservée par quelques manuscrits d'Italie Centrale et d'Italie du Sud: elle est caractérisée par la reprise du même motif mélodique pour les diverses incises de l'hymne:

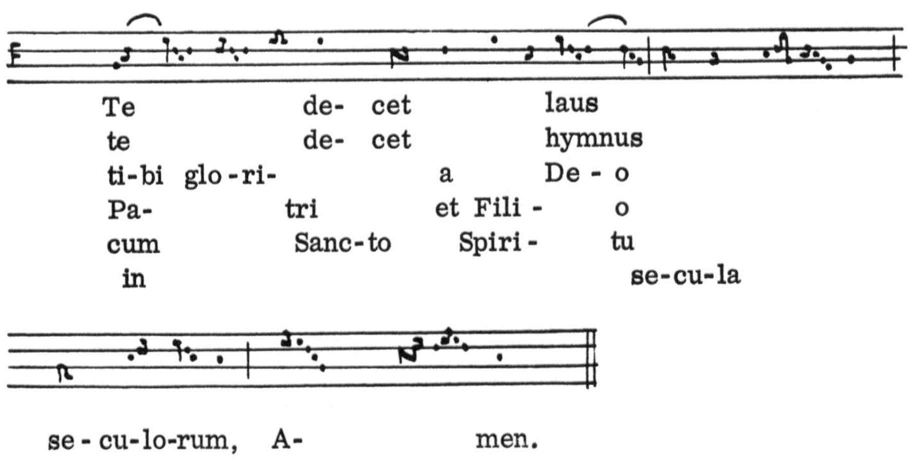
Te de- cet laus
te de- cet hymnus
ti-bi glo-ri- a De - o
Pa- tri et Fili - o
cum Sanc-to Spiri - tu
in se-cu-la
se - cu-lo-rum, A- men.

11 London, Brit. Mus. add. 30850: S. R. J. Hesbert, *Corpus antiphonalium Officii* II, Roma 1965, S. XVII—XIX
12 Le ms. add. 30840 est un Bréviaire monastique, écrit et noté comme le ms. add. 30850.
13 L'antiphonaire aquitain de Silos, du XIIe siècle, écrit pour Cella Nova, ne contient pas l'hymne en question.

Ce genre de composition n'a rien à voir avec le grégorien classique: la mélodie ne comporte ni intonation, ni développement des structures tendant vers un *apex* mélodique, ni formule de conclusion, mais une seule et unique formule reprise à chaque incise jusqu'à la fin du texte.

Cette mélodie est conservée par les manuscrits suivants:

BOLOGNA, Univ. 2247 (XIIes.), Sacramentaire de Gorgone, f. 127 v
FIRENZE, Bibl. Laurenz. Conv. Soppr. 292 (XIIes.) f. 90v (2è intonation)
LUCCA, Bibl. Capitolare 628 (XIIes.) Hymnaire de la région de Lucca, p. 4
NAPOLI, Bibl. Nazionale XVI A 7 (S. Martino 11) — XIIes. ex. f. 16 v° (v. R. Arnese, *I codici notati della B. N. di Napoli*, 1967, p. 64)
ROMA, Bibl. Vallic. C. 13 (XIIes.) Antiph. S. Eutizio di Norcia, f. 92.

En somme, c'est en Italie Centrale et en Italie du Sud que cette mélodie s'est chantée, c'est-à-dire dans la zone même où le Vieux-Romain et le Vieux-Bénéventain étaient en usage avant l'introduction du chant grégorien[14].

De fait, si on cherche dans quel répertoire un système de composition aussi pauvre et aussi désuet a été employé, c'est bien dans la direction de l'Italie Centrale et méridionale qu'il faut se tourner.

Dans l'ancien bénéventain, ce mode indigent de composition, réutilisant sans cesse les mêmes formules[15], a été plus d'une fois employé.

De même, dans une antienne, appartenant à un ancien répertoire d'Italie Centrale, *Hic est Agnus*[16] qui est d'un style de composition analogue, réutilisant sans fin la même formule mélodique.

Le Vieux-Romain, quoique plus varié dans sa composition, a plusieurs fois employé ce système de répétition de la même formule; non seulement dans les passages de récitations à l'intérieur d'une pièce, où les successions de podatus[17] ou de torculus[18] ont été fort heureusement remplacées — dans le grégorien — soit par une simple récitation à l'unisson, soit par d'autres formules: ainsi, la succession de podatus qui se retrouve dans plusieurs introïts en *ré*, dans le Vieux-romain[19] a été remplacée, dans le grégorien, par le groupe d'intonation classique placé sur le premier accent tonique.

Ce genre d'intonation qu'on retrouve transposée une quarte plus haut dans nombre d'intonations grégoriennes du 7e mode — justement dans le ℣ *Te decet hymnus* — est presqu'inusitée en Vieux-romain.

Ainsi, par sa diffusion manuscrite comme par son style mélodique, la troisième mélodie (C) de l'hymne *Te decet laus* rejoint la très ancienne famille des répertoires italiques, qui groupe le Vieux-bénéventain et le Vieux-Romain.

Nous retrouvons ici, à propos de cette hymne, la division constante des répertoires en deux familles: d'une part, le Vieux-Romain, établi dans la région de Rome, ainsi qu'il ressort de la diffu-

14 Là aussi, le *Psalterium Romanum* a résisté longtemps à la pénétration de plus en plus pressante du *Psalterium Gallicanum* dans la liturgie de l'office.

15 Voir les exemples dans Paléographie Musicale XIV, p. 276—277; 362—363; 366—36? Dans l'art. *Alleluia* (MGG I Sp. 338), le Dr. B. Stäblein remarque qu'une seule formule mélodique sert pour tous les alleluia de l'ancien répertoire bénéventain.

16 Cette antienne a été éditée dans mon article *Antifone antiche per la Fractio panis* (Ambrosius XXXI [Milano 1955], S. 93).

17 Comme dans l'ancien bénéventain: voir l'ingressa bénétentaine du Jeudi-saint *Postpuam surrexit* (Paléographie Musicale XIV, p. 276). Pour le Vieux-Romain, voir par ex. les mots *et revereantur* du verset de l'offertoire *Domine in auxilium* (Genève, Ms. Bodmer, f°51)

18 Les exemples de succession de torculus sont trop nombreux pour être énumérés ici. Voir E. Jammers, *Der Choral als Rezitativ*, AfMw XXII, 1965, S. 150.

19 *Statuit, Factus est, Justus es, Da pacem* (Vat. lat. 5319, ff. 26, 113v, 130, 130v).

sion manuscrite[20] et de certains détails d'organisation[21]; d'autre part, le grégorien, hors de Rome, non seulement en raison de la diffusion manuscrite, mais encore à cause d'un nombre assez considerable de variantes psalmiques qui ne peuvent avoir vu le jour dans la Ville éternelle où seul le *Psalterium Romanum* était en usage[22].

Le Vieux-Romain aurait été, suivant l'ingénieuse hypothèse de Smits van Waesberghe[23], au même titre que le grégorien, en usage à Rome même: mais le premier représenterait le chant des clercs et de la Schola, tandis que le second (le grégorien) serait le chant des monastères basilicaux romains. Mais, dans cette hypothèse, on ne conçoit pas bien pourquoi nous avons rencontré une mélodie de style archaïque, proche du Vieux-romain pour le *Te decet laus*, — hymne essentiellement monastique, inconnue du clergé séculier, — alors que la seule version grégorienne (A), aurait suffi aux moines, qui — dans l'hypothèse de Smits van Waesberghe — n'utilisaient que le chant grégorien...

La thèse de la cohabitation des deux répertoires à Rome même, plus ingénieuse que solide[24], va à l'encontre des données de la tradition manuscrite. L'étude des deux versions mélodiques du *Te decet laus* remet en lumière les deux positions en présence: le chant Vieux-Romain en usage à Rome même et dans les évêchés suburbicaires, en même temps que le *Psalterium Romanum*; le chant grégorien, plus évolué, plus affiné, au dela de Rome.

Le problème le plus difficile ne réside pas dans cette constatation, mais dans la nature et les sens des relations des deux répertoires et dans la question de l'origine — dans le temps et dans l'espace — du chant dit « grégorien ».

Zusammenfassung

Der Hymnus *Te decet laus*, welcher der Liturgie der verschiedenen Zweige des Benediktinerordens zugehört, ist einer der ältesten bekannten Gesänge der Christenheit, da er in griech. Fassung bereits in den wohl aus dem 4. Jhd. stammenden Apostolischen Konstitutionen erscheint und seiner lat. Fassung in der dem hl. Benedikt zugeschriebenen Klosterregel ein fester Platz im Offizium zugewiesen wird. Abgesehen von einer in Drucken überlieferten neueren und einer singulär in Spanien bezeugten Melodie, verdienen zwei Überlieferungen besonderes Interesse. Die eine (A) ist die verbreitetste; sie gehört in Stil und Verbreitungsgebiet dem Bereich der „Gregorianik" zu. Die andere (C) findet sich in einigen Quellen Mittel- und Süditaliens und ist der von der altbeneventanischen und altrömischen Tradition gebildeten Repertoirefamilie zuzurechnen. Smits van Waesberghes Hypothese, wonach altrömischer und gregorianischer Gesang in Rom nebeneinander bestanden hätten, der erste im Gebrauch des Klerus und der Schola, der zweite in der Praxis der römischen Hauptklöster, findet in der handschriftlichen Überlieferung keine Stütze. Im vorliegenden Fall zeigt sich eine deutliche Scheidung, mit der auch der Kreis der Traditionen von neuem fixiert wird: in Rom und in den zu Rom gehörigen Diözesen steht der altrömische Gesang in Gebrauch, der gregorianische dagegen außerhalb Roms und seines engeren Einflußbereichs. Die Frage nach dem Verhältnis der beiden Repertoires zueinander und nach der Herkunft des „gregorianischen" Gesangs ist nach wie vor offen. *Günter Birkner*

20 Voir mon étude citée de *Sacris erudiri* 1954 et celle de P. F. Cutter (AMl 39, 1967, S. 2—20) et aussi B. Stäblein, *Der altrömische Choral in Oberitalien und im deutschen Süden*. Mf XIX, 1966, S. 3—9.

21 Le cas de la fête du 20 janvier est particulièrement caractéristique: les graduels vieux-romains (et les sacramentaires) donnent pour cette fête deux formulaires, l'un pour le pape Fabien l'autre pour le martyre Sébastien, parce-que les deux stations romaines de ce jour étaient distincts: l'une se tenait au cimetière de Calliste, l'autre ad Catacumbas. Dans tous les graduels grégoriens au contraire, les deux saints sont fêtés ensemble, avec le même formulaire, ce qui semble impliquer que le graduel grégorien aurait été rédigé hors de Rome...

22 Au moins jusqu'au XIIIe siècle, époque où les Franciscains introduisirent le *Gallicanum*. L'introduction de variantes gallicanes dans le grégorien n'est pas un argument suffisant, pour le Dr. Stäblein *(Kann der greg. Choral in Frankreich entstanden sein?* AfMw XXIV, 1967 157), pour affirmer l'origine non romaine du grégorien. Cette question des variantes gallicanes exige une enquête spéciale sur laquelle nous espérons revenir.

23 *The two Versions of the Greg. Chant* (VIth. Congress of the IMS, Oxford 1955 : Masch.). — *Zum Aufbau der Grossalleluia in den päpstlichen Ostervespern* : Essays presented to Eg. Wellesz, Oxford 1966, S. 48—73.

24 E. Jammers, *Musik in Byzanz*... S. 112—113, a combattu la thèse de Smits van Waesberghe.

IV

Les antiennes de la Procession des Reliques : Vestiges du chant « Vieux-Romain » dans le Pontifical.

Dans l'extrait du Pontifical intitulé *Ritus consecrationis Ecclesiæ... cum cantu gregoriano* (Desclée 1925), figurent deux mélodies pour plusieurs des antiennes de la procession des Reliques : une des deux versions est insérée dans le texte et l'autre est rejetée en Appendice. Si l'on se reporte au *Pontifical Romain*, on constate que la première version du livret n'y figure pas. Quelle explication donner à ces divergences? L'histoire de la restauration des mélodies de la Dédicace va nous l'apprendre.

La révision des mélodies du Pontifical fut entreprise à Solesmes vers 1900. Dans ce but, furent recherchés les manuscrits qui pouvaient utilement servir à cette révision. Bien vite, un certain nombre de divergences furent constatées, en particulier pour les antiennes de la Dédicace. Le 14 avril 1901, Dom A. Gatard, qui explorait les Pontificaux du British Museum, en rendait compte à Dom Mocquereau : « ... J'ai remarqué des particularités qui eussent été intéressantes à étudier... par exemple deux versions totalement différentes de la même antienne et une troisième comme intermédiaire, empruntant à l'une et à l'autre des deux premières ».

Les deux versions divergentes furent restituées pour le *Ritus consecrationis* de 1903, mais la préférence fut donnée à l'une des deux, suivant le principe énoncé par Dom Mocquereau : « Si rien d'intrinsèque ne vient... finalement déterminer un choix critique entre diverses mélodies et qu'il s'en trouve une romaine parmi celles entre lesquelles l'hésitation persévère, c'est à la mélodie romaine que nous donnons la préférence? C'est notamment le parti auquel nous nous sommes arrêtés pour les chants du Pontifical »[1].

Que faut-il entendre par cette expression de « mélodie romaine » à laquelle Dom Mocquereau a donné ses préférences dans l'édition du *Ritus consecrationis ?* Telle est la question qui se pose et à laquelle il n'est possible de répondre qu'après avoir brièvement retracé l'histoire de notre Pontifical actuel. Les éléments de ce résumé seront empruntés aux éditions du *Pontifical romain au Moyen Age* de Mgr Michel Andrieu [2].

Le Pontifical est une compilation entreprise au IXe siècle, dont les éléments ont été empruntés à d'autres livres liturgiques plus anciens : ses oraisons viennent des sacramentaires, ses chants de l'antiphonaire et ses rubriques des *Ordines*.

Le plus ancien ancêtre de notre Pontifical romain actuel est le recueil composé à Saint Alban de Mayence dans la seconde moitié du Xe siècle et désigné sous le nom de « Pontifical romano-germanique ». A la liturgie romaine, il combine en effet des usages locaux et des usages francs. C'est ainsi que pour les cérémonies de la Dédicace, on constate dans ce recueil la fusion des rites romains, qui comportent notamment une solennelle translation de reliques, et des usages francs.

Le Pontifical romano-germanique se diffusa partout et fut même introduit à Rome sous l'influence des clercs et des Papes allemands, dès la fin du Xe siècle. Ce document forme la source directe d'une recension plus large désignée du terme de « Pontifical romain du XIIe siècle ».

En réalité, ce Pontifical du XIIe siècle n'a pas vu le jour à Rome. Les clercs romains n'ont fait qu'adapter aux nécessités du cérémonial et des traditions de la Curie un modèle d'origine étrangère. Le Pontifical romain du XIIe siècle ne nous est connu que par cinq manuscrits dont un seul, le Vatic. Barberini 631 originaire du Mont-Cassin, comporte une notation musicale.

Le Pontifical du XIIe siècle fut entièrement refondu au début du siècle suivant à Rome même. Tous les exemplaires du nouveau type,

---

[1] *Rassegna gregoriana*, III, 1904, col. 244.

[2] *Studi e Testi*, vol. 86 (1938), *Le Pontifical romain du XIIe siècle ;* vol. 87, *Le Pontifical de la curie romaine au XIIIe siècle ;* vol. 88, (1940), *Le Pontifical de Guillaume Durand.*

qu'ils appartiennent à la recension longue, à la recension abrégée ou à la recension mixte, dérivent d'un même ancêtre établi à l'époque d'Innocent III, au début du XIIIe siècle, au sein de la Curie romaine : ce nouveau type est intitulé *Pontificale secundum usum et consuetudinem Romanæ Curiæ*. L'édition est établie d'après quatorze manuscrits du XIIIe ou du XIVe siècle.

C'est dans cette recension romaine du Pontifical que l'on rencontre la version mélodique qualifiée de romaine par Dom Mocquereau, pour trois des antiennes de la procession des reliques.

Dans les sept plus anciens manuscrits du Pontifical de la Curie — et probablement dans les sept autres témoins que nous n'avons pu contrôler — c'est toujours cette mélodie « romaine » qu'on retrouve pour les deux antiennes *Cum jucunditate* et *Ambulate* ainsi que pour l'antienne *Ecce populus* disparue des livres actuels :

Ecce populus custodi- ens iu- di-ci- um et faci- ens ve-ri-
ta- tem, in te sperave- runt Domine usque in eternum : vi- am
justorum recta facta est et iter sanctorum prepara-tum est.

Ces mêmes mélodies figurent encore dans d'autres Pontificaux de la Curie non collationnés par l'éditeur : British Museum, Add. 33. 377 (écrit en 1325) et Plaisance, Bibl. Capitulaire 32 (XVe s.).

Il est important de signaler que ces mélodies « romaines » sont attestées à Rome même un siècle avant la composition du Pontifical de la Curie : on les trouve déjà, en effet, à la fin du Graduel Vat. lat. 5319, du XI-XIIe siècle, écrit pour une basilique romaine. Ce graduel est un témoin du chant « vieux-romain », c'est-à-dire du répertoire mélodique antérieur à notre grégorien et dont l'existence se trouve attestée dans plusieurs églises romaines jusqu'au XIIIe siècle [1].

Ainsi, c'est le Pontifical de la Curie romaine [2] qui a mis en circulation les trois antiennes de la procession des reliques suivant la version du vieux chant romain.

---

[1] Voir *Revue Grégorienne*, 1952, p. 26-37.

[2] Dans le Vat. Barberini 631, unique témoin noté du Pontifical romain du XIIe siècle, on relève pour nos antiennes la mélodie grégorienne.

Le Pontifical de la Curie demeura en usage durant tout le XIIIe siècle, et les Papes, durant leur séjour en Avignon, continuèrent de s'en servir. Des prélats français le firent copier pour leur usage personnel. Mais cette recension romaine subissait la concurrence de deux séries de Pontificaux alors en usage : d'une part, le Pontifical de Guillaume Durand, évêque de Mende, dont la compilation se fixe entre les années 1293 et 1295, et d'autre part, les diverses formes locales de Pontificaux.

Il s'ensuivit une large contamination de textes et de mélodies ainsi que le montre l'analyse de deux manuscrits du British Museum : Add. 39. 677 (Pontifical de Durand) et Add. 39. 760, qui donnent tous deux la mélodie du « vieux-romain » pour l'antienne *Ambulate* et la mélodie grégorienne pour l'antienne *Cum jucunditate*. Cependant, la plupart des exemplaires du Pontifical de Durand adoptèrent la mélodie grégorienne pour ces deux antiennes tandis que la troisième, *Ecce populus*, devait bientôt tomber en désuétude.

Le Pontifical de Durand de Mende est l'ancêtre immédiat du *Pontifical romain*, car les remaniements postérieurs subis par ce livre liturgique ne portent que sur des détails. Les premières éditions imprimées à partir de 1485 et les suivantes continuèrent évidemment la même tradition mélodique du manuscrit utilisé pour l'édition. C'est la version grégorienne qu'on y trouve.

Le classement des manuscrits du Pontifical explique donc la question mélodique d'apparence complexe des antiennes de la procession des reliques. L'édition critique des diverses formes du Pontifical permettrait éventuellement une meilleure restauration des mélodies de ce livre liturgique. Mgr Andrieu ayant toujours pris soin d'indiquer dans l'apparatus de ses éditions les pièces notées, la paléographie musicale saura en tirer de précieux bénéfices dans son domaine particulier.

V

LES MANUSCRITS NOTÉS DU DIOCÈSE D'AQUILÉE

« Pour analyser la tradition liturgique d'un diocèse, il faut partir de ses premiers missels et bréviaires imprimés pris comme terme de comparaison, pour remonter vers les plus anciens manuscrits de la même tradition locale ». Ce conseil, dû à la riche expérience de Dom Gabriel Beyssac († 6 août 1965), vérifié maintes fois par le Chanoine Leroquais, par Robert Amiet et par bien d'autres chercheurs, pourrait évidemment s'appliquer à l'étude de la tradition liturgique de l'ancien patriarcat d'Aquilée, étant donné que plusieurs missels et bréviaires imprimés avant l'adoption du rit romain en 1596, subsistent encore aujourd'hui (1). Cependant pour les musicologues, une voie de recherche encore plus directe est ouverte : elle revient à identifier les livres de chœur notés, Antiphonaires, Graduels, Psautiers notés en usage dans la basilique patriarcale antérieurement à la suppression du diocèse par Benoît XIV, le 6 juillet 1751, sous la pression politique de Venise. En effet, l'Inventaire des *codices* liturgiques, des ornements, des calices et autres objets liturgiques en usage au début du xve siècle et la liste des livres conservés dans la Bibliothèque du Chapitre, avait été dressé par acte notarié le 11 janvier 1408 : quoique cette pièce importante de l'Archivio Capitolare d'Udine ait été publiée depuis longtemps (2), aucun musicologue n'a songé à identifier les *codices* notés en usage des deux

(1) Vincenzo Joppi, *De' libri liturgici a stampa della Chiesa d'Aquileja*, dans *Archivio Veneto*, XXXI (1886), p. 225-273 ; Francesco Spessot, *Libri liturgici Aquileiesi e rito patriarchino*, dans *Studi Goriziani*, XXXV (1964), p. 77-92 (à propos de la reproduction à Bruxelles du Missel d'Aquilée imprimé à Venise en 1519).

(2) Vincenzo Joppi, *Inventario del Tesoro della Chiesa patriarcale di Aquileia*, dans *Archivio storico per Trieste, l'Istria e il Trentino*, Vol. 2 (Roma, 1882), fasc. 1, p. 1-18.

côtés du chœur *a latere decani* et *ab alio latere chori*, livres notés qui doivent être considérés comme les témoins les plus sûrs de la tradition liturgico-musicale d'Aquilée et comme la pierre de touche des quelque 250 manuscrits liturgiques actuellement conservés (3). Les chercheurs italiens et étrangers ont en effet puisé leurs informations dans les manuscrits les plus facilement accessibles d'Udine et de Cividale, en supposant de bonne foi qu'ils représentaient la tradition du patriarcat... J'ai moi-même suivi cette voie, sans jamais comprendre d'où pouvaient bien provenir les divergences constatées entre les diverses listes de pièces d'un même diocèse (4). La situation est désormais plus claire, car l'inventaire de 1408 signalant les *Incipit* et les *Finit* (ou *Explicit*) de presque tous les livres de chœur, il nous a été possible, à Dom Gilberto Pressacco, Maître de Chapelle de la cathédrale d'Udine, et à moi-même, d'identifier les principaux livres choraux de l'antique basilique d'Aquilée. En effet, à la suite de la suppression du diocèse d'Aquilée en 1751, les livres liturgiques et les objets sacrés furent partagés entre les bibliothèques ecclésiastiques de Görz (Gorizia) (5), qui dépendait alors de l'empire d'Autriche, et l'Archivio Capitolare d'Udine (6), tandis que deux manuscrits cotés B et C demeurèrent dans la basilique patriarcale jusqu'à la seconde guerre mondiale (7).

A Gorizia, les grands livres de chœur furent répartis quelques temps dans des familles de la ville, où ils subirent de la part des enfants des lacérations et des ablations d'initiales : ils ont été maintenant magnifiquement restaurés pour être conservés dans un coffre ignifugé de la bibliothèque du Seminario (8). Leur identification grâce à l'inventaire de Joachim de Merlatis est fort intéressante pour la codicologie, car nous pouvons prendre connaissance de l'état exact de la bibliothèque liturgique d'Aquilée en janvier 1408 : d'une part, en effet, le corps de ces livres décorés et notés est antérieur à 1408, d'autre part, l'explicit relevé à ce moment a été « dépassé » par des additions de cahiers complémentaires ou seulement par la transcription de pièces de chant plus récentes (9) : quelle aubaine pour l'étude de l'écriture, de la notation musicale et de

(3) Aux manuscrits conservés à Cividale, Gemona (déposés à Udine depuis le tremblement de terre du 6 mai 1976), Gorizia, San Daniele del Friuli et Udine, il faut ajouter ceux qui ont émigré à Berlin, Staatsbibliothek, Mus. ms. 40608 (Graduel avec les séquences incorporées, 212 + 20 ff., 360 × 240 mm., belles initiales peintes et notation carrée sur 4 lignes rouge noires et jaune) ; Oxford, Bodleian Library Canonici liturg. 319, 339, 340 (Moggio), 346 (Moggio), 360 et 370 ; Vatican, Rossi 76 (Lainz VIII.18), Graduel de 256 ff. 165 × 108 mm., décrit par Mgr. Pierre Salmon, *Les mss liturgiques latins de la Bibliothèque Vaticane* ; II, *Sacramentaires, Epistoliers, Evangéliaires, Graduels, Missels*, Città del Vaticano, 1969, p. 81, n° 176 (*Studi e Testi*, 253). Les deux graduels de Vienne, Ö.N.B., Cpv 1821 et 13314, parfois présentés comme originaires d'Aquilée, ont été écrits respectivement pour Michlbeuern (?) et Seckau : cf. *Le Graduel romain*, t. II, *Les Sources* (Solesmes, 1967), p. 151-152.

(4) Michel Huglo, *Liturgia e Musica Sacra Aquileiese*, dans *Storia della Cultura Veneta dalle Origini al Trecento* I, Vicenza, 1976, p. 312-325, particulièrement le tableau final de la p. 325. Dans le catalogue de Cesare Scalon, *La Biblioteca arcivescovile d'Udine*, Padova, 1979 (*Medioevo e Umanesimo*, 37) on pourra remarquer les mêmes divergences dans le détail des listes.

(5) Francesco Spessot, *I codici liturgici Aquileiesi di Gorizia*, dans *Studi Goriziani*, VIII (1930), p. 3-8. Hans Folnesics, *Die illuminierten Handschriften in Dalmatien*, Leipzig, 1917 (*Beschreibendes Verzeichniss der illuminierten Handschriften in Österreich*, VI), p. 55-79.

(6) Luigi De Biasio, *Schede bibliografiche dei « Codici » dell'Archivio Capitolare di Udine*, dans *La Miniature in Friuli* (Milano, 1970), p. 193-199.

(7) Francesco Spessot, *I Codici liturgici della Basilica Aquileiese*, dans *Aquileja nostra* II, 1931, c. 35 ; H. Folnesics, *Die illuminierte Hds.*, p. 79, n° 71 (désigné par A et non par B comme Spessot).

(8) On trouvera quelques éléments d'information sur la bibliothèque du Séminaire dans Silvano Cavazza, *Catalogo del Fondo antico della Biblioteca del Seminario di Gorizia*, Firenze, 1975, bien que cet ouvrage concerne en premier lieu les imprimés.

(9) A titre d'exemple, citons le Codex A qui comporte un quaternion additionnel : « *in eo insertus est unus quaternus Istoriae SS. Helari et Taciani* ». Effectivement, cet office propre figure au f. 398 dans un cahier additionnel, suivi lui même d'autres suppléments. Dans le Codex F, un graduel, il manque les deux pages du début, mais

la liturgie au cours de ces décades qui précédèrent l'impression des premiers livres liturgiques d'Aquilée. Remarquons à ce propos qu'en Italie, la plupart des églises qui avaient adopté l'usage romain depuis un siècle ou davantage, n'avaient pas à exposer les frais d'édition d'un missel ou d'un bréviaire propres. A Aquilée, où le « rit patriarcal » demeura en usage jusqu'en 1596, on fit imprimer le Missel (10) à partir de 1494, mais on ne fit pas les frais d'impression d'un antiphonaire et d'un graduel propres. Les additions faites dans les livres de chœur témoignent qu'on s'en servit jusqu'à la fin du XVIe siècle, sinon plus tard. L'église d'Aquilée devait garder ainsi sa tradition liturgique et musicale jusqu'à la fin du XVIe siècle, alors que la plupart des églises de la Péninsule, sinon toutes, suivaient le rit romain depuis longtemps.

Dans l'inventaire de 1409, les livres liturgiques ne furent pas décrits une seconde fois : seul un évangéliaire, orné d'une crucifixion de vermeil sur le plat supérieur, est cité parmi les reliques et vases précieux, exactement comme dans l'inventaire de 1408. Cet évangéliaire du XIe-XIIe s. est aujourd'hui au Tesoro del Duomo (11).

En attendant la réédition définitive de l'Inventaire de 1408, qui totalise 152 manuscrits, compte tenu du recueil de fragments et de bifolia détachés, voici un condensé du catalogue édité en 1886 par Vincenzo Joppi (12), dans lequel le rédacteur a distingué les CODICES en usage au chœur des LIBRI plus anciens conservés à la sacristie. Par commodité, j'ai donné une numérotation continue à chaque livre mentionné :

> Inventarium de libris, paramentis, calicibus et aliis rebus existentibus et repertibus in sacristia ecclesiae Aquilegensis... die XI mensis januarii, anno Nativitatis Domini MCCCCVIII Ind. 1 : et inventi fuerunt libri infrascripti :

CODICES

1-6 : (+ *Libri* nn. 70, 80, 84, 85, 90) : Passionaires et *Vitae Sanctorum* (11 manuscrits). Les manuscrits mentionnés doivent probablement être identifiés avec ceux de l'Archivio della Chiesa metropolitana, que Fr. Spessot, autrefois Bibliothécaire du Seminario, a signalés dans son article *I codici liturgici*... p. 5-6 et dont Folnesics, *Die illuminierte Hds*... n° 52, 58, 59, a analysé la décoration.

---

l'explicit coïncide bien avec celui de l'inventaire (f. 281), sans suppléments. Dans le Codex G, *in choro a latere decani*, la pièce finale est bien, comme dans l'inventaire, la communion *Justorum animae* : donc la prosule qui vient juste après (*Ab hac familia* ... trope mélogène adapté sur le mélisme de ... *ab — eis* du verset d'offertoire *Recordare*) est postérieure à 1408. Enfin, on a encore ajouté plus loin la séquence *Splendor sanctorum Patris* ... (*Analecta hymnica*, 37 p. 263) qui figure au Missel de 1519, au 2 août. Dans le grand tropaire séquentiaire Codex I, on a ajouté après 1408, le Kyrie de la « Messe des Anges » (VIII de l'Édition vaticane) et — fait étrange — la séquence propre des deux patrons du diocèse d'Aquilée *Plebs fidelis Hermachorae* (*Analecta hymnica* 8, p. 141 ; cf. Giuseppe Vale, *I Santi Ermacora e Fortunato nella liturgia di Aquileja e di Udine*, 1910, p. 44) qui figure déjà dans les mss du XIIe et du XIIIe siècle.

(10) Outre les répertoires habituels de Weale-Bohatta, voir la bibliographie de la note 1, ci-dessus : V. Joppi, *art. cit.* fait état d'un projet de tirage à 500 exemplaires pour le missel, chiffre relativement bas pour le diocèse d'Aquilée avant la division de 1751.

(11) H. Folnesics, *Die illuminierte Hds.* ... p. 55, n° 51 (les plats de la reliure en argent, comme dans celles du Trésor de St. Marc de Venise, étaient déjà séparés de l' évangéliaire). Dans l'inventaire de 1408, on signale à la fin, dans les *Libri* de la sacristie, un ancien sacramentaire qui se trouve aujourd'hui à Udine, Archivio capitolare I : cf. Ad. Ebner, *Quellen und Forschungen zur Geschichte und Kunstgeschichte des Missale Romanum in Mittelalter. Iter italicum.* Freiburg in Breisgau, 1896, p. 258-267 ; Luigi De Biasio, *Schede bibliografiche dei « Codici » dell'Archivio capitolare di Udine*, dans *La Miniature in Friuli* (Milano, 1970), p. 193.

(12) V. Joppi, *Inventario* ... p. 3-6 (*Codices* nn. 1-62) ; p. 17 pour l'évangéliaire mentionné dans la note précédente qui figure parmi les *Calices et alia cledonia* ; p. 17-18 (*Libri* nn. 64-151, auxquels s'ajoutent, sous le n. 152 « *plures carte librorum antiquorum exquaternorum* » qui ont pu être transférés à la Biblioteca comunale d'Udine dans l'énorme recueil de fragments coté 1232 XIX).

7-11 : (+ *Libri* nn. 65, 66, 72) : Bibles ou parties de Bibles (8 manuscrits). La Genèse (qui commence par le prologue *Frater Ambrosius*) correspond au nº 5 de l'Archivio della Chiesa metropolitana dans la liste donnée par Spessot, *art. cit.* et Folnesics nnº 53-57.

12-15 : (+ 46 *cum tabulis non coopertis*, c'est à dire aux plats non recouverts de cuir, + *Libri* n. 67 et 81, *antiquissima littera scriptus*).

Homéliaires et sermonaires.

nº 13 = Udine, Arch. cap. XXII
nº 14 = » » » XXXI
nº 15 = » » » XXI

16-27 : Livres de chant en service au chœur.

nº 16 : Item unus Antiphonarius magnus *novus* sic incipiens : *Incipit ordo officii...* = Gorizia, Seminario D (308 ff. 520 × 355). Pour la décoration, cf. Folnesics, nº 66.

nº 17 : Antiphonarius *in medio chori...* Manuscrit non identifié (13).

In choro a latere Decani

nº 18 : Antiphonarius unus... = Gorizia, Seminario B (339 + 11 ff. 370 × 240). Cf. Folnesics p. 62, nº 61 ; W. Lipphardt, *Lateinische Osterfeiern*, VI, p. 272.

nº 19 : Graduale, pars estiva = Seminario H (287 ff. 455 × 340). Cf. Folnesics, p. 67 nº 63.

nº 20 : Graduale, pars hiemalis = Seminario G (184 + 25 ff. 450 × 340). Cf. Folnesics, p. 68, nº 64, fig. 44-45.

nº 21 : Sequenciarius = Seminario I (235 ff., 445 × 340). Omis par Folnesics, bien que les initiales décorées soient remarquables.

nº 22 : Psalterius (*sic*) : non encore identifié.

Ab alio latere chori

nº 23 : Graduale, pars hiemalis = Seminario F (280 + 26 ff., 460 × 335). Cf. Folnesics p. 63, nº 62, fig. 40.

nº 24 : Graduale, pars estiva : ce manuscrit est peut-être le Graduel étiqueté B que Spessot a trouvé dans la sacristie de la basilique d'Aquilée : selon Emilio Goi, *Catalogo dei Codici liturgici Aquileiesi...* Parte II a, p. 16, ce second manuscrit B, graduel de qualité médiocre au point de vue artistique, serait aussi au Seminario de Gorizia (cf. Folnesics, p. 79, nº 71, ms. A).

nº 25 : Antiphonarius, pars hiemalis = Seminario A (414 ff., 420 × 282). Cf. Folnesics, p. 70, nº 65. Ce manuscrit correspond au G de l'autre côté du chœur : avant d'entrer en service, ces deux manuscrits ont dû être soigneusement collationnés par les chanoines d'Aquilée.

On remarquera qu'à Aquilée, il ne se trouvait de chaque côté du chœur qu'un seul livre de chaque catégorie pour les diverses fonctions de l'office — *un* antiphonaire, *un* graduel *etc.* — tandis qu'à Aix-la-Chapelle plusieurs livres servaient pour la même fonction (cf. O. Gatzweiler, *Die liturgischen Handschriften der Aachener Münsterstifts*, Münster in Westfalen, 1926, tableau de la p. 126). Ici, comme dans beaucoup d'autres chœur, jusqu'à la fin du xviᵉ siècle, le livre ne servait que d'aide-mémoire.

nº 26 : *Sequenciarius* : mêmes incipit et explicits que le nº 21. Ce second séquentiaire n'a pas été retrouvé.

nº 27 : *Psalterius* : cf. nº 22.

Parmi les livres notés, suivent dans l'inventaire deux autres psautiers (n. 28 et 29) ; un graduel (nº 30), « lacéré par les chiens du prêtre Christoforo », le mansionaire chargé de l'administration des biens de l'église d'Aquilée.

---

(13) L'anonyme de Bury St. Edmund's (éd. Fr. Reckow, p. 46) signale que le *Magnus liber organi* de Perotin se trouvait *in choro* à Notre-Dame de Paris.

Plus loin, au n° 61, l'inventaire signale un « grand antiphonaire », probablement retiré de l'usage choral, que l'on pourrait identifier avec le ms. K du Seminario de Gorizia (cf. W. Lipphardt, *Lateinische Osterfeiern...* VI, p. 273 ; H. Folnesics, *Die illuminierte Handschriften...* p. 71, n° 67), et encore un petit graduel noté (n° 88), qui pourrait dater du XIIIe siècle. En effet, à côté de ces livres plus récents, notés sur tétragramme rouge, il faut remarquer que dans la sacristie on conservait parmi les LIBRI ces vieux graduels ou ces antiphonaires neumés, chaînons intermédiaires entre la tradition musicale d'Aquilée au début du XIVe siècle et ses glorieuses origines. Tels sont le *Graduale antiquum habens notas modo antiquo factas* (n° 68) et l'étonnant *Graduale antiquum scriptum litteris aureis cum notis antiquis* (n° 120), qui ferait immédiatement penser au Cantatorium de Monza ou à celui de Cleveland [14] s'il n'était pas noté ! ...

L'inventaire de 1408 signale aussi un *Antiphonarius notatus modo antiquo* (n° 79) ; un *Antiphonarius parvus vetustissimus* (n° 83), un *Antiphonarius antiquus* (n° 69). Ces manuscrits anciens, probablement neumés, ne sont pas tous perdus, heureusement, mais il faut bien les discerner des livres liturgiques de St. Gall-de-Moggio qui sont notés aussi en neumes allemands [15].

Aux livres de chœur qui servaient chaque jour — les *codices* — il faut ajouter ces livres notés qui ne servaient que les dimanches et fêtes pour les processions : quatre *Processionarii quorum tres incipiunt « Juxta consuetudinem Aquilegensis ecclesiae... »* (nn° 39-42), dont il ne reste qu'un seul exemplaire (Udine, Archivio capitolare, VII). Les processionnaux de Cividale, Museo arquelogico CI et CII, célèbres en raison de leur « polyphonie primitive » [16] ne peuvent donc être considérés comme représentants de la tradition d'Aquilée la plus pure. Signalons enfin des Messes ou du moins des pièces de l'Ordinaire de la Messe « in cantu mensurato » [17].

En somme, la basilique d'Aquilée possédait vingt-sept livres de chant notés, dont un peu moins de la moitié est aujourd'hui conservée avec soin et compétence par les divers bibliothécaires d'Udine et de Gorizia [18]. Cette proportion est très remarquable, surtout par comparaison avec la situation de certaines cathédrales françaises qui cultivaient autrefois la musique sacrée, telle la cathédrale d'Amiens par exemple, dont il ne reste aujourd'hui, en tout et pour tout, que deux inventaires. Aquilée, malgré les partages, malgré les guerres, a su garder les plus beaux fleurons de sa bibliothèque liturgique pour les transmettre à la postérité.

---

(14) Cleveland, Museum of Art, Illumination 33, 446 : cf. Peter SIFFRIN, *Eine Schwesterhandschrift des Graduale von Monza*, dans *Ephemerides liturgicae*, LXIV, 1950, p. 53-80 (avec facsimilés).

(15) C. SCALON, *La Biblioteca arcivescovile d'Udine* ... p. 20-33 (*I codici di Moggio*).

(16) Pierluigi PETROBELLI, *Le polifonie primitive di Cividale. Congresso internazionale. Le polifonie primitive in Friuli e in Europa, 22-23-24 Agosto 1980. Catalogo della mostra.* Udine, 1980, p. 16 et ss (*I Codici*).

(17) Il semblerait, par comparaison avec l'antiphonaire de 1400 conservé à Cividale (M. HUGLO, *I manoscritti* ... Tav. 82, face à la p. 321) qu'il s'agit là d'un recueil avec notation de l'*Ars nova*.

(18) Cette enquête a été mise au point au cours de mon séjour à Udine, en avril 1984, sur l'invitation de Monseigneur Battisti, archevêque d'Udine, que je tiens à remercier ici pour sa généreuse hospitalité, en même temps que Don Gilberto Pressaco, maître de chapelle de la cathédrale d'Udine, et Don Giulio Cattin, Professeur à l'Université de Padoue, qui m'ont accompagné au cours de ces recherches. Ma reconnaissance s'adresse également à Mgr. Fabbro, bibliothécaire du Séminaire de Gorizia et à Don Luigi De Biasio, bibliothécaire de l'Archivio arcivescovile d'Udine, dépositaires tous les deux du trésor des mss liturgiques d'Udine, dont les reliures ont été récemment restaurées à Vénise, à Praglia et à Rome.

VI

LITURGIA E MUSICA SACRA AQUILEIESE

(Figg. 81-82)

1. La liturgia aquileiese dell'epoca carolingia. Metodo di ricerca sulle fonti anteriori. - 2. Le fonti liturgiche anteriori all'epoca carolingia. - 3. I manoscritti liturgici medievali.

1. In Italia, prima della Rinascenza carolingia, la liturgia delle grandi sedi ecclesiastiche primaziali – Roma, Milano, Ravenna ed Aquileia – era differenziata assai più che in pieno Medio Evo: queste chiese possedevano in comune un certo numero di riti e di testi eucologici o innologici, ma si distinguevano le une dalle altre nella distribuzione e nella disposizione di questi riti e di questi testi; infine e soprattutto alcuni usi e preghiere che non si ritrovano altrove erano loro patrimonio particolare. Prima degli sforzi d'unificazione liturgica intrapresi da Pipino il Breve e soprattutto da Carlo Magno, ogni chiesa di una certa importanza possedeva delle liste sue proprie di pericopi bibliche per le letture dell'Ufficio e della Messa, una eucologia per l'amministrazione dei sacramenti, ed anche un repertorio musicale speciale, conservato nell'antifonario. Ciononostante, dall'inizio del IX secolo, questi riti, preghiere e canti propri delle grandi sedi primaziali dovettero cedere il posto ai libri ed alle usanze 'romani', senza che tuttavia l'eredità ricevuta dal passato scomparisse completamente. Malgrado le pressioni del potere dei primi carolingi, pressioni che s'esercitavano fino al centro della penisola italica ed alla Marca di Carinzia, alcune chiese del Nord Italia, ad esempio Milano, riuscirono a conservare la loro propria eredità liturgica ed il loro repertorio musicale, pur integrando i libri particolari con pezzi d'origine romana, come se una specie di compromesso fosse stato tacitamente concluso fra le due parti.

Altrove, sia in Italia che in Gallia, l'imposizione del rito romano non doveva comportare la soppressione pura e semplice di tutte le usanze liturgiche anteriori: un certo numero di testi eucologici o antifonici tradizionali sussistette, integrandosi ai libri romani ricopiati sul posto; oppure trovò rifugio in libri nuovi come il Rituale, il Pontificale o il Processionale, separati dai libri liturgici più antichi, Sacramentari e Antifonari. I testi così preservati appartengono di solito a feste alle quali il clero ed i fedeli erano più particolarmente attaccati, o a riti sacramentali per i quali i libri antichi offrivano un cerimoniale ed elle preghiere più ricchi di simboli del 'romano', ridotto assai spesso al più stretto necessario. Difatti più d'una volta, per esempio nei riti del Battesimo o in quelli della Dedicazione d'una chiesa, la *romana brevitas* dei testi ufficiali fu arricchita, illustrata, completata ricorrendo alle antiche tradizioni locali. Così, analizzando i libri liturgici per separare i testi romani dai testi d'origine autoctona, gli storici della liturgia e della musica sacra possono ritrovare tracce della liturgia locale primitiva. Il metodo d'investigazione liturgica si riallaccia dunque in un certo qual modo all'archeologia che – per esempio a proposito della mirabile basilica di Aquileia nella quale si svolgeva il 'rito patriarchino' – intraprende, attraverso scavi e misurazioni metodiche, la stesura del piano delle sostrutture anteriori e cerca di datarle.

La sostituzione dei riti locali con il 'romano' nelle chiese d'Alta Italia ha avuto altre conseguenze: nei sacramentari romani che contengono le orazioni e prefazi recitati dal prete, e nell'antifonario gregoriano in cui sono conservati i responsori e le antifone eseguite dal cantore, un certo numero di pezzi è raggruppato in liste continue, senza destinazione particolare a una specifica festa od Ora dell'Ufficio. Dunque, quando i libri romani furono imposti alle chiese di Gallia, di Germania e d'Italia, ognuno attinse a piacere da queste liste e ascrisse ad ogni festa sprovvista, ad ogni domenica *per annum*, ad ogni feria, un pezzo determinato che doveva in seguito conservarsi sempre allo stesso posto fino al XIII secolo e talvolta anche fino al Concilio di Trento. È così che il confronto dei manoscritti gregoriani delle chiese d'Italia con quelli di altri luoghi rivela che, malgrado un patrimonio di pezzi comune a tutti, la d i s p o s i z i o n e dei pezzi varia da una chiesa ad un'altra: così per esempio la scelta dei responsori notturni per le domeniche dell'anno è mobile, perché i responsori dell'Antifonario gregoriano erano primitivamente copiati in liste un po' più lunghe del necessario. Tuttavia ogni chiesa ha ben presto fissato la sua scelta su di una lista di nove responsori per domenica[1], mentre nei monasteri, che seguivano la Regola di s. Benedetto, il numero dei responsori era portato a dodici[2].

Allo stesso modo, al Graduale, la lista dei versetti d'alleluia per le domeniche *per annum* e per alcune feste del Santorale varia a seconda d'ogni chiesa: difatti, al momento della riorganizzazione liturgica dell'inizio del IX secolo, ogni cattedrale aveva fissato la propria scelta *ne varietur* attingendo dalle lunghe liste di versetti alleluiatici riportati alla fine degli antichi graduali: in ogni chiesa si era allora assegnato un dato versetto ad una data domenica. La scelta, una volta stabilita, s'è mantenuta senza cambiamenti notevoli durante tutto il Medio Evo[3]. Essa s'è realizzata in due modi diversi: alcune liste hanno rispettato l'ordine numerico progressivo del Salterio da cui il testo dei versetti è tratto, altre liste invece seguono un ordine indeterminato[4] che sussisterà fino al XVI secolo.

Da queste considerazioni generali derivano tre corollari, assai utili per le ricerche, che troveranno applicazione nell'analisi dei manoscritti liturgici aquileiesi:

1º Due manoscritti che contengono la stessa lista di pezzi per le domeniche *per annum* o per alcune ferie privilegiate (per esempio le Quattro Tempora) hanno la stessa origine. Questa regola vale sia per i libri di preghiere (sacramentari) che per i libri di canto (graduali e antifonari).

[1] La lista dei responsori dell'Avvento è servita a V. Leroquais per identificare i breviari manoscritti (V. LEROQUAIS, *Les Bréviaires manuscrits des bibliothèques publiques de France*, I, Paris 1933, p. LXXVIII sgg.). È grazie a queste liste di responsori – e ad altri criteri, evidentemente – che R.J. Hesbert ha intrapreso la classificazione critica degli antifonari e breviari manoscritti, testimonianze dell'Antifonario gregoriano; R.J. HESBERT, *Corpus antiphonalium Officii*, I (Roma, Herder, 1936), e vol. sg., in corso di edizione.

[2] Durante gli ultimi tre giorni della Settimana Santa i monaci seguivano di solito l'ufficio canonicale: la loro lista di responsori notturni conta dunque 9 responsori come le liste cattedrali. Così il confronto delle liste per questi tre giorni si trova ridotta al 'comune denominatore'. A Pasqua molti – ma non i cluniacensi ed i cistercensi – seguivano ancora l'ufficio canonicale a tre responsori: M. HUGLO, *L'office du dimanche de Pâques dans les monastères bénédictins*, RG, XXX, 1951, pp. 191-203.

[3] M. HUGLO, *Les listes alléluatiques dans les témoins du Graduel grégorien*, « *Speculum Musicae Artis* » (Festgabe für Heinrich Husmann), München, W. Fink Verlag, 1970, pp. 219-27.

[4] Ib., p. 226 (diverso dai cinque tipi di liste conservate dalla tradizione manoscritta).

2º Se l'origine di uno dei due libri confrontati può essere scoperta attraverso un mezzo estrinseco – per esempio grazie ad un'annotazione o ad un calendario – l'origine del secondo si trova determinata dall'identità di liste di pezzi variabili: è così per esempio che l'origine d'un frammento di graduale può essere ritrovata – grazie all'identità di liste – attraverso il confronto con graduali completi o anche con messali non notati[5].

3º Quando l'identità delle liste non è assoluta, ma solamente assai vicina, non è escluso che le due testimonianze considerate siano per origine geografica assai vicine l'una all'altra. Tuttavia si deve usare prudenza nelle conclusioni, perché si dà eccezionalmente che chiese geograficamente assai vicine abbiano adottato liste molto distinte e, inversamente, che chiese assai lontane l'una dall'altra in distanza presentino la stessa lista di pezzi. È il caso specialmente dei monasteri d'Italia dipendenti da Cluny, che presentano una lista di responsori e di alleluia cluniacensi senza parentela con le liste in uso negli altri monasteri o cattedrali d'Italia.

A questi corollari conviene aggiungere una « regola » tratta dall'osservazione dei libri liturgici, la cui applicazione fornisce talvolta dei dati cronologici sull'introduzione di alcuni pezzi nel repertorio. Si tratta della 'legge dei doppioni'[6] così enunciata:

« Ogni pezzo formante doppione e respinto in second'ordine laddove un solo pezzo è abitualmente necessario, è la traccia d'uno stato più antico che comportava questo secondo pezzo – ed esso solo – come pezzo scelto per questo posto. Durante un periodo di transizione che può talvolta protrarsi a lungo il pezzo primitivo sussiste al seguito del nuovo ».

Tutte le considerazioni d'ordine metodologico che precedono si verificano in ogni punto nello studio della liturgia aquileiese. Qui, come altrove, la divisione cronologica fra il periodo delle origini ed il Medio Evo è segnata dal rifiorire delle lettere, delle arti e della liturgia che caratterizza il secolo di Carlo Magno.

Ad Aquileia il patriarca Paolino († 802), secondo di questo nome, era stato insignito della carica episcopale nel 787: assai legato a Carlo Magno, è lui – con il suo successore Massenzio, restauratore della basilica – che introdusse ad Aquileia gli usi romani, o meglio « romano-carolingi ».

Secondo un testo un po' oscuro di Walafrido Strabone, abate di Reichenau, Paolino di Aquileia avrebbe introdotto nella celebrazione della Messa degli « inni » (*hymnos*) di sua composizione o scritti da altri: ma il liturgista aggiunge che, a suo giudizio, il patriarca non ha potuto introdurre questi usi a suo piacere e senza una seria ragione[7]. Più di una volta i liturgisti hanno cercato d'identificare questi « inni » *circa immolationem sacramentorum*. È probabile che l'espressione di Wala-

[5] P. es. il frammento di graduale manoscritto Vat. lat. 6078 è identificato attraverso la lista alleluiatica quasi identica a quella di Lucca, Bibl. Cap. 606 (malgrado alcune lacune) e attraverso la notazione musicale assai vicina a quella dei mss. 601 e 603 della stessa biblioteca.

[6] Questa 'legge' constatata da A. Chavasse per l'eucologia (cfr. A. Chavasse, *Le sacramentaire gélasien*, Paris 1958) è stata applicata ai libri di canto da G. Beyssac che ce l'ha comunicata oralmente: da allora l'abbiamo più volte applicata (vedi p. es. M. Huglo, *Les tonaires*, Paris, Heugel, 1971, p. 296).

[7] *Traditur Paulinum Forojuliensem Patriarcham, saepius et maxime in privatis missis circa immolationem sacramen-*

frido Strabone si riferisca ad alcune preghiere del Canone della Messa che sono attribuite a Paolino di Aquileia da un sacramentario del IX secolo: *Hanc Dominus Paulinus in canone addidit* (segue una redazione sviluppata dell'*Hanc igitur*)[8]. Questo testo attribuito a Paolino è di una redazione più antica e sembra assai anteriore al IX secolo, per quanto riguarda il fondo[9]: il ruolo del patriarca si sarebbe allora limitato a conservare nella nuova liturgia un testo tradizionale al quale il clero di Aquileia restava attaccato.

È a Paolino II che i liturgisti moderni hanno attribuito l'introduzione di alcuni tipi di sacramentari gelasiani misti, rimaneggiati dal gregoriano[10]. Paolino non ha fatto *tabula rasa* del passato ed ha dovuto conservare l'uso di un certo numero di testi più antichi fusi con i libri ufficiali: così non è a priori impossibile, dopo un'analisi comparativa minuziosa, ritrovare nei libri liturgici aquileiesi antiche usanze o testi anteriori all'epoca carolingia.

Per il periodo primitivo, periodo di formazione dei riti, alcuni testi raccolti negli scritti patristici[11] – tra gli altri in Cromazio, Rufino, Gerolamo – ci ragguagliano sui primi sviluppi della liturgia ad Aquileia nel IV secolo.

2. È difficile farsi un'idea esatta dello stato della liturgia primitiva aquileiese nel momento in cui il cristianesimo s'introdusse nella antica colonia latina di Aquileja. Dopo l'editto di Milano del 313 che garantiva libertà d'azione e di culto alla Chiesa, il vescovo Teodoro († ca. 319) costruì ad Aquileia un insieme di edifici cultuali pavimentati con mirabili mosaici sui quali si può ancora ammirare la rappresentazione dei simboli del Battesimo e dell'Eucarestia. Nella formazione del culto ad Aquileia, gli storici della liturgia hanno scoperto delle correnti d'influenza diversa: influenza della chiesa d'Alessandria, fornita dalla mediazione di testi come la traduzione in latino della *Didache* o *Doctrina Apostolorum* che fu diffusa anzitutto in Alta Italia[12]; influenza africana esercitata indirettamente attraverso la mediazione delle prime traduzioni della Bibbia in latino effettuate in Africa[13]; infine influenza della Gallia – dove il vescovo Teodoro s'era recato nel 314 per assistere al Concilio d'Arles.

torum hymnos vel ab aliis vel a se compositos celebrasse. Ego vero crediderim tantum, tantaeque scientiae virum hoc nec sine auctoritate, nec sine rationis ponderatione fecisse. WAL. STRABO, *De rebus eccles.*, c. XXV, *P.L.*, CXIV, c. 954 D: citazione in *D.A.C.L.*, I, 2684, voce « Aquilée (liturgie) ».

8 Testo citato in A. EBNER, *Quellen und Forschungen zur Geschichte und Kunstgeschichte des Missale Romanum im Mittelalter. Iter italicum*, Freiburg in Br., Herder, 1896, p. 415, dal sacramentario della Bibl. Queriniana di Brescia; testo riprodotto e tratto da Ebner alla voce « Aquilée (liturgie) » in *D.A.C.L.*, I, 2690.

9 Senza tuttavia arrivare a dire con A. BAUMSTARK (*Liturgia romana e liturgia dell'Esarcato. Il rito detto in seguito Patriarchino e le origini del Canon Missae romano.* Roma, Pustet, 1904) che questo testo ha influito sulla redazione del Canone della Messa romana. Vedi G. MORIN, *Une nouvelle théorie sur les origines du Canon de la Messe romaine*, RB, XXI, 1904, pp. 375-80. La teoria di Baumstark è oggi abbandonata.

10 KL. GAMBER, *C.L.L.A.*, 1963[1], p. 173. Per i ruolo di Paolino II nell'organizzazione della liturgia ad Aquileia, cfr. G. VALE, *s. Paolino patriarca nella Liturgia della Chiesa di Cividale, XI Centenario di s. Paolino*, Cividale 1906, p. 17 sgg.

11 Questi testi, come la testimonianza di antichi libri liturgici, sono stati raccolti dal domenicano B.M. DE RUBEIS, *De sacris Forojuliensium ritibus*, Venetiis 1754, p. 167 sgg.

12 KL. GAMBER, *C.L.L.A.*[1], n° 50 (Bd. I, p. 75).

13 Ib., p. 289.

Le invasioni barbariche del V secolo dovevano rovesciare queste correnti d'influenza e creare l'occasione di nuove relazioni: è difatti a partire dal V secolo che si scoprono gli apporti della liturgia romana a Ravenna e ad Aquileia. Il primo documento liturgico abbastanza vasto che ci permette di constatare un'organizzazione di culto propria ad Aquileia è un libro dei Vangeli dell'VIII secolo, il *Codex Rehdigeranus*[14], nel quale la scelta delle letture è precisata da un indice (*Capitulare evangeliorum*) che si estende dall'Avvento fino al mese di giugno e fissa il ciclo delle letture del Vangelo ad Aquileia: questa antichissima organizzazione delle letture ad Aquileia risalirebbe al vescovo Fortunaziano († dopo 360). Essa è in stretta relazione con la liturgia della preparazione al Battesimo dei catecumeni, perché comporta delle pericopi per l'esame dei candidati al Battesimo e per la *traditio symboli*, cerimonie preparatorie che si svolgevano in Quaresima.

Sulla liturgia del Battesimo possediamo un certo numero di testi della fine del IV secolo e dell'inizio del V: il vescovo Cromazio (387-407) ha lasciato, oltre a delle omelie sul vangelo di s. Matteo, una spiegazione della Preghiera domenicale *ad competentes*, cioè ai candidati al sacramento del Battesimo[15]. Inoltre Rufino, nato a Concordia vicino ad Aquileia – dove soggiornò tra il 400 ed il 407 – ha composto un commento al Simbolo degli Apostoli[16] che si rivolge ugualmente ai catecumeni.

I rituali del Battesimo che furono composti più tardi dovettero certamente ispirarsi, attraverso alcuni riadattamenti, a questi antichi riti della preparazione al Battesimo che si amministrava solennemente durante la notte di Pasqua. La preparazione degli scrutini e le predicazioni si svolgevano nella basilica, il sacramento del Battesimo veniva amministrato nel Battistero: se il battistero di Aquileia è oggi caduto in rovina, lo si può ricostruire nel pensiero tenendo presente quello di Grado[17]. I riti battesimali d'Aquileia sono conosciuti attraverso l'*Ordo scrutiniorum* di Lupo I (circa 870), trasmesso da un manoscritto di Cividale[18], come pure attraverso un frammento di *Ordo Baptismi* contenuto in alcuni frammenti conservati a Milano[19].

È ancora in questi primi secoli di formazione delle antiche liturgie latine che vediamo apparire, sempre nella diocesi di Aquileia – fors'anche a S. Giovanni

[14] Manoscritto di Wroclaw (Breslau) conservato a Tübingen: E.A. Lowe, *C.L.A.*, VIII, n° 1073. Kl. Gamber, *C.L.L.A.*[1], n° 245 (Bd. I, p. 172). Questo manoscritto è stato studiato in relazione con un altro evangelario, il *Codex Forojuliensis*, disperso in tre fondi (Cividale, Venezia e Praga): cfr. E.A. Lowe, *C.L.A.*, IV e X, n° 285, Kl. Gamber, *C.L.L.A.*[1], n° 246 (Bd. I, p. 172).

[15] Le omelie di Cromazio sono state ritrovate grazie all'analisi critica di R. Étaix e J. Lemarié (vedi la serie di articoli pubblicati in RB, LXXII, 1962 – LXXVI, 1966 e SE, XVII, 1966). Sulla *Praefatio Orationis Dominicae*, cfr. Kl. Gamber, *C.L.L.A.*[1], n° 056 (Bd. I, p. 82).

[16] A. Hahn, *Bibliothek der Symbole*, Breslau 1897, n° 36. Kl. Gamber, *C.L.L.A.*[1], n° 076 (Bd. I, p. 104).

[17] A Grado, come a Milano, è dalla domenica di Pasqua che cambiava il luogo di culto: il clero lasciava la *basilica hiemalis* per celebrare nella *basilica estivalis*. Il vescovo di Grado Elia († 586), fondatore della cattedrale di Grado, ci ha lasciato una *Homelia ad neophytos* che fu senza dubbio pronunciata durante la notte di Pasqua nella *basilica hiemalis*: cfr. Kl. Gamber, SE, XII, 1961, pp. 407-10.

[18] Kl. Gamber, *C.L.L.A.*[1], n° 294 (Bd. I, p. 189). L'*Ordo scrutiniorum* edito da C. Lambot nel 1931 (vedi più avanti, alla fine di questo articolo), viene da una chiesa d'Alta Italia in relazione con quella di Aquileia: cfr. Kl. Gamber, *C.L.L.A.*[1], n° 290 (Bd. I, p. 187).

[19] Milano, Castello Sforzesco, Arch. storico civico 510 (X sec.), analizzata da P. Borella, EL, LXII, 1948, pp. 93-95, Kl. Gamber, *C.L.L.A.*[1], n° 292 (p. 50); in *C.L.L.A.*[2] (Bd. I, p. 189), quest'*Ordo* non ha ricevuto un numero d'ordine distinto.

al Timavo – il Martirologio detto 'geronimiano', perché attribuito a s. Gerolamo da un prologo apocrifo[20] che dedica l'opera ai vescovi Cromazio ed Eliodoro. Questo martirologio dà la lista delle feste dei martiri della chiesa universale e non solamente di quelli della regione in cui il libro fu compilato.

A quest'epoca il martirologio non si leggeva ancora all'ufficio di Prima. L'ufficio divino si componeva allora essenzialmente di letture bibliche intercalate da salmi e da cantici scritturali, accompagnate da antifone: l'antifonia, genere liturgico-musicale introdotto a Milano da s. Ambrogio († 397), s'era rapidamente diffusa nell'Italia Settentrionale contemporaneamente agli inni giambici composti dal santo Dottore. L'inno della domenica, in prosa, il *Te Deum*, che gli antichi innari attribuiscono a s. Ambrogio o più spesso a Niceta di Remesiana, è stato certamente cantato durante l'ufficio domenicale nella basilica d'Aquileia fin dai tempi più antichi[21].

Allo stesso modo le orazioni che il prete recitava un tempo dopo ogni Salmo e che furono costituite in una serie di 150 pezzi – detta « serie romana » – sono state ravvicinate, in considerazione del vocabolario e dello stile, alla serie delle *Orationes matutinales*[22] o collette per l'ufficio del mattino che compaiono nel sacramentario e sono state ritenute pezzi caratteristici della struttura dell'Ufficio divino ad Aquileia.

È nella celebrazione dell'Eucarestia che si rivela la parte migliore dell'influenza di Roma, dato che le diverse liturgie latine avevano tutte preso il Canone della Messa romano come modello della propria Preghiera eucaristica: come a Ravenna al tempo di s. Pietro Crisologo, la liturgia eucaristica aquileiese è stata fortemente influenzata dagli usi e dai testi romani.

La vicinanza di Ravenna dove risiedeva l'esarca, che durante l'occupazione della penisola da parte dei Barbari rappresentava il potere del basileus di Bisanzio, pone naturalmente la questione dell'influenza delle liturgie orientali in lingua greca sulle liturgie latine delle chiese d'Alta Italia. Se nel campo delle arti plastiche l'influenza di Bisanzio si manifesta innegabilmente sui monumenti di Ravenna e di Grado, in quello dei testi liturgici le tracce d'influenze sono meno sensibili. A Ravenna si sono cantati in greco ed in latino il *Sanctus* e molte antifone in onore della santa Croce[23], ma ad Aquileia quest'influenza non può rivelarsi nei testi. Tuttavia il Sinodo d'Aquileia dell'anno 700 avrebbe introdotto nel vocabolario liturgico il termine con cui i bizantini invocano la santa Madre di Dio: *theotocos*. In questo sinodo, ci riferisce il lombardo Paolo Diacono, « fu stabilito che la beata Bergine sarebbe chiamata *theotocos* »[24]. Così è assai plausibile ritenere che le antifone latine

[20] E. MARCON, *Dove nacque il « Martirologio Hieronomiano »?*, SG, XVIII, 1955, pp. 77-93: vedi la critica di B. DE GAIFFIER in AB, LXXVI, 1958, p. 283.

[21] L'origine del *Te Deum* è da tempo discussa: vedi bibliografia in KL. GAMBER, *C.L.L.A.*[1], n° 083 (Bd. I, p. 113). Per il posto dell'inno nel rito milanese e per la melodia, vedi M. HUGLO, *Fonti e paleografia del Canto ambrosiano*, Milano 1956, Archivio ambrosiano VII, pp. 64-65.

[22] Cfr. KL. GAMBER, *C.L.L.A.*[1], n° 202 (Bd. I, p. 158) e n° 1616. Le tre serie di collette del Salterio (africana, ispanica, romana), scoperte da A. WILMART, sono state pubblicate da L. BROU, *The Psalter Collects*, London 1950, vol. LXXXIII.

[23] E. WELLESZ, *Eastern Elements in Western Chant*, Oxford 1947, Monumenta Musicae Byzantinae, Subsidia II, p. 21 sgg., p. 70 sgg. A Ravenna e nei pressi della città, cinque monasteri seguivano un rito di lingua greca.

[24] « *Constitutum est ut beata Virgo theotocos diceretur* »: Pauli Diaconi, *Historia Langobardorum*, VI, 14.

che invocano la Vergine con l'appellativo di *theotocos*, senza tradurlo in latino[25], datino da quest'epoca del Sinodo d'Aquileia.

La traduzione dell'*Inno acatisto*, attribuito a Romano il Melode, che celebra in ventiquattro strofe in ordine alfabetico la vita ed i meriti della Vergine, non è stata effettuata nella Venezia verso l'anno 800, come è stato proposto, ma piuttosto verso l'anno 825 a Saint-Denys in Francia[26]. Tuttavia questa traduzione d'inno bizantino non ha appartenuto ad alcuna liturgia latina: è solamente servita da modello ad altre composizioni medioevali, come prose e *versus*.

3. Non si può dire che i manoscritti liturgici scritti dopo la rinascenza carolingia abbiano conservato molto dell'eredità del passato. L'unificazione imposta dal potere centrale ha livellato le differenze liturgiche che distinguevano prima i grandi patriarcati dell'Italia: ad Aquileia, come altrove, la liturgia si orienta sulla via che porterà progressivamente testi ed usi verso la forma definitiva che il Breviario ed il Messale di s. Pio V conferiranno loro.

Tuttavia è utile ed interessante passare in rivista questi manoscritti più recenti per farsi un'immagine della liturgia medioevale aquileiese. Questi manoscritti si trovano oggi divisi in diversi fondi: sono conservati in Aquileia stessa[27], al museo di Cividale[28], nelle biblioteche di Udine, a Gorizia[29], ed infine nella cattedrale di Grado, città tutte che dipendevano un tempo dal patriarcato di Aquileia; alcuni sono giunti oggi in biblioteche straniere. Ma molti manoscritti sono scomparsi, soprattutto dopo il 1594-95 quando il « rito patriarchino » fu soppresso.

Una scelta preliminare s'impone al momento dello spoglio di questi diversi fondi delle biblioteche del Friuli, perché tra i libri della diocesi di Aquileia si sono inseriti non pochi libri stranieri[30], in seguito alle circostanze molteplici che presiedono al destino dei manoscritti. E così un sacramentario di origine tedesca, preceduto da un calendario e da un indice di graduale, che si trovava ad Aquileia alla fine dell'XI secolo – ragione per cui prese il nome di *Codex Aquileiensis* – era prima servito ad uso di Reichenau[31]. La storia di tali manoscritti mostra chiaramente la natura delle relazioni fra il Santo Impero e l'Alta Italia, relazioni nei due sensi,

[25] P. es. l'ant. *Ave o theotocos Virgo: Paléographie Musicale*, XII, 366.

[26] L'attribuzione della traduzione a Cristoforo, vescovo di Olivolo, proposta da G. Meerssemann nel 1958 è stata contestata da E. Wellesz, in JTS, XLIX, 1958, p. xx. Per noi, che abbiamo curato l'edizione critica della traduzione latina (*Le Muséon*, LXIV, 1951, pp. 27-61), la diffusione manoscritta ed il lessico della traduzione non lasciano minimamente dubitare che la versione latina risalga a St. Denys. Vedi H. Barré, *L'hymne acathiste en Occident*, *Marianum*, XXI, 1959, pp. 291-97; *Autour de l'hymne acathiste*, ib., XXIII, 1961, pp. 98-105.

[27] F. Spessot, *I codici della Basilica aquileiese*, AN, II, 1931, pp. 33-38; III, 1932, pp. 121-28.

[28] Notizie in *Catalogo delle cose d'arte e di antichità d'Italia: Cividale*, Roma 1936.

[29] F. Spessot, *I codici liturgici aquileiesi in Gorizia*, SG, VIII, 1930.

[30] Tra i libri conservati nelle due principali biblioteche di Udine, si notano un breviario con neumi di Pomposa (Bibl. Arciv. 79, XI sec.), con notazione neumatica della regione di Ravenna; dei frammenti di antifonario con notazione neumatica dell'Italia centrale (B. Cap. 25/38); un antifonario di Treviso (B. Arc. 84), un messale festivo e votivo con notazione beneventana (B. Arc. 39: *Le Graduel romain*, II. *Les Sources*, Solesmes, 1957, p. 147); un pontificale di Agde (B. Cap. ms. IV/16) datato 1335-1350; infine diversi libri con notazione neumatica della Germania Meridionale: dei libri di Moggio (B. Arciv. 36, 75, 80 ecc.), di Weingarten (B. Arciv. 78) ed infine della diocesi di Salisburgo (B. Arciv. 94).

[31] Oxford, Bodleian Library, Can. lit. 319 (19408)

che si possono costantemente osservare nel campo della paleografia in generale e del libro liturgico in particolare[32]. Così non ci si deve stupire se, studiando la decorazione o la notazione musicale dei manoscritti del Friuli, si rilevano delle correnti d'influsso germanico, o anche indizi di origine incontestabilmente tedesca.

A titolo d'esempio torna qui opportuna la citazione del prezioso evangelario del X-XI secolo che è stato mirabilmente restaurato all'abazia di Praglia nel 1965 e che si trova oggi conservato nella chiesa di Grado[33]: in mancanza del *capitulare*, o indice liturgico delle letture, è difficile pronunciarsi sull'origine o la destinazione del manoscritto, conservato da moltissimo tempo a Grado. Le belle iniziali a volute sul fondo oro e arancio o a fondo blu ed oro, all'inizio di ogni pericope, invitano ad avvicinare l'evangelario di Grado ai libri liturgici scritti e decorati nella regione compresa tra il Reno ed il Danubio. D'altra parte alcuni segni neumatici (*virga*) talvolta sormontati da una lettera significativa (*c* = *celeriter*), ci riportano nella stessa regione. Inoltre un altro sistema di lettere destinato a guidare la cantillazione del racconto della Passione eseguita dal diacono e che comprende le lettere *c* (per la narrazione), *t* (per le parole del Cristo) e *s* (per le parole dei discepoli o della folla) si ritrova con frequenza in Italia, mentre in Germania si sarebbe piuttosto adottata la serie *c t a*[34].

È abbastanza normale ritrovare nella diocesi di Aquileia questo incrocio d'influssi ricevuti sia dalla Penisola che dalle regioni transalpine: correnti simili si notano nella liturgia delle altre chiese d'Alta Italia, ed in particolare nelle chiese della periferia di Milano.

Così a Como e nelle più prossime vicinanze molti manoscritti sono notati con neumi di Metz[35], ma in questo caso si tratta di manoscritti monastici addotti da monaci francesi o copiati sul posto da modelli che si servivano di questa notazione[36]. Tuttavia nella cattedrale di Como era proprio il 'rito patriarchino', cioè l'usanza caratteristica di Aquileia che era seguita, come risulta dagli statuti sinodali della chiesa di Como[37] nel 1565 e 1579, e ancora dal titolo di un breviario della cattedrale oggi perduto: BREVIARIUM PATRIARCHINUM *nuncupatum*, *secundum usum*

scritto poco dopo il 997: *Latin liturgical Manuscripts*, (Oxford, Bodleian Libr., 1952, p. 13 nº 2; *Le Graduel rom.*, II. *Les Sources*, Solesmes 1957, p. 88; D.H. TURNER, *The Reichenau Sacramentaries at Zurich and Oxford*, RB, LXXV, 1965, pp. 255-75; C. FOLIGNO, MSF, IX, 1900, p. 295. L'origine del ms. è proprio il circolo di Reichenau, a giudicare almeno dall'indice del graduale iniziale: la lista alleluiatica è identica a quella di Zurigo, Zentralbibl., Rh.71, fº 151.

32 Per chiarire la questione delle relazioni fra Germania del Sud e Italia del Nord, dal punto di vista paleografico e liturgico, vedi M. HUGLO, *Les tonaires*, Paris, Heugel, 1971, cap. VII, 2 (Tonari tedeschi influenzati dai teorici italiani), p. 261 sg.

33 Manoscritto di 105 ff. (225×170 mm.), descritto in un opuscoletto illustrato di 8 pagine stampato a Gorizia per i visitatori (*L'Evangelario del sec. X-XI*...). Tengo a testimoniare qui all'amico P.L. PETROBELLI la mia riconoscenza per la segnalazione di questo evangelario che ho potuto analizzare a Grado nel settembre 1967.

34 L'evangelario di S. Gallo di Moggio (Udine, Bibl. Arciv., 36) usa la serie tedesca *c t a*, come i Vangeli di Concordia (Udine, Bibl. Cap., 2, del X sec.), ma solo per la domenica delle Palme. Per la Passione del Mercoledì santo secondo s. Luca si rileva la serie *c p a*, quest'ultima, assai diffusa nel Sud della Francia, si ritrova ancora in un messale all'uso di Aquileia (Udine, Bibl. Arciv., 76, del XII sec.).

35 U. SESINI, *La notazione comasca*, Milano 1932; J. HOURLIER, *Le domaine de la notation messine*, RG, XXX, 1951, pp. 155-56.

36 Due di questi manoscritti con notazione di Metz – della Lorena – hanno conservato il responsorio *Tenebrae* per il Venerdì santo, secondo la versione melodica ambrosiana. M. HUGLO, *Fonti e paleografia del canto ambrosiano*, Milano 1956, Tavola XV e XVII.

37 Testo citato nella voce «Aquilée (liturgie)» del *D.A.C.L.*, I, c. 2684.

ecclesiae Comensis correctum et auctoritate apostolica probatum[38]. Soltanto un confronto minuzioso dei diversi breviari manoscritti[39] che provengono dall'antica diocesi di Aquileia, identificati attraverso il titolo iniziale o il santorale del calendario, potrebbe illuminarci sulle particolarità di scelta e di disposizione nelle letture e pezzi di canto dell'Ufficio divino che devono essere considerati come caratteristici della liturgia medioevale ad Aquileia, chiamata 'rito patriarchino'[40].

L'analisi e l'identificazione del breviario di Aquileia porta naturalmente all'esame degli antifonari[41]: nei libri notati, la lista dei responsori e dei loro versetti per le domeniche d'Avvento e di Quaresima, per gli ultimi tre giorni della settimana santa (*In triduo sacro*) e nel tempo pasquale, dovrebbe in teoria ritrovarsi sostanzialmente identica a quella dei Breviari. Tuttavia l'unità di repertorio di questi manoscritti sembra talvolta rimessa in questione in alcune parti dell'Ufficio ove si fanno luce delle divergenze[42]. La questione dell'origine degli antifonari è altrettanto importante per la storia della liturgia di Aquileia che per quella della musica sacra, perché gli antifonari conservati a Cividale, come d'altronde due graduali di questa stessa biblioteca, hanno conservato dei pezzi di polifonia antica del più grande interesse per la storia della musica medioevale in Alta Italia[43], soprattutto perché di alcuni di essi se n'è continuato l'uso per parecchi secoli. Talvolta si è approfittato del margine inferiore non notato di una pagina per aggiungere un inno a tre voci che si cantava nei giorni delle feste proprie: per esempio nel manoscritto LVII di Cividale l'inno *Laetare felix civitas*, in onore del martire Donato e dei suoi compagni[44], notato secondo i principi dell'*Ars nova*, e l'inno *Iste confessor* del Comune dei santi, da eseguirsi a tre voci per la festa d'uno dei santi vescovi d'Aquileia[45].

[38] Citazione del titolo tratta da LEBRUN, *Ancien rit d'Aquilée*, in *Explication de la Messe*, III (ed. del 1777), p. 223 e riprodotta alla voce « Aquilée (liturgie) » del *D.A.C.L.*, I, c. 2685.

[39] Secondo il metodo d'investigazione raccomandato da G. Beyssac, bisogna partire dai breviari stampati per risalire ai manoscritti: all'occorrenza, bisognerebbe iniziare l'analisi dell'Ufficio dai breviari stampati nel 1481 e nel 1496, poi passare ai manoscritti di San Daniele del Friuli e di Trieste citati da KL. GAMBER, *C.L.L.A.*[1], n° 596 (Bd. I, p. 290), bisognerebbe aggiungere alla lista dei breviari da esaminare: Cividale, Museo archeol., XCI e XCIII, ed Oxford, Bodleian Library, Canon misc. lit. 360 (1900), del XII sec., brevemente analizzato da W.H. FRERE, *Bibliotheca Musico-liturgica*, I, n° 44; cfr. G. BAROFFIO, *Rivista di storia della Chiesa in Italia*, XXIII, 1969, p. 131. Infine Venezia, Bibl. Naz. Marciana, I, LXXXV, del XIV sec.

[40] F. SPESSOT, *Libri liturgici aquileiesi e rito patriarchino*, SG, XXXV, 1964.

[41] Gli antichi antifonari supposti di Aquileia sono conservati in Aquileia stessa (cfr. SPESSOT, art. cit., di AN, 193), a Gorizia (Seminario, Mss. A e B, del XIII-XIV sec.), a Cividale (Museo archeologico XLIV e LVII, mss. in-f° assai vicini, per la notazione, alla fine del XIV sec.).

[42] In particolare per l'ufficio dei morti: quello dell'antifonario di Cividale ms. LVII (Inc. *Scio enim*) non corrisponde all'ufficio doppio (Vigilia major, *Redemptor meus*, Vigilia minor *Credo*), imparentato con gli uffici doppi tedeschi, che è conservato in Udine, Bibl. Arciv., 72 e 73, e in Cividale, Museo arch., XLIV, f.° 99, senza notazione. In un'indagine come questa bisogna partire dai manoscritti più solidamente identificati e risalire ai più difficili da localizzare.

[43] Questi pezzi sono stati segnalati da P.L. Petrobelli che ne prepara l'edizione (cfr. P.L. PETROBELLI, *Nuovo materiale polifonico del Medioevo e del Rinascimento a Cividale*, MSF, XLVI, 1965, pp. 213-15), destinato a sostituire lo studio prematuro di K. RICCIARELLI e P. ERNETTI, *Il discanto Aquileiese*, JL, IV, 1966, pp. 238-58. Vedi ancora, nel presente volume, il cap. 16 di P.L. PETROBELLI, *Le prime forme di polifonia e l'ars nova nel Veneto a tutto il '300*.

[44] Festa del 21 agosto (la festa del 7 agosto concerne S. Donato vescovo d'Arezzo, e non è indicata che nei mss. dell'Italia Centrale). L'inno *Laetare felix civitas* (AH, XXII, p. 89; *R.H.*, n° 28862) è stato adattato a molti altri santi (p. es. *Laetare felix Ursula: R.H.*, n° 28863) e a molte altre situazioni (*R.H.*, n[i] 10052 sgg.; 28861 sgg.).

[45] Ognuna delle tre voci sembra notata da mani

81

81 *Graduale* con note musicali in campo aperto (fine sec. XI)
MILANO - Biblioteca Ambrosiana

82

82 *Inno a tre voci per S. Donato.* Antifonario del 1400
Cividale del Friuli - Museo Archeologico

Alcuni graduali di Cividale contengono anche pezzi a più voci – prose o *Benedicamus Domino* –. L'identificazione dell'origine aquileiese di questi graduali è meno complessa di quella degli antifonari, perché si può partire da una base di confronto sicura, il Messale stampato[46] ad uso della diocesi nel 1494, ristampato nel 1517 o nel 1519. Con l'aiuto di questo messale si stabilisce la lista dei versetti d'alleluia delle domeniche dopo Pentecoste e del tempo pasquale, propria della diocesi di Aquileia (vedi tavola *fuori testo*): i graduali notati che s'accordano con questa lista provengono da Aquileia, gli altri no, malgrado alcuni tratti in comune con le liste indicate. Considerando questa concordanza di lista – di cui resterebbero da spiegare le varianti di dettaglio – si può far risalire ad Aquileia la maggior parte dei graduali conservati nella basilica di Aquileia[47], nella Biblioteca arcivescovile di Udine[48], nel Museo archeologico di Cividale[49], e infine in diverse biblioteche straniere[50].

A proposito di questi graduali, ma anche degli antifonari, si pone la questione del repertorio musicale aquileiese: la chiesa di Aquileia possedeva un repertorio musicale speciale, distinto sia dal canto ambrosiano in uso a Milano, sia dal gregoriano diffuso nella maggior parte delle chiese d'Italia? Esaminando i manoscritti notati, non sembra che il repertorio musicale aquileiese differisca molto da quello delle altre chiese d'Italia: certo comportava dei recitativi propri[51], dei pezzi particolari d'origine medievale[52], dei tropi, epistole farcite, drammi litur-

diverse. Il canto a tre parti era – sembra – destinato a solennizzare più specialmente il canto in un inno del comune che serviva tutto l'anno ad ogni festa di confessore. Un'altra versione a tre voci dello stesso inno, contenuta in un salterio-innario del XV sec. (Paris, Bibl. Arsenal, 196, fol. 225*v*-226) si spiega nello stesso modo: cfr. A. Gastoué, *Catalogue des mss. de musique de l'Arsenal*, Paris 1930, p. 33; *Notice d'un ancien manuscrit de chant franciscain*, EF, XVI, 1906, pp. 210-13.

[46] Il Messale di Aquileia fu stampato ad Augsbourg, da Ratdolt (alcune pagine con notazione tedesca 'a chiodo'), nel 1494. Abbiamo potuto consultare l'ed. del 1517 (Weale-Bohatta, nº 80) a Udine. Quanto all'edizione del 1519, è stata riprodotta con procedimento anastatico nel 1963.

[47] Graduale del XIV sec. descritto da Spessot, art. cit., di AN, 1932.

[48] Bibl. arciv., 2 (XIII sec.): *Le Graduel rom.*, II, p. 147 (sigla « AQU 2 »); ms. 75 anc., f.º 17 (XII sec.); messale notato con neumi: ib., p. 146 (sigla « ALL 13 »).

[49] Ms. LVI (XIV sec.), graduale notato su righi (fasc. della notazione in RM, LIV, 1968, p. 96); ms. LVIII (XIV sec.), graduale probabilmente copiato sul precedente; ms. LXXIX (inizio del XV sec.). I graduali catalogati G ed H del Seminario di Gorizia sono citati da H. Husmann, *Die Tropen- und Sequenzhandschriften*, München, G. Henle Verlag, *R.I.S.M.*, B v¹, pp. 171-72.

[50] Venezia, Bibl. Naz. Marciana, III, CXXV (2407) del XIV e XV sec., fol. 61 sgg., graduale per le feste. Vaticana Rossi 76 (VIII.18), graduale del XIII sec.: *Le Graduel rom.*, II, p. 127 (sigla « AQU 1 »); P. Salmon, *Les mss. lit. lat. de la Bibl. Vaticane*, II, Città del Vaticano 1969, ST, 253, p. 81 nº 176. La versione melodica della comm. della Quaresima *Nemo te* (del II tono) si ritrova non solo nei graduali di Udine e Cividale, ma anche a Salisburgo ed in diverse chiese di Germania. Per la notte di Pasqua, questo graduale indica l'inno asclepiade di Prudenzio *Inventor rutili* (*R.H.*, nº 9070-71; melodia in RG, XXXII, 1952, p. 128), secondo un uso diffuso soprattutto in Germania. Il graduale Vaticana Rossi 231, del XII sec., sembra piuttosto d'origine veneziana (*Le Graduel rom.*, II, p. 128; Salmon, op. cit., II, p. 82, nº 181). Infine il graduale di Berlino, Staatsbibl., Ms. mus., 40608, indicato dagli autori tedeschi come d'origine aquileiese non ha la lista alleluiatica di Aquileia.

[51] Il recitativo delle Lamentazioni è notato nel ms. XXV della Bibl. Cap. di Udine. Cfr. G. Vale, *Le Lamentazioni di Geremia ad Aquileia*, RaG, VIII, 1909, c. 105-16; voce « Lamentatio » (Br. Stäblein), *M.G.G.*, VIII, c. 133-42. Sull'annuncio delle feste: G. Vale, *La proclamatio paschatis in Epifania e la sua antica formola aquileiese*, RaG, IV, 1905, c. 317-22. Cfr. voce « Annonce des fêtes », *D.A.C.L.*, I, c. 2237, n. 3.

[52] G. Vale, *Usi aquileiesi e cividalesi nella festa della Purificazione di Maria*, RaG, VIII, 1909, c. 17-24; *La Cerimonia della Spada ad Aquileia e Cividale:* ib., VII, 1908, c. 27-48. M. Huglo, *Une composition monodique de Latino Frangipane*, RM, LIV, 1968, pp. 96-98 (Alleluia ritmico *Felix corpus* contenuto nel ms. LVI di

gici[53] che si rifanno da vicino o da lontano al fondo propriamente gregoriano – cioè il Proprio della Messa e i canti dell'Ufficio – e che, come tali, sono di solito notati in libri liturgici distinti, il tropario ed il processionale.

Il tropario di Aquileia[54] contiene i canti dell'Ordinario della Messa, cioè il *Kyrie*[55], il *Gloria in excelsis*[56], il *Sanctus*[57], l'*Agnus Dei*[58], – proprio come la maggior parte dei graduali di comune origine aquileiese – ma in più un certo numero di prose.

Il processionale di Aquileia[59] è di grande interesse per l'archeologia, perché contiene nelle rubriche della processione delle Rogazioni (fol. LVI e sgg.) la menzione delle chiese di Aquileia in cui si faceva la stazione durante le lunghe processioni che si svolgevano nei tre giorni precedenti l'Ascensione. Quanto al celebre Dramma pasquale di Aquileia, si trova nell'« *Agenda* » stampata nel 1575 ed in alcuni manoscritti più antichi[60]: si svolgeva nella basilica stessa, attorno ad un'edicola di pianta circolare che si vede ancor oggi e la cui forma era stata ispirata dal piccolo monumento edificato nella basilica del Santo Sepolcro a Gerusalemme[61].

Nell'insieme, è dunque proprio il canto gregoriano con i suoi prolungamenti monodici e gli sviluppi polifonici che formava la base stessa della musica sacra ad Aquileia, almeno dall'epoca carolingia. Per il periodo che precede l'imposizione del canto gregoriano a tutto l'impero, cioè per il periodo precedente la fine dell'VIII secolo, la questione si pone non *in abstracto*, bensì in relazione ai problemi sollevati da un manoscritto notato con neumi: questo manoscritto conservato a Milano[62] contiene difatti una serie di pezzi di canto notati con neumi, la cui melodia non corrisponde ad alcun repertorio musicale oggi conosciuto.

Cividale: più tardi abbiamo ritrovato questo pezzo senza notazione in un ms. di Biella, conservato a Princeton, e nel libro di mottetti di Bamberg, Staatl. Bibl. lit. 115, f.° 80, ma qui con una melodia diversa da quella di Cividale).

[53] Sui tropi, vedi G. Vale, *I tropi del ciclo natalizio ad Aquileja*, RaG, V, 1906, c. 535-40 e, più avanti, a proposito del tropario di Aquileia. Sull'epistola farcita: G. Vale, *Una epistola farcita per la festa della Dedicazione della Chiesa*, RaG, VIII, 1909, c. 401-06. Sul dramma liturgico vedi più avanti.

[54] Gorizia, Seminario, ms. I: descritto da H. Husmann, op. cit., pp. 171-72.

[55] M. Melnicki, *Das einstimmige Kyrie des lateinischen Mittelalters* (München 1954, [Fotodruck]) ha fatto lo spoglio dei Kyrie di parecchi mss. di Aquileia indicati, pp. 134 sgg., con le sigle J.44, 47, 48, 54, 73, 101, 102. Vedi anche G. Vale, *Il Kyrie de novo Sacerdote in un cod. Aquileiese del sec. XIV*, RaG, II, 1903, c. 297-300.

[56] D. Bosse, *Untersuchung einstimmiger mittelalterlicher Melodien zum « Gloria in excelsis Deo »*, Regensburg, Bosse Verlag, 1955, p. 74 sgg., ha fatto lo spoglio dei *Gloria* di parecchi mss. di Aquileia (cfr. pp. 74 sgg.) indicati con le sigle I 30-32, I 51-52, I 76, I 77, ecc.

[57] P.J. Thannabaur, *Das einstimmige Sanctus der römischen Messe*, München, W. Ricke, 1962, ha fatto lo spoglio dei *Sanctus* dei mss. di Aquileia conservati a Cividale p. 218, a Gorizia p. 219, a Roma p. 231, ecc.

[58] M. Schildbach, *Das einstimmige Agnus Dei und seine handschriftliche Überlieferung*..., Erlangen, Fotodruck, 1967, ha fatto lo spoglio degli *Agnus Dei* dei mss. di Cividale p. 173, Gorizia p. 175, Roma p. 186 e Udine p. 188.

[59] Udine, Bibl. Capitolare, ms. 7 (anc. VI). Piccolo ms. di 71 ff. (26,5 × 19 cm.). Titolo: *Juxta consuetudinem Aquileg. eccle., haec processiones aguntur per anni circulum que tali ordine disponuntur et servantur*... Nel 1575 il processionale di Aquileia, arricchito con diversi pezzi liturgici (tra gli altri il Dramma pasquale), fu stampato da Aeg. Regazola a Venezia con il titolo *Agenda dioecesi sanctae Ecclesiae Aquilegensis* (Non abbiamo potuto confrontare il contenuto di questa edizione con quello dell'*Agenda* stampata nel 1495 da J. Volkarth a Venezia).

[60] G. Vale, *Il Dramma liturgico pasquale nella diocesi Aquileiese*, RaG, IV, 1905, c. 317-22. K. Young, *The Drama of the Medieval Church*, Oxford, Clarendon Press, 1962, I, pp. 320-22 (vedi nell'Indice, II, p. 565, alla parola « Aquileia »).

[61] Riproduzione fotografica in Young, op. cit., I, pl. IX, e nelle monografie consacrate alla basilica di Aquileia.

[62] Milano, Bibl. Ambrosiana, T 27 sup. (XI sec.), analizzato ed edito da C. Lambot, *North Italian Service*

Si tratta di un rituale di Battesimo i cui scrutini preparatori comportano antifone e responsori – intitolati graduali – separati da letture[63]. La versione biblica dei testi salmici non è quella del Salterio « gallicano » introdotto nell'uso corale dall'inizio della riforma liturgica della fine dell'VIII secolo, ma un'antica versione latina vicina a quella del Salterio milanese. Si è supposto che la chiesa per la quale questo manoscritto era stato scritto fosse quella di Grado: sembra che si debba qui distinguere tra il manoscritto in sé, che è vicino alla regione milanese[64], ed i testi ch'esso trasmette. Ma da quale fonte provengono questi ultimi, una volta escluso Milano, se non dal patriarcato d'Aquileia?

La soluzione di questo problema condiziona la risposta alla domanda che ci siamo posti precedentemente riguardo la natura esatta del repertorio musicale di Aquileia. Senza dubbio il problema non può essere direttamente risolto allo stadio attuale delle nostre conoscenze. Tuttavia una soluzione può intravedersi alla luce d'una constatazione d'ordine generale fatta sulle antiche liturgie gallicane ed italiche: la loro individualità si caratterizza non solamente in un insieme di riti e in una scelta di testi particolari, ma anche in un repertorio musicale proprio, di valore talvolta mediocre, che cedette il posto al canto « gregoriano », non senza sparire completamente. Come nella regione francese alcuni canti provenienti da repertori diversificati della famiglia 'gallicana' sono stati salvati dall'oblio grazie alla tenacia dei cantori e dei copisti, così nella penisola italica alcuni repertori musicali sono sussistiti in gran parte anche dopo l'imposizione del canto gregoriano: a fianco del 'vecchio romano' e dell'antico canto beneventano, nel sud della penisola, l'ambrosiano ed alcuni pezzi isolati di antichi repertori del Nord Italia oggi scomparsi[65] hanno attraversato i secoli del Medio Evo. Non è dunque azzardato ritenere che la chiesa di Aquileia, la cui vitalità s'è spesso affermata nel corso delle controversie teologiche e s'è espressa nella formazione di una liturgia individualizzata, attingendo alle fonti dell'antichità cristiana, e attraverso la creazione del suo proprio repertorio musicale.

Per i liturgisti è soprattutto il periodo delle origini che conta, assieme alla ricerca delle influenze straniere che hanno contribuito alla formazione dei riti o alla raccolta dei testi: per essi lo studio dei manoscritti medioevali conservati nelle biblioteche del Friuli non ha che un interesse secondario. Altri ricercatori contestano l'unità della liturgia della diocesi a causa delle divergenze di dettaglio registrate nei manoscritti di Cividale, quando li si confronti con gli altri libri liturgici del patriarcato. Queste tendenze mal dissimulano una mancanza d'abitudine ai metodi d'indagine delle fonti liturgiche. Difatti bisogna pur riconoscere che prima di scrivere la storia della liturgia e della musica sacra di Aquileia bisogne-

of the eleventh Century, London 1931, *H.B.S.*, vol. LXVII.

63 M. Huglo, *Vestiges d'un ancien répertoire musical de Haute-Italie: II Intern. Kongress fur Kirchenmusik*, Wien 4.-10. Oktober 1954, Kongressbericht, Wien 1955, pp. 142-45. *Vestigio di un antico repertorio musicale dell'Alta Italia apparentato col canto ambrosiano*, in A, XXXI, 1955, pp. 34-39.

64 Huglo, art. cit., p. 144 (= A, 1955, p. 38).

65 Per esempio alcune antifone eucaristiche: cfr. M. Huglo, *Antifone antiche per la « fractio panis »*, A, XXX, 1955, pp. 85-95: pp. 91-93; o ancora una delle tre versioni dell'inno *Te decet laus:* M. Huglo, *Les diverses mélodies du « Te decet laus »*, JLH, XII, 1967, pp. 111-16: 114 C. (Questa melodia C non appartiene al repertorio 'vecchio-romano' come avevo in un primo tempo presunto, ma ad un repertorio italico più antico del 'gregoriano': cfr. J. Smits van Waesberghe, KJ, LIII, 1969, pp. 5-6). Altri pezzi ancora inediti restano da analizzare.

rebbe riprendere dalla base lo studio preciso dei manoscritti di Aquileia, localizzare e datare tutti i documenti, confrontarli fra di loro e classificarli secondo la critica testuale e musicale, per reinserirli nel quadro generale della storia del patriarcato e della provincia. Sembra evidente che patriarchi come Paolino II e Poppone – che restaurò la basilica tra il 1021 e il 1031 – segnarono sicuramente con la loro personalità l'evoluzione liturgica della diocesi. D'altra parte le influenze germaniche che abbiamo rilevate nei libri liturgici della diocesi dovrebbero – dopo una datazione quanto più possibile precisa – ricevere una spiegazione tratta dalla storia del Friuli in generale e della diocesi in particolare. Infine l'introduzione della polifonia nel repertorio musicale di Aquileia non è un fenomeno isolato, ma un fatto in relazione con l'evoluzione della musica medioevale in Alta Italia e l'introduzione progressiva dei generi nuovi.

Insomma la storia della liturgia e della musica sacra ad Aquileia è, come altrove, il riflesso delle sorti alterne d'una città: le gioie e le tristezze causate dai grandi eventi storici trovano un'eco nelle azioni di grazia o nelle preghiere di domanda che mettono la vita liturgica in stretta relazione con la vita quotidiana. Le grandi feste religiose, con le loro consuetudini liturgiche e folkloristiche, ed in particolare le feste patronali, costituivano, per un popolo che non conosceva vacanze, un'occasione di letizia molto attesa. L'inno polifonico in onore di San Donato e dei suoi compagni non ci riporta forse in questa atmosfera di esultanza che doveva regnare un tempo ad Aquileia al tempo del *natalis* di questi martiri, il 21 agosto?

Laetare felix civitas, ditata miro munere
Florescit ex te puritas dum sublimaris funer...

La liturgia medioevale di Aquileia è proprio come la mirabile basilica in cui si svolgeva ogni giorno: porta in sé i segni e gli arricchimenti di tutti i secoli passati.

ELENCO DEGLI ALLELUIA DELLA CHIESA DI AQUILEIA

per le domeniche dopo Pentecoste

Versetti salmici		Missale Aquileiense 1517 Udine, Bibl. arc. 2 Vaticana, Rossi 76	Udine Bibl. arcivesc. 76 (Fol. 17)	Cividale Museo archeol. LVI, LVIII LXXIX, LXXX LXXXIV
Verba mea	S. 5	Dom. I	Dom. I	Dom. I
a) Domine ne in ira	S. 6	II		II
Domine Deus meus	S. 7	III	II	III
Deus judex	S. 7	IV	III	IV
Diligam te	S. 17	V	IV	V
Domine in virtute	S. 20	VI	V	VI
In te Dne speravi	S. 30	VII	VI	VII
b) Deus nostrum refugium	S. 45			VIII
Omnes gentes	S. 45	VIII	VII	IX
Eripe me	S. 58	IX	VIII	X
Te decet	S. 64	X	IX	XI
Attendite	S. 77	XI	X	XII
Exultate Deo	S. 80	XII	XI	XIII
Domine Deus salut.	S. 87	XIII	XII	XIV
Domine refugium	S. 89	XIV	XIII	XV
Venite exultemus	S. 94	XV	XIV	XVI
c) V. Quoniam Ds.	–		XV	
d) Domine exaudi or.	S. 101			XVII
Paratum cor meum	S. 107	XVI	XVI	XVIII
In exitu	S. 113	XVII	XVII	XIX
V. Facta est	–			
Dilexi quoniam	S. 114	XVIII	XVIII	XX
Laudate Dnm. oes. gs.	S. 116	XIX	XIX	XXI
Dextera Domini	S. 117		XX	
Qui confidunt	S. 124	XX	XXI	XXII
De profundis	S. 129	XXI	XXII	XXIII
Lauda anima	S. 145	XXII	XXIII	
Qui posuit	S. 147	XXIII		

a) Versetto proprio dei graduali dell'Italia del Nord, specialmente di quelli della regione di Ravenna (K.H. Schlager, *Thematischer Katalog der alt. Alleluia-Melodien*, München 1965, n° 367).

b) Versetto scritto su palinsesto in Cividale LVI: questo versetto d'origine italiana (cfr. Schlager, n[i] 305, 309, 399) è proprio dei mss. di Cividale: non appartiene all'organizzazione primitiva di Aquileia.

c) Secondo versetto dell'All. *Venite exultemus*, sovrappostosi alla domenica seguente in Udine, Bibl. Arc. 76.

d) Versetto di epoca successiva, diffuso soprattutto in Italia (Schlager, n° 343): non appartiene all'organizzazione primitiva di Aquileia.

VII

ANTIFONE ANTICHE PER LA "FRACTIO PANIS"

«Il Signore Gesù, la vigilia del giorno in cui doveva soffrire per la nostra salvezza e quella di tutti, prendendo del pane, alzò gli occhi al cielo verso di voi, Dio Padre Onnipotente, ringraziandovi, lo benedisse, lo spezzò e lo diede ai suoi discepoli» (Canone della Messa Ambrosiana).

Queste parole sante che i Sacerdoti ripetono ogni giorno alla Messa, ricordano le varie parti del Sacrificio della Nuova Legge istituito da Nostro Signore e trasmesso fino a noi attraverso i Suoi Apostoli e i loro successori. Alla Messa, i Sacerdoti riproducono gli atti che Nostro Signore ha loro prescritto con queste parole: «Fate queste cose in memoria di me».

In Oriente come in Occidente, la Messa comporta dunque dalle origini: un'offerta di pane e di vino, la consacrazione di queste oblate nel corso d'una preghiera di rendimento di grazie, la frazione del pane e la sua distribuzione ai fedeli. Le altre parti della Messa, non essenziali, sono state organizzate poco a poco e differiscono sovente da una Chiesa ad un'altra.

La frazione dell'ostia, senza essere, per parlare propriamente, una parte essenziale del Sacrificio eucaristico, è stata tuttavia conservata in tutte le liturgie. Non solo, essa riproduce un gesto familiare del Signore (cfr. LUCA, IX, 16; XXIV, 31, 35), ma soprattutto, essa è ordinata ad una necessità pratica: la distribuzione della Comunione. Questo posto importante della frazione nell'economia della Messa, spiega perchè nella Chiesa primitiva il Santo Sacrificio è stato talora designato da una delle sue parti costitutive: *Fractio Panis* (p. es. *Act.*, II, 42; XX, 7).

Una pittura della Cappella Greca, a Roma, rappresenta in modo simbolico la frazione del Pane presso i cristiani del secondo secolo [1].

E' facile capire che, il giorno in cui le comunità cristiane si accrebbero in modo rilevante, il rito della frazione delle ostie divenne una operazione lunga e delicata, soprattutto nei giorni di Comunione generale. Non è impossibile che l'istituzione di un canto *durante* la fra-

---

[1] Vedere Mgr. J. WILPERT, *Le pitture delle Catacombe romane* (Roma 1903). Testo pag. 264, tav. 45 e l'articolo «*Fractio Panis*», nel DACL.

zione delle ostie abbia potuto essere determinata dal prolungarsi del rito che si svolgeva all'altare. Vedremo infatti che, nella maggioranza delle liturgie, il canto di frazione non si eseguisce che nei giorni di gran festa, cioè nei giorni in cui le Comunioni sono più numerose.

Comunque ne sia di questa questione delle origini, è in Oriente che si incontrano i primi esempi di canto di frazione. Nelle liturgie greche di S. Giacomo e di S. Marco, si cantano dei Salmi nel corso della frazione delle ostie. In un antico libro di canti siriaci, l'*Octoëchos* di Severo (512-518), si può leggere una serie di pezzi magnifici per « prima della Comunione dei fedeli ». Senza essere in senso stretto antifone di frazione, questi canti [2] presentano affinità evidenti con parecchi *Confractoria* occidentali.

L'antica liturgia gallicana che deve molto alle liturgie siriache, ha conosciuto anche il canto di un'antifona durante la frazione, come ci fa sapere la prima lettera di Germano di Parigi sulla Messa: « *Sacerdote autem frangente, supplex clerus psallit antiphonam* ». Alcune di queste antifone hanno sopravvissuto alla soppressione della liturgia gallicana fatta da Carlomagno e ci sono state conservate dai manoscritti gregoriani: tali sono le due antifone *Emitte Angelum* e *Venite populi* di cui si parlerà più avanti. Queste antifone si cantavano a Natale o a Pasqua, cioè nei giorni di Comunione generale.

E' ugualmente nei giorni di gran festa che si cantava un tempo, nelle chiese di Spagna, un'antifona di frazione intitolata « *Ad confractionem panis* »: la si trova segnata in neumi visigoti negli antifonarì della cattedrale di Léon e in quello di San Millau vicino a Burgos, ma le loro melodie non ci sono state trasmesse dai manoscritti su linee.

A Roma, i canti di frazione sono, almeno a partire dal pontificato di San Gregorio (+ 604) del tutto sconosciuti: i manoscritti di canto « antico-romano » non contengono alcuna antifona di frazione. La storia della liturgia rende così conto di questa assenza. Prima di S. Gregorio, la frazione dell'ostia, a Roma come a Milano, si compiva *prima* dell'Orazione Domenicale. Il rito si accompagnava forse anche con un canto: non si possiede sfortunatamente nessun documento antico che permetta di affermarlo e si è ridotti a delle congetture. Lo spostamento della frazione, a Roma, ha potuto portare assai bene con sè la soppressione delle antifone di frazione variabili. Questa riduzione sarebbe da mettere in conto all'epoca gregoriana di cui uno dei caratteri principali fu la semplificazione. Un secolo più tardi, Papa Sergio (+ 701) introdusse il canto fisso dell'*Agnus Dei*, che sta al posto del *Confractorium*.

Tuttavia, i libri di canto delle chiese dell'Italia del Nord [3] che dal-

---

2 Traduzione inglese di E. W. Brooks nella « *Patrologie Orientale* », VI e VII.

3 Testo edito dai monaci di Silos (1927). Edizione fototipica (Madrid 1952), fol. 73, 177 ecc.

l'epoca carolingia erano state obbligate a seguire il rito romano e ad adottare il canto gregoriano, hanno conservato per i giorni di grande festa delle antifone intitolate « *In fractione* » o precedute dalla rubrica « *Dum frangitur* ».

Secondo la diastemazia della loro notazione questi manoscritti si dispongono in due gruppi:

1) manoscritti segnati *in campo aperto*: [4]

il tropario di S. Benedetto di Mantova (Verona, B. Cap. CVII);
i graduali di Vercelli (B. Cap. 146, 161, 162);
un graduale della regione di Bologna e di Modena (Roma, Angelica 123);

2) manoscritti notati su linee: [5]

i tropari di Nonantola (Bologna, Università 2824; Roma, BN. 1343, Casan. 1741);
il graduale di Forlimpopoli vicino a Ravenna (Modena, B. Cap. O. I. 7);
il graduale di Ravenna (Padova, B. Cap. A. 47);
il graduale di Modena (B. Cap. O. I. 13).

Parecchie di queste antifone non sono differenti da canti ambrosiani. In altre hanno il medesimo testo di Milano ma una melodia differente. Le ultime infine differiscono e per il testo e per la melodia. Perciò ci sono tre gruppi di pezzi da studiare separatamente. Ad imitazione del tropario di Mantova, seguiamo l'ordine alfabetico per la classificazione dei pezzi all'interno di ogni gruppo.

I. - Canti di frazione con medesimo testo e medesima melodia che a Milano

« Un canto comune sia ai mss. ambrosiani che a vari mss. gregoriani, il quale da una parte e dall'altra presenta *lo stesso testo e la stessa melodia,* dev'essere ritenuto come proveniente da Milano » [6].

Pare difficile precisare di più e sapere se questi prestiti sono posteriori all'imporsi del canto gregoriano o se, al contrario, devono essere considerati come vestigia dell'epoca in cui le chiese dell'Italia del Nord seguivano il canto ambrosiano. I pezzi comuni a Milano e alle chiese di rito romano in Italia del Nord sono in numero di quattro.

1. - Angeli circumdederunt. — Questa antifona è usata come canto di frazione con la stessa melodia che a Milano da un graduale della

[4] I manoscritti in questione sono descritti nel nostro *Fonti e paleografia del canto ambrosiano,* Milano 1955, n. 41 e seg.
[5] *Fonti,* ecc., n. 152 e sg.
[6] *Fonti,* I parte, cap. III, § 2.

regione di Modena e di Bologna [7] e dai tropari di Nonantola e di Mantova.

Il testo fa menzione della presenza degli Angeli al Santo Sacrificio. Si ritrova frequentemente attestata dalla tradizione questa presenza invisibile. E' così che nell'antica basilica di S. Giovanni di Ravenna si poteva vedere un tempo un antico mosaico, oggi scomparso, che rappresentava un Angelo davanti all'altare su cui un sacerdote diceva la Messa. In Oriente, dacchè S. Giovanni Crisostomo (*del Sacerdozio*, VI, 4) ebbe ricordato che gli Angeli assistono al S. Sacrificio, con la testa china, i canti liturgici hanno spesso menzionato questa invisibile assistenza. Ne vedremo più avanti la testimonianza. Per tenerci alla liturgia milanese, basta citare il Transitorio « *Stant Angeli ad latus altaris* ».

Il seguito del testo menziona la Comunione [8] sotto le due specie. A prima vista, questa antifona non sembra dunque destinata ad accompagnare la frazione e si è tentati d'accordare la priorità cronologica a Milano che fa uso del pezzo come Transitorio. Ma siccome l'atto della frazione è direttamente ordinato alla mescolanza del Pane e del Vino consacrati e, perciò, alla Comunione sotto le due specie, non bisogna esagerare questa differenza d'attribuzione. Bisogna inoltre ricordarsi che la distinzione liturgica tra Confrattorio e Transitorio nella liturgia ambrosiana non è assai grande: questi due pezzi sono in relazione con la Comunione come con gli atti che la seguono. Ci si spiega così che uno stesso pezzo possa essere assegnato qui alla frazione e altrove alla Comunione [9].

2. - Corpus Christi accepimus. — Il testo di questa antifona è di origine orientale e appare in Occidente dal VII sec. nell'antifonario irlandese di Bangor recato più tardi a Bobbio [10].

La liturgia milanese usa questa antifona come Transitorio (*Antiph. Miss. Mediol.*, pag. 320, VII), mentre nei manoscritti di Vercelli, Nonantola, Mantova e Ravenna si trova questa stessa antifona assegnata alla

---

[7] Roma, Angelica 123: cfr. Dom P. Cagin, *Te Deum ou Illatio?* (Solesmes 1912), pag. 495. Notiamo che nei manoscritti gregoriani, la melodia è segnata un grado più alto che nei manoscritti ambrosiani, seguiti nell'*Antiphonale Miss. Mediol.* (pag. 318, III): questa differenza scompare all'orecchio col bemolle del *si* della melodia milanese.

[8] Comunione distribuita dal Cristo-Sacerdote: è questo un tratto orientale: vedere *Patr. Orient.*, VII, pag. 679, n. 224.

[9] Vedere su questo punto le interessanti osservazioni di Don E. Cattaneo, *I Canti della frazione e Comunione nella Liturgia ambrosiana*, in « Miscellanea Liturgica in honor. Dom C. Mohlberg », II, Roma 1949, pagg. 147-174.

[10] Attualmente alla Biblioteca Ambrosiana, C. 5 inf. (fol. 32v) e edito in facsimile dalla Soc. Bradshaw. Vedere l'utilizzazione di questa antifona come preghiera di rendimento di grazie in un *collettario* di S. Gallo studiato da Dom Dold (*Benedikt Monatschr*, 1930, pagg. 236-240). Questo pezzo è forse stato tolto da una raccolta analoga a quella di Bangor: S. Gallo ha parecchi libri « scottice scripti ».

frazione: *In fractione.* Il testo, qui ancora, indica chiaramente che si tratta d'un canto di comunione.

Con quale semplicità d'espressione ma anche con quale accento di convinzione questa antifona esprime la potente protezione del Signore contro il male! Notiamo l'inciso aggiunto alla fine dai due manoscritti di Ravenna che completa bene il senso: *Adjutor sit et defensor in saecula saeculorum, alleluia.*

3. - Corpus tuum frangitur. — A Ravenna e a Modena, questa antifona era un tempo usata come canto di frazione, con la stessa melodia di Milano. Ma nella liturgia ambrosiana il pezzo fa parte dei Transitori (*Antiph. Missar.*, pag. 317, II) .Questa attribuzione pare poco conforme al senso del testo che indica che noi abbiamo a che fare qui con un canto di frazione piuttosto che con un'antifona di Comunione. Ma, ancora una volta, la distinzione liturgica [11] tra Confractorio e Transitorio non deve essere esagerata. D'altronde, la liturgia ambrosiana ha essa stessa introdotto questa antifona come preghiera sacerdotale da recitare durante l'atto della frazione, innovazione che risale al XIV secolo [12].

Il testo di questo canto che ha dato materia a controversia teologica è stato chiaramente spiegato da J. A. Sassi nella sua *Epistola ad amicum pro vindicanda formula in Ambrosiano Canone ad Missae sacrum praescripta*: « Corpus tuum frangitur Christe » [13]. Una parola di Benedetto XIV spiega molto bene il senso di questo testo liturgico: « Pertanto se parliamo accuratamente e teologicamente non si deve dire *frangitur Corpus Christi* ma *franguntur species*, benchè anche teologicamente si possa dire *frangitur Christi corpus*: infatti anche nell'Eucaristia vi può esser luogo per la *Communicatio idiomatum* come avverte lo stesso Sassi » (citato da Don Cattaneo).

II. - Canti di frazione con medesimo testo ma con melodia differente da Milano

« Un canto comune, il quale presenta lo stesso testo ma *una diversa melodia,* dev'essere piuttosto considerato come non proveniente da Milano: questa II regola è più rigorosa e da prendersi « sensu stricto », quanto più è rilevante il numero delle testimonianze non ambrosiane circa un canto del reportorio ambrosiano» [14].

---

[11] Dal punto di vista musicale, lo stile melodico, quasi interamente sillabico, spicca con lo stile più carico degli altri Transitori. In Modena O. I. 13, questa antifona è seguita da un alleluia, con la melodia dell'alleluia finale dell'antifona *Venite populi* (più avanti n. 6).

[12] A. M. Ceriani, *Notitiae liturgicae ambrosianae* (Mediol. 1895), pag. 83.

[13] E. Cattaneo, *Corpus tuum frangitur Christe,* in « Ambrosius », XII, 1936, pagg. 104-112.

[14] *Fonti, loc. cit.*

4. - Hoc Corpus. — Questa antifona, con la sua melodia gregoriana, figura come canto di frazione per la Domenica delle Palme e il Giovedì Santo nel Graduale Angelica 123. E' assai semplicemente la Comunione della Domenica di Passione in rito romano. La liturgia milanese assegna questo stesso testo con una melodia imparentata alla melodia gregoriana al Giovedì Santo ugualmente come canto di frazione. Questa attribuzione si spiega bene se ci si ricorda della relazione stabilita dalle liturgie orientali tra l'atto della frazione e la morte violenta subita dal Cristo nella Sua Passione [15].

5. - Multitudo angelorum. — Ecco un'antifona di frazione che appare proprio anch'essa di origine orientale. Nell'*Octoëchos* di Severo di Antiochia si legge il canto seguente che diamo in latino per facilitare il paragone:

« Multitudo angelorum stant cum Cherubim et Seraphim, volantes dum ore et voce non cessant simul clamare hymnum victoriae: Alleluia » (*Patrol. Orient.*, VII, pag. 681, n. 226).

L'inizio del testo dell'antifona quale noi l'indichiamo qui si legge nel Graduale dell'Angelica 123. Notiamo tuttavia che il testo milanese (*Ant. Missar.*, pag. 439), seguito dal tropario di Mantova, differisce leggermente. A Milano, il testo è destinato alla festa di S. Babila e dei tre fanciulli, perciò la menzione degli angeli e arcangeli è stata sostituita da quella dei Santi: « Multitudo *Sanctorum* simul et *confessorum* ».

La seconda parte del testo fa menzione dello Spirito Santo «inviato per consacrare il Corpo e il Sangue del Signore ». Si riconosce chiaramente in questa espressione una forma d'epiclesi cioè una preghiera che chiede a Dio la consacrazione delle oblate attraverso l'invio del Suo Spirito [16]. Ritroveremo più avanti una formula analoga (n. 8). Deduciamo che questa allusione all'epiclesi è un nuovo indizio della provenienza orientale del testo.

Notiamo infine che la melodia non è la stessa a Milano e nel manoscritto dell'Angelica. Milano ha probabilmente adattato al proprio repertorio musicale un testo orientale che sarà stato trasmesso in latino da un'altra chiesa (Ravenna?). Le formule musicali dell'antifona milanese sono in effetto formule usuali.

6. - Venite populi. — Il Transitorio *Venite populi* era già in uso a Milano all'inizio dell'VIII secolo [17]. La stessa antifona con un testo

---

[15] Vedere i testi citati da J. A. Jungmann, *Missarum Sollemnia*, II (Wien 1948), pagg. 364 e 365.

[16] Sull'epiclesi, vedere, M. de la Taille, *Mysterium fidei* (Parigi 1924), pagg. 438 sg.; J. A. Jungmann, *Missarum Sollemnia*, II (Wien 1948) pagg. 232 sg.

[17] Secondo un frammento palinsesto, cfr. *Fonti*..., n. 1.

press'a poco simile, ma con una melodia differente, è conservata da un gran numero di graduali di Italia, di Francia e di Germania. Questo pezzo sembra proprio essere appartenuto all'antica liturgia gallicana [18].

Tuttavia, certe espressioni, fanno pensare che Milano e le chiese gallicane hanno ricevuto il loro testo dall'Oriente. Così, all'inizio *Venite populi* è una formula invitatoria assai frequente nella liturgia bizantina (δεῦτε λαοὶ) che si ritrova ancora nella liturgia siriaca [19].

Inoltre, *communicemus* è usato con l'accusativo invece che con il dativo e lascia supporre che il modello era composto con un verbo che regge l'accusativo: c'è stata trasposizione e non « traduzione ». Infine, l'allusione all'Agnello di Dio sembra proprio indicare, come vedremo più avanti (n. 9), una dipendenza dall'Oriente. L'antifona è datata dall'allusione alla Comunione ricevuta nelle mani. E' questo l'uso antico. A partire dal VII secolo, la Comunione ricevuta nelle mani fu sostituita, poco a poco, dal ricevimento nella bocca [20]. Ci si spiega perchè, nei secoli XII-XIII, si è talvolta sostituito *manibus mundis* con *cordibus mundis*. La raccomandazione di conservare le mani pulite prima della Comunione è fatta dai vescovi quali S. Giovanni Crisostomo in Oriente e S. Cesario in Occidente. Il nostro testo potrebbe ben essere contemporaneo di quest'ultimo.

Si osserverà nella melodia gallicana (*variae preces*, pag. 14) la cadenza all'acuto di *propter nos* identica a quella della melodia greca del *Gloria in excelsis* [21]. A Milano la melodia è stata conformata al resto del repertorio ambrosiano.

III. - Altri canti di frazione

A fianco dei pezzi precedenti che hanno relazione col repertorio milanese, bisogna ancora segnalare sei antifone di frazione di origini assai diverse ma quasi tutte trasmesse da manoscritti dell'Italia del Nord.

7. - ECCE MAGNUS DIES. — Questa antifona non è stata conservata che dal graduale in annotazione neumatica di Roma Angelica 123. La sua melodia ci è dunque sconosciuta. Il testo si riferisce alla festa dell'Epifania:

---

18 Vedere *Paléographie musicale*, XIII, pagg. 30-35.

19 Vedere la strofa seconda d'un canto di Comunione citato da A. Rucker in *Jahrb. für Liturgiewiss*, I, pag. 83.

20 Quest'ultimo uso comincia dal VII secolo, per i malati. E' reso generale per tutti i laici al IX secolo. Cfr. JUNGMANN, *Missarum soll.* II, pag. 460.

21 *Révue Grégorienne*, 29, 1950, pag. 35. Vedere in particolare pag. 36 sulla parola ἡμῶν. Qui, avremmo la cadenza sulla medesima parola ἡμᾶς.

« Ecce magnus dies atque preclarus in quo Christus Filius
Dei altissimus descendit ad Jordanem,
Quem Johannes baptizavit aqua atque vox Patris audita
est ex nube lucida atque preclara, dixit:
Hic est Filius meus dilectus in quo mihi bene complacui,
Ipsum audite, Alleluia ».

Questo testo si canta durante la Frazione benchè senza allusione diretta al mistero eucaristico. Non si deve pertanto riconoscere che la parola del Padre « Costui è il mio Figlio prediletto » si applica perfettamente alla presenza reale di N. S. sotto le speci eucaristiche?

8. - Emitte Spiritum Sanctum tuum. — Il testo di questa antifona di frazione, diffuso quasi come il *Venite populi*, figura sotto tre forme differenti: l'una (*Emitte Angelum*), è propria ai manoscritti italiani e francesi, l'altra (*Emitte Spiritum*) si incontra nei manoscritti aquitani: bisogna collegarvi i manoscritti della terza forma [22].

Il testo della nostra antifona indica chiaramente che si tratta proprio di una antifona di frazione (*nos frangimus*...). Secondo l'inizio *Emitte Spiritum... ecc.*, Don Cagin ritiene che questa antifona è un'antica epiclesi o orazione che chiede a Dio l'invio del suo Spirito per la consacrazione delle oblate. Questa osservazione non vale che per la prima parte. La seconda parte, tutta diversa, appartiene per il suo lirismo non all'eucologia ma alle libere composizioni di genere antifonico.

Come nel *Venite populi*, si rileva qui una nuova allusione all'ostia deposta nelle mani. Si osserverà con quali espressioni liriche il compositore ha espresso la beatitudine di colui che ha da poco ricevuto in sè il re degli angeli.

9. - Hic est agnus. — Nelle regioni di Ravenna e di Modena come a Nonantola e a S. Salvatore di M. Amiata [23], questa antifona si cantava il Sabato Santo. Il suo testo è preso dal discorso sul Pane di vita (Giov., VI, 58) ma con una piccola variante: *panis* è stato sostituito da *Agnus*.

Questo termine di *Agnus* per designare il Cristo presente sotto le speci eucaristiche, e in particolare al momento della frazione, sembra proprio indicare che abbiamo qui la traduzione di un testo liturgico orientale [24].

---

22 Vedere l'edizione critica di Don Cagin, *Te Deum*..., pagg. 216-217. La melodia di questo canto è stata pubblicata da Don Pothier, *Rev. du chant Grég.*, V, 1896-97, pagg. 65 e 67, come pure da Gastoue, *Le chant gallican* (Grenoble 1939), pag. 35.

23 Messale con neumi conservato a Roma (B. Casanate 1907) e descritto da Ebner, *Iter italicum*, pagg. 162-166. Secondo le rubriche (cfr. Cagin, *op. cit.*, pag. 495), questa antifona si canta prima del *Pax Domini*.

24 J. A. Jungmann, *op. cit.*, II, pagg. 44 e 365. Notiamo che a Roma è il

La melodia è di una costruzione particolarissima. Essa non ha l'architettura di una antifona gregoriana. Essa è ridotta ad un solo inciso ripetuto sei volte:

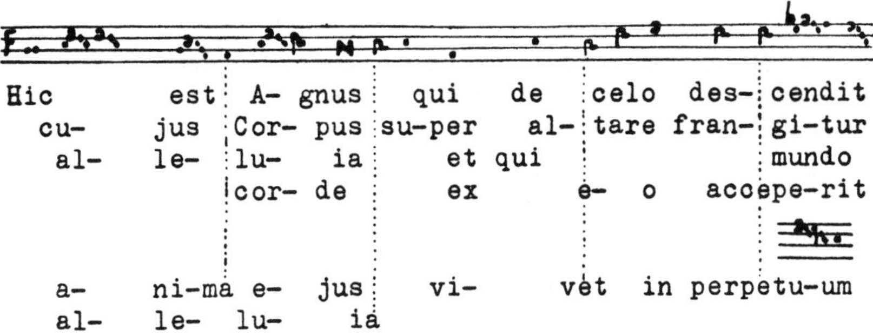
Hic est A- gnus qui de celo des- cendit
cu- jus Cor- pus su-per al- tare fran- gi-tur
al- le- lu- ia et qui mundo
cor- de ex e- o accepe-rit
a- ni-ma e- jus vi- vet in perpetu-um
al- le- lu- ia

Si può constatare che le formulette dell'inciso si sviluppano per gradi congiunti attorno ad un semitono [25]. Questo modo di composizione abbastanza monotono pare antichissimo. Si potrebbero ritrovare negli altri repertori italiani anteriori al gregoriano [26] altri esempi di formule simili che fioriscono attorno al semitono. Ci pare interessante confrontare questa melodia con quella del *Te decet laus,* quale la si trova alla fine dell'Ufficio della domenica in un breviario romano benedettino di San Martino (Napoli, B. Nazion. XVI, A. 7). Questa melodia pare anteriore alla melodia gregoriana [27] e ha un sapore molto arcaico:

Te de- cet laus
te de- cet hymnus
tibi glori- a De- o
Pa- ttri et Fili- o
cum Sanc-to Spiri- tu
in secula
secu-lo-rum,A- men.

papa siriaco Sergio (+ 701) che ha introdotto l'*Agnus Dei.* Alcuni manoscritti aquitani hanno questo canto in greco.

25 Il bemolle alla fine della riga è giustificato dalla scrittura dei manoscritti di Nonantola che scrivono il pezzo una quinta più alto.

26 Cioè i canti antico-romano, milanese, beneventano, l'antico canto d'Aquileia; infine il canto della chiesa in cui fu in uso Angelica 123.

27 La melodia gregoriana antica (*Antiph. Monasticum*, pag. 1260) è dello stesso modo del versetto alleluiatico gregoriano *Te decet hymnus* e comincia nella stessa maniera.

Anche qui, non abbiamo che un inciso ripetuto parecchie volte e formule analoghe a quella della nostra antifona. Se ne può concludere che l'antifona *Hic est Agnus* appartiene ad un repertorio pregregoriano dell'Italia del Nord.

10. - Memor sit. — I graduali aquitani d'Albi, di Tolosa, di S. Yrieix, come un tropario di S. Marziale (Parigi, B. N. 1120) danno come antifona di frazione il seguente canto preso dal Salmo XIX:

« Memor sit Dominus annis sacrificii tui et holocaustum tuum pingue fiat: tribuat tibi secundum cor tuum et omne consilium tuum confirmet in bono ut offeras hostias placabiles digne Deo in odorem suavitatis ».

Si tratta probabilmente d'un pezzo gallicano [28] ma che non pare essere stato in uso in Italia.

11. - Pro quorum memoria. — Il graduale di Forlimpopoli (vicino a Ravenna) assegna alla frazione della messa dei morti un'antifona che si trova assai sovente come comunione della messa dei morti nei graduali gregoriani [29].

« Pro quorum memoria has hostias offerimus: dona eis, Domine, requiem sempiternam ».

12. - Venite adoremus Dominum. — Un graduale dell'XI sec. della regione di Como [30] aggiunge, dopo il *Venite populi* questa bellissima antifona il cui inizio è preso dal Salmo 9 ma la cui fine è di composizione ecclesiastica:

« Venite adoremus Dominum et procidamus ante eum qui fecit nos quia ipse est dominus noster qui semetipsum obtulit pro nobis Deo Patri sacrificium in odorem suavitatis: affixus namque patibulo crucis redemit nos a peccatis. Referamus ergo illi gratias quia eruit nos a morte perpetua et transduxit nos ad caelestia sempiterna gaudia, alleluia ».

La melodia è sfortunatamente sconosciuta perchè il manoscritto è notato in campo aperto.

* * *

Lo studio delle antifone di frazione mette in evidenza la complessità delle correnti d'influenza che hanno retto la storia del canto liturgico in Alta Italia.

---

28 Gastoue, *Le chant gallican*, pag. 32 dà la melodia ma confonde questa antifona col Graduale *Memor sit* attestato nel sec. IX.

29 *Atti del Congresso internazionale di Musica Sacra* (Tournai 1952), pag. 226.

30 Vercelli, B. Capitol. 186; cfr. *Fonti...*, n. 46.

Prima di Carlomagno, le chiese più importanti d'Italia avevano ognuna un repertorio musicale particolare di cui non restano oggi che relitti. Anche dopo l'opera unificatrice di Carlomagno, Milano, che aveva felicemente resistito alla pressione esercitata su di essa dal potere, continuò a far sentire la sua azione sulle chiese circonvicine. Modena, Nonantola, Mantova, continuarono a cantare le antifone ambrosiane adottate forse prima dell'era carolingia. Inversamente, Milano aveva ricevuto apporti dall'estero: dall'Oriente, forse per mezzo di Ravènna « Porta dell'Oriente », dalle chiese gallicane, dalle altre chiese dell'Italia del Nord che già avevano adottato il canto romano. La posizione geografica e la situazione prevalente di Milano dal punto di vista politico e religioso spiegano questi reciproci scambi. Abbiamo inoltre constatato, a lato del repertorio ambrosiano, la sopravvivenza di altri repertori italiani che si devono riavvicinare a quelli che già si conoscevano fin qui.

Qualunque sia la loro origine, questi canti di frazione hanno un grande interesse, per lo storico della liturgia e del dogma. La maggior parte sono infatti delle composizioni ecclesiastiche o degli adattamenti di pezzi di origine straniera. Allo stesso titolo delle composizioni eucologiche del sacramentario, queste antifone meritano uno studio attento, perchè sono ricche di dottrina e piene di devozione per il *Mysterium fidei.*

VIII

Altgallikanische Liturgie

Vor langen Zeiten schon hatte man den Unterschied zwischen römischem und nichtrömischem Ritus umrissen: im März 416 erwähnte Papst Innozenz I. in einem Brief an Bischof Decentius von Gubbio Merkmale, die schon damals die Liturgie der römischen Kirche von den Gebräuchen in anderen Kirchen Italiens, Galliens oder Spaniens unterschieden (MPL 56, 513). Vergleicht man die alten römischen Sakramentarien mit liturgischen Büchern, die vor dem letzten Viertel des 8. Jh. in Gallien, Germanien und in Norditalien aufgezeichnet wurden, so wird man mühelos zwei deutliche Unterschiede feststellen: voneinander abweichenden Gebrauch und vor allem einen eigenen euchologischen Stil.

Eine Besichtigung alter Sanktuarien, in denen sich ehemals die Liturgie vollzog, macht diese Unterschiede schon deutlich: in Rom wie in der Mehrzahl der alten Kirchen sind die Basiliken genau nach Osten ausgerichtet. In den Kirchen Galliens dagegen zeigt nicht die Apsis gen Osten, sondern das Schiff, so daß der vor der versammelten Menge stehende Pontifex in Richtung der aufgehenden Sonne blickt, wenn er das *Gloria in excelsis* intoniert (siehe *Dict. d'archéol. chrét. et de Lit.*, Art. „Gallicane", Sp. 565; J. Dölger, *Sol salutis*, Münster in W. 1925). In Gallien, wo man das *Gloria in excelsis* nicht zur Messe, sondern zu den Laudes sang, wendet sich der Klerus während des *Kyrie eleison* gen Osten (M. Andrieu, *Ordines Romani III*, S. 62 und 98).

Altgallikanische Liturgie

Man hat beobachtet, daß einige Kirchen in Gallien wie die östlichen Kirchen eine Proskomodie zur Vorbereitung der Oblaten vorsahen, z. B. die Basilika in Arles. An der Stelle des Offertoriums, an der die feierliche Prozession die Oblaten herbeitrug, schritten die Geistlichen aus der Proskomodie in Richtung des Hochaltars, während der Chor den Cherubim-Hymnus oder ein anderes Stück östlicher Herkunft sang (E. Male, *La fin du paganisme en Gaule et les plus anciennes basiliques chrétiennes,* Paris 1950).

Dieses Sich-Öffnen der Kirchen nach Osten sowie die Übernahme von Gebräuchen oder von Gesängen des östlichen Mittelmeergebietes, z. B. Diakon-Litanei, Monitio *Sancta sanctis,* Trisagion, Cherubikon etc. (J. Quasten, *Oriental influence in the Gallican Liturgy* in Traditio I, 1943, 55—73) sind zwei besondere Züge der gallikanischen Liturgien. Schon im 6. Jh., zur Zeit des hl. Cäsarius († 543), sang man in Arles zweisprachige Stücke. Noch mehr als diese Beziehung zum Osten verleihen Vokabular und Stil der Euchologie den gallikanischen Liturgien ihr urtümliches Gepräge. In Rom ist der Stil der Kollekten und der Präfationen von unerbittlich strenger Präzision in der theologischen Formulierung und von strikter Kürze in der Wahl des Vokabulars. Die Gebete wenden sich immer über die Vermittlung des Sohnes an den Vater und formulieren die Bitte in wenigen, gedrängten Worten. Die gallikanischen Gebete sind sehr viel umfangreicher: ein und dasselbe Thema wird unter allen Aspekten unter Anhäufung von rhetorischen Figuren — Wiederholungen, Wortschwall, Metaphern, Antithesen — entwickelt. Die Wortwahl ist reich, variiert, koloriert; sie konstrastiert lebhaft mit dem sehr nüchternen römischen Vokabular (G. Manz, *Ausdrucksformen der lat. Liturgiesprache,* Beuron 1941). Ein weiteres Charakteristikum: den Gebeten geht eine Monitio (oder *praefatio*) voraus, die deren Thema exponiert (in Rom kommt diese Ermahnung nur in den feierlichen Gebeten des Karfreitags vor). Schließlich wenden sich die gallikanischen Gebete häufig an den Sohn oder an den Heiligen Geist.

Entstehung der gallikanischen Liturgie und des gallikanischen Gesangs

Oft ist die römische Liturgie mit der gallikanischen Liturgie so verglichen worden, als ob die letztere ganz homogen wäre, analog der altspanischen oder der Mailänder Liturgie. Tatsächlich jedoch ist es genauer, von den gallikanischen Liturgien im Plural zu sprechen. Ihnen gemeinsam sind die besonderen Gebräuche — nicht nur für die Messe, sondern auch für das divinum officium und für die anderen Teile des Rituals — und ein eigener euchologischer Stil.

Eine gründliche Textanalyse enthüllt genau so viele Gebräuche, wie es Kirchenprovinzen, ja sogar Diözesen gibt. Der Gebrauch von Auxerre (Messes de Mone) unterscheidet sich von dem in Autun (Missale Gothicum) in der Wahl der Formulare, aber Beschaffenheit und Anordnung der Stücke sind fast identisch.

Heutzutage, da die römische Liturgie fast alle lokalen Besonderheiten nivelliert und unterdrückt hat, mögen solche Unterschiede merkwürdig erscheinen. Betrachtet man jedoch die Gründungen und die Entwicklung der Kirchen in Gallien, Spanien oder Germanien aus historischer Sicht, so erweisen sich diese Unterschiede als völlig legitim. In den Gründungszeiten richteten die neuen Kirchen ihre Liturgien ein, erweiterten und bereicherten sie unter Bezug auf die älteren Kirchen, deren Ausstrahlungskraft und Lebenskraft stärker waren. So erklären sich z. B. in jener Kirche Septimaniens oder der Provence, die das „Missel von Bobbio" abfaßte, die spanischen Einflüsse, besonders in den *Preces* der Karsamstag-Litanei. Ebenso hat auch die ferne römische Kirche ihren Einfluß auf die gallikanische Liturgie ausgeübt, besonders auf dem Gebiet der Euchologie (C. Vogel, *Les échanges liturgiques entre Rome et les pays francs,* 1960). Arles (zur Zeit des hl. Cäsarius) und Marseille haben stärkere östliche Einflüsse empfangen als die Kirche von Autun. Mailand hat mit Lyon und den Kirchen Südostgalliens Gesänge ausgetauscht. Diese allgemeinen Bemerkungen über die gallikanischen Liturgien verdeutlichen, daß es nicht einen gallikanischen Gesang gibt, sondern vielmehr ein unregelmäßiges Ganzes von Stücken, das sich, vor allem in Opposition zur *romana cantilena,* an die Familie der gallikanischen Liturgien anschließt. In diesem gallikanisch benannten Ganzen wird man mehrere Schichten finden können, die im Laufe der Zeit durch unaufhörlichen Austausch und Zusammentragen entstanden und den „fonds primitiv" verdeckten.

Liturgie und gallikanischer Gesang

Gesänge der Messe: Die beste Auskunft über die Gesänge der gallikanischen Messe gibt der erste der beiden St. Germain de Paris zugeschriebenen Briefe (Ed. Gamber, 1965; MPL 72, 89—94). Es folgt eine Liste der Gesangsstücke in ihrem liturgischen Rahmen, mit den Ermahnungen und Rezitativen des Diakons oder des Lektors:

1. *Antiphona ad praelegendum:* Gesang, der den Lesungen vorangeht, wie in der spanischen Liturgie, in der das Stück denselben Namen trägt. Sie korrespondiert mit der römischen *antiphona ad introitum* und gestattet wie diese eine Psalmodie, während die ambrosianische Ingressa ohne Psalm gesungen wird. Es ist wahrscheinlich, daß der

versus ad repetendum, den man in einigen alten gregorianischen Gradualien Nordfrankreichs findet, aus dem gallikanischen Ritus herrührt.

2. *Ermahnung des Diakons:* sie soll die Menge zum Schweigen bringen, *„ut tacens populus, melius audiat verbum Dei"* (Gamber, S. 17). Hier folgt das Rezitativ, das in einem Ms. an St. Peter in Köln (Arch. der Stadt, W. 105, f. 7 v) erhalten ist:

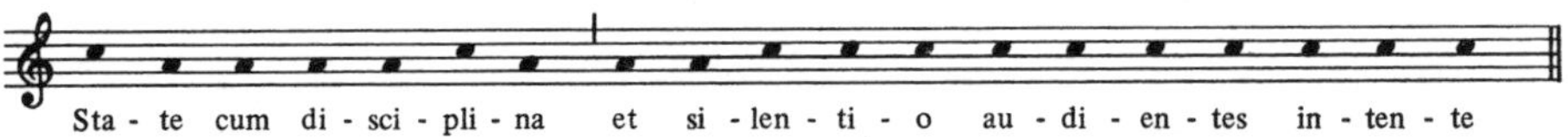
Sta - te cum di - sci - pli - na et si - len - ti - o au - di - en - tes in - ten - te

Darauf folgt die Kollekte, der die Salutatio *Dominus sit semper vobiscum* vorangeht.

3. *Aius* oder Trisagion: Der Terminus *Aius* ist eine Verstümmelung von *Agios* (das g wurde fallengelassen, wie in den Tonformeln *Noeais* für *Noeagis*). Dieser Gesang wird von dem Pontifex intoniert und von den Sängern in Griechisch oder in Latein fortgesetzt (*dicens latinum cum greco*). Drei Knaben lassen das *Kyrie eleison* folgen. Dieses Kyrie wurde wahrscheinlich nicht gesungen, sondern im Unisono rezitiert (*uno ore,* präzisiert der Pseudo-Germain), genau wie in Mailand.

4. Canticum *Benedictus* oder *Prophetia:* Das Canticum des Zacharias (Luk. 1, 68–79) mußte vom Priester intoniert werden (Gregor von Tours, *Hist. Francor.* VIII 7, MGH. *SS. rer. merov.* I, S. 330). In der Fastenzeit wurde das Canticum durch die Antiphon *Sanctus Deus archangelorum* ersetzt (MPL. 72, 95).

– Oration, genannt *collectio post prophetiam.*

– *Lectio prophetica,* aus dem Alten Testament.

5. *Hymnus trium Puerorum:* Canticum *Benedicite* (Daniel III, 52 ff.). Der Ort dieses Canticums in der Vormesse wird von dem Pseudo-Germain nicht deutlich bestimmt (siehe Gamber, S. 18, Nr. 2). Dieser Gesang sollte wahrscheinlich die beiden Lesungen voneinander trennen.

– *Lectio ex Apostolo:* nach den gallikanischen Lektionaren nahm man sie entweder aus den Apostelbriefen, aus der Apostelgeschichte oder der Apokalypse oder sogar aus den *Gesta Martyrum,* entsprechend dem Fest.

6. *Responsorium:* von Knaben gesungen (*responsorium quod a parvulis canitur*). Dieses Responsorium, das an das „responsorium cum infantibus" der Mailänder Messe erinnert, war wahrscheinlich ein mit Ornamenten reich verziertes Stück. Es trat an die Stelle des alten *psalmus responsorius,* der ehemals von einem Solisten, dem Diaconus, ausgeführt wurde (siehe Gregor von Tours, *Hist. Francor.* VIII, 3; MGH. *SS. rer. mer.* I 328; siehe S. 694) und auf den das Volk nach jedem Vers mit einer kurzen „responsa" „antwortete".

7. *Antiphona ante evangelium:* diese Antiphon wurde gesungen, während der Diakon zum Gesang des Evangeliums in Richtung des Ambos schritt. Eine ähnliche Antiphon gibt es im ambrosianischen Ritus, aber nur zu Weihnachten, Epiphanias und zu Ostern. Dagegen gibt es im ambrosianischen Ritus eine vollständige Sammlung von Antiphonen *post evangelium.*

– Cantillation des Evangeliums durch den Diakon.

8. *Sanctus post evangelium:* gesungen von dem Geistlichen, aber dieses Mal in Latein, während der Rückkehr der Evangeliumsprozession. Man könnte fragen, ob das dreifache Sanctus nicht auch griechisch gesungen wurde: „Aius, aius, aius per trinum numerum imposuit" (Leben des hl. Gery, Bischof von Cambrai im 7. Jh.: *Analecta Bollandiana* VII, 393). Dieser Text bezieht sich aber vielleicht auf das Trisagion am Anfang (siehe oben, Nr. 3) oder auf das *Sanctus,* das auf die Präfation (Nr. 12) folgt.

– Lesung einer Kirchenväter-Predigt.

9. *Preces:* Bittgesang für die geistlichen und weltlichen Bedürfnisse des Volkes. Auf jeden Vers, der die Intention der Bitte der Litanei ausdrückt, antwortet das Volk mit einer sehr kurzen *responsa: Domine miserere* oder *Kyrie eleison* oder *Dona nobis veniam* etc. Eine große Zahl von gallikanischen Preces ist überliefert in den aquitanischen Manuskripten.

10. *Verabschiedung der Katechumenen durch den Diakon:* Eine Melodie für die Verabschiedung der Katechumenen ist überliefert in dem Ms. von St. Peter in Köln:

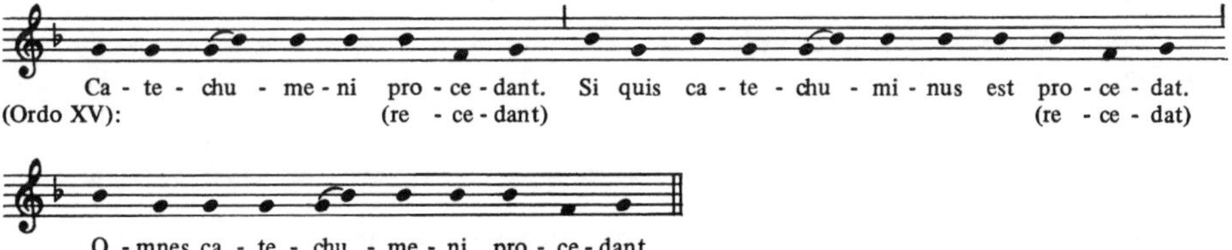
Ca - te - chu - me - ni pro - ce - dant. Si quis ca - te - chu - mi - nus est pro - ce - dat.
(Ordo XV): (re - ce - dant) (re - ce - dat)
O - mnes ca - te - chu - me - ni pro - ce - dant
(exeant foris)

11. *Sonus:* stark artistisch ornamentiertes Stück (*dulci melodia*), das während der feierlichen Prozession der Oblaten aus der Proskomidie zum Hochaltar ausgeführt wurde. Dieses Stück, dessen Symbolgehalt der Pseudo-Germain ausführlich beschreibt (Ed. Gamber, S. 19–20), ist verglichen worden mit dem römischen Gesang der Offerenda in dem *Capitulare ecclesiastici ordinis:* „clerus canit offerenda quod Franci dicunt Sonum" (M. Andrieu, *Ordines Romani,* III, 1951, S. 123). Der Sonus schloß, außer in der Fastenzeit, mit dem Alleluia.

12. *Sanctus:* eingeleitet von der *Immolatio Missae* oder *Contestatio* (= römische Präfatio), gesungen von dem Priester.

13. *Fraktions-Antiphon:* Während der Fraktion, die sich in Gallien *vor* dem Vaterunser vollzog, sangen die Geistlichen eine Antiphon (siehe Gamber, S. 21). In Mailand und in Spanien nennt man dieses Stück *confractorium.* Im ambrosianischen Antiphonar steht das confractorium häufig parallel zur römischen Kommunion, während das transitorium (oder der Gesang der Kommunion) manchmal aus fremden – orientalischen oder gallikanischen – Stücken stammte, die man sang, während die Hostie gebrochen wurde.

14. *Bischöflicher Segen:* Nach dem Vaterunser, das in Gallien, in Afrika und in Spanien die ganze Menge sang, sprach der Pontifex eine feierliche Segensformel. Diese Formel war kürzer, wenn ein einfacher Priester zelebrierte (siehe Gamber, S. 21). Jedenfalls war es den Gläubigen seit dem Konzil von Agde (506) verboten, die Kirche vor diesem Segen zu verlassen. Vor der Segensformel forderte der Diakon die Gläubigen auf, sich zu verneigen, während er folgende Monitio sang:

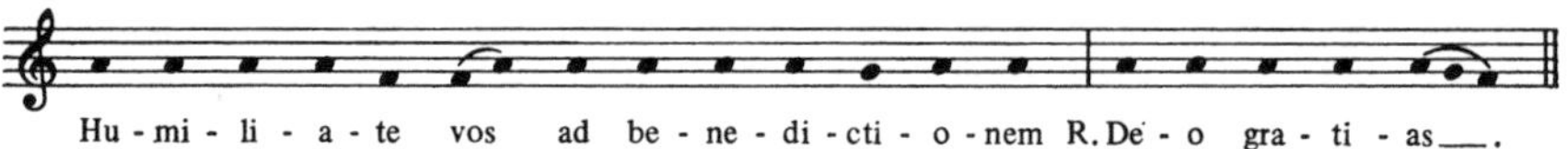

(Diese Melodie wurde wiederhergestellt von R. J. Hesbert, *Le chant de la béned. épisc.* S. 217; eine andere Melodie gibt Stäblein in MGG IV, 1318, an). Der Bischof sang darauf die Verse des Segens, auf die das Volk mit *Amen* antwortete (Melodie in dem Art. von Hesbert, S. 216–217). Der gallikanische Gebrauch hat sich in vielen Kirchen bis ins hohe Mittelalter hinein erhalten.

15. *Trecanum:* Dieses Gesangsstück mit einem reichlich mysteriösen Namen wurde wahrscheinlich im Laufe der Kommunion der Gläubigen ausgeführt. Es entsprach weniger dem ambrosianischen Transitorium, das keine Psalmodie zuließ, als vielmehr der römischen Kommunionsantiphon. Nach den reichlich verworrenen Erklärungen des Pseudo-Germain (Ed. Gamber, S. 21) nimmt Jungmann an, daß dieses Stück auf folgende Art mit Versen alternieren sollte:

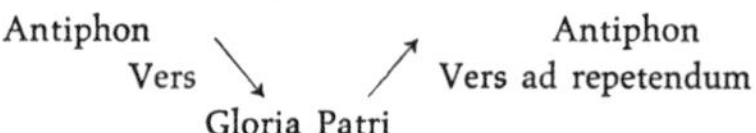

Die Verbindung der Antiphon mit der Doxologie, so wie sie z. B. in den ambrosianischen Psallenda besteht, rührt in der Tat her von der Definition, die der Pseudo-Germain am Anfang seines zweiten Briefes (MPL. 72, 94) gegeben hat.

Gesänge des Offiziums: Über das officium divinum in den gallikanischen Liturgien weiß man verhältnismäßig wenig, da Dokumente fehlen, die mit genügender Deutlichkeit den Kontext der verschiedenen Verläufe zeigen. Wie für die Messe werden die Unterschiede von einer Kirche zur anderen groß gewesen sein, sowohl hinsichtlich der Anordnung der Psalmen wie hinsichtlich der Zahl und der Auswahl der Antiphonen und Responsorien. Außerdem sang man in gewissen Klöstern, wie z. B. Agaune, das Offizium ohne Unterbrechung (*laus perennis*) und hatte ein entsprechend gewichtiges Repertoire (C. Gindele, *Die gallikanische Laus perennis . . .* 1959).

In den Kathedralen Galliens und Germaniens waren die Stunden für das Offizium dieselben wie in den anderen Kirchenprovinzen:

– Officium nocturnum, mit Psalmodie und Lesungen, eingeteilt in mehrere Nokturnen (nach Amalarius sang man das Vaterunser am Ende jeder Nokturn).

Die Psalmen und seit dem 6. Jahrhundert auch die Abschnitte der langen Psalmen schlossen mit der Doxologie *Gloria Patri* (Konzil von Narbonne 589, Can. 2). Die Clausula *Sicut erat* wurde von dem 2. Konzil in Vaison-la-Romaine (529) vorgeschrieben. In den spanischen Nachbarkirchen hatte man die Doxologie aus der spanischen Liturgie angenommen (Gloria et honor Patri et Filio et Spiritui Sancto in secula seculorum; siehe A. Ward, *Gloria Patri,* JTS. 1935, S. 73–74). Die Lesungen des Offiziums sind machmal in dem Lektionar von Luxeuil (Ed. Salmon II, S. 57) angezeigt.

An Sonntagen und an Festen sang man das *Te Deum,* einen Hymnus gallikanischen Ursprungs (E. Kähler, *Studium zum Te Deum in der alten Kirche,* 1958).

— Morgen-Offizium: mit Psalmodie und biblischen Cantica.

Sonntags rezitierte man seit dem 6. Jahrhundert das *Benedicite* und das *Alleluiaticum*, d. h., die Psalmen 148–150 (siehe Gregor von Tours, *Devitis Patrum* VII; MGH. *SS. rer. mer.* I, S. 685). Das *Gloria in excelsis* sang man zu den Laudes (und nicht zur Messe, wie in Rom), genau so wie in Mailand und in Spanien.

— Tageshoren: Prim. Terz, Sext und None.
— Lucernarium:

es enthielt im wesentlichen ein langes Responsorium, wie in Mailand und in Spanien, und eine metrische Hymne (wenigstens dort, wo die Hymnodie zugelassen war). In den Kathedralen schloß das Lucernarium mit dem Segen des Bischofs.

— Vesper und Komplet (oder *Duodecima*).

Im ganzen ließ das gallikanische Offizium dieselben Formen zu wie die anderen Liturgien: antiphonierende Psalmodie, Versantiphon, Lesungen, umfangreiches Responsorium, in einigen Kirchen Hymnodie.

In den einzelnen Regionen rezitierte man den Psalter in verschiedenen Versionen: die alten gallischen Psalter wie das Psalterium Corbeiense, das Psalterium Sangermanense, die Reichenauer Psalter (siehe B. Capelle, *Deux psautiers gaulois* . . ., 1925, S. 215–223) oder das Psalterium Lugdunense haben Texte, die von der italischen Version abweichen, und sie enthalten Verzeichnisse von Cantica zu den Laudes, die sich vom römischen Gebrauch unterscheiden (H. Schneider, *Griech. Oden neben gallikanischen Canticatexten*, *Biblica*, 1949, S. 483–484).

Daraus kann man schließen, daß, wenn die Ordnung entsprechend den Orten variierte, das Antiphonar nicht für alle Kirchen dasselbe sein mußte. Das Antiphonar von Tours war nicht identisch mit dem von Marseille (siehe *Dict. archéol. chrét. et de Liturgie*, Art. „gallicane", Sp. 558), dasjenige von Toulouse unterschied sich von demjenigen in Autun oder in Paris.

Das, was überdies die gallikanischen Gebräuche differenzierte, ist ihre Stellung im Hinblick auf die metrischen Hymnen, die in Italien und in Gallien seit Ende des 4. Jahrhunderts entstanden. Einige gallikanische Kirchen hatten die metrischen Hymnen angenommen, während andere, wie Lyon oder Vienne, sich noch am Anfang des 9. Jahrhunderts der Hymnodie widersetzten: *in quibusdam ecclesiis hymni metrici non cantantur* (W. Strabon, *de rebus eccl.* XXV; MPL 114, 954).

Die Kirchen Südostfrankreichs sind in der Ausbildung ihres Hymnariums von dem berühmten Mailänder Hymnarium beeinflußt worden. Bischof Faustus von Riez berichtet, daß der Hymnus *Veni Redemptor gentium* fast in ganz Gallien gesungen wurde (*Epist. ad Graecum diac.* CSEL XXI, 203). Der hl. Cäsarius von Arles († 543) schrieb den Hymnus *Christe qui lux es et dies* für die Komplets in seinen *Regula ad Virgines* (Ed. Morin, *Florilegium Patrist.* XXXIV, 23) vor. Das irische Hymnarium hat ebenso seinen Einfluß auf die Ausbildung des Offiziums in Gallien ausgeübt, aber offensichtlich ist dieser Einfluß vor allem in den Kirchen nördlich der Loire und in denjenigen Germaniens (siehe An. hymn. 52, Einl.) wirksam geworden, während die Kirchen des Südwestens vor allem dem Einfluß des spanischen Hymnariums unterlagen (P. Wagner, *Der mozar. KG und seine Überlieferung*, in *Spanische Forsch. der Görresgesellsch.* 1928, 102–141).

Verschiedene Funktionen: Für eine gewisse Anzahl von Funktionen besaßen die Kirchen Galliens ein reicheres und entwickelteres liturgisches Zeremoniell als Rom.

Bei Kirchweihen veranstaltete man einen feierlichen Umzug der Reliquien, der von Gesang begleitet wurde. Bei der Austeilung der Taufe vollzog man eine Fußwaschung der Täuflinge, ein Gebrauch, den Rom niemals zuließ (Th. Schäfer, *Die Fußwaschung in der lat. Liturgie*, Beuron 1956). Diese Zeremonie fand statt unter denselben Gesängen wie am Gründonnerstag. Wie in Spanien sang der Geistliche Antiphonen, wenn er sich zur letzten Ölung zu einem Kranken begab, der die letzten Sakramente empfing. Man darf auch nicht die langen Bittprozessionen vergessen, die der hl. Mamert, Bischof von Vienne († ca. 475), für die drei Tage vor Himmelfahrt eingeführt hatte. Sie wurden in Mailand und in Spanien angenommen, nicht aber in Rom, wo eine einzige Prozessionslitanei am 25. April gehalten wurde. Man schließt daraus, daß die Kirchen Galliens mehr Antiphonen und Litaneien zur Begleitung dieser Prozessionen gehabt haben müssen als Rom. Ein Teil dieser Gesänge hat sich bis in das hohe Mittelalter hinein erhalten.

Die historischen Nachrichten, die zu den Gesängen der Messe, des Offiziums und der verschiedenen Funktionen gesammelt wurden, können zur Identifizierung der Stücke selbst in mittelalterlichen Gesangsmanuskripten dienen.

Altgallikanische Liturgie

Die Quelle des gallikanischen Gesangs

1889 kündigte der Untertitel der Pal. Mus. von Solesmes die Veröffentlichung der „principaux manuscrits de chant gregorien, ambrosien, mozarabe, gallican, publiés en facsimilés phototypiques" an. Tatsächlich gibt es jedoch kein einziges Manuskript des gallikanischen Gesangs.

Die in irischer Schrift überlieferten Antiphonarfragmente des Ms. Paris BN nouv. acq. lat. 1628, ff. 1–4, die Dom Morin 1905 entdeckte (*Revue bénédictine* XXII, 327 ff.), bilden in der Tat ein „document tellement à part qu'on hésite à le dater et à le mettre parmi les livres gallicans" (P. Salmon, *Lectionaire de Luxeuil* I, S. LXXXVII). Schrift und Ausschmückung ordnen es eher unter die keltischen Bücher ein. Nichtsdestoweniger darf sein Zeugniswert nicht unterschätzt werden.

Die schönsten Stücke des gallikanischen Gesangs haben die gregorianischen Manuskripte gesammelt und vor dem Vergessen bewahrt. Wenn in den ältesten Gradualien ohne Notation die als gallikanisch gesicherten Stücke selten sind — das *Blandiniensis* enthält einige —, ebenso in den Gradualien mit Neumennotation (Chartres 47, Laon 239, St. Gallen 359 etc.), so deswegen, weil diese Manuskripte ihr Modell ohne Modifikation oder bedeutende Addition wiedergaben.

Das Modell selbst war hervorgegangen aus dem Archetyp des gregorianischen Graduals, das Pippin der Kleine und Karl der Große in Gallien eingeführt hatten, um den Gesang zu vereinheitlichen. Diese Stücke finden sich in größerer Zahl in den Manuskripten des 11. Jahrhunderts, besonders in denjenigen von St. Denis und in denjenigen Südwestfrankreichs, die weiter entfernt lagen von dem Gesetzgeber, der die Ablösung des alten Repertoires durch den gregorianischen Gesang angeordnet hatte. Diese Stücke haben sich unter die amtlich auferlegten Gesänge zerstreut. Man findet sie auch in den weniger offiziellen Teilen der liturgischen Bücher, insbesondere in jenen den Prozessionsgesängen gewidmeten Abschnitten, die sich im 11. Jahrhundert vom Graduale lösten und das Prozessionale bildeten. Die gallikanischen Stücke sind auch in den Troparien enthalten. Schließlich sind sie auch manchmal in liturgischen Dramen wiederverwertet worden (W. Elders, AMl 36, 1965, S. 177).

Es ist verständlich, daß zu jener Zeit, in der die mündliche Überlieferung eine primäre und wesentliche Rolle spielte, eine Vorschrift der öffentlichen Machtträger absolut unfähig war, aus den Gedächnissen ein völlig auswendig gelerntes Repertoire auszulöschen und aus den Herzen so viele Gesangsstücke von unleugbar ästhetischem Wert zu verbannen. Wie man in der Diözese von Benevento in Süditalien nach der Einführung der Gregorianik beneventanische Stücke von minderer Qualität beibehalten hat, so hat man auch in Gallien versucht, die traditionellen Stücke, die den gregorianischen vorangegangen waren, zu retten. In Süditalien haben sich die Stücke des beneventanischen Gesanges mit den Stücken des offiziellen Repertoires vermischt, aber ihr dem Ambrosianischen nahestehender literarischer Stil und ihre stark archaische, dem Alt-Römischen benachbarte musikalische Form erlauben es, sie zu erkennen.

So ist es auch beim gallikanischen Gesang: der Stil des Textes und die Form der musikalischen Komposition erlauben die Identifizierung der Gesänge des alten Repertoires, wie Walafried Strabon es übrigens schon um 825—830 erkannt hatte: *quia Gallicana Ecclesia viris non minus peritissimis instructa, sacrorum officiorum instrumenta habebat non minima, ex eis aliqua romanorum officiis immixta dicuntur quae plerisque et verbis et sono se a ceteris cantibus discernere posse fateantur* (*de eccles. rer. exordiis*, MPL 114, 956 C).

In der Tat kann man die gallikanischen Stücke nicht mehr an ihrem alten Titel (*Sonus, Confractorium, Trecanum* etc.) erkennen, sondern einzig an ihrem Stil (Vokabular, Redewendungen, Schriftversion etc.) und an ihrem vom gregorianischen unterschiedlichen musikalischen Aufbau.

Durch einen kritischen Vergleich der ältesten gregorianischen Manuskripte von Messen und Offizien gelingt es, den alten gregorianischen Fonds — hervorgegangen aus dem amtlich angeordneten Archetyp — von dem „Rückstand" zu trennen, d. h. von den Stücken des alten gallikanischen Gesangs und den römisch-fränkischen Stücken, die im Laufe der Dekaden nach der amtlichen Einführung der Gregorianik im gregorianischen Stil komponiert wurden.

Zur Identifizierung der gallikanischen Stücke muß man mehrere Kriterien heranziehen, die als Ganzes oder einzeln betrachtet werden können: liturgische Kriterien, philologische Kriterien und musikalische Kriterien.

1. Liturgische Kriterien: A. Die gallikanischen Bücher (Sakramentarien und Lektionare) und die keltischen Bücher erwähnen einige Gesangsstücke, die sich in den notierten gregorianischen Gra-

dualien und Antiphonaren wiederfinden. Oft handelt es sich um einfache Koinzidenzen: Wenn ein Text aus gallikanischen Büchern dem eines notierten gregorianischen Stückes entspricht, so muß dies nicht bedeuten, daß die Melodie dieses Stückes gallikanisch ist.

So ist auch die Anspielung des *Missale Gothicum* (Ed. Bannister, S. 112, Nr. 398) auf das Responsorium *Probasti* oder die Erwähnung des Responsoriums *Exaltent eum* unter den Gesängen des Lektionars von Wolfenbüttel (Ed. Dold, TA 43, S. 14) in keiner Weise ein Beweis dafür, daß die Gradualien *Probasti* und *Exaltent* gallikanische Überbleibsel in dem gregorianischen Antiphonale sind! Was das „Responsorium Domine audivi" angeht, das das *Missale Gallicanum vetus* (Ed. Mohlberg, S. 27) am Karfreitag erwähnt, so muß man bedenken, daß es sich um die Angabe des gregorianischen Traktus (Hesbert, AMS Nr. 78) handelt, das in das Gallikanische eingeführt worden war, oder um ein gallikanisches Stück, das dem erörterten *Domine audivi* oder dem ambrosianischen Psalmellus *Domine audivi* (*Antiph. Missar. Mediol.* S. 290) ähnlich war.

In dem 2. Brief des Pseudo-Germain ist die Antiphon *Sanctus Deus archangelorum* (MPL 72, 95c) erwähnt, die während der Fastenzeit das Canticum Zachariae ersetzen sollte. Dieses Stück hat Gastoué als die Antiphon *Sanctus Deus qui sedes super Cherubim* identifiziert (Rev. du ch.grég. 1938, S. 5; MGG IV, 1306); aber diese Identifizierung erscheint fragwürdig, weil nicht allein die Incipits nicht identisch sind, sondern dieses Stück auch fast ausschließlich nur in italienischen Manuskripten erhalten ist.

Dagegen erlaubt das Missel von Bobbio, eine gallikanische Melodie zu identifizieren: für den Karsamstag enthält es Preces, deren Wiederholung (presa) in den aquitanischen Manuskripten (siehe unten) notiert ist.

Am Karsamstag haben sich zwei Stücke, die normalerweise mit der Einführung des römischen Ritus in Gallien hätten untergehen müssen, ihres ästhetischen Wertes wegen erhalten. Die römische Ostervigilie erschien damals so dürftig, daß man eines dieser Stücke oder manchmal alle beide beibehalten hat: das *Exultet* und den Hymnus *Inventor rutili.*

Das Exultet, von einem überschwenglichen Lyrismus, ist gewiß gallikanischen Ursprungs, wie es die literarische Textanalyse ergeben hat (M. Huglo, *L'auteur de l'Exultet pascal*, in *Vigiliae Christianae* 1953, 79–88). Aber kann man das gallikanische Rezitativ unter allen von der Tradition überlieferten Rezitativen identifizieren (siehe MGG, III, 1673, Art. „Ex(s)ultet"; G. Benoit-Castelli in *Ephemerides liturg.* 67, 1953, S. 309–33) ?

Der Gesang des Exultet schließt mit einem Gebet, das sich in den gallikanischen Sakramentarien findet; es folgt eine zweite Kollekte mit dem Titel: *„post hymnum cerei"*. Man sang also einen Hymnus zwischen diesen beiden Gebeten. Aber welchen? Den Hymnus *Inventor rutili* von Prudentius, der wahrscheinlich zu dem täglichen Lucernariums-Offizium gehörte und das uns für das feierliche Lucernarium der Ostervigilie in einer großen Zahl von gallischen und germanischen Manuskripten überliefert ist (An. hymn. 50, S. 30; Melodie in *Mon.Monod. Med.Aevi* I, Nr. 1001; *Rev. grégorienne* 31, 1952, S. 128).

Von den gallikanischen Liturgiebüchern aus muß man jene *Ordines Romani* betrachten, die in die gallikanischen Gebräuche eingeschoben wurden, wie z. B. der Ordo XV nach der Klassifikation von Andrieu. Dieser Ordo aus dem 8. Jahrhundert nennt für die Totenmesse den Introitus *Donet nobis requiem* (M. Andrieu, *Ordines Romani* III, S. 127), der tatsächlich in mehreren aquitanischen Manuskripten erhalten ist. u. a. den von Albi (BN lat. 776). Es ist sehr wahrscheinlich, daß dies auch ein gallikanisches Stück ist (Melodie in *Etudes grégoriennes* II, 1957, S. 91 und 128).

Die keltische Liturgie stand in lebhaftem Austausch mit den Liturgien des Kontinents. Sie schöpfte ihre Formeln ebenso aus römischen wie aus gallikanischen Büchern. Im 7. und 8. Jahrhundert brachten die Inselmissionare liturgische Bücher mit, die sie manchmal in Gallien (so das von Dom Morin entdeckte Antiphonar BN. nouv. acq. lat. 1628), in Germanien (Fragmente von St. Gallen, Ms. 1395, oder von Echternach, Paris BN. lat. 9488) oder in Norditalien (Bobbio) ließen. So ist es mit Hilfe keltischer Bücher manchmal möglich, einige gallikanische Gesangsstücke wiederaufzufinden.

Das um 825(?) nach Bobbio gelangte Antiphonar von Bangor aus dem 7. Jahrhundert enthält die Kommunions-Antiphon *Corpus Domini accepimus*, ein Stück orientalischen Ursprungs (A. Baumstark, *Liturgie comparée*, franz. Ausg. 1953, S. 105). Dieses Stück findet sich wieder als Transitorium in dem *Antiphonale Missarum Mediolan.* (S. 320) und als Confractorium in einigen norditalienischen Gradualien (M. Huglo, *Antifone antiche per la Fractio panis* in *Ambrosius* 31, 1955, S. 88–89). Aber diese letzteren Quellen fügen einen Einschub hinzu (*adjutor sit et defensor . . .*), der vermuten läßt, daß das Stück nicht aus dem ambrosianischen Ritus kommt. Die vollständige Fassung ist wahrscheinlich gallikanischen Ursprungs.

Dasselbe keltische Buch aus Bobbio enthält mehrere Hymnen. Die Melodie des Hymnus *Mediae noctis tempus est* hat B. Stäblein (*Mon. Monod. Med. Aevi* I, S. 448, Mel. 761; MGG IV, 1323) isoliert und identifiziert.

Die Melodien der anderen keltischen Confractorien (Missel von Stowe) und der anderen Hymnen sind wahrscheinlich verloren. Dagegen findet man die Antiphon für die Fußwaschung des Messb. von Stowe, *Si ego lavi. Exemplum* mit demselben Vers wieder in einigen aquitanischen Manuskripten. Aber wie es oft in ähnlichen Fällen geschah: der Vers der Antiphon, im Gregorianischen ungebräuchlich, wurde in der mittelalterlichen Handschriften-Tradition unterschlagen.

B. Eine zweite Vergleichsserie ruht auf den zahlreichen Stücken gregorianischer Manuskripte, die nicht aus dem alten Stamm kommen und für die man einen parallelen Text entweder in spanischen oder in ambrosianischen Manuskripten findet.

So sind auch drei Preces aus den aquitanischen Gradualien, deren Text sich in spanischen Büchern findet, als gallikanisch identifiziert worden: *Miserere Pater Juste, Miserere Domine supplicantibus, Rogamus te Rex seculorum* (M. Huglo, *Hispania Sacra,* 8, 1955, S. 361—383). Die Identifizierungsmethode ist die gleiche für die Antiphon *Introeunte te,* eine lateinische Übersetzung eines hagiopoliten Tropars, erhalten in spanischen Manuskripten und in aquitanischen Prozessionalien (M. Huglo, *Hispania Sacra* 5, 1952, S. 367—374). In einem Gradual aus Pistoia steht diese Antiphon unter der Rubrik „antiphonas gallicanas".

Das Offertorium des hl. Stephanus, *Elegerunt apostoli,* hat auch eine Parallele in dem mozarabischen Antiphonar von Leon (S. 40). Nun hat dieses Offertorium, das großen ästhetischen Wert besitzt, in den gregorianischen Manuskripten allmählich das ursprüngliche Offertorium *In virtute* (siehe Hesbert, *Antiph. Missar. Sext.* Nr. 12) ersetzt. Es erschien zuerst in einem Ms. von St. Denis (ebda. Nr. 148 bis, Ms. S), und es ist bis auf unsere Tage im Römischen Graduale enthalten. Auch andere Argumente sprechen zugunsten seines gallikanischen Ursprungs.

Dieselben Parallelen gibt es für das Canticum *Benedicite* (Brou, *Hispania Sacra 1,* 1948, S. 21—33), für das Trisagion (siehe MGG IV, 1303 ff.) und für die Antiphon *Viri sancti* der aquitanischen Manuskripte. Dieses Stück aus 4 Esra (VIII 52—55) findet sich in spanischen Manuskripten (*Antiph. Legion,* S. 186) wieder. Eine Gegenüberstellung der aquitanischen Fassung mit der biblischen Quelle und dem spanischen Text zeigt, daß der aquitanische Text vom spanischen abhängt.

Mit Mailand sind Vergleiche zu ziehen zwischen den nichtgregorianischen Stücken der mittelalterlichen Antiphonarien und den ambrosianischen Gesängen, z. B. für die Preces *Dicamus omnes* (siehe MGG IV, 1313), ebenso für die Antiphon *Venite populi,* die manchmal die Bezeichnung „In fractione" trägt. Dieses Stück ist durch ein Palimpsest des 7. bis 8. Jahrhunderts bezeugt, und es findet sich wieder als Transitorium in Mailand. Dort ist es in etwa 30 gregorianischen Manuskripten enthalten, und es ist sicher gallikanischen Ursprungs (siehe M. Huglo, *Fonti e paleografia del canto ambrosiano* 1956, S. 124).

Dank des Mailänder Repertoires kann man auch andere Parallelen in den gregorianischen Manuskripten aufdecken. Gallikanischen Ursprungs sind auch folgende Stücke: die Antiphon *Maria et Martha* (Hesbert, *Antiph.Missar.Sex.* Nr. 214), identisch mit einem ambrosianischen Transitorium (*Ant.Miss. Mediol.* S. 226), und die Antiphon *Insignes praeconiis* (MGG IV, 1311, siehe 1309), die für den hl. Mauritius komponiert und später in St. Denis verwendet wurde.

In der Antiphon *Cum audisset* der Palmsonntags-Prozession findet man einen Einschnitt, der zwei anderen Stücken, einem ambrosianischen und einem spanischen, gemeinsam ist:

Antiph.Legion. (S. 151)	Prozessions-Antiphon	Ambrosianisch (*Ant.Miss. Mediol.* S. 246)
Curbati sunt . . .		Curvati sunt coeli . . .
. . . .		. . . .
numerus angelorum		numerus angelorum
	Cum audisset populus . . .	
clamantium	et clamabant pueri	(laudantium)
et dicentium:	dicentes:	et dicentium:
Quantus est iste	Quantus est iste	Quantus sit iste
cui Throni et	cui Throni et	cui Throni et
Dominationes	Dominationes	Dominationes
occurrunt?	occurrunt?	occurrent?
alleluia, alleluia		Halleluiah
	Noli timere, filia	
	Jerusalem (siehe Mt. 21,4)	
	. . . .	

An diesen aus verstreuten Quellen entlehnten Textbrocken erkennt man das in den gallikanischen euchologischen Kompositionen so geläufige Verfahren der Centonisation. Auch die Antiphonen *Post passionem Domini* und *O Crux benedicta, quae sola* haben ihre Parallelen in dem ambrosianischen Antiphonar (*Ant. Miss. Mediol.*, S. 218 und 274. Siehe *Vesperale Mediol.*, S. 356). Um diese Aufzählung zu vervollständigen, bedarf es einer vergleichenden Untersuchung des ambrosianischen und des gallikanischen Alleluia.

In Mailand folgt dem Alleluia ein Vers; nach dem Vers nimmt man nicht immer den Beginn des gleichen Alleluias wieder auf – wie im Gregorianischen – sondern eine anderes Alleluia, das nur im Anfang mit dem ersten Alleluia übereinstimmt und das sich breiter entwickelt als das erste. Dieses zweite Alleluia nannte man melodiae primae. Ehemals folgten diesen melodiae primae noch längere melodiae secundae (in den modernen Ausgaben des ambrosianischen Gesangs sind sie nicht wiedergegeben). Im ganzen haben die drei immer längeren Vokalisen des Alleluia ein einziges identisches Motiv, die Intonation, aber sie entwickeln sich doch in derselben Tonalität (siehe MGG IV, 1316; siehe I, 337). Schon um 830 wurden in Nordfrankreich und in St. Gallen melodiae longissimae, analog den ambrosianischen melodiae, gesungen (Ed. A. Hughes, *Anglo-french Sequele*, London 1934). Einige sind unter der Bezeichnung Sequentia sogar für das Ende des 8. Jahrhunderts bezeugt (Hesbert, *Antiph. Missar. Sext.*, Nr. 199[a], Ms. B)

Nach dem Pseudo-Germain wurde das gallikanische Alleluia gesungen wie in Mailand: „habet ipsa Alleluia primam et secundam et tertiam . . ." (Gamber, S. 20). Schließlich ist zu bedenken, daß noch im 11. Jahrhundert die lange Alleluia-Vokalise mit dem Namen *gallicana neuma* bezeichnet wurde (Udalric, MPL 149, 666 A). Mailand hat auch ein Alleluia francigena (MGG I, 339) aufbewahrt. Man darf also fragen, ob diese von A. Hughes herausgegebenen melodiae nicht ein Erbe des alten gallikanischen Gesangs seien, freilich mit späteren Abänderungen im gregorianischen Sinne.

Neben die *melodiae* des *Alleluia* kann man das Weihnachtsresponsorium *Descendit de coelis* stellen, das ein langes *neuma* über *fabricae mundi* enthält, eine Vokalise, die von Amalarius erwähnt wurde (*de ordine Antiph.*, Ed. Hanssens, *St. e Testi* 140, S. 55—56). Der Vers enthält ein Melisma auf *Tamquam*, das identisch ist mit der „neuma triplex" des ebenfalls von Amalarius erwähnten Responsoriums *In medio* (ebda. S. 54). Die Struktur dieser Neumen weist eine gewisse Analogie zu den *melodiae* der ambrosianischen Responsorien auf.

2. Philologische Kriterien: Die gallikanischen Stücke, zumindest diejenigen, die nicht aus der Heiligen Schrift stammen, die aber „Kirchenkompositionen" sind, erkennt man an ihrem kolorierten Vokabular, an ihrem weitschweifigen Stil, manchmal selbst an gewissen ungewöhnlichen Ausdrücken.

Gewisse Stilwendungen sind der gallikanischen Liturgie eigen. So beginnt die Evangelienlesung gewohnheitsmäßig in den gallikanischen Lektionarien mit dem Protokoll (*In*) *diebus illis*, das dem römischen *In illo tempore* entspricht. Man kann also daraus folgern, daß die Antiphon *In diebus illis, mulier*, in einigen Antiphonaren später für den 22. Juli (Hesbert, CAO II, Nr. 102; 146,4) und öfter für Gründonnerstag bestimmt (CAO I, Nr. 72[c], 147, und in den aquitanischen Mss.), sehr wahrscheinlich gallikanischen Ursprungs ist. Dieses Stück mit einer auffallenden Melodie wurde im gallikanischen Ritus wahrscheinlich während der Karwoche gesungen.

Ebenso lassen die gallikanischen und Mailänder Lektionarien dem Namen Jesu immer seinen Titel *Dominus* vorausgehen: *Dominus Jesus* (siehe P. Salmon, *Lect. de Luxeuil*, S. LXXXVIII). Deshalb verdienen die Stücke, die diesen Zusatz tragen, besondere Beachtung. Ihr Verzeichnis bildet einen Ausgangspunkt für die Erforschung gallikanischer Stücke. Als Beispiel diene die Antiphon *Coena facta est, sciens Dominus Jesus* aus den aquitanischen Manuskripten.

Die Wahl gewisser Wendungen deutet manchmal auf ein gallikanisches Stück hin. So beginnt die Antiphon *Pax eterna* für die Kirchweihe mit einer Wendung im gallikanischen Stil (Manz, Nr. 700).

Neben den philologischen Kriterien sind die aus den Schriftvarianten gezogenen Indizien von Bedeutung. So hebt sich das Alleluia *Multifarie*, das nicht zum gregorianischen Archetyp gehört, von der Vulgata (Multifariam) ab durch eine Variante, die man in dem Lektionar von Luxeuil wiederfindet (Ed. Salmon, S. 9). Ebenso bieten einige Stücke des Mandatum Varianten, die aus der alten, in Gallien in Gebrauch gewesenen lateinischen Fassung kommen (gallik. Fragm. der Ambrosiana, ed. v. Dold, *Texte und Arbeiten*, Beuron 1952, Bd. 43, S. 25). In der genannten Antiphon *Coena facta* kann man beobachten, daß der Kopist des 11. Jahrhunderts, der das Stück in das Manuskript von Albi (BN lat. 776, fol. 6 x 62) übertrug, unter dem Einfluß der Vulgata geschrieben hat „Venit ergo . . .". Aber ein zeitgenössischer Korrektor hat die alte Fassung *autem* wiederhergestellt.

Das ganze nichtgregorianische Repertoire der aquitanischen Manuskripte und vor allem dasjenige des Manuskripts aus Albi müßte durch das Sieb der Textkritik gehen. Dann würde man noch weitere gallikanische Stücke wiederauffinden.

3. Musikalische Kriterien: Nach W. Strabon kann man die gallikanischen Stücke *verbis et sono* identifizieren. Tatsächlich verzeichnet man in den wenigen, dank ihres Textes bereits identifizierten Stücken Intonationsformeln, melismatische Formeln, Kadenzen und die Anwendung gewisser Neumen. Sie liefern genügend Indizien, um andere ähnliche musikalische Stücke zu erkennen. Aber die Handhabung dieser musikalischen Kriterien ist äußerst delikat, weil die musikalische Komposition in Gallien von der amtlichen Einführung des gregorianischen Gesangs nicht jäh unterbrochen wurde.

Man hat unter Pippin und unter Karl d. Gr. weiterhin wie ehedem im traditionellen Stil komponiert, so gut, daß es nicht immer möglich ist, zu unterscheiden, ob gewisse Stücke zu dem alten gallikanischen Stamm gehören oder ob sie aus der ersten Zeit der Karolingischen Reform (siehe unten: *Die Gesänge im römisch-fränkischen Liturgiebereich*) datieren. Diese musikalischen Kriterien schließen die anderen nicht aus. Im Gegenteil: erst in Verbindung mit den anderen lassen sie gewissermaßen die Schlußfolgerung zu.

In den gallikanischen Stücken kann man nach einem Halbschluß die folgenden Reintonationen beobachten:

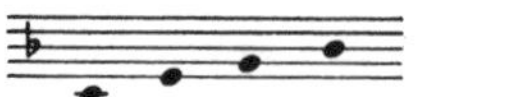

Die Abwärtsbewegungen vollziehen sich in aufeinanderfolgenden Sequenzen:

Schließlich sind in den großen Antiphonen die üppigen melismatischen Entwicklungen — wie im Ambrosianischen und im Mozarabischen — nicht selten.

Sie bilden einen Kontrast zu dem nüchternen Maß des Gregorianischen. Gewöhnlich enden die ornamentierten Stücke mit einem mehr oder weniger entwickelten Melisma, das auf der vorletzten oder auf der der vorletzten vorausgehenden Silbe ruht. Wenn das letzte Wort ein Alleluia ist, stützt sich das große Melisma auf das e des *Alleluia*, wie im mozarabischen Gesang (siehe L. Brou, *L'alleluia mozarabe*, AnM VI, 1951), und nicht auf eines der beiden a des Wortes. Hier folgen schließlich die als gallikanisch wiedererkannten Stücke: *Elegerunt, Venite populi, O Crux benedicta quae, Cum Rex gloriae* (hier umfaßt das Melisma mehr als 80 Noten!), *Factus est repente* (über diesen Sonus vgl. weiter unten).

Diese Stücke sind unter einem anderen Gesichtspunkt interessant, weil sie ein Neuma verwenden, das sich niemals in den gregorianischen Stücken wiederfindet, sondern einzig in den Stücken „westlichen" Ursprungs, d. h. in gallikanischen oder römisch-fränkischen: den pes stratus.

Dom E. Cardine, Autor dieser wichtigen Entdeckung, hat festgestellt, daß der pes stratus (= pes, dessen zweite Note einen Oriscus en apposition zuläßt) sich gewöhnlich im Verlauf einer melismatischen Entwicklung oder in einer Demi-Kadenz findet (z. B. in den *Sequelae* des *Alleluia*). Er äußert sich als ein Intervall der großen Sekunde oder der kleinen Terz. Der pes stratus kommt vor in einer Anzahl römisch-fränkischer Stücke (siehe unten S. 238), aber auch in einigen als gallikanisch rekognoszierten Stücken: *O Crux benedicta* (auf alle-luia), *Cum audisset* (auf *se-dens* und *sal-ve*), *Ave Rex noster* (auf *et*), *Collegerunt* (auf *Ab*), *Elegerunt* (auf *-gerunt* und *plenum*) und *Factus est repente* (auf *replevit*, zweimal). Dieses vom Blandiniensis für das Ende des 8. Jahrhunderts bezeugte Offertorium ist in neun italienischen Manuskripten erhalten (Ed. Hesbert in *Organicae voces* 1963, S. 62—63).

Der Vergleich dieser Stücke gibt Beispiele für die Centonisation im gallikanischen Gesang.

Die Stellen der Antiphonen *Cum audisset* und *Ave Rex noster*, die den pes stratus enthalten, sind in der Tat melodisch gleich. Dieser in den alten Repertoiren geläufige Vorgang der Centonisation von Formeln liefert ein zusätzliches Identifizierungsmittel und erlaubt so eine Bereicherung des Verzeichnisses der gallikanischen Gesänge. So findet man auch eine melodische Stelle, die gemeinsam enthalten ist in einer Antiphon des Mandatum (*Vos vocatis me. V. Surgit*) und in einer Antiphon des alten Offiziums von St. Remi, wohl vor Hinkmar:

Ant.
Vos vocastis
Sur - git Je - sus a coe - na
et po - nit ve - sti - men - ta su - a et cum ac - ce - pis - set...
Ant.
Gentem
Sum- pto ce - li - tus chris - ma - te
sa - cro mun-da - vit gur - gi - te et... San-cti...

Erwähnenswert sind auch die textlich und melodisch gleichen Einschübe in den Antiphonen *Salvator omnium* und *Hodie illuxit nobis* (MGG IV, 1311). Schließlich ist in dem Offertorium *Factus est repente* die Intonation die gleiche wie in *Elegerunt*, während der Anfang des Schlußalleluias ähnlich ist dem Alleluia der Antiphon *Venite populi*.

Mit Hilfe der liturgischen, philologischen und musikalischen Kriterien ist es möglich, eine Anzahl gallikanischer Stücke zu identifizieren und so ein liturgisch-musikalisches Inventar der gallikanischen Gesänge aufzunehmen.

Liturgisch-musikalisches Inventarium der gallikanischen Gesänge

Es ist kaum nötig, darauf aufmerksam zu machen, daß das hier zusammengestellte Inventar der gallikanischen Gesänge weit davon entfernt ist, vollständig und definitiv zu sein. Es wird an dem Tage erweitert werden können, an dem die Musikwissenschaft über eine kritische Ausgabe des gregorianischen Graduale und Antiphonars verfügt, oder sogar über einen Katalog der Prozessionalien.

Vorläufig werden die bereits identifizierten und oben bezeichneten gallikanischen Stücke hier zusammengestellt. Andere, die noch nicht wiedergefunden worden sind, werden gleichermaßen zitiert. Sie kommen hauptsächlich aus den „Konservatorien" des gallikanischen Gesangs: aus den aquitanischen Manuskripten und besonders aus dem Graduale von Albi und aus den Manuskripten der Gruppe von St. Denis. Alle diese Stücke werden eingeordnet nach ihrer liturgisch-musikalischen Gattung.

A. Psalmodie: Die älteste Form der Psalmodie in Gallien wie im ganzen Abendland war die responsoriale Psalmodie. In Gallien wurde der Psalm nicht von einem Lektor, sondern von einem Psalmisten gesungen (nach den *Statuta Ecclesiae antiqua* von Arles gehörte der Psalmist zu den niederen Ordines des Klerus). Dieser Gesang war nach Augustin von äußerster Einfachheit: *tam modico flexu faciebat sonare lectorem psalmi, ut pronuncianti vicinior esset quam canenti* (Confessiones X, 50). Nach jedem Vers oder nach jedem zweiten Vers sang das Volk einen sehr kurzen Refrain — die *responsa* — melodisch sehr einfach, entnommen dem von dem Solisten gesungenen Psalm. Diese *responsa* war manchmal das *Alleluia* oder eine sehr kurze, z. B. aus dem *Psalterium Sangermanense* (BN. lat. 11 947) entliehene Passage aus der gallikanischen Liturgie.

Im *Psalterium Sangermanense* sind die *responsae* angedeutet durch ein R in Gold, aufgezeichnet von erster Hand: *Adferentur regi virgines postea* (Ps. 44); *Asperges me hysopo et mundabor* (Ps. 50); *Paratum cor meum Deus* (Ps. 56); *Juravit Dominus nec penitebit eum* (Ps. 109). Das *Alleluia* (in Gold) ist als responsa zu betrachten.

Die archaische responsoriale Psalmodie wurde ersetzt durch die antiphonierende Psalmodie. Wenn man für den gregorianischen und für den ambrosianischen Gesang über Dokumente verfügt, die die Psalmodie beschreiben oder notieren, so besitzt man für den gallikanischen nur sehr schwache Spuren. Die alte gallikanische Psalmodie wurde von dem gregorianischen Oktoechos hinweggefegt, und es überlebten nur einige von den amtlichen abweichende Psalmodien.

Kannte die gallikanische Psalmodie eine melodische Variation auf der Mediante, in der Mitte jedes Verses, oder beschränkte sich die Mediante, wie in den ambrosianischen und mozarabischen Psalmodien, auf eine einfache Pause über dem Tenor des ersten Gliedes? Wir wissen es nicht, weil die bis auf uns gekommenen Spuren in dieser Hinsicht leicht einer Korrektur im Sinne der gregorianischen Psalmodie unterliegen konnte (dem Gregorianischen folgend hatte auch Mailand im 16. Jh. die Mediante angenommen).

Altgallikanische Liturgie

Es folgt eine Tabelle einiger Psalmtöne, die gallikanischen Ursprungs zu sein scheinen:

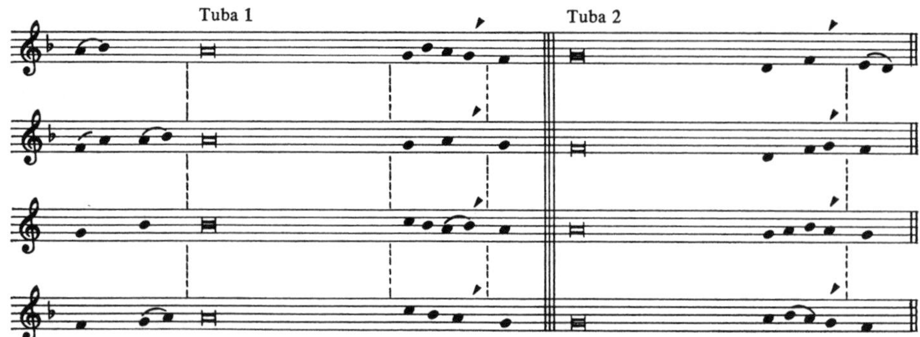

Die beiden ersten Psalmodien stammen aus der *Commemoratio brevis* (GerbertS I, 218, 217) und sind gegen Ende des 9. Jahrhunderts von einem Benediktiner zwischen Seine und Rhein komponiert worden. Nach den acht offiziellen Tönen fügt der Autor zwei Spezialtöne für zweichörige Psalmodie hinzu. Die erste Psalmodie ist der Ton für zwei Tenores, der seit dem 12. Jahrhundert „peregrinus" genannt wurde, da er dem Tenorsystem aus dem gregorianischen Oktoechos fremd war.

Die dritte Psalmodie ist ganz einfach dem gallikanischen Hymnus *Te Deum* entnommen, dessen Melodie sich tatsächlich auf eine einfache Psalmodie für zwei Tenores beschränkte.

Die vierte Psalmodie schließlich ist gallikanischen Ursprungs. Sie steht in dem Pariser Brevier de Vintimille (1736), das die traditionellen Psalmtöne gesammelt hatte *ex antiquo usu modorum Psalmodiae Ecclesiae Parisiensis.* Diese Psalmodie für zwei Tenores ist wahrscheinlich ein Erbe aus dem alten gallikanischen Psalmton, aber nicht ohne Abänderungen geblieben. Zu diesen einfachen Psalmodien sind zwei antiphonierende Psalmtöne mit *Alleluia* hinzuzufügen. Das *Alleluia* wird einmal im ersten Vers, zweimal in der zweiten Versgruppe und dreimal in der dritten Gruppe gesungen. Der Tenor ist für die drei Versgruppen nicht derselbe:

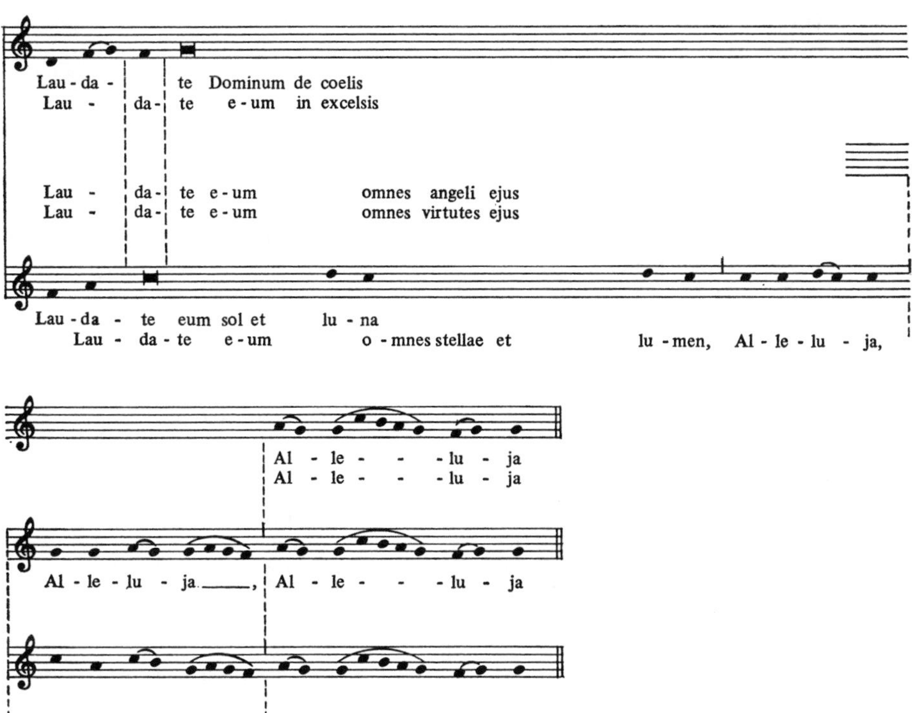

Die erste dieser Psalmodien ist erhalten in Manuskripten von Rouen und in einigen anglo-normannischen Manuskripten. Die zweite Psalmodie ist nichts anderes als das *alleluiaticum* (Ps. 148–150) der gallikanischen Liturgie, das gerettet wurde durch gregorianische Antiphonare vor dem 13. Jahrhundert, in denen es als Teil des alleluiatischen Offiziums für *Septuagesimae* steht (G. Oury, *Psalmum dicere cum alleluia, Ephemer. liturg.* 79, 1965, S. 98–108).

B. Hymnen: Zu unterscheiden sind die Hymnen in Prosa, die überall in Gallien gebraucht wurden, und die metrischen Hymnen, die in vielen Kirchen, aber nicht überall, verwendet wurden.
Zwei Prosa-Hymnen sind: das *Te Deum* und das *Gloria in Excelsis.*

Im *Te Deum* sind zwei Teile zu unterscheiden: der erste, bis zum *sanguine redemisti,* ist eine Psalmodie für zwei Tenores des gallikanischen Typs (siehe oben A.). Man wird bemerken, daß das dreifache Sanctus melodisch fast identisch ist mit dem Sanctus der ambrosianischen Messe. Der zweite Teil ist zusammengesetzt aus einer Reihe von Psalmversen, die ursprünglich mit dem *Gloria in excelsis* verknüpft waren und deren handschriftliche Tradition sehr verworren ist (siehe M. Frost, *Notes on the Te Deum, the Final Verses,* in *Journ. of theol. Studies* 34, 1933, S. 250–256). Über den Ursprung der Melodie dieses zweiten Teils (*Aeterna fac. . .*) kann man also nichts sagen, weil gerade in diesem Vers eine Modulation eine Abänderung der melodischen Konstruktion herbeiführt.

Die gallikanische Melodie des *Gloria in excelsis* kann man wahrscheinlich identifizieren mit derjenigen des Gloria XV der Vatikanischen Ausgabe: syllabische Melodie mit unvollständigen Tonleitern, in der Faktur sehr archaisch. Die Intonation ist übrigens identisch mit derjenigen des *Te Deum:*

Altgallikanische Liturgie

Das Alter dieser melodischen Fassung ist durch den Text bezeugt. Tatsächlich haben mehrere Manuskripte, die diese Melodie wiedergeben, in dem aufgezeichneten Text die charakteristischen Varianten des gallikanischen Textes beibehalten: *Hymnum dicimus tibi, Propter gloriam tuam magnam* etc. Wahrscheinlich muß man zu den gallikanischen Gesängen auch das *Gloria in excelsis* in seiner griechischen Fassung rechnen (M. Huglo, *Revue grégorienne* 29, 1950, S. 35–36).

Metrische Hymnen: Einige metrische Hymnen sind offenbar in Gallien bezeugt, und verschiedene Anzeichen sprechen für den gallikanischen Ursprung der Melodie. Man erinnere sich an die oben geprüften Stücke: *Inventor rutili* für das *Lucernarium* (siehe S. 225), *Christe qui lux es* (für die *Duodecima*, siehe S. 223), *Mediae noctis tempus est* (siehe S. 225). Für die Hymnen *Veni Redemptor gentium* und *Pange lingua gloriosi* ist es unmöglich, unter den zahlreichen Melodien diejenige herauszufinden, die bis in die Zeit des gallikanischen Gesangs zurückgehen könnte.

C. Antiphonen: Wie das ambrosianische und das spanische Antiphonar hat der gallikanische Gesang die Versantiphon gekannt. Die Offizien von St. Denis und von St. Remi, die älter sind als die gregorianischen, gestatteten Versantiphonen. Viel sonderbarer ist, daß drei Offizien des gregorianischen Antiphonars Versantiphonen zuließen (25. Januar, 30. Juni und 10. August). Dieser besondere Umstand hat seit dem Mittelalter viele Fragen aufgeworfen, die noch keine Lösung gefunden haben.

Die gallikanischen Stücke lassen oft einen Vers zu, so die Antiphonen des Mandatum für Gründonnerstag (siehe oben *Si ego lavi. V. Exemplum*, S. 225), die Antiphon *Populе meus* mit zwei Versen (*Quia eduxi; Quid ultra*), bezeugt durch französische Antiphonare Ende des 9. Jahrhunderts und durch eine ambrosianische Parallele (PalMus. VI, 304); dieses Stück enthält die berühmte gallikanische Intonation (über *aut in quo* ...); die Antiphon *Collegerunt V. Unus autem*, die vielleicht ein alter gallikanischer Sonus ist (man findet sie manchmal verwendet als Offertorium in einigen gregorianischen Manuskripten, z. B. in den Pariser).

Eine andere Art von Antiphonen ohne Vers läßt sich identifizieren: die Antiphon *ante Evangelium*, die wie in Mailand ohne Psalmodie gesungen wurde.

Dazu gehören die Antiphonen *Salvator omnium* und *Hodie illuxit* (MGG IV, 1311) und wahrscheinlich *Insignes praeconiis* (MGG IV, 1309, 1311). Die Fraktions- oder Kommunionsantiphonen sang man ebenso ohne Psalmodie: *Venite populi* (siehe oben S. 226, 228), *Emitte Angelum* (krit. Ed. v. P. Cagin, *Te Deum ou illatio*, 1900, S. 217 und 495), *Memor sit* (MGG IV, 1315). Die kleinen Antiphonen des gallikanischen Offiziums lassen sich unmöglich identifizieren. Indessen werden gallikanischen Ursprungs sein die drei mit Alleluia beginnenden Antiphonen (*Alleluia, Lapis revolutus est; Alleluia, Noli flere Maria; Alleluia, Quem quaeris mulier*), die denselben Zuschnitt haben wie die *Alleluia*-Antiphonen der von Dom Morin entdeckten keltischen Fragmente (*Rev. bén.* 1905, S. 344; siehe *Revue grég.* 41, 1963, S. 61). Sie gehören nicht mit Sicherheit zum römischen Osteroffizium, das Amalarius und den *Ordines Romani* wohlbekannt war.

Griechisch-lateinische Stücke: der Cherubim-Hymnus oder das Cherubikon ist in St. Denis bis ins 13. Jahrhundert hinein gesungen worden. Er ist indessen nur in Manuskripten mit Neumennotation überliefert (siehe *Essays presented to Egon Wellesz*, 1966, S. 79). Er kommt zweifellos aus der altgallikanischen Liturgie.

Das in so vielen Manuskripten erhaltene griechische Sanctus ist wahrscheinlich ein Erbe aus der altgallikanischen Liturgie (siehe Kenneth Levy, *The Byzantine Sanctus*, in *Annales musicologiques* VI, 1958–1963, S. 7–67).

D. Responsorien: Mit Ausnahme des oben genannten Responsoriums *Descendit de coelis* gibt es kein Beispiel für ein umfangreiches Responsorium des gallikanischen Offiziums.

Zweifellos würde eine Analyse der alten vorgregorianischen Offizien von St. Denis, St. Remi, St. Germain d'Auxerre vielleicht ein oder zwei Stücke gallikanischer Herkunft zutage fördern. Man weiß durch Hilduin (*Ep. ad Ludovicum*, MGH Ep. aev. kar. III, 330), daß das Offizium von St. Denis Gesänge gallikanischer Herkunft enthielt. Dieses Offizium wurde umgearbeitet und dem Gregorianischen angepaßt.

E. Preces: Auf diesem Gebiet liegt die schönste geschlossene Einheit gallikanischer Stücke vor. Die Preces wurden vor allem in der Fastenzeit gesungen. Man findet sie wieder in den kleinen Rogations-Litaneien der gregorianischen Bücher.

Diese Stücke sind zu zahlreich (man hat in den gregorianischen Manuskripten ca. 40 gezählt), als daß sie hier einzeln aufgezählt werden könnten. Hier sei nur hingewiesen auf die Litanei *Dicamus omnes*, betitelt *Deprecatio sancti Martini pro populo* (Missel von Stowe) oder *Deprecatio Gelasii* (Alkuin), die in mittelalterlichen Handschriften sehr verbreitet war (Ed. B. Capelle, *Rev. bén.* 46, 1934, S. 130–133). Eine Rezension dieser Preces ist mit einer gallikanischen Melodie in den aquitanischen Manuskripten erhalten (MGG IV, 1313).

Es ist sehr wahrscheinlich, daß diese Preces in der Fastenzeit gesungen wurden, ebenso wie die übrigen durch die aquitanische Tradition erhaltenen Stücke, die oben genannt wurden: *Miserere Pater Juste, Miserere Domine supplicantibus, Rogamus te Rex seculorum* (siehe oben S. 226). Die Manuskripte von Moissac und Albi enthalten eine Reihe von Preces für die Verstorbenen, die mit denjenigen spanischer Manuskripte identisch sind: *Miserere miserere, miserere illi Deus* (Rojo-Prado, *Canto mozar.* S. 75; MGG IV, 1312).

Schließlich gibt es eine weitere Reihe von Preces in normannischen und lothringischen Manuskripten; sie gehören zu einem anderen Zyklus. Sie haben oft Litaneicharakter, der sie von den eigentlichen Preces in rhythmischen Versen unterscheidet: *Clamemus omnes una voce; Exaudi, exaudi, exaudi Domine Preces nostras* (MGG IV, 1314), *Sancte, sanctorum Deus* etc.

Trotz seines verschiedenartigen Charakters weist der gallikanische Gesang Merkmale auf, die des höchsten Interesses würdig sind. Wegen seiner Vorliebe für Psalmodien mit doppelten Tenores, wegen seiner liturgisch-musikalischen Eigentümlichkeiten, die ihn in die Nähe des ambrosianischen Gesangs und des spanischen Repertoires rücken, wegen seiner Kompositionsverfahren und insbesondere wegen seiner Neigung zu melismatischen Entwicklungen verdient er die größte Aufmerksamkeit von seiten der Musikwissenschaft.

IX

LES DIAGRAMMES D'HARMONIQUE INTERPOLÉS DANS LES MANUSCRITS HISPANIQUES DE LA MUSICA ISIDORI*

> « Diagramma est figura plana gradus comprehendens sonorum qui canuntur. » [Le diagramme est une figure de géométrie plane représentant les degrés des sons du chant].

D'après cette suggestive définition de l'*Introductio harmonica* attribuée à Euclide (1), le diagramme rattache intimement la science de la musique à la géométrie et à l'arithmétique, autrement dit aux mathématiques.

Une ligne verticale, divisée en petits segments, permet de représenter les degrés du Grand système complet (*Systema teleion*), tandis qu'une ligne horizontale donne l'image de la corde vibrante du monocorde. Les différents degrés d'une échelle musicale ainsi représentée sont indiqués par un segment vertical marqué d'une lettre. Le calcul (*ratio*) des intervalles entre ces différents degrés de l'échelle donne un nombre : soit un multiple de la proportion 9/8 pour le ton, soit un multiple de 243/256 pour le demi-ton.

La construction du diagramme linéaire des consonances simples est attribuée à Pythagore par son biographe Jamblique (2), qui le reproduit ainsi :

ζ' η' θ' ιβ'

Au lieu d'une présentation linéaire, les quatre nombres harmoniques peuvent être répartis sur les quatre angles d'un carré (3) : leurs relations d'un angle à l'autre, soit par l'un des côtés, soit par une des diagonales, permet de retrouver les quatre consonances principales : diapason (*proportio dupla*), diapente (*proportio sesquialtera*), diatessaron (*proportio sesquitertia*) et ton majeur (*proportio sesquioctava*).

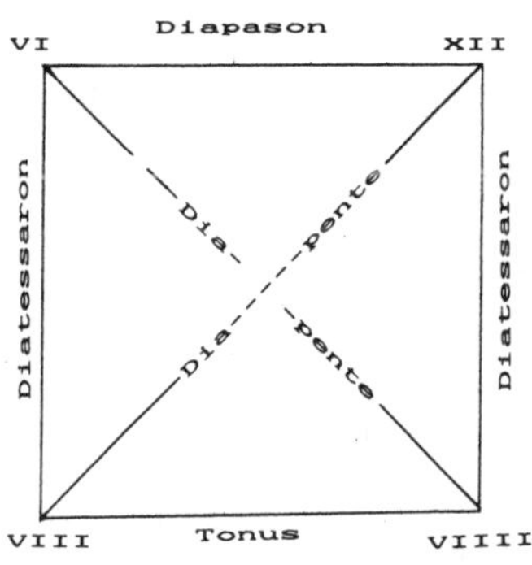

(*) L'étude des manuscrits wisigothiques des *Etymologies*, entreprise en 1983, a pu être poursuivie grâce aux deux missions en Espagne qui m'ont été accordées par le CNRS en 1983 et 1985. La recherche sur les sources grecques et la rédaction de cet article ont été accomplies au cours de mon séjour à l'Institute for Advanced Study de Princeton en 1990-91.

(1) H. Menge, ed., *Euclidis phaenomena et scripta musica. Fragmenta collegit et disposuit* I. L. Heiberg (Leipzig, 1916), p. 222 [texte grec]-223 [traduction latine citée ci-dessus].

(2) U. Klein, ed., *Iamblichi de vita pythagorica liber*, Leipzig, 1937, p. 68.

(3) Ce carré des consonances pythagoriciennes figure dans plusieurs manuscrits du commentaire du *Timée* par Calcidius. Il est interpolé dans de nombreux manuscrits du *De institutione musica* de Boèce au Livre I, chap. 10 (ed. Friedlein, p. 197 en note).

Au chapître 35 du Timée, Platon énumère sept nombres, dont les rapports constituent les proportions qui engendrent les consonances simples (4) :

α'(1) β'(2) γ'(3) δ'(4) θ'(9) η'(8) κζ'(27)

La monade, à la fois unité en arithmétique, point en géométrie et enfin atome dans la physique élémentaire des quatre éléments (solides, liquides, gaz et l'un de ces trois éléments en ignition), vient au sommet d'un triangle sur les côtés duquel sont inscrits d'une part les trois nombres binaires (2 à la puissance cubique), et d'autre part les trois nombres ternaires (3 à la puissance cubique) : mais si on répartit alternativement ces sept nombres une fois sur le côté gauche puis une seconde fois sur le côté droit d'un triangle, et ainsi de suite, le chiffre 9 passe avant le 8.

Dans le plus ancien manuscrit du Timaios (5) on ne trouve aucun diagramme explicatif de la théorie platonicienne de l'« Harmonie, âme du monde physique. » L'élaboration du diagramme lambdoïde, ou triangle isocèle sans base, serait due au philosophe Crantor de Soloi (6) : le premier texte parvenu jusqu'à nous qui contient ce diagramme lambdoide est l'*Exposition des connaissances mathématiques utiles à la lecture de Platon*, due à Théon de Smyrne (7).

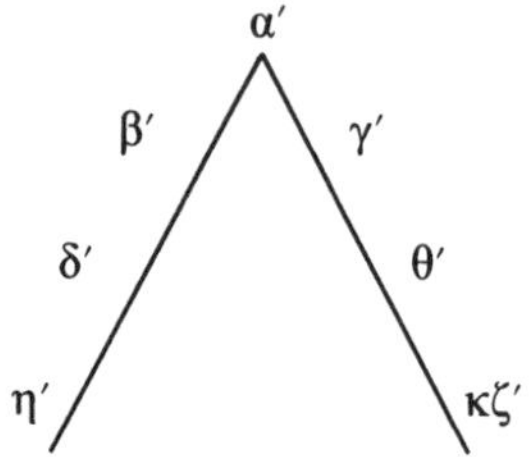

La figure géométrique du demi-cercle ou d'un arc de cercle intervient, du moins en Occident, pour délimiter les tétracordes du Grand système complet (*Systema teleion*) ou encore dans le Livre IV du *De institutione musica* de Boèce et dans les opuscules relatifs à la division du monocorde afin de faire mieux ressortir les relations harmoniques entre les degrés obtenus par le calcul des intervalles.

Dans les traités latins de philosophie antérieurs à la renaissance carolingienne, les diagrammes d'harmonique sont rares (8) : ils sont alors désignés par différents termes :

(4) L'élaboration de l'échelle harmonique de Platon a fait l'objet de très nombreuses études : je ne retiendrai ici que l'article du musicologue Jacques Handschin, *The Timaeus Scale* in : *Musica Disciplina* IV/1 (1950), p. 1-42.

(5) Paris, Bibliothèque nationale, Ms. gr. 1807, écrit et glosé à Constantinople au milieu du IXe siècle : ed. facsimilé par H. Omont, *Platonis codex Parisinus A*, Paris 1908, 2 vol. Voir la notice de ce manuscrit par M.-O. Germain dans *Byzance. L'art byzantin dans les collections publiques françaises*. Paris, 1992, p. 346, n° 257, avec facsimilé réduit et bibliographie.

(6) D'après Plutarque, *De animae procreatione in Timaeo*, 1027 D (ed. Hubert, *Plutarchi Moralia*, vol. 6/1, p. 182. Je remercie le Dr. Frieder Zaminer, éditeur de la *Geschichte der Musiktheorie* à l'Institut für Musikforschung de Berlin, pour cette indication.

(7) E. Hiller, ed., *Theonis Smyrnaei philosophi Platonici expositio rerum mathematicarum ad legendum Platonem utilium.* Leipzig, 1878, p. 95. Édition et traduction française par J. Dupuis (Paris, 1892 ; rééd. Bruxelles, 1966), p. 156-157.

(8) Par ex. le diagramme du *Systema teleion* dans Vitruve, *De architectura* V, v, 2 (ed. F. Granger, Cambridge Mass. et Londres, 1970, p. 279 et pl. F : il reste à contrôler les sources anciennes ! — Voir encore le diagramme des « XV tropi » dans les trois genres figuré dans trois manuscrits seulement de Martianus Capella : Köln Dombibl. CXCIII, fol. 200[v] (C. Leonardi, *I codici di Marziano Capella*, in : *Ævum* 34 [1960], p. 60, n° 80) ; Paris, Bibl. nat. lat. 8671, fol. 84[v] (Leonardi, p. 437, n° 162) ; Wien, Ö.N.B. 266, fol. 150 (Leonardi, p. 487, n° 229).

descriptio chez Calcidius ou chez Boèce (9), *formula* pour le grand diagramme chiffré, interpolé dans la *Musica Isidori* d'après les anciens manuscrits de la famille hispanique.

Le groupe de onze manuscrits de la famille hispanique, écrits en écriture wisigothique entre le milieu du VIIIe siècle et la fin du XIe, désignés dans l'édition de Wallace M. Lindsay (1911) par la lettre γ, ne représente que 1% du nombre total de manuscrits qui nous ont transmis les vingt livres des *Etymologies* d'Isidore de Séville.

La famille hispanique est caractérisée par l'état de son « texte long », par les subdivisions du Livre I et enfin par l'insertion des deux lettres-préfaces A et B (de Lindsay) avant la série habituelle donnée par les autres familles.

Cependant, c'est au Livre III, qui traite des sciences du Quadrivium (*Arithmetica, Geometria, Musica, Astronomia*), que les manuscrits de la famille γ se distinguent des autres familles, par l'insertion, entre Géométrie et Musique, de plusieurs diagrammes linéaires et d'un grand diagramme lambdoïde. Cette interpolation dans l'œuvre d'Isidore aurait-elle été faite pour approfondir un exposé scientifique jugé apparemment trop sommaire ?

En 1899, Karl Schmidt croyait avoir démontré que, pour leur exposé de l'*Ars musica*, Cassiodore et Isidore dépendaient d'une source commune perdue. Soixante ans plus tard, Paul Lehmann devait prouver dans ses *Cassiodorstudien* (10) que Cassiodore était la source même à laquelle Isidore avait puisé, quitte à la modifier et à lui ajouter quelques phrases personnelles.

Enfin, Louis Holtz (11) en 1983, puis Nancy Phillips (12) en 1989, précisaient que le texte des *Institutiones* recopié par Isidore provenait non pas de la version primitive rédigée par Cassiodore de son vivant, mais d'une recension faite après sa mort, proche de celle de Paul Diacre du Mont-Cassin, dite *Breviarium Pauli*.

Isidore n'a pas copié servilement sa source italienne de l'*Ars musica* : il y a apporté plusieurs modifications et additions révélatrices de sa conception de la musique dans la hiérarchie des connaissances de son époque. Il reconnaît avec toute l'Antiquité que *Musica* vient de *Musae*, les Muses, filles de Jupiter et de Mnémosyne, mais il tire de cette étymologie traditionnelle une curieuse justification de la transmission orale de la

(9) Pour *descriptio* dans Calcidius, cf. J. H. WASZINK, *Timaeus a Calcidio translatus commentarioque instructus*, 2e ed. Londres et Leyde, 1975 [*Plato latinus*, 4], p. 401 ; dans Boèce, cf. M. BERNHARD, *Textkonkordanz zu Anicius Manlius Severinus Boethius de institutione musica*, Munich, 1979, [*Bayerische Akademie der Wissenschaften : Veröffentlichungen der Musikhistorische Kommission*, Band 4], p. 132-134. Boèce introduit presque toujours les diagrammes de son traité par une incise contenant le terme *descriptio*, jamais par les termes de *figura* ou *form(ul)a*.

(10) P. LEHMANN, *Cassiodorstudien : Die Abhängigkeit Isidors von Cassiodor*, in : *Erforschung des Mittelalters*, Bd. I (München, 1959), p. 56-66.

(11) L. HOLTZ, *Quelques aspects de la tradition et de la diffusion des Institutions*, in : *Flavio Magno Aurelio Cassiodoro. Atti della Settimana di Studi su Cassiodoro, Cosenza Squillace, settembre 1983*. Squillace, 1984, pp. 281-312.

(12) N. PHILLIPS, *Classical and Late Latin Sources for Ninth-Century Treatises on Music*, in : *Music Theory and its Sources. Antiquity and the Middle Ages*. André Barbera ed. Notre Dame IN., 1990, pp. 108-118.

musique : « *Nisi enim ab homine memoria teneantur soni pereunt quia scribi non possunt* » ([13]).

Isidore reconnaît que l'inventeur de la musique, ou plutôt de l'étude de la musique, est effectivement Pythagore (*Etym.* III xvi 1), mais il rappelle que, selon la Genèse, le premier musicien est Tubal, de la souche de Caïn (Gen. IV 22) qui vivait avant le déluge.

Enfin, à propos du chant, Isidore énumère dans un passage très suggestif (III xx 10), les différents timbres de voix, — voix perçantes, voix grasses, voix vibrantes *etc.* — qu'il pouvait entendre dans son église de Séville. Dans la plupart des manuscrits hispaniques, ce passage est mis en relief par un sous-titre rubriqué : « Vocis species multae ».

Dans les éditions des *Etymologies*, la place de la *Musica* est au milieu du Livre III, concernant les quatre « disciplines mathématiques ». Il n'en a pas toujours été ainsi puisque la division en XX livres n'est pas due à Isidore, mais à Braulio de Saragosse, l'« éditeur » des *Etymologies* ([14]). En effet, dans la famille italienne, représentée par une dizaine d'anciens manuscrits, la *Musica* ouvre le Livre IV et précède l'*Astronomia*. Dans la famille franco-germanique et dans la famille hispanique, la *Musica* fait suite à la *Geometria*, mais pas tout à fait de la même manière : dans la famille franco-germanique, représentée par une masse importante de manuscrits dès la fin du VIIe siècle, la *Musica* s'enchaîne directement à la *Geometria*. Dans la famille hispanique, les deux traités sont séparés par une douzaine de petits diagrammes, suivi d'un grand diagramme à pleine page qui ont tous été reproduits par Arevalo et Lindsay dans leurs éditions (voir planche I) : ce sont là des interpolations très anciennes faites au texte d'Isidore « édité » par Braulio de Saragosse.

1. Les petits diagrammes (Planche I, nn° 18-30)

Il ne faut pas confondre les grandes figures de géométrie destinées à l'étude du *motus stellarum* (*Etymol.* III [xiv, 1]), ajoutées par l'interpolateur (Planche I, nn° 18-24), avec les toutes petites figures de géométrie plane et de géométrie dans l'espace dessinées dans le texte original d'Isidore (Planche I, nn° 1-17), figures qu'on retrouve naturellement dans tous les manuscrits européens de l'encyclopédie isidorienne.

A la suite des figures de géométrie appliquée, viennent six diagrammes destinés à l'illustration de l'Harmonique, ou science des intervalles et des consonances musicales calculées par les nombres (Planche I, nn° 25-27), puis divers diagrammes platoniciens relatifs également à l'Harmonique, et enfin, sur une page séparée, un très grand diagramme qui sera étudié un peu plus bas.

(13) *Etymol.* III xv 2 : voir le commentaire de J. Fontaine, *Isidore de Séville et la culture classique dans l'Espagne wisigothique*, Paris 1959, Vol. III p. 1088-1093 — M. Bernhard, *Isidor von Sevilla*, in : *Überlieferung und Fortleben der antiken lateinischen Musiktheorie im Mittelalter* (Darmstadt, 1991), p. 33-35 [Geschichte der Musiktheorie, herausgegeben von F. Zaminer, Band 3].

(14) M. Reydellet, *La diffusion des 'Origines' d'Isidore de Séville au Haut Moyen Age*, in : *Mélanges d'Archéologie et d'Histoire de l'École française de Rome*, 78 (1966), pp. 385-386.

PLANCHE I

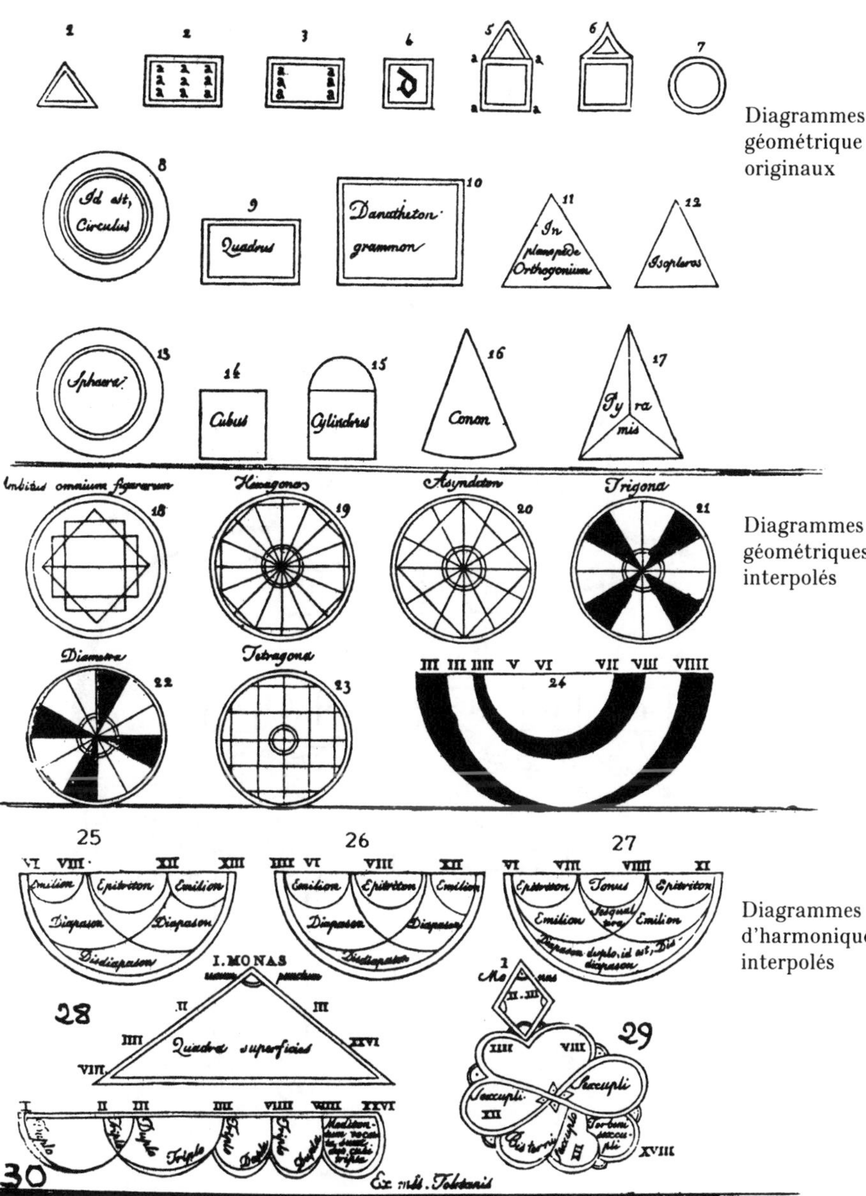

Les diagrammes de géométrie et d'harmonique de la *Musica Isidori* reproduits par Arevalo (1798) et Lindsay (1911).

Dans les trois premiers petits diagrammes d'harmonique (nn° 25-27), la terminologie, et aussi parfois les nombres indiqués, comportent quelques inexactitudes : aucun témoin de la famille hispanique n'offrant des diagrammes corrects, le critique doit conclure que les fautes communes à ces manuscrits sont dues à celui qui a interpolé figures et diagrammes dans le texte original d'Isidore.

PLANCHE II

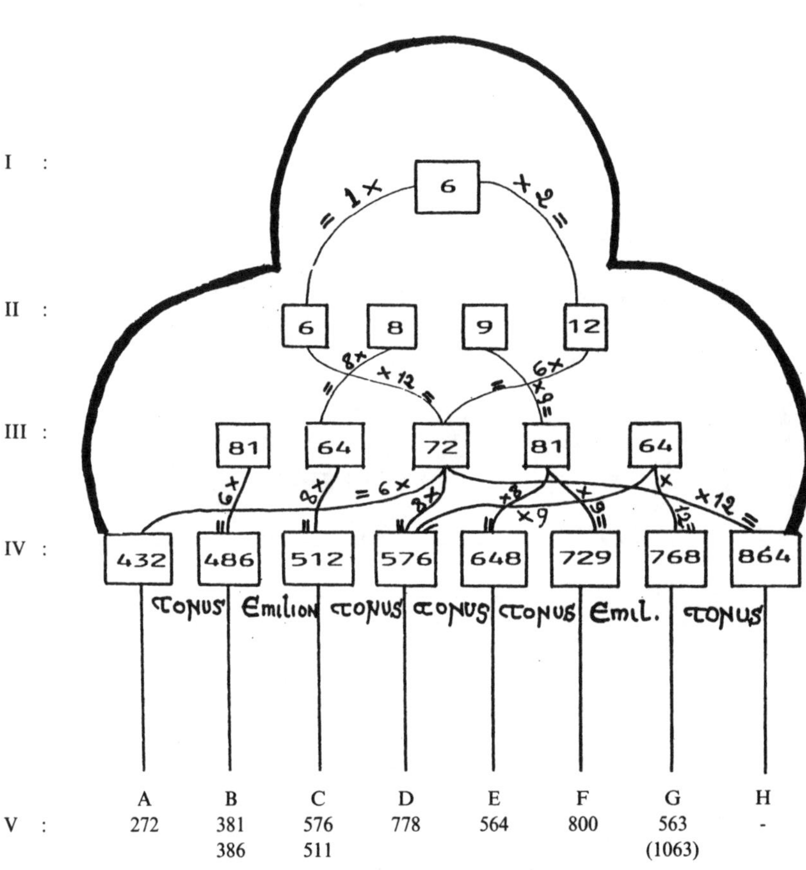

Transcription du grand diagramme lambdoïde (diagr. 31)
donné par les anciens manuscrits du sud de l'Espagne

2. Le grand diagramme (Planche II, n° 31)

Le grand diagramme ([15]), bien que très important pour l'histoire de la musique occidentale avant la renaissance carolingienne, n'a jamais été étudié de près par les musicologues : il est donc nécessaire de le démonter et de l'analyser en détail.

Dans les anciens manuscrits du sud et dans quelques manuscrits du nord de la péninsule ibérique, le grand diagramme lambdoïde est transcrit sur une page entière de format in-folio, sur laquelle il occupe une hauteur de 25 à 31 centimètres. Il comprend cinq rangées horizontales de nombres superposés, écrits en chiffres romains tracés à l'encre rouge. Ces chiffres sont des multiplicandes réunis à leurs multiplicateurs par des sortes de conduits à l'intérieur desquels sont inscrites en toutes lettres les opérations arithmétiques à effectuer.

Ce grand diagramme est dénommé « lam[b]da » par son auteur : il a de fait l'aspect général d'un *lambda* majuscule aux jambes écartées : mais ici le dessinateur a remplacé le *lambda* par un arc mozarabe trilobé. Dans les plus anciens manuscrits, cet arc est tracé à main levée, puis au XIe siècle, au compas, avec parfois des retouches à la main.

3. Sources du grand diagramme

Pour bien comprendre l'économie de cette intéressante construction, il faut la replacer dans son long contexte en partie inédit, qu'on peut néanmoins étudier d'après l'ancien Toletanus (Madrid, B.N. Vitr. 14-3), reproduit en facsimilé par Rudolf Beer en 1909 :

f. 26, col. a, en bas : Après les trois diagrammes nn° 24-27, on peut lire, en petites capitales :

SECUNDUM PORPHIRIUM ET PLATONEM HEC FORMULA EXPONITUR. Le copiste donne ici la figure linéaire n° 30, avec les nombres suivants :

1 2 3 4 9 8 27

In plano pede sic medium ad extrema junguntur ad numerum 27.

RATIO INTERIORIS FORMAE: Posset hujus loci talis quaestio nasci. Cum in ordine numeri prius VIII sint, hic prius IX posuit, quoniam ... Senarius primus perfectus est: dividitur enim paribus numeris sic...

fol. 26v, col. b : ... *alius simul LXXII* (ed. Lindsay) ([16]) Vient ensuite le diagramme triangulaire n° 28 portant à son sommet le terme MONAS en lieu et place du chiffre I, par exemple dans Calcidius.

(15) Facsimilé du Grand diagramme du *Toletanus* (Madrid, B.N. Vitr. 14-3, f. 27) dans l'édition d'Arevalo (1798), reproduite par Migne (*Patr. lat.* 82, c. 871-872) ; par Beer (ed facsimilé du ms., Leyde, 1909) et enfin par Lindsay en 1911. Le diagramme de l'Escorialensis P I 6, f. 31, a été reproduit par Fontaine, *Isidore*, p. 450, pl. III.

(16) *Etymologiarum* III XIV 3 ; Lindsay a malheureusement « noyé » ce texte dans le paragraphe précédent *Expositio figurarum infra scriptarum*, qui traite de géométrie appliquée à l'astronomie : les manuscrits distinguent pourtant bien ce passage du précédent par un titre rubriqué. Arevalo avait rejeté ce passage en Appendice (cf. P. L. 82, c. 753).

fol. 27, *Secundum aliquos per labdo idem exponuntur hanc rationem.*
C'est ici que se place le grand lambdoïde transcrit en chiffres arabes sur la planche II.

Ces textes à première vue très obscurs s'éclairent singulièrement à la lecture du *Commentaire sur le Timée* ([17]) du savant Proklos Diadochos († 495) qui discerne chez ses prédécesseurs deux manières d'interpréter graphiquement le difficile passage de Platon sur « l'Harmonie âme du monde physique » :

1°, Au moyen de trois triangles emboités les uns dans les autres et comprenant tout en bas le triangle (ou le lambda) des sept nombres qui forment les rapports numériques, fondement des consonances (simples et composées) ; ensuite, au-dessus du précédent, le diagramme des médiétés arithmétiques et harmoniques, qui commence par le 6 (« *Senarius primus perfectus est* » : cf. supra, p. 177) ; enfin, le troisième triangle coiffant les deux précédents, qui détermine une échelle des tons et des demi-tons.

C'est là, ajoute Proklos, le procédé adopté par Adrastos d'Aphrodise, philosophe péripatéticien du début du IIe siècle de notre ère. Ajoutons que ce grand diagramme lambdoïde composé de trois triangles emboîtés figure en Occident dès le IXe siècle dans quelques manuscrits de la traduction du Timée *SANS* le commentaire de Calcidius et aussi dans quelques manuscrits du *Commentaire sur le songe de Scipion* par Macrobe ([18]).

2°, Seconde solution : D'autres commentateurs, poursuit Proklos, rejetant la figure en forme de Λ (*lambda*), rangent les trois catégories de nombres sur une ligne droite comme dans le processus de division du monocorde ([19]) : c'est la solution adoptée par Porphyre et par Severos, auteurs tous deux d'un *Commentaire du Timée,* malheureusement perdu ([20]).

Tandis que Calcidius dans son commentaire adopte une solution intermédiaire ([21]), le savant auteur de l'interpolation des *Etymologies* présente les deux positions décrites par

---

(17) *Procli Diadochi In Platonis Timaeum commentaria* (Leipzig, 1904), p. 170 ss. — A. J. Festugière, *Proclus. Commentaire sur le Timée,* Tome troisième, Livre 3 (Paris, 1967), p. 215 ss.

(18) Manuscrits de Calcidius : Vaticano, Vat. Reg. 1068 (fin du IXe s.), à la dernière page. Admont 514 (XIIe s.), f. 1. Bruxelles, B.R. 5092-94 (XIIe s.), f. 26v. Oxford, Bodl. Libr. Auct. F III 15 (3511), f. 20 (Irlande, XIIe s.) : cf. *A Thousand Years of Irish Script. An Exhibition of Irish MSS in Oxford Libraries,* arranged by Francis John Byrne (Oxford, 1974), p. 14, n. 5 ; P.E. Dutton, *The Glosae super Platonem of Bernard of Chartres,* Toronto, 1991 (*Studies and Texts* 107), p. 262. Paris, B.N. lat. 15078, f. 11. — Manuscrits de Macrobe : Baltimore, WAG W.22 (XIIe s.) f. 65v, etc.

(19) Ed. Diehl, p. 171, lin. 4 : la traduction de J. Fontaine, *Isidore,* p. 408 (« ... comme dans la fraction de la règle »), ainsi que celle de Festugière (*Proclus. Commentaire...,* p. 216, l. 4 (« comme sur l'arête d'une règle ») ne signifient pas grand chose. Le *τοῦ κανόνος κατατομή* de Proclus se réfère à l'opuscule d'Euclide (ed. Menge, p. 191 ss.) sur la division du monocorde : cf. Boèce, *De institutione musica,* IV 5 (ed. Friedlein, p. 314) qui traduit ces mots par *regularis monochordi divisio.*

(20) Le commentaire de Porphyre sur le *Timée* a été partiellement reconstitué par A. R. Sodano, *Porphyrii in Platonis Timaeum commentariorum fragmenta* (Naples, 1964) : l'interpolation du diagramme au Livre III des *Etymologies,* attribuée à Porphyre et à Platon, serait donc à ajouter à la liste des fragments et citations réunis par Sodano.

(21) Calcidius répartit les trois diagrammes groupés du Grand diagramme lambdoïde sur trois passages différents de son commentaire : diagr. VII, les nombres de l'harmonie, âme du monde (ed. Waszink, p. 82) ; diagr. VIII, les médiétés (ed. cit., p. 90) ; diagr. IX, *Descriptio tertia quae est*

Proklos, mais dans l'ordre inverse à celui-ci: *Secundum Platonem et Porphyrium* (les graphiques linéaires). *Secundum aliquos qui per lambdo...* (le grand diagramme lambdoïde).

Observons bien que dans la tradition hispanique le terme *Monas* (l'Unité) au sommet du « diagramme des 7 nombres » remplace le chiffre I au sommet du même diagramme chez Théon de Smyrne et chez Calcidius. Ce terme important de la philosophie platonicienne désigne le principe indivisible de tous les nombres et la plus petite partie insécable (*atomos*) de la matière constitutive des quatre éléments ([22]). *Monas* ne figure pas dans le *Timaios* de Platon, ni de ce fait dans les traductions de Cicéron et de Calcidius, mais bien dans les autres dialogues du Maître ([23]) et aussi, naturellement, chez les commentateurs, à commencer par Théon de Smyrne. En Occident, on trouve ce terme latinisé chez saint Ambroise et chez Macrobe ([24]). L'interpolateur d'Isidore n'a donc pu l'emprunter à Calcidius : il le doit probablement au commentaire du *Timée* qu'il avait à sa disposition.

Ainsi, le grand lambdoïde (n° 31) des manuscrits hispaniques est construit, du niveau I au niveau III (niveau des dizaines), à partir du « diagramme des médiétés » (voir ci-dessus). Au niveau IV (niveau des centaines), il aboutit à une série de nombres déterminant une échelle musicale, non pas celle de Calcidius, mais celle du *Timée* de Locri ([25]), reprise partiellement par Proklos : notons bien que ce n'est pas toute la série des nombres donnée par les deux auteurs grecs qui est suivie ici par l'auteur du grand diagramme, mais seulement une catégorie intentionnellement bien délimitée, comme le montre le tableau suivant :

Timaeus Locri :	384	432	486	512	576	648	729	768	864	972 *etc.*
Proklos Diad. :	384	432	486	512	576	648	729	768		
Ps.-Isidore :		432	486	512	576	648	729	768	864	

Si le Pseudo-Isidore ne connait pas bien la terminologie de l'Harmonique, il peut du moins transcrire correctement les chiffres de son modèle, car suivant l'axiome de la

harmonica (ed. cit., p. 98). Ce dernier a été reproduit dans la *Scolica enchiriadis*, Pars III (ed. SCHMID, p. 145, descr. 4). Ce n'est pas l'éditeur qui a signalé la source de ce diagramme, mais N. PHILLIPS, *Musica and Scolica enchiriadis: The Literary, Theorical, and Musical Sources.* Ph. D. Diss., New York University 1984 [UMI 85-05525], p. 237ss.

(22) Dans le diagramme des quatre éléments du *De natura rerum* d'Isidore de Séville, les quatre éléments ne sont pas liés entre eux par des nombres : voir le manuscrit d'Eulogius de Cordoue (Escorial R II 18, f. 6v, reproduit par E. A. LOWE dans CLA 11 [1966], n° 1632). Ici, dans l'interpolation des Etymologies, ces nombres ont été reproduits par les copistes d'après une source différente (cf. Cassiodore, *Institutiones*, ed. Mynbors, p. 168, d'après les manuscrits de la famille Δ).

(23) D'après le programme PANDORA 2.0 (*Search Program for the Thesaurus Linguae Graecae*), on peut vérifier que le radical μοναδ-figure plus de 200 fois chez les théoriciens grecs et seulement cinq fois dans les dialogues de Platon.

(24) Voir les textes parallèles cités par P. COURCELLE, *Recherches sur saint Ambroise* (Paris, 1973), pp. 30-31.

(25) W. MARG, ed., *Timaeus Locri. De natura mundi et animae* (Leiden, 1972), pp. 125-127. Voir dans la remarquable introduction de cette édition le chapitre *Die Zahlen und ihre Erläuterung* (p. 67-75).

Regula formatarum de la chancellerie pontificale « Quiconque a les moindres notions de grec sait parfaitement que les lettres de l'alphabet grec expriment également les nombres » (26).

En fin de compte, on aboutit au bas du grand diagramme à une succession de huit chiffres qui définissent les intervalles d'une série de tons et de demi-tons formant un système composé de deux tétracordes disjoints :

Le premier tétracorde correspond à celui des « *finales* », suivant la terminologie de l'époque carolingienne (27), et le second, établi à la quinte du premier, correspond au tétracorde des « *superiores* ». Ces degrés sont notés au moyen de lettres (série A-h) qu'il faut soigneusement éviter de comparer avec celles du *De institutione musica* de Boèce, dont la « découverte » sera faite par les Carolingiens au tout début du IXe siècle, du moins avant 823 (28).

4. Disparition progressive des diagrammes interpolés

Il faut maintenant bien remarquer que cette description des diagrammes interpolés ne concerne pas indistinctement les onze témoins de la famille hispanique, puisque certains manuscrits n'ont pas les diagrammes musicaux (n° 25-28 et 31) et d'autres ne donnent aucun des diagrammes de géométrie et d'harmonique interpolés. Dans le tableau suivant, les manuscrits du sud de l'Espagne, écrits en milieu mozarabe, ont été distingués de ceux qui furent écrits dans les royaumes du nord, avant la Reconquista.

(26) « Graeca elementa litterarum numerus etiam exprimere nullus qui vel tenuiter Greci sermonis notitiam habet, ignorat. » *Regula formatarum*, ed. K. Zeumer in MGH., *Legum* Sectio V : *Formulae* (Berlin, 1886), p. 587-588. On trouve en bas de la lettre un tableau de « concordance » qui se trouve très souvent reproduit dans les manuscrits du IXe siècle. Voir aussi Rhaban Maur, *De computo*, VII : *De graecorum notis ad numeros aptatis* (ed. W. M. Stevens, p. 213).

(27) *Scolica enchiriadis*, Pars I (ed. Schmid, p. 83 ss.) ; *Musica*. Cap. III (ib. p. 7 ss.). Voir le commentaire de N. Phillips, *Musica and Scolica*, pp. 165 ss.

(28) La première citation du *De institutione musica* de Boèce est due à Amalaire de Trêves dans la préface de son *Liber officialis* II XJ 16-17 (ed. Hanssens, p. 197). Cet ouvrage, à la différence du *De institutione arithmetica*, n'a jamais été « édité » au sens précis du terme : pas de titre ni de dédicace, ni de nom d'auteur ; quatorze chapitres manquant dans tous les manuscrits...

TABLEAU III

MANUSCRITS DU SUD DE L'ESPAGNE

MSS	Age	Origine	Diagrames interpolés géométr.	harmon.	lambda
Escorial & I 14	VIII-IX	Séville-Cordoue	n. 18-24	25-29	31
Madrid, B.N. Vitr. 14.3	VIII ex	Sud de Tolède	n. 18-24	25-29	31
Escorial, P I 6	IX	Andalousie	n. 18-24	25-39	31
Escorial, T II 24	X	Sud mozarabe	n. 18-24	25-29	31

MANUSCRITS DU NORD DE L'ESPAGNE

MSS	Age	Origine	géométr.	harmon.	lambda
Escorial, P. I. 8	791-812	Septimanie	0	0	0
Escorial, P. I. 7	IX avt. 900	écrit pour Alfonso de Leon, † 910	0	0	0
Madrid, Bibl. Acad. Hist. 25	946	Cardeña [29]	n. 18-24	25-29	31
– – – 76	954	Cardeña	n. 18-24	25-29	31
Escorial, & I 3	1047	Oviedo/Leon (?)-Saragosse (au xve s.)	n. 18-24	25-29	31
Madr. B.N. 10008	XIe	Castille	n. 18-24	25-29	0
Paris, B.N., n.a.l. 2169	1072	Silos [30]	n. 19-24	25-27	0

Après la Reconquista, il fallut un certain temps aux copistes pour passer de l'écriture wisigothique à la lettra francesca : une quarantaine d'années, d'après les observations de Barbara Shailor [31], pour le scriptorium de Sahagun. On continua donc de recopier les *Etymologies*, mais les diagrammes interpolés disparurent peu à peu, non sans laisser des traces de l'état antérieur : soit le dessin seul des diagrammes, soit un espace blanc qui ne fut jamais rempli. Le tableau IV montre la disparition rapide de ces diagrammes à partir du XIIe siècle :

(29) Cardeña et non San Millan de la Cogolla : cf. B. SHAILOR, *The Scriptorium of S. Pedro de Cardeña*, in : *Bulletin of the John Rylands University Library at Manchester*, 1979, p. 444-473.
(30) M. HUGLO, *Le 'De musica' des Etymologies de saint Isidore de Séville d'après le manuscrit de Silos (Paris, B.N. nouv. acq. lat. 2169*, in : *Revista de musicologia* 15/2 (1992), p. 565-578.
(31) B. SHAILOR, *The Scriptorium of San Sahagun : A Period of Transition*, in : *Santiago, Saint-Denis, and Saint-Peter. The Reception of the Roman Liturgy in Leon-Castile in 1080*, edited by Bernard F. REILLY, New York, 1985, p. 41-61 et notamment le tableau de la p. 43.

Tableau IV

Disparition des diagrammes dans les manuscrits espagnols des XIIIe et XIVe siècles

MSS	Age	Origine	Diagrammes interpolés geométr. harmon. lambda
Escorial R III 9	XII	comme Escor. & I 3 : cf. Tabl. III	Page blanche prévue pour le dessin des diagrammes.
Vic, Museu episc. 196 (LXXIX)	XIII	catalane	18-24 25-27 31 Dessin des diagrammes sans nombres ni textes.
USA : Collection of the Dr. John D. Stanitz	XIII	Poblet ? ([32])	Page blanche ménagée pour le dessin des diagrammes.
Toulouse, B.M. 176	XIII	Toulouse	f. 41 : *De octo tonis*
Paris, B. Mazar. 689	XIV	Navarre	f. 41 : *Ratio interioris formae* ([33]).
Escorial & J 2	XIV	Osma ([34])	18-24 en désordre f. 40^{v} : *De octo tonis.*
Escorial B I 12	XIV	Prov. : Jerónimo Zurita (?)	18-24 25-27, 30 f. 42^{v} : *De octo tonis.*
Wien, O.N.B. 683	XIV	Espagne (?) Prov. : Salzburg	22, 19, 23 25-27 21, 18 [diagr. ajoutés dans la marge de pied]. (p. suiv.) *De octo tonis.*
Vatic. Barb. 307	XIV	Italie	f. 29-37 : *De octo tonis... Gregorius praesul* etc. ([35])

(32) Dans ce ms in-4° que j'ai pu consulter à la Walters Art Gallery de Baltimore, MD., on trouve au Livre XV, chap. 1 (*De civitatibus*), après l'éloge de Saragosse (désigné en marge par un index pointé), celui des Iles Baléares : l'île de Majorque dépendait alors de l'abbaye de Poblet : je suis redevable de ce renseignement au Professeur Manuel Diaz y Diaz.

(33) Ce ms du Collège de Navarre donne au début les huit lettres-prefaces de la série hispanique, puis au f. 41 le passage *Ratio interioris formae* (ed. Lindsay, III xiv 3) qui accompagne habituellement les diagrammes interpolés.

(34) Ce ms est cité par L. Gushee, *Aureliani Reomensis Musica disciplina*, Rome, 1975 (*Corpus scriptorum de musica*, 21), p. 39. Il sera ultérieurement décrit par K. W. Gümpel dans le *Répertoire international des Sources musicales*, Volume B III 5 (en préparation) consacré aux mss de l'Espagne et des autres pays d'Europe, qui n'ont pas encore été décrits et analysés dans les quatre premiers volumes de la série B III (Mss de théorie musicale).

(35) Ms cité par Gushee, *loc. cit* (note 34) et décrit par P. Fischer dans le RISM B III 2 (Italy), p. 102-104.

Les deux facteurs qui, dans les manuscrits du nord, ont peu à peu érodé les textes et les diagrammes interpolés, sont d'abord la confrontation des mss hispaniques aux autres mss apportés d'Italie et surtout de France ([36]), mais aussi sans doute la pénétration de plus en plus accentuée des ouvrages scientifiques, tels ceux de Boèce, introduits dans l'Europe du nord au début du IXe siècle ([37]).

Il est vraiment remarquable que quatre manuscrits de la tradition tardive des *Etymologies*, indiqués sur le Tableau IV, ont interpolé à leur tour l'interpolation ancienne analysée ci-dessus : cette fois, c'est la préface *De octo tonis* tirée d'un tonaire, et précédée du prologue du Graduel carolingien *Gregorius praesul* — deux textes en circulation dans le sud de la France ([38]) — qui remplace les diagrammes commentés des anciens manuscrits du sud de l'Espagne.

L'auteur de l'interpolation n'est sûrement pas Isidore de Séville (d 636), puisque ces intéressants diagrammes ne figurent pas dans les familles italiques et franco-germaniques des *Etymologies* ! L'auteur n'est pas non plus Braulio, archidiacre et co-éditeur des *Etymologies* ([39]), avant de devenir évêque de Saragosse en 631. Ce sont en effet les manuscrits du nord de l'Espagne et de Septimanie qui tronquent ces textes et diagrammes interpolés.

Dans le chapitre 1 du Livre XV des Etymologies, la brève notice sur la ville de Saragosse (Lindsay, n° 65) a été remplacée par un éloge de « la ville la plus agréable d'Espagne, fière de ses martyrs chrétiens. » (n° 66). Les critiques ont attribué cette insertion élogieuse à Braulio, auteur de la division des *Etymologies* en vingt Livres.

En fait, l'éloge de Saragosse, qui se lit dans les onze manuscrits de la famille wisigothique, figure aussi dans un bon nombre de manuscrits des familles franco-germanique (*α* de Lindsay) et italo-germanique (*β* de Lindsay) :

Mss de la famille *α* : Einsiedeln, Stiftsbibl. 167 (140) du Xe siècle, p. 296b. Munich, Bayerische Staatsbibl. Clm 4541, Xe s., Benediktsbeuern, f. 226 ; Clm 6250, IXe s., Freising, f. 220. Saint Gall, Stiftsbibl. Hds. 232, première moitié du IXe s., St. Gall, p. 150a ; Hds. 237, même date, St. Gall, p. 240. Vienne, Österr. Nationalbibl. Cpv 714, XIIIe s., f. 123a ; Cpv 2285, XVe s., f. 166v (dans la marge de pied !) ; Cpv 3097, XVe s., f. 115. Zagreb, Metropolitanska Knjiznica MR 48, XVe s., f. 210v ; MR 68, XIIe s., f. 140 (ces deux derniers mss ont été examinés à mon intention par Katarina Livljanic). Zofingen, Stadtbibl. P 32, du IXe s., f. 227. Enfin, ajouter aux mss l'édition des *Etymologies* d'Augsbourg, 1472.

Mss de la famille *β* : Berne, Burgerbibl. 36, Fleury, X-XIe s., f. 99v. Oxford, Bodleian Library, Douce 153 (21727), XI-XIIe s., f. 69. Paris, Bibliothèque nationale : sur quelque 45 mss des Etymologies, l'éloge de Saragosse se relève dans les mss suivants : lat. 7589, XIIe s., Fécamp, f. 112 ; lat. 7593, XIIIe s., Normandie, f. 98v ; lat. 7596 A, XIIIe s., Savigny, f. 122. Les plus anciens mss, du IXe au XIe s., semblent indemnes de cette addition. Toulouse, Bibl. mun. 177 (I 56), XIIIe siècle, La Daurade, f. 131b. Vatican, Bibl. Vaticane, Regin. 294, XI-XIIe s. f. 82v. Ajouter l'édition de Paris, 1601.

---

(36) Cf. W. PORZIG, *Die Rezensionen der 'Etymologiae' des Isidors von Sevilla*, in *Hermes* 72 (1937), p. 134.

(37) Voir plus haut la note 28.

(38) Cf. M. HUGLO, *Les Tonaires*, Paris, 1971, p. 50. — Br. STÄBLEIN, « *Gregorius praesul* » *der Prolog zum Römischen Antiphonale*, in : *Musik und Verlag* (*Karl Vötterle zum 65. Geburtstag*). Kassel und Basel, 1968, p. 537-561.

(39) Cf. REYDELLET, *La diffusion*... (voir note 14), p. 383-437 et particulièrement p. 385-386. *Compte-rendu du Colloque isidorien tenu à l'Institut des Études latines de l'Université de Paris, le 23 juin 1970*, in : *Revue d'Histoire des Textes* II, 1972, p. 283.

Bien des mss consultés sont incomplets ou bien ne donnent que les dix premiers livres, la seconde partie (Livres XI-XX) étant perdue. Cependant, le présent dépouillement suffira à montrer que la présence de « l'éloge de Saragosse » dans les familles α et β atteste, dans l'histoire de la diffusion des *Etymologies*, une certaine antériorité de ces deux familles sur la troisième, diffusée seulement à l'intérieur de la Péninsule ibérique.

Un indice du texte de l'interpolation oriente la recherche sur la bonne piste : l'auteur anonyme présente le grand diagramme n° 31, comme un lam[b]da, alors qu'en fait il dessine au dessus du diagramme chiffré un arc dépassé trilobé (voir plus haut, p. 176), que l'on retrouve partout dans l'architecture de l'Espagne. Par ailleurs, les seuls manuscrits qui transmettent ce grand diagramme au complet sont les quatre manuscrits du sud de l'Espagne qui ont été annotés par des lecteurs arabes.

Quatre mss du sud qui transmettent les *Etymologies*, plus un cinquième avec un passage du Livre XIV, portent en marge ou sur des pages blanches des notes ou des remarques en écriture arabe. Ce sont les suivants :
ESCORIAL, S. Lorenzo & I 14, écrit au tournant du VIII-IXe siècle (E. A. LOWE, *Codices latini antiquiores* [= C.L.A.], Part 11 (Oxford, 1966) n° 1635 ; M. DIAZ Y DIAZ, « Problemas de algunos manuscritos hispanicos de las Etimologias de Isidoro de Sevilla » in *Festschrift Bernard Bischoff*, (Stuttgart, 1971), p. 74. Ce ms, écrit sur trois colonnes comme le fragment de Bible wisigothique coté P. 27 à la Pierpont Morgan Library de New York, porte des notes arabes qui impliquent des relations avec Paul Alvarez de Cordoue (d. 861).
ESCORIAL, S. Lorenzo, R II 18 : fin du VIIIe siècle (LOWE, CLA n° 1632). En 882, ce ms contenant le *De natura rerum* d'Isidore de Séville et un extrait des *Etymologies* (Livre XIV, III-V) fut offert à l'église d'Oviedo. Au f. 6^v^, on voit en marge le diagramme des IV éléments (sans nombres de relations) attribué ici à Eulogius de Cordoue (d. 859), archevêque de Tolède (facsimilé dans LOWE, *loc. cit.*). Aux fol. 18^v^ etc., notes arabes.
MADRID, Bibl. nacional Vitrine 14.3 (olim Toletanus 15.8) : fin du VIIIe siècle (LOWE, CLA n° 1638). Origine andalouse (DIAZ Y DIAZ, p. 79) ; peut-être Merida, sur le Guadiana. Notes arabes très nombreuses, surtout aux f. 116 et ss. (voir le facsimilé de Rudolf BEER [1909] cité plus haut, p. 177, note 15).
ESCORIAL, S. Lorenzo P I 6 : IXe siècle, selon A. MILLARES CARLO, *Tratado de paleografia española*, 3a edicion, I. *Texto* (Madrid, 1983), p. 325 n° 57 ; du Xe, selon DIAZ Y DIAZ, p. 78. Origine andalouse. Notes arabes aux ff. 52, 74^v^ etc. La fin du ms (ff. 87-118), c'est-à-dire le Livre IX et les suivants, sont écrits en minuscule du XII-XIIIe siècle.
ESCORIAL, S. Lorenzo T II 24 : IXe siècle. Ce ms. a été écrit dans un scriptorium du sud, différent de tous les autres précédemment cités. Les réclames en « lettre française » ont peut-être été ajoutées dans le scriptorium de l'« yglesia de Salamanca » où le ms se trouvait au XVIe siècle. Au f. 41, l'hexagone inscrit dans un cercle divisé en triangles par 12 rayons (voir plus haut, pl. I, n° 22) a reçu dans chacun des triangles le nom arabe d'un des 12 signes du Zodiaque. Notes arabes au f. 44 etc.

Il est donc clair que les diagrammes de géométrie appliquée et d'harmonique pythagoricienne viennent d'un milieu arabe en relation avec la Grande Grèce ([40]), autrement dit le sud de l'Espagne, y compris l'enclave byzantine de Carthagène, occupé par les Arabes à partir de 710. Dans ces conditions, l'interpolation des diagrammes pourrait dater du milieu du VIIIe siècle.

(40) Plutarque a enseigné la philosophie à Rome dans la seconde moitié du Ier siècle de notre ère ; le Timée de Locri en Calabre, Ptolémée († 161), et Porphyre († 301), son commentateur, pour ne citer que ces quatre philosophes, ont vécu ou du moins ont achevé leur existence en Italie.

De l'analyse et de la datation de ces diagrammes interpolés découlent deux conclusions, l'un concernant la codicologie, l'autre la musicologie.

La copie de ces diagrammes et en particulier la mise en page du grand diagramme n° 31 a posé aux dessinateurs des problèmes plus difficiles que la simple copie de l'arbre de consanguinité du Livre IX ([41]). Ici, pour le grand diagramme du Livre III, la principale difficulté vient de la complexité des opérations arithmétiques (écrites en toutes lettres) à faire d'un « étage » au suivant (voir plus haut, p. 176). Tantôt, ce grand diagramme est dessiné sans compas à pleine page, ainsi dans le Toletanus du VIIIe siècle, tantôt il est tracé étroitement sur une colonne et, sur la colonne voisine, on regroupe les autres petits diagrammes : tel est le cas des mss P I 6 et T II 24 de l'Escorial.

Les problèmes de mise en page des diagrammes et de mise en texte ([42]) des traités de théorie musicale se poseront à nouveau au IXe siècle, lorsque la multiplication des copies du *De institutione musica* de Boèce ([43]) et de la *Musica* et *Scolica enchiriadis* ([44]) sera devenue vraiment importante lors de la Renaissance carolingienne : il suffit que le format des cahiers préparés pour la copie soit modifié en hauteur ou en largeur pour contraindre le copiste spécialisé à prendre une solution différente de celle du modèle.

La seconde conclusion de cette enquête concerne la relation entre la théorie abstraite et la pratique concrète. Il est évident que, d'après la sélection opérée dans les sources grecques, le diagramme n° 31 n'est pas purement spéculatif. Il était en fait destiné à mettre en relation la théorie pure avec la pratique du chant liturgique des églises d'Espagne, relation que ni Isidore ni Braulio n'auraient pu établir, mais que des savants au courant des calculs d'intervalles de Plutarque, du Timée de Locri, de Porphyre etc., étaient capables de fixer sur parchemin.

Ce grand diagramme permet encore d'avancer d'un pas dans la recherche sur l'ancien chant hispanique et de constater sa proche parenté avec le chant « grégorien » issu en partie des anciens répertoires gallicans. La parenté entre liturgies des Gaules et d'Espagne, évidente sur le plan de l'euchologie ([45]), se constate désormais sur le plan de l'échelle musicale utilisée des deux côtés des Pyrénées avant l'imposition du chant grégorien dans l'empire carolingien ([46]).

(41) H. SCHADT, *Die Darstellungen des Arbores consanguinitatis und des Arbores affinitatis. Bildschemata in juristichen Handschriften*. Tübingen, 1982.

(42) Il est regrettable que la mise en page des mss de géométrie et de théorie musicale n'ait pas été évoquée dans *Mise en page et mise en texte du livre manuscrit*, sous la direction de H.-J. MARTIN et J. VEZIN (Paris, 1990).

(43) C. BOWER, *Diagrams as a Measure of Codices containing De institutione musica* : 'Paper' lu le 30 avril 1987 à la Conférence tenue à Notre Dame IN., sur le thème *Musical Theory and its Sources. Antiquity and the Middle Ages*. L'A. se propose d'éditer ultérieurement son étude, car en raison de la dimension des diagrammes de Boèce sa communication n'a pu prendre place dans les Actes publiés en 1990.

(44) PHILLIPS, *Musica and Scolica* (cf. note 21), chap. V : *The Diagrams* (p. 201-239).

(45) I. FERNANDEZ DE LA CUESTA, *El canto viejo-hispanico y el canto viejo-galicano*, in : *Culturas musicales mediterràneas y sus ramificaciones. Actas del XV Congreso de la Sociedad international de Musicologia, (Madrid, 3-10 April 1992)*. Madrid, 1994.

(46) M. HUGLO, *Recherches sur les tons psalmodiques de l'ancienne liturgie hispanique*, in : *Culturas musicales* ... (cf. note 45).

Il est très probable, à s'en tenir à la documentation manuscrite actuellement conservée — dixième partie de la production médiévale, — que le grand diagramme de l'échelle musicale de l'ancien chant hispanique n'a pas été propagé hors de la Péninsule ibérique. Cependant, l'un des plus grand savants du Moyen Age, Gerbert de Reims, eut peut-être connaissance de cette interpolation scientifique propre aux mss d'Espagne : en effet, Gerbert était descendu en Espagne vers 970, pour s'informer auprès des savants arabes en mathématique et en astronomie. Plus tard, sans doute à Reims, il composait son traité *De commensuralitate fistularum et monochordi, cur non conveniant* ([47]), dans lequel il intégrait la série croissante des *numeri musici* de Calcidius (192-432), du Pseudo-Isidore (432-864) et enfin de Boèce (2304-9216).

(47) K. J. SACHS, *Mensura fistularum. Die Mensurierung der Orgelpfeifen im Mittelalter*, Stuttgart, 1970, p. 62-64. Voir aussi, du moins pour l'astronomie, U. LINDGREN, *Ptolémée chez Gerbert d'Aurillac*, in *Gerberto, Scienza, Storia e Mito. Atti del Gerberti Symposium* (*Bobbio, 25-27 luglio 1983, Bobbio, 1985* (*Archivum Bobiese, Studia* 2), p. 619-644, article analysé dans le *Bulletin codicologique* de *Scriptorium* 43, 1989, p. 106* n° 405.

La notation wisigothique est-elle plus ancienne que les autres notations européennes?

Durant le renouveau carolingien, l'étude de la Bible, des Auteurs de l'Antiquité classique et des écrivains chrétiens a été favorisée par la création géniale d'une écriture livresque sans ligatures: la minuscule caroline. Cette écriture nouvelle a été diffusée dans tout l'empire autour de l'an mil, mais ne pénétra que bien plus tard en Italie du sud, en Irlande et en Espagne.

Presqu'en même temps, une ponctuation très logique, basée sur l'analyse syntaxique des textes, facilitait la tâche des clercs ou des moines affectés à la lecture des leçons de l'Office et à la cantillation des textes édifiants débités au réfectoire. Nous ignorons malheureusement *où* et *quand* furent mis au point ces deux supports de l'information qui ont perduré jusqu'a nos jours...

La même obscurité règne sur les origines de la notation neumatique qui pourrait bien avoir été élaborée peu après l'an 800, mais qui s'est diversifiée très tôt en familles régionales dont la répartition correspond grosso modo à celle des écoles de peinture. Il faut bien souligner le fait de cette diversification qui contraste évidemment avec l'unité de ductus et de formes de l'écriture caroline.

En second lieu, il convient d'observer que l'usage de ces divers types de notation musicale —au nombre d'une vingtaine— n'a été effectivement pratiqué pour noter l'intégralité du répertoire qu'un siècle après leur invention, c'est à dire vers l'an 900.

De nos jours, des recherches très actives ont été poussées en direction des origines: le problème mérite en effet d'être abordé par toutes ses faces et non unilatéralment. Je veux dire par là que paléographes et musicologues doivent analyser et comparer ensemble les notations neumatiques de toutes les liturgies latines et pas seulement celles du répertoire grégorien, en ignorant délibérément la notation wisigothique indissolublement liée à l'antique liturgie «mozarabe» d'Espagne.

Si le chant grégorien est né en pays franc et non à Rome, les notations neumatiques de l'Europe carolingienne, doivent présenter une relation d'antériorité ou au contraire de dépendance à l'égard de la notation voisine du nord de l'Espagne, fondée sur le même principe qu'elle, a savoir *virga* pour une note ascendante, *punctum* ou *tractulus* pour une note descendante; enfin combinaison de ces deux signes élémentaires pour former les groupes simples de deux ou trois ou quatre notes.

C'est la nature de la relation entre les notations européennes et hispaniques qu'il nous faut discuter aujourd'hui: pour ne pas embrouiller la discussion, je laisserai de coté pour l'instant —suivant l'exemple de Jaime Moll et de Miguel Gros— la question de la notation tolédane dont la datation très haute (IXe siècle) a été contestée par Manuel Mundo[1]. Nous nous limiterons donc à la notation du nord de l'Espagne, connue par les manuscrits de Silos, de San Millan de la Cogolla et surtout par l'extraordinaire antiphonaire de León, en rappelant enfin que cette notation du nord se rencontre aussi dans trois manuscrits de Tolède[2].

Parmi les plus anciens témoins de la notation wisigothique, il ne faut plus compter l'*Orationale* de Tarragone, daté de 732, dont les signes marginaux étudiés à fond par Louis Brou[3], servent de repère à une classification des oraisons liturgiques: bref, ces signes visuels n'ont rien de commun avec les signes de cantillation ou avec les neumes des mélodies liturgiques. Le plus ancien manuscrit wisigothique noté reste donc bien le recueil de poésies et d'hymnes liturgiques écrit et noté en partie par des mains espagnoles à Lyon[4], au monastère de l'Ile Barbe, au temps où Florus, diacre de l'église de Lyon, assistait son évêque Agobard, lui aussi originaire d'Espagne.

Parmi les plus anciens manuscrits notés, il faut encore compter le fragment d'antiphonaire de Silos qui, selon Miguel Gros[5], daterait du IX-Xe siècle.

Bref, la notation wisigothique est attestée par les manuscrits exactement comme pour les notations européennes, bien avant l'an 900, et même peu avant 850: ce n'est donc pas dans les sources notées qu'il faut chercher la solution du problème d'antériorité d'une notation sur l'autre.

Il ne reste plus que la méthode comparative: il sera désormais nécessaire de comparer les notations européennes à la notation wisigothique point par point, d'abord sur les éléments constitutifs primaires, essentiels à toute notation neumatique, et ensuite sur les éléments secondaires ou adventices, qui n'appartiennent qu'a telle ou telle école de notation.

Dans la catégorie des éléments primaires (tableau I), il convient de passer en revue les points suivants:

1. L'axe général de la notation neumatique.
2. La morphologie des notes simples.
3. La morphologie des notes d'ornement.

Dans la catégorie des éléments secondaires ou adventices (tableau II), on été regroupés les signes qui ne sont pas essentiellement indispensables dans une notation musicale: ces signes affectent surtout le rythme ou l'expression:

1. Signes indiquant la liquescence phonétique dans le texte.
2. Signes additionnels divers ajoutés aux notes: points, episèmes, etc.
3. Lettres significatives (mélodiques, agogiques ou dynamiques) insérées entre les notes.
4. Signes ou moyens divers de suspension de la notation musicale dans des passages unisoniques ou au contraire dans les mélismes.

Dans l'examen des éléments primaires des notations neumatiques, nous povouns passer sur la question des axes d'écriture (I,1) qui n'apporte rien de positif à notre recherche sur les origines: l'axe de notation est une caractéristique propre à une école d'écriture, et n'est pas condition d'antiquité.

---

[1] A. M. Mundo: «La datación de los códices litúrgicos visigóticos toledanos», *Hispania sacra* XVIII (1965), p.l. ss.

[2] Louis Brou: «Notes de paléographie mozarabe»: Manuscrits de Tolède en notation du nord. *Anuario musical* X (1955), p. 29.

[3] *Ibid.* p. 34-36 (les neumes de l'Orationale wisigothique).

[4] Solange Corbin: *Die Neumen*, Köln, 1977, p. 36 et passim. Voir la planche ci-jointe.

[5] Miguel S. Gros: «Les fragments parisiens de l'antiphonaire de Silos», *Revue bénédictine* LXXIV (1964), p. 324 ss.

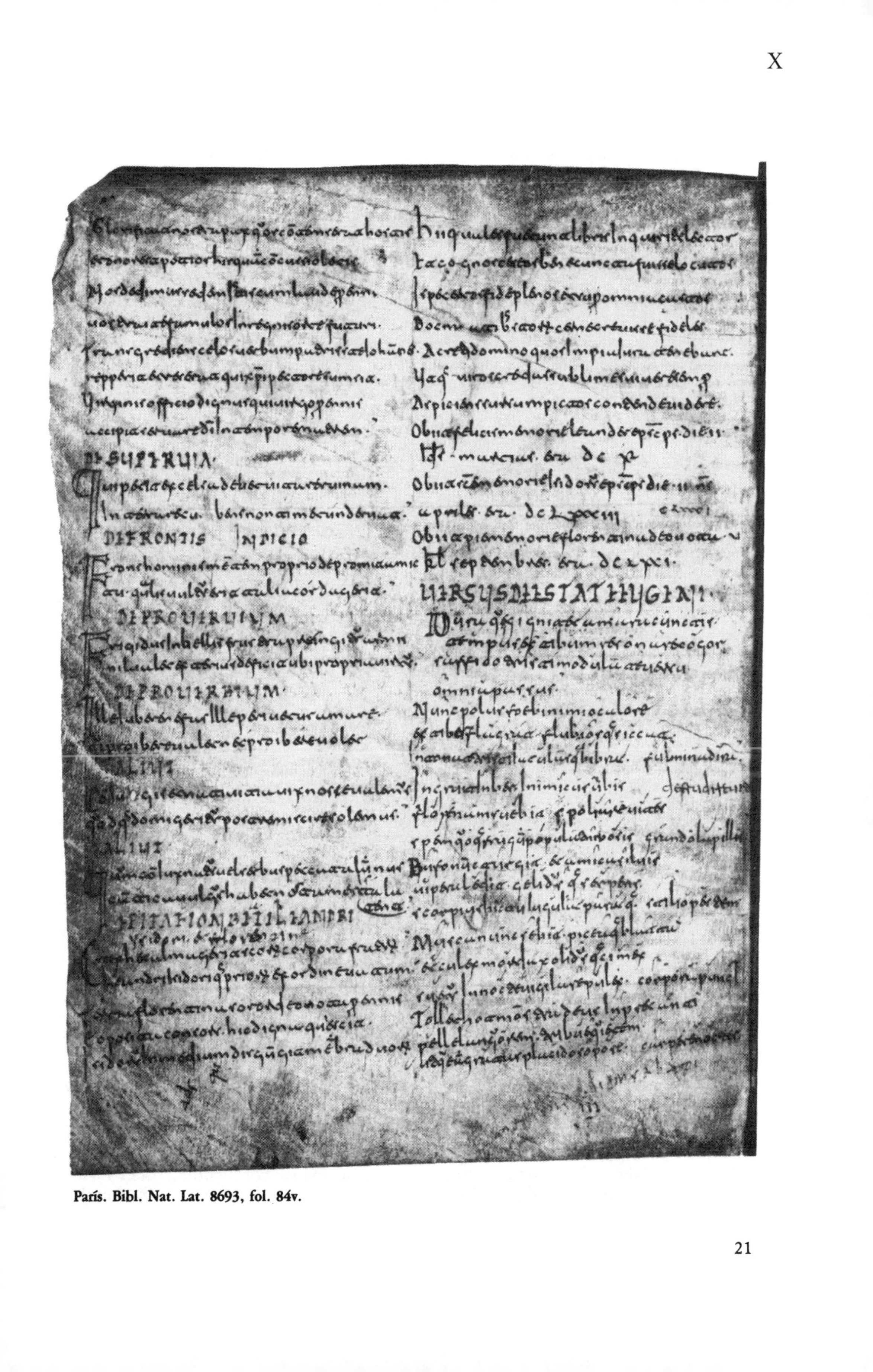

París. Bibl. Nat. Lat. 8693, fol. 84v.

I	Eléments primaires ou essentiels de toutes les notations neumatiques	Notations Européennes	Notations Hispano/wisigothiques
	1. Axe général a) Des not. neumatiques, françaises, anglaises, allemandes... b) Des not. à points superposés (aquitaine)		
	2. Morphologie des neumes simples a) Sans boucle b) Avec boucle *(a)* c) Scandicus *(b)*	St. Gall Bologne Piacenza	
	3. Neumes d'ornement a) quilisma Quilisma issu du point d'interrogation du nord de la France *(c)*	St. Gall *français*	
	du Centre et de l'Est	*lorrain* *aquitain*	*Inconnu*
	b) pes stratus (pes + oriscus)	*français* *anglais* *aquitain*	? ?

Notes: (a) Manuscrits d'Italie du nord et Montpellier H 159: cf. J. Moll, La notation visigotico-mozarabe... (1978), fig. 1 et p. 267.
(b) Ibid., fig. 1, n.° 4.
(c) J. Vezin, «Le point d'interrogation, un élément de datation et de localisation des manuscrits»: *Scriptorium* 34, 1980, n.° 2, p. 181 et ss.

II	Eléments secondaires ou adventices des notations neumatiques	Notations Européennes	Notations Hispano-wisigothiques
	1. Notes liquescentes de la notation neumatique de la notation alphabétique (théorique)	dc ag edc dec	Néant
	2. Episèmes et signes diverses ajoutés aux notes *(d)*	St. Gall Nonantola Bénévent	BN, nal 2199:
	3. Lettres significatives mélodiques a s e eq iu inf agogiques c t ...(St. Gall) c a (Metz) dynamiques (f g k)	(Dans l'ordre de fréquence décroissante) St. Gall (foyer) Allemagne Metz St. Vaast (seulem. s t) Chartres Winchester Inusitées dans le SW de la Fr. (sauf BN 1.1240)	? ? ?
	4. Signes ou moyens de suspension de la notation musicale dans les passages unisoniques	Jamais	Plusieurs expemples *(e)*
	dans les mélismes séquentiels ou autres	(= duplicatur) Mss franç. angl. aquit.	
	à la fin des mélismes		(teleia) *(f)*

Notes: *(d)* L. Brou, «Notes de paléographie musicale mozarabe»: *Anuario musical* VII, 1952, p. 72 ss et pl. V. H. Gonzales-Barrionuevo, «Episemas en la notación mozárabe del Norte de España».
(e) L. Brou, «Notes...»: *Anuario musical* X, 1955, p. 23.
(f) L. Brou, «L'alleluia dans la liturgie mozarabe»: *Anuario musical* VI, 1951, p. 49 et p. 64, n. 2.

La morphologie des neumes simples avec boucle (I, 2b) et celle du scandicus a eté étudiée par Jaime Moll qui a montré le rapport de dépendance sur ce point des notations italiennes par rapport à la notation wisigothique. Une réserve toutefois: il conviendrait d'examiner d'abord si le neume à boucles n'est pas spontanément produit par une main de copiste à tendances artistiques. Ou alors, s'il y a influence, il faudrait réexaminer la question de date.

Pour le quilisma des notations européennes, on distingue deux graphies différentes qui se rattachent toutes deux à deux types de points d'interrogation, rencontrés dans les manuscrits bibliques et dans les lectionnaires de la fin du VIIIe siècle (I, 3). Le quilisma wisigothique qui présente plusieurs variétés graphiques, se rattache plutot au quilisma à boucles.

Le *pes stratus* est formé d'un pes et d'un oriscus: il sert à noter les cadences «remontantes» (do-ré-ré; re-mi-mi; fa-sol-sol) des anciennes pièces gallicanes (Offert. *Elegerunt)* et surtout des séquences. Il n'a pas, semble-t-il, de correspondant dans la notation wisigothique.

Le Tableau II, qui regroupe les éléments secondaires ou adventices des notations musicales, commence par les formes «liquescentes» des neumes: le problème de ces formes sera abordé plus loin.

Sur le problème des épisèmes (II, 2), il faut se rallier aux conclusions d'Herminio Gonzalez-Barrionuevo. Partant d'une découverte de Louis Brou, l'auteur a montré que ces épisèmes figurent habituellement dans l'Antiphonaire grégorien de Silos[6]. Cet antiphonaire monastique dont les mélodies grégoriennes ont été notées en neumes wisigothiques, forme en le comparant à l' antiphonaire d'Hartker, un «pont» entre les notations européennes et les notations du nord de l'Espagne.

Il faut cependant insister ici sur une différence essentielle: dans les notations européennes, l'épisème est tangent aux notes, tandis que dans la notation wisigothique il est nettement séparé de celles-ci. Cette différence dans les procédés d'écriture doit être considérée comme indice d'indépendance dans le processus d'élaboration d'un signe de nuance qui - du coté européen, en deça des Pyrennées — n'appartient qu'aux écoles germaniques de notation musicale.

Les lettres significatives (II,3): les lettres mélodiques, agogiques et rythmiques, d'abord utilisées pour guider la cantillation de la Passion par le diacre, ont été introduites dans les notations neumatiques de l'orbite sangallienne et en Lorraine, mais pas toujours avec la même signification, par exemple pour *a: a* signifie *altius* à St. Gall, mais *augete* (= retardez) à Metz... L'interprétation de ces lettres a fait l'objet d'une épitre de Notker à Lambert (de Poultières-les-Metz?)[7] dans les dernières années du IXe siècle: aussi, leur adoption tardive expliquerait pourquoi elles ne sont pas connues en Espagne.

Suspension de la notation neumatique (II, 4): Dans la péninsule ibérique, lorsqu'un notateur veut suspendre l'acte de transcription des neumes à l'intérieur d'un pièce, il utilise deux procédés:

a) Dans les passages syllabiques à l'unisson, ou bien là oú la mélodie ondule à peine, le notateur arrête purement et simplement le tracé des punctum et des virga[8] Hors d'Espagne, les scribes ne suspendent jamais leur travail de spécialiste: ils écrivent toutes les notes des passages syllabiques des pièces ornées, exactement comme dans la psalmodie d'introït où toutes les syllabes de la teneur reçoivent une virga. Cette différence de procédé dans l'economie du travail de notation ne signifie pas nécessairement antériorité d'un procédé sur l'autre: il prouve seulement que, sur ce point, il y a indépendance parfaite des notateurs de chaque coté des Pyrénées.

b) Dans les longs mélismes de répons ou de séquence alléluiatique — *«melodiae»,* en Aquitaine, à la suite de l'appellation donnée par Notker — deux solutions s'offrent au notateur. Pour les répétitions de motifs en «écho», il peut écrire deux fois le motif en question: c'est la solution adoptée par le copiste d' Autun, Ms 24 de la fin du IXe

---

6 H. Gonzales-Barrionuevo: «Episemas en la notación mozárabe del norte de España».

7 Jacques Froger, «L'épitre de Notker sur les lettres significatives. Edition critique», *Etudes grégoriennes* V (1962), p. 23-71.

8 Louis Brou: «Notes...», Manuscrits à notation intermittente, *Anuario musical* X (1955), p. 23 ss.

siècle[7] et par plusieurs notateurs wisigothiques, tel celui des fragments de Saragosse[10]. Autre solution, plus économique, le notateur indique la répétition du motif par un *d* oncial, à la haste incurvée, qui signifie *duplicatur*. Le procédé est courant dans les séquentiaires européens, mais moins régulier en Espagne, où on continue de répéter la notation des motifs en écho. Mais cette similitude de procédé implique-t-elle nécessairement la dépendance d'une des deux zones de notation à l'égard de l'autre?

La fin de la séquence qui ne se répète pas, ou clausule, est indiquée par un *x*, lettre qui est peut-être la déformation de la *teleia* ou petite croix qui, dans les manuscrits byzantins et parfois dans les mozarabes, indique une fin d'incise ou une fin de mélodie[11].

Les comparaisons entre notations européennes et notations hispano-wisigothiques vont maintenant se resserrer autour des notes «liquescentes» (II, 1). Nous constatons d'abord que dans *toutes* les notations neumatiques européennes et même dans la notation alphabétique normande, le phénomène phonétique de la liquescence est indiqué au chantre par une graphie particulière, généralement une petite boucle ou une forme neumatique amenuisée.

Pourquoi un signe particulier pour la liquescence? Pour répondre à une telle question, il faut relire le début des anciens traités de grammaire de Charisius, Priscien, Donat[12], le maître de saint Jérôme, d'Isidore de Séville et des autres moins importants: le premier chapitre concerne les lettres, leur classification en voyelles, semi-voyelles, consonnes et muettes. Certaines semi-voyelles, les liquides (l, m, n, r) perdent partiellement, dans le cas de rencontre avec une consonne, la demi-sonorité qu'elles possèdent à l'état isolé: «eorum sonus liquescit et tenuatur»[13]. De plus, cette rencontre de deux semi-voyelles ou d'une semi-voyelle avec une consonne produit un effet secondaire sur la quantité de la syllabe. Il est donc opportun de signaler au chantre ce double phénomène d'articulation et d'élargissement produit par la liquescence au moyen d'un signe qui souligne le point précis de la liquescence: «Scire debet omnis *cantor* quod litterae quae liquescunt in metrica arte, etiam in neumis musice artis liquescunt»[14]. Si le notateur signale la liquescence de certaines syllabes, c'est que, dans l'exécution du chant, elles devaient exiger une application particulière. Il est très possible que la plique de la notation mesurée du XIIIe siècle, issue directement du *cephalicus* (*clivis* liquescente) ou inversament de *l'epiphonus* (*pes* liquescent), exigeait une certaine contraction du gosier: «Plica... in gravem vel in acutum debet formari in gutture cum epyglotto»[15]. Graphiquement, le phénomène phonétique de la liquescence est noté au moyen d'une note spéciale qui comporte soit une petite boucle soit une forme arrondie au lieu d'une forme anguleuse.

On pourrait maintenant envisager que l'exécution pratique de la liquescence dans les pièces chantées puisse être correctement maintenue sans être signalée dans la notation par des signes particuliers. C'est précisément le cas de la notation hispano-visigothique qui a ignoré totalement les signes liquescents jusqu'à l'époque de la Reconquista[16]. Cependant, à Silos, à la fin du XIe siècle, en recopiant un antiphonaire d'outremonts, le notateur inventait des signes de liquescence wisigothique pour se conformer à son modèle grégorien.

---

9 Facsimilé de Bruno Stäblein dans *Archiv für Musik-wissenschaft* XVIII (1961) face à la p. 16, Abbild, 1.

10 Je me réfèrce ici à un tableau de comparaison dressé par Louis Brou en 1953 au sujet du *d* de répétition.

11 Voir le tableau II hors texte, note f.

12 Heinrich Keil: *Grammatici latini* I, p. 7 ss; II, p. 8 ss; IV, p. 520 ss. Isidore de Séville traite de la question au Livre I des Etymologies. Sur la liquescence, voir l'ouvrage qui n'a pas vieilli d'Heinrich Freistedt, *Die liqueszierenden Noten des gregorianischen Chorals. Ein Beitrag zur Notationskunde.* Freiburg S/, 1929.

13 Valerius Probus, GL IV, p. 221.

14 *Instituta Patrum* (Anonyme du XIIe siècle), GS I, p. 6.

15 *Anonymus secundum Franconem,* CSM 15, p. 45.

16 Casiano Rojo y Germán Prado, *El canto mozárabe,* Madrid, 1929, p. 52.

Faut-il conclure que les espagnols avant le XIe siècle ignoraient ce petit problème d'articulation entrainé par la liquescence? Sûrement pas, parce qu'en Espagne on prononçait mieux le latin qu'en pays franc: dans son chapitre sur la lettre *(de littera)*, le grammairien irlandais Donatus Ortigraphus cite un passage de Consentius qui critique la prononciation de l'*i* chez les Gaulois[17].

Si l'enseignement des anciens grammairiens latins sur les lettres *(de littera)* se réduisait à des considérations générales, c'est bien parce qu'on rappelait aux étudiants des notions évidentes et reçues par la pratique quotidienne. En Espagne et en Italie, la pratique du latin — devenue *sermo vulgaris* — se poursuivait dans la vie de tous les jours: les enfants ne rencontraient pas de problèmes particulier pour l'acquisition de la prononciation. Au contraire, en pays franc à la fin du VIIIe siècle et au IXe, le latin ne se pratiquait plus qu'à l'église et dans les écoles (18). Ce n'était plus la langue maternelle: il fallait donc acquérir orthographe, prononciation, morphologie et syntaxe.

Au tournant des VIII-IXe siècles, les grammairiens irlandais avaient pris en charge la formation des clercs et des moines francs du nord de l'Europe: ils avaient fort à faire pour enseigner la prononciation des syllabes comportant des liquides ou des diphtongues. Les maîtres rappellent alors le mot de Donat que le barbarisme n'est pas seulement commis dans la rédaction écrite du latin, mais encore dans la prononciation: «Barbarismus fit duobus modis: pronuntiatione et scripto»[19].

Aussi, l'exposé succint des anciens grammairiens sur les consonnes liquescentes est-il largement développé dans les commentaires des grammairiens irlandais et anglo-saxons qui enseignent sur le Continent: Muretach, l' Anonyme de Lorsch et enfin, à Liège, Sedulius Scottus[20]. Louis Holtz a montré que ces commentaires et traités de grammaire dépendent directement de textes insulaires plus anciens, de la fin du VIIIe siècle[21].

Il est donc évident que cette insistance, ces développements sur le phénomène vocal de la liquescence, ont dicté la création d'un dessin neumatique spécifique qui était destiné dans l'exécution du chant à rappeler l'amenuisement de la voix *(tenuatur)* proférant la syllabe liquescente.

Mais alors, pourquoi pas en Espagne? Simplement parce que clercs et moines de la péninsule ibérique, malgré la pénétration de quelques hordes wisigothes avaient maintenu bien vivante la tradition du latin parlé et n'avaient pas éprouvé le besoin, au moment de la création de la notation wisigothique, de souligner dans la notation un phénomène phonétique qui s'exécutait chez eux sans difficulté. Faut-il en conclure que l'invention des neumes pourrait remonter jusqu'au VIIe siècle, le siècle d'Isidore de Séville, comme l'ont proposé Mgr. Anglés et Jaime Moll? Pas nécessairement.

Pour répondre à cette question revenons à l'histoire du renouveau carolingien et à la restauration des Lettres et des Arts libéraux dans le royaume franc. Charlemagne avait appelé à son aide pour cette gigantesque réforme des insulaires, mais encore des espagnols, tels Witiza, alias Benoit d'Aniane, ami intime d'Alcuin, et Théodulfe d'Orléans. Cet évêque éminent, avait été chargé de corriger le texte de la Vulgate, mais encore de

---

17 Ed. John Chittenden, *Corpus Christianorum,* continuatio medievalis XL D (1982), p. 21.

18 Ferdinand Lot, «A quelle époque a-t-on cessé de parler latin?» *Archivum latinitatis medii aevi* (Bulletin Du Cange), 1931, p. 97-159.

19 Sedulius Scottus, *In Donati artem majorem* (éd. B. Löfstedt, CC CM, vol. XL B, p. 322), qui répète ici un mot de Donat (GL IV, p. 392).

20 Muretach (Muridac), *In Donati artem majorem* (éd Louis Holtz, CC CM. vol. XL, Turnhout, 1977), p. 16. Donatus Ortigraphus, *Ars grammatica,* ed. John Chittenden CC CM XL D, Turnhout, 1982), p. 34 ss. — Anonymus Laureshamensis, *Expositio in Donati artem majorem* (éd. Bengt Löfstedt, CC CM, XLB, Turnhout, 1977), p. 156. — Sedulius Scottus, *In Donati artem majorem,* éd. Bengt Löfstedt, CC CM, XL B, Turnhout, 1977), p. 12 ss.

21 Louis Holtz: «Trois commentaires de l'Ars major de Donat au IXe siècle», *Revue d'Histoire des Textes,* II (1972), p. 58-72.

composer les *Libri carolini* à l'occasion de la Querelle des Images. Dans ce long traité de controverse, la plupart des citations scripturaires jetées dans l'argumentation ne sont pas tirées de la Vulgate ni même de l'Hispana: elles sortent directement de l'Antiphonaire mozarabe, —comme l'a brillament démontré Ann Freeman—[22] de l'Antiphonaire mozarabe appris par coeur par le jeune Théodulfe au cours de son enfance en Espagne.

Bien mieux, lorsque vers la même époque de la fin du VIIIe siècle le Graduel grégorien fut compilé en Gaule, la série d'offertoires psalmiques du chant romain pour les seize dimanches après Pentecôte du Gélasien fut élargie à 23 pièces. On emprunta à l'Antiphonaire mozarabe plusieurs *Sono* ou offertoires d'une grande intensité dramatique et d'une riche valeur musicale. Cette importante découverte due à Kenneth Levy[23] montre à quel point la péninsule ibérique a contribué à la réforme carolingiene du chant qui devait devenir le chant liturgique de toute l'Europe.

La source des neumes simples est —suivant l'Annoyme Vatican du Xe siècle—[24] l'accent latin, seul ou en combinaison. Peu importe que les trois accents aigu, grave et circonflexe ne s'emploient pas en latin,mais seulement en grec. Du moment que la théorie figure dans la grammaire latine[25], elle peut fournir à un chantre le germe de l'invention d'une notation musicale, d'une figure graphique des mouvements mélodiques de la monodie. Les espagnols comme les irlandais avaient donc de longue date à leur portée tout un arsenal d'accents, de signes grammaticaux et de signes de ponctuation du discours pour créer les figures de notes: *«figurae notarum»*, suivant l'expression d'Aurélien de Réome. Les chantres irlandais ou francs qui ont dessiné ces figures avaient-ils devant eux un modèle en notation wisigothique? Ce n'est pas du tout impossible. En tout cas, ils allèrent plus loin en introduisant dans la notation neumatique l'élément graphique de la liquescence qui devait se répandre dans toutes les écoles de notation de l'Empire, afin de promouvoir une exécution aussi parfaite que possible de la cantilène grégorienne.

---

[22] Ann Freeman: «Theodulf of Orléans and the Libri Carolini», *Speculum* XXXII, 1957, p. 663-705, plus particulièrement p. 674-688 (Scriptural citations and their Sources).

[23] Kenneth Levy, *Early Music History* IV (1984), p. 49-99.

[24] «Quid est tonus? ...Ortus quoque suus atque composicio ex accentibus toni vel ex pedibus sillabarum ostenditur. Ex accentibus vero toni demonstratur in acuto et gravi et circumflexo... de accentibus toni oritur nota *(2a manu:* figura) que dicitur neuma...» Facsimilé dans *Kirchenmusi-kalisches Jahrtbuch* XIX (1905, p. 70; transcription de Peter Wagner dans *Ressegna gregoriana* III (1904), col. 482.

[25] Le chapitre *De accentibus* sur l'*acutus*, le *gravis*, et le *circumflexus* est le germe de toutes les notations neumatiques dans lesquelles prédomine l'accent. La notation aquitaine, à points superposés, doit avoir une origine différente.

XI

RECHERCHES SUR LES TONS PSALMODIQUES DE L'ANCIENNE LITURGIE HISPANIQUE

Il y a aujourd'hui un peu plus d'un siècle que Mgr. Louis Duchesne dans ses *Origines du culte chrétien* (1889), décrivait d'après des caractéristiques précises deux familles liturgiques bien distinctes: la romaine en Italie et la gallicane au delà des Alpes. Depuis une soixantaine d'années, cette classification bifide a bien été conservée, mais à la suite de la découverte de répertoires liturgiques et musicaux jusqu'alors méconnus, il est devenu absolument nécessaire de créer des sous-groupes à l'intérieur de ces deux familles principales:

1.°: en Italie, on a reconnu du sud au nord, plusieurs répertoires distincts: d'abord l'ancien répertoire bénéventain, récemment reconstitué par Thomas F. Kelly, dont la diffusion est restreinte à la zone de l'écriture bénéventaine, fermée durant des siècles à l'introduction de la minuscule caroline; le répertoire «vieux-romain» ou simplement «romain», en usage à Rome, évidemment, et dans les diocèses suburbicaires; des vestiges de répertoire dans l'axe Bologne-Ravenne tel que le rituel du baptême de Reggio d'Emilia comportant des neumes pour noter des mélodies de répons inconnues; la liturgie du patriarchat d'Aquilée, abolie sous le régime du patriarche Paulin d'Aquilée (750-802); enfin et surtout, le rit ambrosien de Milan, qui a résisté jusqu'à nos jours au remplacement total de sa vénérable liturgie par celle de Rome: rit hybride ayant emprunté ses formules euchologiques à Rome, mais plusieurs genres de pièces musicales de la messe aux églises des Gaules avant le renouveau carolingien.

2.°: au nord des Alpes, la situation est moins bien connue du fait que Charlemagne, pour unifier son empire dans tous les domaines, se fit un devoir de remplacer les répertoires des différentes métropoles ecclésiastiques par le rit romain et par le «chant grégorien». On peut cependant remarquer que les anciens répertoires gallicans, tout en possédant en commun un certain nombre de pièces de chant, présentaient une organisation liturgique plus complexe et employaient pour la rédaction des textes un vocabulaire plus coloré que celui du latin classique de Rome. Il serait donc plus exact de traiter désormais DES répertoires gallicans au pluriel.

En Espagne, la situation est analogue à celle de la Gaule: l'organisation liturgique et la rédaction des prières, des préfaces et aussi des chants, presque tous tirés de la version hispanique de la Bible, dite Hispana, est du même style que celle des liturgies gallicanes.

Cependant, cette ancienne liturgie hispanique n'est pas uniforme et monolithique comme on le pensait encore au XIXe siècle. Les subdivisions politiques de la Péninsule Ibérique en plusieurs royaumes délimitant le territoire des provinces ecclésiastiques devait normalement aboutir à la création de répertoires différents, organisés cependant suivant un schéma presqu'identique d'une province à l'autre.

Au Congrès de Salamanca, en novembre de 1985, Kenneth Levy a rappelé, à la suite des recherches de Don Michael Randel et de Jordi Pinell, que l'on comptait en Espagne deux traditions assez différenciées aussi bien par leur organisation liturgique que par leur notation:

1. La tradition A, représentée dans le nord de la Péninsule par les livres liturgiques notés suivant un axe «vertical» ainsi que par quelques manuscrits de Tolède notés «horizontalement», recopiés probablement sur des manuscrits apportés du nord de l'Espagne après la prise de la ville par les armées françaises en 1085.

2. La tradition B donée par un seul manuscrit de l'église Santas Justina y Rufina de Tolède, concordant avec des fragments d'Andalousie conservant une tradition liturgique et musicale différente de celle du nord.

Il est intéressant de constater que dans la classification des onze manuscrits des Etymologiarum d'Isidore de Séville, écrits en caractères wisigothiques entre 750 et 1095, la même distinction entre manuscrits du nord et manuscrits du sud a été opérée par Manuel Díaz y Díaz en 1971. En partant des recherches de l'éminent paléographe, j'ai pu montrer au Congrès de Burgos, en mars 1991, que c'est précisément dans le sud de l'Espagne, probablement dans la région de Cordoue où les savants arabes cotoyaient les chrétiens, qu'on avait interpolé les Etymologies pour y introduire, au milieu du Livre III entre *Geometria* et *Musica*, des figures de géométrie et plusieurs diagrammes de musique spéculative inspirés du *Timée* de Platon et du commentaire de ce dialogue par Porphyre.

Le plus intéressant de tous ces diagrammes est le grand lambdoide dessiné à pleine page dans les manuscrits wisigothiques dès le VIIIe siècle (voir ex.1), car ce diagramme chiffré a été délibérément sélectionné dans la suite des nombres donnés par le Timée de Locri, afin de traduire une échelle musicale de base en usage dans le chant des églises d'Espagne: cette échelle, divisée en deux tétracordes disjoints avec le demi-ton au centre, n'est autre que celle des Carolingiens avant l'introduction de Boèce dans l'enseignement de l'*Ars musica*.

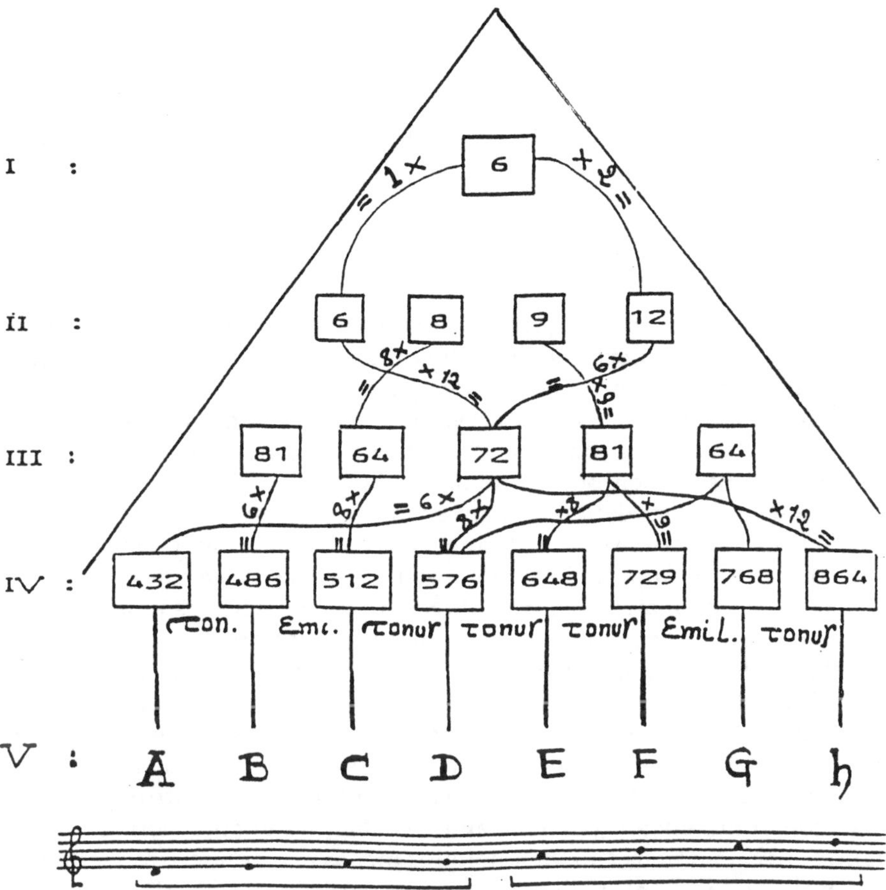

Example 1. Diagramme de la 'Musica Isidori' dans les MSS wisigothiques du VIIIe siècle.

Le tétracorde inférieur de ce diagramme interpolé s'identifie avec le tétracorde des finales en usage dans le chant carolingien et le tétracorde supérieur, à la quinte du précédent, correspond au tétracorde des supérieures, c'est-à-dire, celui des cordes de récitation des quatre tons psalmodiques «authentes» des tonaires et des antiphonaires en usage dès le IXe siècle au nord des Pyrenées.

De l'observation de ce diagramme, on retiendra surtout l'importance évidente de la quinte. Il faudrait maintenant, en bonne logique, pouvoir passer du plan théorique à celui de la pratique, afin de rechercher si la quinte occupe une place insignifiante ou plus importante ou même prépondérante dans la composition musicale. Mais comment procéder pour analyser l'immense répertoire hispanique noté seulement en neumes intraduisibles sur portée.

La transcription de toutes ces mélodies du chant hispanique sera toujours impossible, mais des sondages d'approche nous permettront de ménager des aperçus sur quelques aspects de la composition mélodique en usage dans l'ancien chant des églises d'Espagne.

Aprés avoir examiné l'usage du scandicus de quinte + seconde dans la notation wisigothique, les recherches porteront sur les différentes formes de psalmodie simple ou ornée en usage dans l'ancien chant hispanique.

I

La composition mélodique du chant ambrosien, comme je l'ai montré en 1957, ne requiert que des intervalles réduits de seconde, de tierce et rarement de quarte, jamais de quinte. Dans l'ancien chant bénéventain et dans le répertoire dit «vieux-romain», la quinte est peu fréquente et n'a pas une fonction structurelle comme dans le chant grégorien. On observe en outre que toutes les fois qu'une pièce du chant grégorien en Protus débute par un scandicus de quinte suivi d'une seconde (*Dah*), la vieux-romain donne à cette place une succession de podatus répétés (*ah/ah/ah*...), comme pour éviter ce large intervalle.

Dans l'antiphonaire grégorien de Silos, noté en neumes wisigotiques, dont l'édition en facsimilé a été réalisée par Ismael Fernández de la Cuesta en 1985, le podatus en forme de 2 à queue verticale traduit toujours à 100 % ce scandicus de quinte + seconde (voir ex. 2), placé sur la première syllabe accentuée de l'intonation. Ce même neume —que nous appellerons désormais 'podatus 2'— est employé dans la notation bolognaise du XIe siècle, pour toutes les intonations d'introits du premier ton commençant par le scandicus *Dah*, ou encore pour les intonations par scandicus *Gde* de quelques pièces du septième ton, comme par exemple le verset d'alleluia *Te decet laus* (Graduel de Bologne, ms de Rome, Bibl. Angelica 123 [*Pal. mus* XVIII], f. 156r).

Qu'en est-il dans la notation wisigothique des anciens manuscrits liturgiques de l'Espagne? Un sondage dans l'Antiphonaire de Leòn et dans les fragments de San Juan de la Peña révèle que le 'podatus 2' est utilisé extrêmement souvent dans trois situations différentes: d'abord à l'intonation des pièces ou des versets de répons; ensuite, plus fréquemment sans doute, dans le cours du développement de la mélodie; enfin, sur l'avant dernière syllabe du texte.

1) À l'intonation des pièces ou des versets de répons, le 'podatus 2' est placé sur la première syllabe accentuée: comme dans le chant grégorien, le 'podatus 2' est précédé de une ou plusieurs notes de prépa-

SCANDICUS DE QUINTE + SECONDE

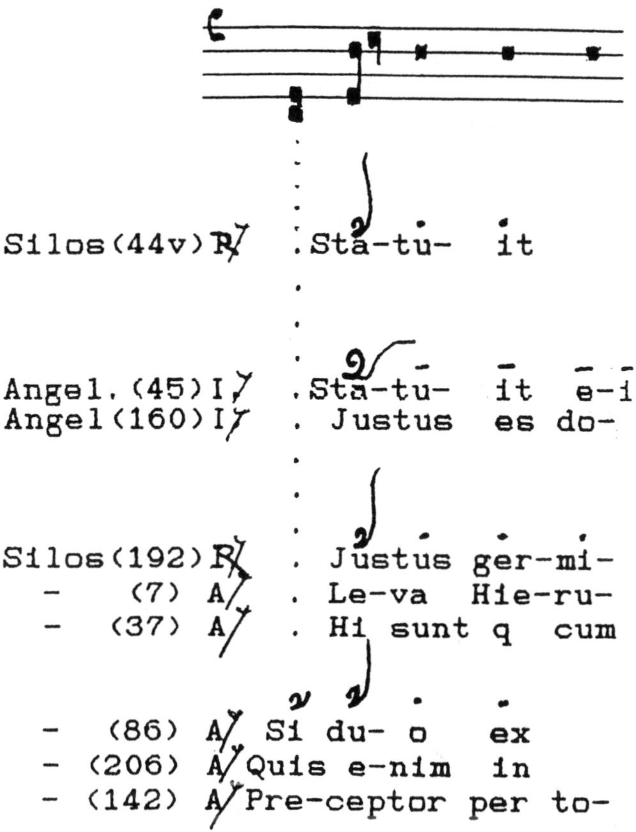

Example 2

ration, lorsque cette syllabe accentuée vient en deuxième ou troisième position (voir ex. 3). Il semble bien que dans ce cas, on puisse conclure que la pièce est du mode de ré (D de la notation alphabétique guidonienne).

León (f.34) A/ Ec-ce

(f.30v) V/ Se- de- bit

S.Juan(f.8) V/ Ger-mi- na-te

Example 3

2) Dans le cours du développement d'une composition mélodique, ce même 'podatus 2' correspond à un scandicus de tierce ou de quarte: la preuve s'établit par la confrontation des neumes wisigothiques du *Liber Ordinum* de Silos avec la transcription en notation aquitaine des antiennes du rituel des funérailles de San Millán (BAH 56, transcrit par Rojo-Prado, *El canto mozárabe*, Chap. VI et facs. 13-16: voir ex. 4).

Silos

[c]

San Mill.

A/ In pace i. id-ipsū

... con-sti-tu-

-isti me.

Example 4

3) Enfin, lorsque ce 'podatus 2' se trouve sur l'avant dernière syllabe d'un mot du texte, par exemple sur la syllabe LU du mot *allelúia* (Antifonario de la Catedral de León, f. 224, l.10), il ne peut évidemment pas se transcrire par le scandicus de quinte, mais uniquement par un scandicus de trois degrés conjoints précédant la chute de la mélodie sur la note finale.

Ainsi, doit-on faire preuve de prudence dans l'assimilation de l'usage du 'podatus 2' en Espagne par rapport à son utilisation dans le chant grégorien: autrement dit, il ne faudrait pas conclure trop vite que toutes les pièces comprenant le 'podatus 2' sont composées en mode de ré ou de sol.

Néanmoins, l'examen des 21 antiennes de l'office des morts selon l'usage hispanique, transcrites en notation aquitaine par le manuscrit de San Millán, révèle que les deux tiers de ces pièces (14 exactement, soit 66,6 %) sont composées en mode de ré.

II

A la différence du chant grégorien, remanié, aligné et unifié à la fin du VIIIe siècle, l'ancien répertoire hispanique a accumulé et conservé de nombreux témoins des différentes formes de psalmodie en usage dans l'Église latine à partir du IVe siècle, qui se sont superposées dans la formation de l'antiphonaire hispanique comme les stratifications d'un site préhistorique: d'abord la psalmodie *in directum*, c'est-à-dire la psalmodie sans refrain; puis la psalmodie avec refrain (*responsorium* ou bien antienne), dite psalmodie responsoriale, si le psaume est cantillé par un psalmiste auquel «répond» le choeur ou bien psalmodie antiphonée, si le psaume, débité alternativement par deux demi-choeurs, est encadré par une antienne chantée par tout le choeur: ces deux dernières formes sont évoquées et comparées par Isidore de Séville au Livre VI des *Etymologies*. Remarquons à propos de la psalmodie antiphonée, que quelques antiennes du Psautier hispanique ne sont pas tirées de l'Hispania, mais de la version africaine des Psaumes attestée par Augustin et par d'autres écrivains ecclésiastiques africains des ve et vie siècles.

Les différentes formes de psalmodie réparties tout au long de l'Antiphonaire hispanique ont été analysées par Don Michael Randel et plus récemment, pour la psalmodie *in directum*, par Olivier Cullin.

Les résultats acquis par ces chercheurs seront ramassés et résumés à la fin de ce rapport, dès que l'analyse des versets de répons catalans sera présentée. Auparavant, il est nécessaire d'évoquer quelques points de l'histoire du répertoire des églises de Catalogne en contact avec la Septimanie et l'Aquitaine, au nord, et surtout avec les églises de rite hispanique du royaume d'Aragon, à l'Ouest.

Au viiie siècle, l'église de Tarragone, sur le bord oriental de la Mediterranée, pratiquait l'ancienne liturgie hispanique, dont l'Orationale wisigothique de Vérone est le précieux témoin, emporté en Italie par un clerc échappé de la Péninsule Ibérique au moment de l'invasion arabe de 722.

À la suite de l'incursion des Francs en 788, les échanges culturels se multiplièrent de part et d'autre des Pyrennées dans les deux sens: ainsi, par exemple, la tradition aquitaine s'enrichit des *Preces* hispaniques et de plusieurs antiennes pour le dimanche des Rameaux, tandis que le répertoire liturgique de la Catalogne était «romanisé» à l'instar de celui des autres provinces de l'empire carolingien.

Néanmoins, un décret de réforme imposée d'autorité ne peut, dans quelque domaine que ce soit, effacer définitivement tous les vestiges de l'état antérieur à la réforme: en Gaule, nombre de pièces du chant gallican aboli par Charlemagne, furent peu à peu réintégrées dans le graduel et surtout dans le processionnal. Suivant une observation d'Anton Baumstark dans sa *Vergleichende Liturgie*, les vestiges des répertoires antérieurs se réfugient habituellement dans les offices des grandes fêtes liturgiques, chères à la piété populaire (Noël, Pâques, Pentecôte...), mais encore dans le rituel des défunts et enfin dans certaines fonctions particulières. Ainsi, par exemple, à Vich en Catalogne, les chantres ont longtemps gardé pour la fonction de l'Adoration de la croix la mélodie de l'hymme à refrain *Crux benedicta nitet*, suivant la mélodie de l'ancien chant hispanique notée en neumes wisigothiques dans les manuscrits de Silos et de San Millán (voir ex. 5). À Carcassonne, dans la partie septentrionale de la Catalogne, un rituel a recopié plusieurs parties du sacrement des malades d'après le *Liber ordinum* hispanique.

H/ Crux benedicta nitet
(Vich, Museu ep. CXXIV)
1. Mí- tis amó-re pí- o pro nó-bis víctima fáctus
Trá- xit ab ó-re lú-pi qua sá-cer ágnus ó-ves, * Crux

Example 5

La notation neumatique catalane elle-même, du moins dans ses premiers témoins du xe siècle, a subi dans la formation de quelques unes de ses graphies l'influence de la notation wisigotique. C'est là un processus comparable à celui de l'introduction de la minuscule caroline à la place de la cursive calligraphiée d'Espagne, dite «wisigothique». D'après les observations de Barbara Shailor pour Sahagún entre 1075 et 1127, la pratique de la minuscule wisigothique s'est poursuivie sans modifications importantes durant trente à quarante ans après l'abolition du rite hispanique. Ensuite, durant une période de transition d'une quinzaine d'années, les copistes de manuscrits astreints à employer la caroline ont maintenu par la force de l'habitude nombre de graphies et de ligatures, mais surtout l'orthographe et les abréviations usuelles de l'ancienne minuscule wisigothique. Lorsqu'à la fin de leur carrière ils furent peu à peu remplacés par des scribes plus jeunes, l'écriture usuelle devint presqu'identique à celle des modèles ultramontains.

D'après les résultats de cette enquête précise, il est permis d'inférer que le passage de l'ancien répertoire hispanique à celui de la liturgie romano-carolingienne a certainement dû s'étaler sur plusieurs décades. D'autre part, le changement de répertoire n'a pas dû être absolument général et définitif, puisque en 1068, au concile provincial de Barcelone, Hughes Le Blant, abbé de St. Victor-de-Marseille et cardinal légat d' Alexandre II, imposait à toute la province la liturgie romaine pour remplacer l'ancien rite hispanique. Cette décision était d'autant plus surprenante que les papes Jean X en 918 et Alexandre II lui-même en 1056, donc douze ans avant le concile de Barcelone, avaient approuvé cette vénérable liturgie hispanique. Un témoin de cette réforme subsiste encore aujourd'hui dans le bréviaire noté de Ripoll (Paris, B. N. lat. 742) qui reproduit le Temporal de St. Victor-de-Marseille.

L'adoption du répertoire romano-carolingien ne posait pas de problèmes majeurs pour l'exécution des chants du Temporal et du Sanctoral de la messe ou de l'office. Mais pour les fêtes propres à la Catalogne il fallait ou bien se contenter du *Commune sanctorum* tant de fois répété au cours de l'année liturgiques, ou bien composer des pièces nouvelles.

C'est cette dernière solution qui prévalut en Catalogne comme on peut le constater à l'examen des nombreux livres liturgiques de cette province. Durant la période de transition, les chantres formés à l'ancien répertoire se mirent à composer des offices nouveaux pour les saints de la Catalogne: Daniel , Félix, Valerius, etc., et pour les saintes Eulalie, Valérie, etc. Les nouveaux répons de l'office avec leurs versets ne sont pas composés des mêmes formules stéréotypées propres aux huit tons du chant romano-carolingien: elles sont composées dans un style sui generis.

Cette constatation n'a rien d'étonnant si l'on compare la situation de la Catalogne à celle du Duché de Bénévent à la même époque: en effet, en 838, pour célébrer la fête de la translation des restes de l'apôtre saint Barthelémy à la cathédrale de Bénévent, on composa la messe *Gaudeamus*, à coup de formules hybrides qui tiennent à la fois de l'ancien chant bénéventain et du chant grégorien, récemment introduit à Ste. Sophie de Bénévent.

Dans les répons propres aux saints de Catalogne, on retrouve parfois quelques formules identiques à celles des trois répons hispaniques découverts par Rojo et Prado, mais habituellement sans *neuma* final et par conséquent sans *verbeta* ou trope comme pour les autres répons festifs. L'analyse des versets de ces répons catalans doit se faire en comparaison avec celle des versets de répons grégoriens: dans le répertoire grégorien primitif, huit mélodies-types, soit deux par mode, sont prévues pour s'adapter aux textes des versets quelle que soit leur longueur ou leur brièveté. Ces formules-types, extensibles ou au contraire contractables, comportent une intonation, une demi-cadence médiane, une brève réintonation du second membre et enfin une cadence mélodique destinée à la reprise du répons *'per latera'*, suivant l'expression d'Amalaire, c'est-à-dire au milieu, là où les antiphonaires aquitains et hispaniques désignent par la lettre P ou par l'abréviation PRS (= *presa*/reprise) le premier mot du répons qui s'enchaîne à la finale du verset.

Dans les répons hispaniques et catalans de l'office, on observe des structures psalmodiques analogues, mais l'adaptation de ces formules au texte ne suit pas les règles de l'accentuation ou du cursus comme dans les versets de répons grégoriens. Par ailleurs, du point de vue modal, la classification des mélodies en huit tons n'est pas du tout évidente. Comme sur le diagramme théorique de la *Musica Isidori* (voir ex. 1), on ne peut déterminer dans la composition des répons hispaniques ou catalans et de leurs versets que quatre modes, distingués par l'une des quatre finales du tétracorde «inférieur» et par leur relation de quinte avec le tétracorde «supérieur». Ici, en Espagne, la sentence de la *Musica enchiriadis*, reprise plus tard par Guy d'Arezzo, s'applique à la lettre: «Quomodo haec quattuor ptongorum vis **MODOS**, quos abusive tonos dicimus, moderetur» (*Musica enchiriadis*, cap. VIII, ed. Schmid, p. 13, 1.2).

Dans la composition de ces répons catalans, pas de subdivision évidente de chaque «mode» en deux parties, l'une dans le grave, autour dela note finale, l'autre dans l'aigu, au dessus de la finale. L'enchaînement du verset au répons et l'enchaînement de la fin du verset au milieu du répons se fait soit à l'unisson, soit à la quinte, mais assez «durement», c'est-à-dire sans motif de liaison euphonique comme dans les formules-types grégoriennes. Aussi, pour le répons *O Felix*, le chantre ou le copiste de l'un des manuscrits de Girone (manuscrit 239) a remplacé la mélodie catalane du ms. 7001 par la formule-type grégorienne du premier ton.

C'est précisément vers le Protus ou mode de ré que vont les préférences des compositeurs catalans et dans des proportions analogues à celles qu'on observe pour les versets d' alleluia composés en Aquitaine (voir ex. 6). Cette dernière constatation rejoint l'observation qui avait été faite précédemment, à propos des répons de l'office des morts de l'ancien rite hispanique d'après le manuscrit de San Millán. Dans le nord de la France, on remarque des proportions analogues pour la composition musicale de l'office des saints Corneille et Cyprien, dû à Hilduin, Abbé de St-Denis en 814: les pièces en ré (58 %) et les pièces en sol (26 %) sont en nette majorité.

La présente enquête, réalisée d'après une dizaine de processionnaux catalans, devrait pour atteindre une plus grande précision être élargie à tous les processionnaux et antiphonaires de Catalogne.

III

À la fin de son article de 1983 sur la psalmodie de l'ancien rite hispanique, Don Michael Randel souligne la simplicité du systême d'adaptation de la cadence finale du ton psalmodique sur les quatre dernières syllabes du verset du Psaume et il ajoute qu'il n'est pas évident que les antiennes de l'ancien chant hispanique devaient se classer en huit catégories comme le chant grégorien.

Il est en effet probable que l'antique psalmodie hispanique devrait

℣ d'Alleluia aquitains	℣ de ℟ catalans
Finales	
D: 66 ℣ (47,50%)	12 ℣ (75%)
E: 17 ℣ (12,25%)	
F: 2 ℣ (1,50%)	1 ℣ (6%)
G: 54 ℣ (38,75%)	3 ℣ (19%)
139 ℣	16 ℣
=====	=====

Example 6

être rapprochée d'un autre systême de psalmodie plus archaique que celui des huit tons grégoriens conservé par le rit ambrosien. À Milan, en effet, comme en Espagne, la cantillation de la médiante au milieu de chaque verset du psaume ne comporte aucune ornementation mélodique, mais se réduit à une simple pause.

En outre, grâce à la combinaison de 7 teneurs avec plus de 150 cadences psalmodiques on aboutit à une énorme variété de tons psalmodiques qui va de la cantillation ressemblant à une lecture *recto tono*, suivant l'observation d'Agustin (*Conf.* X xxxiij 50) jusqu'à des psalmodies identiques à celles du chant grègorien, la médiante mise à part:

	Intonation	Teneur	Nombre de formules de terminaison	Degrés possibles pour la note finale de la formule de terminaison	Ton grégorien apparenté
1re série de ps. pour antiennes à finale D	F G a C(D)E G C D F C D E	a G F E	14 14 14 4 46	a G F D G F E D G F E D C E D C	I II
2e série de ps. pour antiennes à finale E	G a c G a \ E G a E F G C D F C D E	c \ a G F E	3 4 14 16 8 6 51	a a G E a G F E D G F E D C E D C E D C	III IV
3e série de ps. pour antiennes à finale F	F a c F G a F G C D F	c \ a G F	12 3 11 1 27	d c \ a G G F G F E D C D	V VI
4e série de ps. pour antiennes à finale G	G \ d G a c G a \ G a	d c \ a Total général	16 10 3 5 34 158	d c \ G c \ a G \ G \ a G F	VII VIII

Ces psalmodies sont rangées en 4 classes en fonction de la finale des antiennes qui les encadrent, c'est-à-dire les antiennes à finale D ou E ou F ou G: il semble bien d'après le diagramme interpolé dans la *Musica Isidori* (voir ex. 1) que dans la théorie rudimentaire et dans la pratique cette classification élémentaire était suffisante. Peut-être arrivera-t-on un jour par l'analyse des neumes de l'intonation et de la cadence à classifier les antiennes du chant hispanique...

* * * * *

Si les anciens répertoires de la Péninsule Ibérique se laissent ranger dans la famille des liturgies gallicanes, il convient d'observer qu'au moment du renouveau carolingien un certain nombre d'éléments de ces liturgies hispaniques sont remontés vers le nord de l'Europe. La Catalogne et la Septimanie, de par leur situation géographique prédestinée, ont très tôt constitué un terrain d'échange entre l'Espagne et la Gaule. Aussi, n'est-il pas étonnant de constater que quatre savants parmi les artisans de la réforme carolingienne sont des personnages nés dans l'extrême sud le la Gaule en contact direct avec l'Espagne:

1. Théodulfe, Abbé de Fleury et évêque d'Orleáns a réuni dans les *Libri carolini*, rédigés en 792-793, un gros dossier de textes bibliques cités non pas d'après la Vulgate ou l'Hispana, mais d'après la version utilisée dans les pièces liturgiques de l'antiphonaire hispanique.

2. Witiza, alias Benoît d'Aniane, a supplémenté le Sacramentaire grégorien d'Hadrien un peu avant l'an 800, non sans faire quelques emprunts aux sacramentaires hispaniques: c'est à cette même époque que le Graduel grégorien —comme l'a montré Kenneth Levy— s'est enrichi de plusieurs offertoires tirés non pas des Psaumes, mais des Livres historiques de l'Ancien Testament.

3. Entre 818 et 820, Helisachar, chancelier de Louis le Pieux, roi d'Aquitaine dès l'an 807, collaborateur et ami de Benoît d'Aniane, réforme le choix des versets de répons de l'Office romano-carolingien en se rapprochant du systême de la liturgie hispanique dans laquelle le verset est presque toujours tiré du même livre que le corps du répons.

4. Enfin, vers 837, le quatrième personnage, Agobard, évêque de Lyon, né en Espagne, supprime de l'Antiphonaire grégorien arrivé à Lyon en 802, les textes non bibliques. Dans l'antiphonaire hispanique, en effet, même les textes des offices propres des saints sont tirés de la Bible, qu'ils figurent dans la liste des livres canoniques ou deuterocanoniques, comme le IVe Livre d'Esdras.

Ce contexte de courant culturel remontant vers le nord nous invite à reposer la question débattue en novembre 1985 au Congrès International de Salamanca «España en la Música de Occidente»: 'La notation wisigothique est-elle plus ancienne que les autres notations européennes?' Autrement dit, cette notation aux formes complexes et très variées, n'aurait-elle pas donné l'idée d'une notation neumatique un peu plus simple pour aider à la diffusion du chant romano-carolingien dit «gregorien»? L'étude du problème mériterait d'être reprise...

Les questions traitées dans ce rapport ont mis en évidence les liens étroits rattachant l'ancien chant hispanique aux répertoires gallicans, une des deux principales sources auxquelles ont puisé ces «premiers maîtres» qui, au témoignage d'Amalaire (*De ordine antiphonarii*, cap. LXVIII, ed. Hanssens, t. III, p. 99, ll. 42-43), «ont enseigné les mélodies du répertoire romain sur le territoire des Francs.»

Note bibliographique

Le présent rapport a été rédigé d'après les facsimilés et travaux suivants:

Antifonario visigótico-mozárabe de la Catedral de León. Edición facsímil, Madrid-Barcelone-León, 1953, Monumenta Hispaniae Sacra, Serie litúrgica, Vol. V, 2.

Cullin, Olivier, «Le répertoire de la psalmodie in directum dans les traditions liturgiques latines. La tradition hispanique», *Etudes grégoriennes*, XXIII, 1989, p. 99-139.

—«De la psalmodie sans refrain à la psalmodie responsoriale», *Revue de musicologie*, LXXVII, 1991, p. 5-24.

Elze, Reinhard, «Gregor VII. und die römische Liturgie», *Studi gregoriani*, XIII, 1989, p. 179-188.

Fernández de la Cuesta, Ismael y del Álamo, Constancio, «Fragmento de un salterio visigótico con notación musical», *Revista de musicología*, II, 1979, p. 9-18.

—«La irrupción del canto gregoriano en España. Bases para un replanteamiento», *Revista de musicología*, VIII, 1985, p. 239-253.

—(ed.), *Antiphonale Silense. British Library, MS Add. 30850*, Madrid, Sociedad Española de Musicología, 1985.

—«Sobre la transcripción de dos responsorios del 'Liber ordinum' procedente de San Millán de la Cogolla», *II Semana de estudios medievales*, Logroño, Instituto de Estudios Riojanos, 1992, p. 191-204.

González-Barrionuevo, Herminio, «Dos grafías especiales del 'scándicus' en la notación 'mozárabe' del Norte de España», *Revista de musicología*, XIII, 1990, p. 11-79.

Gonzálvez, Ramón, «The Persistence of the Mozarabic Liturgy in Toledo after A. D. 1080», *Santiago, Saint-Denis and Saint Peter. The Reception of the Roman Liturgy in Leon-Catile in 1080*, ed. by Bernard F. Reilly, New York, 1985, p. 157-185.

Huglo, Michel «Mélodie hispanique pour une ancienne hymne à la croix», *Revue grégorienne*, XXIX, 1949, p. 191-196 [cf. ci-dessus, ex. 5].

—«Source hagiopolite d'une antienne hispanique pour le dimanche des Rameaux», *Hispania sacra*, V, 1952, p. 357-374.

—«Les Preces des graduels aquitains empruntés à l'ancienne liturgie hispanique», *Hispania Sacra,* VIII, 1955, p. 361-383.

—«La notation wisigothique est-elle plus ancienne que les autres notations européennes?», *España en la Música de Occidente.* Actas del Congreso Internacional celebrado en Salamanca, 29 de octubre-5 de noviembre de 1985, Madrid, Ministerio de Cultura, 1987, p. 19-26.

—«Le 'De musica' des Etymologies de saint Isidore de Séville d'après le manuscrit de Silos (Paris, B. N. nouv. acq. lat. 2169)», *Revista de musicología,* XV, 1992, sous presse [cf. ci-dessus, ex. 1].

Levy, Kenneth, «The two Mysteries: Spain and Gaul», *España en la Música de Occidente...* [cf. supra], p. 3-14.

—«Toledo, Rome and the Legacy of Gaul», *Early Music History,* IV, 1985, p. 49-99.

Randel, Don Michael, *The Responsorial Psalm Tones for the Mozarabic Office,* Princeton, 1969.

—«Responsorial Psalmody in the Mozarabic Rite», *Etudes grégoriennes,* X, 1969, p. 87-116.

—*An Index to the Chant of the Mozarabic Rite,* Princeton, 1973. Princeton Studies in Music, Nr. 6.

—«El antiguo Rito hispánico y la salmodia primitiva en Occidente», *Revista de musicología,* VIII, 1985, p. 229-238.

Rojo, Casiano y Prado, Germán, *El canto mozárabe,* Madrid, 1929, p. 66-81 (Cap. VI: Veintiuna melodías auténticas del canto mozárabe).

Shailor, Barbara, «The Scriptorium of San Sahagun: A Period of Transition», *Santiago, Saint-Denis, and Saint Peter...* [cf. supra], p. 41-62.

XII

LES *PRECES* DES GRADUELS AQUITAINS EMPRUNTEES A LA LITURGIE HISPANIQUE

La liturgie hispanique passe à bon droit pour la plus riche en *Preces* litaniques dont la plupart paraissent remonter au VIIe siècle. Ces *Preces* ont joui d'un vif succès, car elles associaient le peuple d'une manière très vivante à la liturgie: le diacre récitait un verset concrétisant l'intention de la prière et la foule reprenait aussitôt le refrain de la *supplicatio*. Du point de vue littéraire, ces prières litaniques présentent un grand intérêt: elles appartiennent au genre de la poésie rythmique et comptent parmi les plus anciens exemples de ce genre. On ne saurait par conséquent négliger aucune des sources qui nous permettent de les mieux connaître et au besoin d'améliorer les textes.

Le témoignage des manuscrits du Sud de la France mérite d'être pris en considération. Le Missel de Bobbio, par exemple, a conservé pour le Vendredi-Saint deux textes de *Preces* hispaniques [1] qui non seulement prouvent leur diffusion hors d'Espagne, mais permettent encore de les dater approximativement. Par ailleurs, quelques manuscrits aquitains, pour la plupart du XIe siècle, ont recueilli au milieu des antiennes grégoriennes chantées aux Rogations, plusieurs *Preces*, dont deux au moins se retrouvent dans les manuscrits wisigothiques. A quelle époque ces *Preces* ont-elles été adoptées? Ont-elles été directement empruntées à

[1] DOM D. DE BRUYNE, *De l'origine de quelques textes liturgiques mozarabes*, dans *Revue Bénédictine*, XXX, 1913, pp. 431-436; cet article a été écrit à l'occasion de la publication de W. MEYER (de Spire), *Ueber die rythmischen Preces der mozarabischen Liturgie*, dans *Nachrichten von der königl. Gesell. der Wiss. zu Göttingen, Phil. hist. Klasse* 1913, Heft 2, pp. 177-222. Edité à part (Berlin 1914) et enfin réédité dans les *Gesammelte Abhandlungen zur ma. Rythmik*, Bd. III (Berlin 1936), pp. 187-266. C'est à l'édit. de 1913 que nous nous référons.

l'Espagne? Pourquoi ont-elle été affectées aux Rogations? Autant de questions qui ne seront résolues qu'après l'examen du texte et de la mélodie de ces chants communs aux deux liturgies dont nous énumérons en premier lieu les témoins consultés.

I. Manuscrits Hispaniques

T[5] = Tolède, Bibl. Capitulaire 33.5: Bréviaire-Missel du IXe-Xe siècle, décrit au point de vue liturgique par Dom M. Férotin (*Le Liber Moz. Sacram. et les manuscrits lit. moz.* col. 722 et sq.).

Les indications de Dom Férotin sur les *Preces* de ce manuscrit s'avèrent incomplètes ou imprécises. Il ne sera donc pas inutile de dresser ici la liste alphabétique des *Preces* dont le texte et la mélodie figurent intégralement dans T[5].

Pour chaque pièce, nous donnerons seulement la référence liturgique, car les photographies dont nous disposons furent exécutées en 1901, c'est-à-dire bien avant que le manuscrit ait reçu la pagination qu'il porte actuellement. Les textes déjà imprimés seront cités d'après l'édition du Bréviaire (PL, 86 = Xb) ou du Missel (PL, 85 = Xm) mozarabe. Enfin, quelques indications complémentaires seront parfois ajoutées en vue de faciliter le commentaire des textes que nous éditons plus loin.

Averte Domine iram tuam a nobis ...: Ces *Preces* figurent 2 fois en entier: 1°) parmi les fragments du premier cahier, après le BNO *Alleluia nomen pium* ... (Vives, *Oracional visig.* 1946, n° 525) du dimanche *In carnes tollendas,* à Vêpres: 2°) avec la même mélodie, aux Vêpres du IIIIe dimanche (cf. Xb 264).

Deprecemur Dominum ... (Xb 604): texte de *Preces* (?), sans notation musicale, précédant le *Dicamus omnes* du Vendredi-Saint.

Dicamus omnes ... (Xb 604; cf. *Antiphonar. mozarabicum* de Leon, f° 165 = p. 120 de l'édition des moines de Silos). Dans les manuscrits aquitains, cette litanie figure avec une mélodie [2] et des versets différents, en nombre variable: elle se rencontre dans tous les ma-

[2] *Variae Preces* (Solesmes 1901), p. 226; A. Gastoué, *Le chant gallican* (Grenoble 1939: tiré à part de la «Revue du Chant grégorien», p. 14).

nuscrits aquitains cités plus loin, mais en outre dans les suivants: Paris, B. N. lat. 1240 (xe s.), f° 13 et lat. 1120 (xie s), f° 168, tropaires de Saint Martial; lat. 780 (xie s.), f° 78, Graduel de Narbonne et enfin Madrid, B. N. 136 (xiiie-xive s.), f° 51 v, Processional de Saint Saturnin de Toulouse. La version aquitaine, comme la version hispanique, sont des adaptations d'une litanie orientale dont on trouve trace dans les autres liturgies latines [3].

Domine miserere mei et libera me ...: Le Vendredi-Saint à Tierce (Xb 608, sauf le *Dicamus omnes* de la fin).

Domine misericordiarum obliviscere ...: *Preces* dont les versets commencent tous par *Qui ...* [4]. Ces versets sont distribués au cours des Vêpres des divers dimanches de Carême: le IIe (Xb 324), le IIIe (Xb 380), le IIIIe (Xb 440, sauf les ℣. 1, 2 et 6) et enfin le Ve (Xb 501). Ces versets se chantent tous sur la même mélodie.

(Oremus) Insidiati sunt ...: Le Ve dimanche, entre les deux lectures de l'Avant-Messe. Ces *Preces* figurent aussi (sans l'*Oremus* cependant) dans le Missel de Bobbio, au Vendredi-Saint (Ed. Lowe, dans H. B. S. LVIII, p. 66). Noter que T^5 n'a pas les ℣. 3 *(Sibilantes ...)*, 7 et 8 (Xm 372) qui sont certaiment primitifs (cf. Dom de Bruyne, *art. cit.*, p. 433 sq).

(Oremus) Miserere et parce clementissime Domine: Le IIe dimanche, à la Messe. Edition W. Meyer, p. 185; Xm 318; T^5 n'a pas les ℣ 3. *(Furorem ...)* 4, 5 et 7. On trouvera dans les *Variae Preces* (p. 114) une mélodie moderne pour ces *Preces*.

Penitentes orate: flectite ... ad missam: Monition diaconale intitulée à tort *Preces* par le manuscrit. Figure au mercredi de la première semaine de Carême (Xm 307), mais se répétait très souvent durant le cours de la Quarantaine.

Penitentes orate: flectite ... postulemus: Monition pour le Vendredi-Saint, également intitulée *Preces* (Xb 611, Xm 427): la mélodie, du moins au début, est la même que pour la pièce précédente.

[3] Dom Capelle, *Le Kyrie de la Messe et le Pape Gélase*, dans «Rev. bénédictine» 46 (1934), p. 130 et ss. Aux manuscrits de la forme romaine *(Deprecatio Gelasi)*, il convient d'ajouter: Paris, B. N. lat. 1248 (cf. «Rev. d'Hist. eccl.» 35, 1939, p. 26, n. 2) et Mazarine 512, *Liber precum* de Noyon que Dom Wilmart («Rev. bénéd.» 48, 1936, p. 264, n. 1) date des environs de 850.

[4] Comparer à ce sujet les premiers versets de la Litanie des Ténèbres: «Revue du Chant grég.» 11 (1903) 133; H. Anglès, *La música a Catalunya fins al segle XIII* (Barcelona 1935), p. 240. — *Paléographie Musicale*, t. XV (Bénévent VI 34), fol. 277v.

Prosternimus preces ante faciem tuam ...: *Preces* (?) réduites à un seul verset inséré entre le ℟. *Tu Pastor bone* et la prière non notée *Deprecemur Dominum* (Xb 612). Ce même texte ne figure pas dans le Paris B. N. lat. 776, comme le croyait A. Gastoué (*ap.* P. Aubry, *Iter Hispanicum* [P. 1908], p. 61): la mélodie des *Variae Preces* est de composition moderne.

Rogamus te Rex seculorum ...: *Preces* du IIIe dimanche, à la Messe. Pour le texte, voir plus loin. La mélodie des manuscrits aquitains n'est pas, comme le croyait Dom Pothier [5], d'origine mozarabe: elle est cependant ancienne [6].

Te precamur Domine: Indulgentia ...: Pour la réconciliation des pénitents, le Vendredi-Saint (Xb 612; cf. Férotin, *op. cit.* col. 734). Dans l'antiphonaire de Leon (*éd. cit.* pp. 123-124), les versets sont différents et suivent l'ordre alphabétique. Pour la mélodie, voir Rojo et Prado (*op. cit.* p. 126): cette mélodie ne donne malheureusement pas la traduction diastématique des neumes du présent manuscrit.

(Oremus) Vide Domine humilitatem meam ... *P. Miserere Pater juste* ... *Preces* du IIIIe dimanche, à la Messe (Xm 354): T^5 n'a pas les ℣. 5 *(Cum noxiis ...)* et 7. Le premier de ces versets est ancien: on le trouve dans le Missel de Bobbio (*éd. cit.* p. 67; W. Meyer, *op cit.* p. 200).

T^5 fut utilisé par les rédacteurs du Bréviaire et du Missel mozarabes. La comparaison de ces éditions avec notre manuscrit prouve cependant que les éditeurs du XVIe siècle avaient sous la main des manuscrits contenant des *Preces* avec versets plus nombreux [7]. Nous utiliseront donc Xb et Xm comme témoins de ces manuscrits aujourd'hui disparus.

[5] *Prières litaniales ou processionales,* dans «Rev. du Chant grég.» 9 (1901) 117.

[6] C. Rojo y G. Prado, *El canto mozárabe* (Barcelona 1929), p. 64. On trouvera cette mélodie dans les *Variae Preces,* p. 264.

[7] De l'examen des titres données aux livres liturgiques hispaniques par les anciens inventaires d'archives, Dom J. Pinell (*El Liber Horarum y al Misticus entre los libros de la antigua liturgia hispana,* dans *Hispania sacra* 8 [1955] 85-110) conclut à l'existence d'un recueil spécial pour les *Preces:* le *Liber Precum.* Il reconnaît toutefois que ce recueil, à en juger par les manuscrits subsistants, a dû être très tôt amalgamé aux autres livres liturgiques.

II. Manuscrits Aquitains

Les plus anciens graduels et missels notés du Sud-Ouest de la France, et ceux du Nord de l'Espagne postérieurs à la suppression de l'ancienne liturgie hispanique, ont conservé pour les trois jours des Rogations plusieurs litanies notées à la suite des antiennes de procession. Trois de ces litanies se retrouvent presque toujours à la même place :

I. *Miserere pater juste et omnibus* ... pour le lundi (le mercredi dans le missel de Saugnac cité plus loin).

II. *Miserere Domine supplicantibus* ... pour le mardi (manque dans le graduel de Madrid, Palacio Nacional II D. 3, cité plus loin).

III. *Rogamus te Rex* ... pour le mercredi (manque dans les deux manuscrits qui viennent d'être mentionnés).

Ces litanies portent généralement, dans les manuscrits aquitains, le titre de *Preces* [8], comme dans T^5, Xb et Xm, et leur texte est étroitement apparenté à celui des anciennes *Preces* de la liturgie hispanique. Les témoins utilisés pour la restitution de ces *Preces* sont les suivants :

A = PARIS, B. N. lat. 776, Graduel du XIe siècle : description dans le *Catalogue général des manuscrits latins* de la Bibl. Nationale, I (Paris 1939, p. 270) qui énumère les fac-similés; ajouter les références aux ouvrages parus depuis : E. VAN MOÉ, *La lettre ornées dans les manuscrits du VIIIe au XIIe siècle* (Paris 1949), pp. 14, 49 et 93 ; «Hispania sacra» 5 (1952) 359.

Jusqu'à 1954, les auteurs indiquaient comme origine l'Église d'Albi. Plus récemment, Monsieur J. Porcher [9] a proposé St. Mi-

[8] Ainsi dans les manuscrits que nous désignons par A, E, F, S, T et Y, au moins l'un des trois jours sinon chaque fois (sauf dans A) : on remarquera que le pluriel *preces* est traité (comme le mot *versus* à St. Martial) en singulier : T et Y (cf. *Missel Bobb.*, p. 66), pour éviter la répétition du même terme écrivent *item alia* ou *alia*.

[9] Dans Catalogue de l'Exposition de Toulouse : *Dix siècles d'enluminure*

chel de Gaillac, monatère situé à cinq lieues en aval d'Albi, sur le Tarn. De fait, à en juger par la mention de l'abbé ou de sa congrégation (fol. 1, 84, 85 v), les messes de St. Benoît (fol. 30, 104; cf. les litanies du f. 67), le manuscrit a été écrit pour un monastère bénédictin. Ce monastère était proche d'Albi puisqu'il honorait spécialement St. Salvy (f. 2, 67, 145, 153 v) et Ste. Cécile (f. 3, 138 v). Comme la fête de St. Michel est précédée d'une vigile et compte neuf versets d'alleluia, il est très probable que c'est pour St. Michel de Gaillac que ce graduel a été composé. Si cette hypothèse est exacte, le manuscrit serait antérieur à 1079, date à laquelle Gaillac fut rattaché à la Chaise-Dieu : l'état du manuscrit ne présente en effet aucune trace de la liturgie casadéenne.

Ce graduel, le plus intéressant de la tradition aquitaine, a conservé parmi les pièces grégoriennes un certain nombre de chants d'origine gallicane ou hispanique (cf. GASTOUÉ, *ap.* P. AUBRY, *Iter Hispanicum,* p. 6 : à corriger par *Rev. du chant grég.* 42, 1938, p. 5). Citons seulement les pièces suivantes pour les défunts :

Miserere, miserere, miserere illi Deus, Christe redemptor (fol. 138);

Deus miserere, Deus miserere, O Jesu bone (fac-similé de ce folio dans P. WAGNER, *Neumenkunde,* 1905, p. 145; 1912, p. 276).

Miserere, miserere, miserere illi Deus, Tu Jesu ... (fol. 139).

La seconde pièces nous intéresse[10], car elle nous donne la traduction diastématique des *Preces* pour les morts, notées en neumes wisigothiques dans le *Liber Ordinum* de Madrid (Acad. de la Historia 56, fol. 27).

Signalons enfin, dans la litanie *Rogamus te,* l'emploi du sigle PA (= *presa*) pour la reprise du chœur après chaque verset :

et de sculpture en Languedoc VIIe-XVIe s. (Toulouse 1954-1955), p. 17, n. 7. Dans le Catalogue de l'Exposition de 1954 à la Bibliothèque Nationale (*Manuscrits à peinture...,* p. 105, n. 307), l'éminent Conservateur du Cabinet des manuscrits indiquait encore Albi comme origine.

[10] La première pièce se retrouve avec notation aquitaine sur la feuille de garde de Paris, B. N. lat. 1809 qui vient de Moissac. La seconde est éditée avec sa mélodie par P. AUBRY, *op. cit.* et par ROJO-PRADO, *op. cit.* p. 74. Enfin, les trois pièces figurent dans le *Manuale pro benedictionibus ... Ss. Sacramenti* (Tournai 1906), p. 124. Voir aussi l'art. *Gallikanische Liturgie* dans l'encyclopédie *Musik in Geschichte und Gegenwart,* col. 1313.

cette abréviation est peut-être empruntée aux manuscrits wisigothiques dans lesquels on trouve *pr* ou *prs* lié [11].

E = MADRID, Acad. de la Historia 45 (XIIe s.), Graduel aquitain copié en Espagne sur un modèle français. Voir Dom M. SABLAYROLLES, *Iter Hispanicum,* dans *Intern. Musikgesellschaft* XIII (1912), p. 513. — C. PÉREZ PASTOR, dans «Boletin de la Real Academia de la Historia» 53 (1908) 498.

F = MADRID, Palacio Nacional II. D. 3 (XIIe s.), Missel copié à l'usage d'un monastère castillan sur un modèle français: cf. SABLAYROLLES, *loc. cit.* Ne contient que les *Preces* du lundi *Miserere Pater juste.*

M = MADRID, Acad. de la Historia 51, *ol.* F. 219 (XI-XIIe s.), Graduel de San Millan de la Cogolla: cf. J. RIAÑO, *Early spanish music* (London 1887), p. 34; SABLAYROLLES, *loc. cit.* C. P. PASTOR, *loc. cit.*, p. 500.

S = LANGRES, Grand Séminaire 312 (XII-XIIIe s.), Missel écrit pour une église cathédrale du Midi. Il «a été pris de l'église de Saugnac le 24 Oct. (1597)» et a ensuite appartenu à Arnaud de Pontac, évêque de Bazas († 1605). Manuscrit écrit à deux colonnes; notation aquitaine sur une ligne colorée, pas toujours réservée au demi-ton comme le montre l'emploi de la clé fixée au début de chaque pièce. N'a pas la prière litanique *Rogamus te Rex.*

T = LONDRES, Brith. Mus. Harlein 4951 (XIe s.), Graduel de Toulouse: fac-similé dans *Paléographie Musicale* II, pl. 85; dans *The Musical notation of the Middle Age* (London 1890), pl. V, et dans SUÑOL, *Introduction à la paléographie musicale grégor.* (Tournai 1935), pl. 69.

Y = PARIS, B. N. 903 (XIe s.), Graduel-tropaire-prosaire de Saint Yrieix; le Graduel est reproduit dans *Pal. Mus.* t. XIII; pour le reste, voir le *Catalogue* de la B. N., p. 320. (Les litanies figurent parmi les antiennes des Rogations, après le Graduel.)

[11] Cf. S. CORBIN, *Essai sur la musique religieuse portugaise au Moyen-Age* (Paris 1952), p. 241 et «Revue Grégorienne» 31 (1952) 240. — Dom L. Brou (*Le joyau des antiphonaires latins,* dans «Archivos Leoneses» 8 [1954] 53) a étudié de plus près le signe de reprise des manuscrits wisigothiques.

Ces manuscrits viennent donc presque exclusivement de l'extrême Sud de la France, de Catalogne [12] ou de Castille. Les manuscrits aquitains plus éloignés des frontières de l'Espagne n'ont pas ces *Preces* [13]. Enfin, les manuscrits d'époque plus récente ne les ont pas non plus conservées [14].

L'ordre des versets des deux premières *Preces* est le même dans tous les manuscrits aquitains sauf dans A qui, dans la première prière litanique, a déplacé le verset en faveur de l'évêque. Ce verset pourrait bien ne pas être d'origine primitive, ainsi que nous le verrons plus loin, au cours de l'étude des textes.

Dans la troisième litanie, les versets sont rangés suivant l'ordre alphabétique de leur initiale. On constate cependant quelques lacunes et déplacements dans les manuscrits. La plupart des graduels aquitains suivent, pour l'ordonnance des six premiers versets, la succession des lettres de l'alphabet de A à F puis sautent à la lettre N et, de là, à R. Dans les témoins hispaniques où le nombre des versets est pourtant plus réduit, l'ordre alphabétique des versets est moins bien respecté, ainsi que le montre le tableau comparatif suivant :

[12] Le missel catalan de la collection Carreras Candi, signalé par Mgr. H. ANGLÈS (*La música a Catalunya* ... p. 64), contenait aussi des *Preces,* mais la trace de ce missel. est actuellement perdue, ainsi que nous l'apprennent Dom A. Mundó et Dom M. Taxonera.

[13] Les graduels de Valence conservés à Nîmes (ms. 4) et à Hautecombe ; le graduel de St. Martial (Paris B. N. lat. 1132, XI-XIIe s.) et les tropaires-processionnaux de la même Abbaye (B. N. lat. 909, 1084, 1121, *etc*...)

[14] Voir : Tolède, Bibl. Cap. 35.10 (XIIIe s.) ; Clermont 73 (XIVe s.) ; Montpellier, Ville 20 et 21, Solesmes 63, processionaux de Gellone du XIV-XVe s. Ces livres liturgiques, comme d'ailleurs quelques manuscrits portugais (cf. S. CORBIN, *op. cit.*, p. 322 et pl. II) ont conservé parfois une ou deux prières litaniques mais non les trois *Preces* qui nous intéressent directement ici.

Ordre normal des versets	Manuscrits hispaniques			Manuscrits aquitains		
	T5	Xm	Xb	A. E. Y	T	M
1. Audi	1	1	1	1	1	1
2. Bone	2	2		2	2	2
3. *Confusio*				3		3
4. *Decidunt*				4		4
5. Emitte	3	3		5	3	5
6. Fertilitatem . . .	4	4		6	4	6
7. Gemitus	6	6				
8. Hanc		7				
9. Indulge	5	5	2			
K-M						
10. Ne			3	7	5	
11. Omnes			4			
P-Q						
12. Respice				8	6	7
S-Z						

Ce tableau permet de constater que les manuscrits aquitains respectent l'ordre alphabétique des versets, quitte à supprimer parfois l'un ou l'autre. Il fait en outre remarquer que les lacunes des deux traditions se comblent mutuellement. Ainsi, grâce aux manuscrits venus des deux côtés des Pyrénées, il devient possible de reconstituer à peu près intégralement la première partie d'une litanie abécédaire hispanique [15] qui se réduisait peu à peu à l'état où les manuscrits nous la font connaître.

[15] Dans l'état actuel de la tradition manuscrite, les *Preces* hispaniques souvent incomplètes, n'épuisent pas la série intégrale des lettres de l'alphabet. Le Psaume abécédaire de St. Augustin (édit. critique par Dom C. Lambot dans «Revue bénédictine» 47 [1935] 318-328: voir aussi les corrections de J. H. Baxter dans «Sacris erudiri» 4 [1952] 18-26) compte vingt strophes, plus un épilogue de 30 vers remplaçant les strophes correspondantes aux trois dernières lettres de l'alphabet. L'acrostiche alphabétique était connu avant St. Augustin: le Psaume CXVIII, d'après St. Augustin lui-même (*Retract.* I, 20), en était le modèle par excellence. L'alphabétisme de ce Psaume n'a cependant été respecté que par une seule version latine découverte par Mgr. A. Allgeier dans le Psautier gréco-latin de l'Hôpital de Cues, n. 10 (*Zwei griechisch-lateinische Bibelhandschriften aus Cues,* dans «Oriens Christianus» 3, Ser. X, 1935, pp. 139-160).

La comparaison des textes hispaniques et aquitains et l'étude de la rythmique nous permettra d'apprécier la valeur de cette reconstitution et de juger si tous les versets sont authentiquement d'origine hispanique. Enfin, d'après les indices recueillis au cours de cette étude comparative, nous retracerons l'histoire du texte et par là ressortira, une fois de plus, l'intérêt qu'offre l'examen des manuscrits aquitains pour l'étude de la liturgie du Sud de la France à une époque où les documents sont rares.

I

Miserere Pater juste et omnibus indulgentiam dona

1. Christe qui surrexisti   tertia die a mortuis
Sedes ad dexteram Patris   aequitatem judicas
Suspende iram et gladium. Miserere...

2. Pontificique nostro   vitae spatium tribue
Et omnem clerum ejus   tibi laudes dicere
Precantes pro populo.

3. Brachium regis nostri   aequitatem teneat:
Barbaras omnes gentes   illi converte Domine
Petentes auxilium.

4. Gemitum sacerdotum   aspice piissime:
Aperi pias aures   et benignos oculos
Respice et exaudi nos.

T^{5}-Xm (c. 354) — A (f. 84), E (f. 54), F (f. 122), M (f. 148v), S (f. 142v), T (f. 234), Y (f. 140).
Cf. Miss. Bobbiense (*ed.* LOWE, p. 66).

Ante presam Miserere *etc.* ... *versum* Vide Domine ... *(e Ps. XXIV, 18) praem.* T^{5}, Xm, Bobb. (℣℣ *differ.*).
1. Sedens E   judicans T *Presam* Miserere ... *post sing. v. in omn. codd.*
2. *E Prece II (v. 4) desumptum videtur: post v. 7 in* A   Ponticemque nostrum M vita T   omni clero S   precanti S
3. precantes EM
4. *omm.* ST   benignis oculis F

5. Lacrymas viduarum tu vide omnipotens
Et orphanos gementes Christe, manum porrige
Clamantes assidue.

6. Omnes ad te clamamus omnes preces fundimus
Ut deleas peccata et relaxes crimina
Afflictis crudeliter.

7. Sic nobis pius Pater misereri jubeas:
Securi veniamus omnes ad judicium
Redempti tuo sanguine.

8. Exaudi preces nostras pius Pater omnium:
Libera nos de morte Rex aeternae gloriae
Hic et in perpetuum.

5. orphanis gementibus A manum porr. tuos respice S clamantibus A
6. clamemus FTY relaxa T afflicti FMTY
7. Sis MY pie E *(cf. 8 et Precem II, 7)* miserere S *post* jubeas *add.* ut E
8. *om.* F pie AE *(cf. 7)* aeterne Domine SY

Fontes seu loci similes

Presa Indulgentiam dona: *cf.* Xb 166 A; 169 C; 284 C; 293 B; 362 C; 718 A.
2. Vitae spatium: *cf.* vitae stadium (G. Manz, *Ausdruckformen...* 1941, n.° 941).
3. Barbaras gentes refrenet: *cf. Liber Ordinum,* col. 220; A. Dold, *Das Sakram. in Schabkodex M. 12 sup....* p. 28.
4. Piissime: *cf. Preces* III, 5, 8; *Lib. Ordin.* c. 115.
pias aures: *cf.* Manz n.° 93.
5. Lacrymas viduarum: *cf.* lamenta viduarum (*Lib. Ordin.* c. 263). manum porrige: *cf. Preces III,* 5: emitte manum; 7: extende manum.
6. ut deleas peccata et relaxes crimina: *cf. Preces* Vide humilitatem (Xm 355; W. Meyer, *Ueber die rythm. Preces...* p. 220; *Miss. Bobb.* p. 67; *cf.* Manz, n.° 3, 236, 839).
7. Pius (*al.* pie) Pater: *cf. Preces* Insidiati sunt, *str. 10* (Xm 373); *vide etiam al. Preces* Xb 969 D (=*Lib. Moz. Sacr.* 872); 970 C.
8. Hic et in perpetuum: *cf.* Manz n.° 404 e.

I
MI-SE-RE-RE Pa-ter ju - ste et o - mni -
bus in-dul-gen-ti - am do - na. ℣ 5 O-mnes
ad te cla-me - mus o-mnes pre-ces fun-di-mus
ut de - le - as pec - ca - ta et re - la - xes cri -
mi-na af-fli - cti cru - de - li - ter. Miserere
II
MI-SE-RE - RE Do - mi - ne sup-pli-can -
ti - bus om - ni - bus da no - bis
ve - ni - am. ℣ 1 Rerum Cre-a-tor o-mni - um
ad te pre-ces fun-di-mus: da nobis

II

Miserere Domine supplicantibus omnibus * da nobis veniam

1. Rerum Creator omnium ad te preces fundimus.
2. Ecclesiam catholicam ab errore libera.
3. Pro rege nostro petimus eiusque exercitu.
4. Pontificique nostro vitae spatium tribue.
5. Qui totum mundum respicis peccata nostra ablue.
6. Dimitte nobis Domine remissor clementissime.
7. Exaudi preces supplicum pius Redemptor omnium.
8. Pacem rogamus omnibus parce aegrotantibus.
9. Aerias temperies tu largiris Domine.

Xb (c. 393 *vel* 732) — A (f. 85), E (f. 57v), M (f. 149v), S (f. 140v), T (f. 237v), Y (f. 140v).

Omnibus *om.* X da] tu dona Xb

1. omnium *om.* A precem dirigimus Xb *cujus textus deinde differt.*
   Post omnes ℣ *presam* Da nob. ven. *add. omn. codd. Ante* Da *siglam* PA (= presa) *praem.* A
2. Ecclesia (Haeccl. T) cathol. (chatol. T) MT
3. exercitum (?) M
4. Pontificemque nostrum vita M
7. *om.* Y pie (cf. I 7, 8) E
8. Pacem] parce S
9. *om.* ST Haeries M: aeris EY temperiem M largire Y

Fontes seu loci similes

Presa Da nobis veniam: *cf. Preces feriales* (*Lib. Moz. sacr.* 778; *Lib. Ordin.* 114).

1. Rerum Creator omnium: *cf. Oracional visigótico* n.° 1032.
5. peccata nostra ablue: *cf. Preces III,* 9; Xb 362 D; 718 B; Manz n.° 2 e.
7. pius Redemptor omnium ex. pr. suppl.: *cf.* Xb 169 C; 284 C.

III

(Abecedaria)

Rogamus te Rex seculorum, Deus sancte * jam miserere peccavimus tibi

1. Audi clamantes Pater altissime
Ea quae precamur clemens attribue.
Exaudi nos Domine. P. Jam miserere...

2. Bone Redemptor supplices quesumus
Te toto corde flentes requirimus.
Assiste propitius.

3. Confusio peccati nos atterit
Contritos culpa crimina comprimunt.
Exaudi nos Domine.

4. Decidunt bona assistunt pessima
Hostes incumbunt gladiis inopia.
Christe jam nos libera.

5. Emitte manum Deus omnipotens
Et invocantes potenter protege.
Exalta piissime.

6. Fertilitatem et pacem tribue
Remove bella et famem cohibe.
Redemptor sanctissime.

T[5], Xb (c. 427), Xm (c. 336) — A (f. 89), E (f. 60), M (f. 150), T (f. 240), Y (f. 141).

1. clamantes] precantes EM *ante* Exaudi *et ante ceteras presas siglam* PA (=presa) *semper add. A* *post* Domine *add.* Jam miserere Xb Xm Y
2. *om.* Xb te] de Xm Assiste ... Exaudi nos Domine AEMT: Rogamus te Domine Y
3. *om.* T[5] Xb Xm T confusionem EM peccatis M adterit AM contriti EY contracti M *presam* Jam *scr.* Y
4. *om.* T[5] Xb Xm gladiis] gaudii Y: gaudiis EM Christus M libera nos Y
5. *om.* Xb tuam *add. post* manum AETY potenter prot.] peccantes redime AM: peccatores red. TY: precantes red. E Exalta] ex alto Xm: Exaudi nos Dom. M *Post* piisime *add.* Jam *(i. e. presam)* Y
6. *om.* Xb remove] contere *codd. aquit.* *om* et *post* bella M coibere M: coibe T[5] Red. sanct.] Exaudi nos Domine *codd. aquit.*

7. Gemitus vide fletus intellige
Extende manum peccantes redime.
Salva nos omnipotens.

8. Hanc nostram Deus hanc pacem suscipe
Supplicum voces placatus suscipe.
Et parce piissime.

9. Indulge lapsis indulge perditis
Dimitte noxam ablue crimina.
Acclives tu libera.

10. Ne recorderis nostra facinora
Sed indulgendo nos omnes libera.
Exaudi nos Domine.

11. Omnes in unum te Sancte poscimus
Quae postulamus tu dona largius.
Exaudi propitius.

12. Respice Deus tuendo viduas
Fove pupillos captivos revoca.
Prostratos tu subleva. P. Jam miserere.

7. *om.* Xb *et omnes codd. aquit.* — ℣ 9 *ante* ℣ 7 *in* T5 *(qui deinde expl.) et in* Xm Salva nos *om.* Xm
8. *om.* T5 Xb *et omn. codd. aquit.*
9. *inter 6 et 7 in* Xm — 9 *om. omn. codd. aquit.* noxia Xm (*vide etiam* 355 D) acclines Xm tu *om* T5 libera] subleva Xm
10. *inter* 9 *et* 10 *duo vel tres* ℣ ℣ *desunt in omn. codd.* indulgendo] adjuvando A T Y ad adjuvandum E libera] adiuva Xb Exaudi...] Exalta piissime T (*cf.* 5): prostratos tu releva Xb (*cf.* 12).
11. *tantum in* Xb *qui add.* P. Jam miserere peccavimus tibi *et qui deinde expl.*
12. *Inter 11 et 12 duo* ℣℣ *desunt in omn. codd.* *presa* Prostratos tu subleva (releva Xb) *post* ℣ 10 *in* Xb P. Jam miserere *add. editor.*

Fontes seu loci similes

1. Pater Altissime: *cf.* Manz n.° 690.
2. de toto corde: *cf. Preces* Dicamus omnes («Rev. bénéd.» 46 [1934] 130).
5. Piissime: *cf. str. 8; Preces I,* 4; Xb 512, 669.
emitte manum: *cf. Preces I,* 5.
9. dimitte noxam: *cf. Preces* Vide humilitatem *str. 9* (Xm 355; W. Meyer, p. 220; *Miss. Bobb.*, p. 67). — Acclives: *cf.* Xb 512 C; 669 C.
10. facinora *saepius in liturg. gallic.: cf.* Manz n.° 335-336.
12. prostratos tu subleva: cf. Preces pro def. (*Lib. Ordin.* 115) captivos revoca Xb 166 A; 293 B.

Dans la première litanie, seul le texte du refrain *Miserere Pater iuste* est commun aux manuscrits aquitains et wisigothiques: le texte des versets diffère, quoique le schéma rythmique [16] soit identique de part et d'autre. Le texte hispanique circulait dans le Sud de la Gaule dès le VIIIe siècle et a servi de modèle aux compositeurs des versets aquitains.

La première strophe de la litanie aquitaine est irrégulière. Cette irrégularité ne vient pas de l'introduction d'une citation scripturaire à la fin du second verset [18] mais du surnombre des syllabes. L'accentuation est observée: un paroxytonique à la fin du premier hémistiche et un proparoxytonique à la fin du second. Les syllabes survenantes n'entraînent aucune diérèse des formules musicales calquées sur les cadences du texte: elles s'insèrent dans les passages syllabiques grâce à des notes de récitation supplémentaires.

La seconde strophe pour l'évêque semble bien interpolée. Elle aura été empruntée à la seconde litanie et complétée par une invocation pour le clergé. Cette addition n'est pas très heureuse: la nouvelle proposition à l'infinitif se rattache au verbe *tribue* tout comme l'accusatif *spatium* [19]. Le verbe *tribue* reçoit ainsi deux compléments qui ne sont pas symétriques de forme, l'un à l'accusatif et l'autre formant une proposition à l'infinitif.

En outre, on ne voit pas bien à quel verset précédent se rattache, grâce à l'enclitique *que,* la demande de longue vie pour l'é-

[16] Sur la rythmique des *Preces* hispaniques, voir W. MEYER, *art. cit.* (à la note I de la p. I). Voir aussi K. STRECKER, *Introduction à l'étude du latin médiéval,* trad. de l'allemand par Paul van de WOESTIJNE, 3e édit. (Lille-Genève 1948), p. 46 et suiv. L'art. *Akzentuierende Dichtung* de l'Encyclop. *Musik in Geschichte und Gegenwart* ne traite pas des *Preces* hispaniques. Nous tenons à remercier ici M. Henri Gavel et Mlle Chr. Mohrmann pour les conseils qu'ils nous ont prodigués au sujet des trois textes étudiés.

[17] Il figure, comme on l'a dit, dans le Missel de Bobbio, transcrit, selon le Prof Lowe (*Cod. lat. antiquior.* V. n. 654), dans le Sud de la Gaule, au VIIIe siècle.

[18] Ps. IX, 5: la version n'est pas celle du psautier hexaplaire latin introduit dans l'usage liturgique par les premiers carolingiens: le choix du verset est donc antérieur au IXe siècle, date qui vaut pour l'ensemble de la litanie.

[19] L'hémistiche *vitae spatium tribue* compterait huit syllabes si l'on admettait que *spatium* compte pour trois syllabes: le vers est heptasyllabique à condition de compter *spatium* pour deux syllabes. La notation musicale de la litanie attribue trois notes ou groupes au mot *spatium:* mais nous sommes déjà loin de l'époque de la composition.

vêque. Dans la seconde litanie, la succession des versets est toute naturelle :

Pro Rege nostro...
Pontifici*que* nostro.

Mais ici, à quel antécédent la conjonction *que* rattache-t-elle *Pontifici?* A ces difficultés s'ajoute la désaccord des manuscrits au sujet de la place à donner à ce verset. Il est fort probable que nous sommes en présence d'une interpolation.

A la troisième strophe, le vers *illi converte Domine* est trop long d'une syllabe. Faut-il conjecturer qu'au lieu de la forme littéraire *illi,* on lisait primitivement la forme proclitique populaire *li (converte)?* Cette forme populaire ne serait pas sans exemple dans les compositions litaniques [20].

Dans la strophe 4, le nombre normal de syllabes est sauvegardé par crase de la voyelle finale de *respice* avec celle d'*et.* Il n'est que juste de remarquer que les manuscrits font chanter ces deux voyelles sur deux groupes distincts, mais le désaccord constaté sur la manière d'adapter à la mélodie le texte, actuellement trop long, est l'indice d'une déformation de l'usage primitif.

Pour les mêmes raisons que précédemment, les leçons *gementes* et *clamantes* doivent être préférées à *gementibus* et *clamantibus* qui sont trop longs.

* * *

Dans le *seconde* litanie, le vers est tantôt formé d'un octosyllabe plus un heptasyllabe, tantôt de deux octosyllabes [21]. Que l'on admette ou que l'on rejette le principe de l'élision aux strophes 3 et 5, la proportion de vers appartenant à l'une ou l'autre de ces catégories reste sensiblement la même. Peut-être serait-il loisible de supposer que l'on a mélangé les versets de deux litanies différentes si le modèle hispanique (Xb 393) ne nous fournis-

[20] Voir, dans les *laudes regiae* du psautier de Soissons (Montpellier, Fac. Médec. 409), la réponse *tu lo juva* (au lieu de *tu illum adjuva*) : ce texte est antérieur à 794 (cf. M. Coens, *Anciennes litanies des Saints,* dans «Anal. Bolland.» 62 [1944] 135 ss.).

[21] Le vers du Psaume abécédaire de S. Fulgence (éd. crit. de Dom Lambot, dans «Revue bénéd.» 48 (1936) 226-234) est également formé de deux hémistiches octosyllabiques.

sait la preuve de la même indécision. En réalité, c'est le rôle de l'accentuation qui est prépondérant dans le vers rythmique: or, ici, les cadences sont toutes proparoxytoniques, sauf au premier hémistiche de la 4e strophe *Pontificique nostro* ... Cette strophe pourrait bien être interpolée, d'autant plus qu'elle est déficiente d'une syllabe. Elle ne semble donc pas avoir été composée pour cette litanie, pas plus d'ailleurs que pour la première.

La cadence musicale qui précède la reprise *da nobis veniam* est identique à celle des répons *Peccantem me* (sur *redemptio*) et *Libera me ... de viis* (sur *inferni* et *infernum*) de l'Office des défunts. Ces deux répons ne sont pas d'origine romaine [22] et la cadence musicale en question ne se retrouve pas dans les pièces du fonds grégorien primitif. Il s'agit peut-être d'une cadence propre à l'ancien chant gallican.

Cette remarque paraît confirmée par la manière dont le mot du refrain *supplicantibus* a été accentué par la mélodie: ce mode d'accentuation est plus proche du style ambrosien [23] que du grégorien.

* * *

La *troisième* litanie est à rapprocher des *Abecedaria* [24] de la liturgie hispanique. Son texte, rétabli d'après des témoins d'origine différente, paraît plus homogène, si l'on en juge du moins par la succession régulière des versets rangés par ordre alphabétique. Cependant l'examen de la structure rythmique et de l'adaptation du texte à la mélodie prouve que la troisième strophe de la litanie a été interpolée. Tout d'abord, cette strophe diffère des autres par sa contexture: elle se compose de deux heptasyllabes et d'un octosyllabe accentués chacun sur leur sixième syllabe, tandis que les autres strophes sont toutes construites d'après le schéma suivant:

22 Ils ne figurent pas dans les manuscrits de l'Office des morts énumérés dans «Sacris erudiri» 6 (1954) 112 et sq. (n. 14-16).

23 Voir par exemple *Antiphon. Missarum juxta ritum Eccles. Mediolanensis* (1935), p. 105, *supplicantes*.

24 Nous avons rétabli, dans notre édition, le titre *Abecedaria* par analogie aux litanies abécédaires hispaniques. Sur le terme, voir le *Thesaurus linguae latinae*, ad v.; Dom M. Férotin, *Lib. Moz. Sacram.* p. xxxiii et plus haut, p. 9, note 15.

5 syllabes (les 2 dernières -′ ∪) + 6 syll. (les dern. -′ ∪ ∪).
5 syllabes (les 2 dernières -′ ∪) + 6 syll. (les dern. -′ ∪ ∪).
7 syllabes (les 2 dernières -′ ∪ ∪).

L'adaptation musicale de la seconde strophe [25] n'a été rendue possible qu'en séparant *atterit* de son complément et en rattachant ce complément au second vers.

En outre, cette strophe manque dans les témoins hispaniques et dans le manuscrit T. Enfin, elle n'a pas d'invocation propre et doit reprendre celle des strophes 1 et 10. Ou bien cette strophe primitivement regulière fut déformée, ou, plus vraisemblablement, elle aura été empruntée à une litanie d'une structure différente et introduite ici pour combler une lacune de la série alphabétique entre la strophe commençant par B et celle qui commence par D [26].

La strophe suivante est régulière à condition de compter *gladiis* pour deux syllabes suivant l'usage normal [27] attesté par chant hispanique [28] et le chant grégorien [29].

Les autres strophes ne présentent pas d'irrégularités bien qu'elles aient subi de la part du récenseur aquitain quelques modifications de détail. L'un des changements opérés en Aquitaine présente un intérêt particulier pour l'histoire du texte, car il permet de prouver que la litanie, telle que nous l'avons reconstituée d'après des sources d'origines diverses, formait primitivement un tout homogène et que cette version complète circulait en Aquitaine.

La cinquième strophe est transmise par les deux branches de la tradition, celle d'Espagne et celle d'Aquitaine, tandis que la septième n'a été conservée que par les témoins hispaniques. En effet dans tous les manuscrits aquitains, la demande de la strophe 5

[25] Nous suivons la restitution mélodique des *Variae preces* (Solesmes 1901), p. 64. — A. Gastoué (*Le chant gallican*, p. 19), signale cette mélodie comme gallicane. Voir l'art. *Gallikanische Liturgie* dans M.G.G., col. 1313.

[26] Dom E. Martène (*De antiqua Ecclesiae disciplina* [Lugduni 1706], p. 182) a inversé, on ne sait pourquoi, l'ordre des deux premiers membres de la 4e strophe: *Assistunt pessima, decidunt bona* ... cette inversion est contraire à la fois à la rythmique du vers et à l'exigence de l'ordre alphabétique.

[27] W. Meyer (p. 200) a cru bon de remplacer *gladiis* par *clades:* cette correction ne s'impose pas: *gladiis* compte pour deux syllabes. Dans E il n'y a qu'une seule note pour les deux i.

[28] Le mot *noxiis* dans le verset hispanique de la Preces I (Xm 354) est compté pour deux syllabes.

[29] Voir, par exemple, comment est traité le mot *variis* dans l'office de la Pentecôte, ou encore *consilii* dans l'Introït *Puer*.

invocantes potenter protege a été remplacée par la demande *invocantes peccantes redime* de la strophe 7 supprimée en Aquitaine: or cette substitution juxtapose lourdement deux compléments au participe *(invocantes peccantes)*. La retouche prouve donc que l'auteur du remaniement avait sous les yeux le texte complet de la litanie, à peu près tel que nous l'avons reconstitué plus haut.

De même à la strophe 6, les manuscrits aquitains répètent l'invocation *Exaudi nos Domine,* alors que T^5 et Xm indiquent l'acclamation *Redemptor sanctissime* [30]: répétition qui décèle retouche d'un texte originairement plus varié.

A la strophe 12 (*Respice...*), attestée par la tradition aquitaine, l'invocation *Prostratos tu subleva,* qui précède la reprise *Jam miserere,* a été empruntée à la strophe 10 conservée par les deux branches de la tradition. L'invocation de ce verset 10 est ici encore remplacée dans les manuscrits aquitains par *Exaudi nos Domine* déjà deux fois employé:

Mss. hispaniques	Ordre adopté	Mss. aquitains
Audi clamantes... *Exaudi nos Domine.*	1 (3)	Audi clamantes... *Exaudi nos Domine.*
Ne recorderis nostra... Sed indulgendo... Prostratos tu releva.	10	Ne recorderis nostra... Sed indulgendo... *Exaudi nos Domine.*
	12	Respice Deus... Fove pupillos... Prostratos tu subleva.

Ces modifications attestent qu'un texte hispanique, plus complet que celui que nous transmettent nos sources, circulait en Aquitaine.

Le recenseur du texte aquitain n'a pas limité ses remaniements aux invocations qui terminent chaque strophe. Il a également en-

[30] A la strophe 7, M. Meyer (p. 188) a remplacé l'invocation *Salva nos omnipotens* par l'acclamation *Salvator omnipotens* pour obtenir l'accent sur la deuxième syllabe comme dans les invocations des deux autres strophes.

trepris quelques retouches de vocabulaire: *remove* est remplacé par *contere* (str. 6), *indulgendo* par *adjuvando* (str. 10), *releva* par *subleva* (str. 12). Ces modifications ne touchent en rien à la contexture rythmique de la pièce. L'addition de *tuam* après *manum*, à la strophe 5, donne un vers boîteux, mais cette addition ne paraît pas primitive, car elle figure seulement dans quelques manuscrits aquitains.

* * *

De l'examen des textes, il résulte que les *Preces* hispaniques ont servi de modèle aux *Preces* aquitaines; quelques-unes de leurs parties ont été réemployées moyennant quelques modifications de détail. Cet emprunt est assurément très ancien et remonte à l'époque où les échanges entre liturgie hispanique et liturgies gallicanes du Sud de la Gaule étaient fréquents [31].

Nos *Preces* figurent dans les manuscrits aquitains à la suite des antiennes de la procession des Rogations. Baumstark [32] s'est étonné de trouver des *Preces* ainsi transformées en chants de procession. A examiner la question de plus près, il est facile de constater qu'il y a eu méprise. Les *Preces* figurent bien après les antiennes des Rogations, mais toujours en dernier lieu, juste avant la Messe. Une rubrique précise, dans quelques manuscrits, le moment exact de leur exécution.

D'après le manuscrit Y, les *Preces* se chantent dès l'arrivée à l'église stationnale, avant la Messe [33]. Cette prescription est con-

[31] Sur les rapports des liturgies hispaniques et gallicanes, voir entre autres: pour l'euchologie, les études sur le Missel de Bobbio; E. Griffe, *Une messe du Ve s. en l'honneur de S. Saturnin,* dans la «Rev. du Moyen Age latin» 7 (1951) 5-18; Dom A. Dold, *Das Sakramentar in Schabkodex M. 12 Sup. der Bibl. Ambros.* (Beuron 1952). Dans le domaine des péricopes: le lectionnaire d'Aniane (Montpellier, Ville 6: cf. «Rev. Mabillon» 12 [1923] 40-53) qui a subi l'influence de la lit. hispanique. Dès le ixe siècle, un *Liber Comicus* en partie conservé (Paris, B. N. lat. 2269, ff. 17-48, écriture inférieure: étudié par Dom. A. Mundó (dans «Analecta gregoriana» LXX (1954), pp. 101-106) se trouvait dans le Sud de le France (peut-être à Carcasonne). Enfin, on sait que tout le long des Pyrénées on a conservé, jusqu'au xiiie s., l'usage de désigner, dans les actes privés, les dimanches de Carême par le nom qu'ils portaient dans la liturgie hispanique: *de Coeco, de Lazaro,* etc.

[32] *Liturgie comparée* (Amay-Chevetogne 1939), p. 81; 2e édition (1953), p. 84.

[33] *Cum autem pervenerint ad stationem, postquam oraverint, pausatione peracta, surgentes duo ante altare, incipiant canere Preces* Dicamus omnes.

forme à la place affectée aux *Preces* dans les manuscrits, entre chants de procession et chants de la Messe. D'après E, elles se disaient au contraire après la Messe: *Finita Missa dicuntur Preces.* La rubrique du Missel de Saugnac est beaucoup plus intéressante: *Finito sermone dicuntur preces* [34]. Ainsi, en plein XIIe siècle, dans une église cathédrale de France, on lisait encore, le jour des Rogations, un sermon puis on exécutait le chant des *Preces,* juste avant de célébrer la Messe des Rogations. Cette succession du sermon et des prières litaniques n'est pas sans rappeler l'ordonnance de l'ancienne liturgie gallicane qui plaçait la litanie diaconale aussitôt après l'homélie [35].

Cette sorte d'avant-messe paraît bien devoir être considérée comme un vestige de l'ancienne liturgie gallicane des Rogations, imposées en Gaule par le premier Concile d'Orléans de 511. Le choix des expressions et du vocabulaire des *Preces* aquitaines est loin de contredire cette hypothèse. Les textes que nous avons étudiés appartiennent au groupe «gallican» plutôt qu'au groupe «romain», ainsi qu'en témoignent les expressions parallèles groupées en note de notre édition. L'analyse mélodique ne contredit pas non plus cette hypothèse.

Les *Preces* qui nous sont transmises par les manuscrits aquitains appartiennent donc au groupe des liturgies «hispano-gallicanes». C'est des régions où furent écrits les plus anciens témoins du texte, c'est-à-dire de ces églises du Sud de la France en contact avec les églises de rite hispanique, que viennent nos *Preces.* Elles auront été empruntées à l'Espagne, puis complétées ou remaniées suivant le schéma rythmique des *Preces* hispaniques. Des mélodies nouvelles furent composées pour ces nouveaux textes: elles diffèrent de celles des *Preces* isorythmiques notées en neumes

Respondet scola Domine miserere. — Cette rubrique figure aux Litanies majeures.

[34] La rubrique de S prescrit la lecture du Sermon *Audistis in Evangelio frs karissimi* qu'elle attribue à S. Augustin. Nous n'avons pu retrouver ce sermon. — S. Césaire (éd. Morin, I 2, p. 784 ss.) prêcha aux Litanies. Les *Homeliae Toletanae* du ms. Brith. Mus. 30853 (analysé par Dom Morin, *Anecd. Matiol.* I, 1893, pp. 406-425) contiennent aussi des sermons pour tous les jours des Litanies précédant la Pentecôte.

[35] Ps. Germain, *Epistola de liturgia gall.* I (PL, LXXII, c. 91-92). C'est à cette même place que l'on dira plus tard les prières du prône: voir l'étude du Père Gy dans «Maison Dieu» 30 (1952) 125-136.

tolédans dans le manuscrit T^5 : la mélodie aquitaine ne donne pas la traduction de ces neumes. Comme elle tient compte de l'accentuation du vers rythmique elle a dû, sans doute, être composée en même temps que le texte. Elle nous présente un vestige intéressant de l'ancien chant gallican.

Les usages gallicans ne disparurent pas d'un seul coup, le jour où le rit romain fut imposé par le pouvoir carolingien. Le Sud de la France se montra plus conservateur que d'autres provinces de l'Empire et les vieux rites se maintinrent de façon plus tenace en certaines fêtes auxquelles le peuple tenait particulièrement. Les Litanies mineures comptent précisément parmi les dates du calendrier qui subsistèrent après l'adoption du rit romain: il est dès lors facile de s'expliquer pourquoi les églises d'Aquitaine conservèrent pour ces trois jours de pénitence les antiques *Preces* gallicanes.

XIII

Mélodie hispanique pour une ancienne hymne à la Croix

De tous temps, la Croix du Seigneur, instrument de la Rédemption, a été l'objet de la dévotion chrétienne, mais le culte liturgique proprement dit n'apparaît que le jour où l'on découvre cette précieuse relique à Jérusalem. Dans les édifices restaurés par Constantin au Saint Sépulcre, les pèlerins viennent en foule, le 14 septembre, de toutes les contrées de l'empire pour assister à l'ostension, ou exaltation, du bois de la Croix. La fête est bientôt adoptée à Constantinople, et plus tard à Rome. D'après le *Liber Pontificalis*, au temps de Sergius I († 701), on renouvelait au Latran, le 14 septembre, l'adoration du Vendredi-Saint. La Gaule et l'Espagne par contre ne connaissaient que la cérémonie du Vendredi-Saint : nous décrirons brièvement cette fonction, au cours de laquelle se chantaient des antiennes et des hymnes, dont les mélodies sont aujourd'hui malheureusement perdues. Celle de l'hymne *Crux benedicta nitet* fait exception; nous la publions à la fin de cet article. Nos sources d'information sont les rituels de Silos et de San-Millan, édités par Dom Férotin et l'Antiphonaire de Léon, édité par les moines de Silos.

C'est à l'heure de Tierce qu'est fixée l'adoration de la Croix : le clergé, accompagnant la relique de la vraie Croix portée par un diacre, se rend à l'église désignée pour la cérémonie; on chante des antiennes pendant que le clergé et le peuple viennent baiser le bois sacré. On s'attendrait à trouver ici le *Popule meus :* en fait, ces impropères sont réservés pour la cérémonie de la réconciliation des pénitents, à None. La Croix restant exposée pendant None, on peut supposer que primitivement l'adoration elle-même se plaçait aussi dans l'après-midi, à l'heure précisément où le Seigneur avait expiré.

A la suite des antiennes les rituels de Silos et de San-Millan font chanter l'hymne alphabétique *Ab ore Verbum.* Entre chaque strophe le chœur reprend alternativement les refrains *Ecce lignum gloriosum* et *Crux fidelis inter omnes.* Dom Pothier a tenté de restituer cette hymne en se basant uniquement sur les neumes *in campo aperto* du *Liber Ordinum* ou rituel de Silos [1] : cette restitution garde une grande

[1] Dom J. Pothier, *Hymne du rit mozarabe pour l'adoration de la Croix* dans *Rev. du Chant Grégorien,* V (1897), pp. 117-122.

part d'incertitude. On pourrait admettre que la mélodie actuelle du *Pange lingua,* avec quelques variantes de détail, traduit de façon tout aussi acceptable les neumes wisigothiques du rituel.

La cérémonie pouvait se prolonger : à San-Millan de la Cogolla, aux confins de la Castille et de la Navarre, on prévoit alors, dans le *Liber Ordinum* du XIe siècle [1], le chant de l'hymne *Crux benedicta nitet,* composée par Venance Fortunat († vers 600). L'hymne est répandue en Italie dès le Xe siècle pour l'adoration de la Croix du Vendredi-Saint; les livres liturgiques la complètent par une doxologie [2].

Or c'est précisément la même doxologie que nous retrouvons en Espagne : il est donc probable que l'Espagne a emprunté l'hymne à l'étranger. Sans doute au début du XIe siècle, ainsi qu'on peut le déduire des observations suivantes. Le modèle du « *Liber Ordinum* » copié à San-Millan, analogue à celui de Silos, ne comprenait que l'hymne alphabétique, suivie d'une rubrique éditée par Dom Férotin, prescrivant la reprise alternée des strophes *Ecce lignum* et *Crux fidelis.* Le copiste introduit alors, juste à la suite de la vieille hymne alphabétique, la nouvelle hymne *Crux benedicta,* puis il recopie matériellement la rubrique de son modèle se rapportant à la première hymne. Cette rubrique aurait dû être ou bien supprimée ou bien modifiée, car laissée telle quelle et à cette place, elle perd tout son sens. Cette faute a du moins l'avantage de nous révéler la date approximative de l'interpolation : notre hymne fut vraisemblablement importée au début du XIe siècle. Cette date tardive justifie le nom d'*hispanique* que nous donnons à la mélodie composée à ce moment : celui de *mozarabe* ne lui convient plus; celui de *wisigothique,* tout en restant admissible pour l'écriture dans laquelle l'hymne est transcrite, ne convient pas davantage à l'époque où nous nous trouvons [3].

Si nous avons été amenés à estimer que le texte fut importé de l'étranger, nous n'aboutissons pas à la même conclusion en ce qui

---

1 Madrid, Bibliothèque de l'Académie d'Histoire, n° 56 : sur ce manuscrit, voir Riano, *Notes on early spanish Music,* Londres, 1887, p. 30; Dom Férotin, *Liber Ordinum,* Paris, 1904, p. xxiv sq.; Dom Rojo et Dom Prado, *El Canto mozárabe,* Barcelone, 1929, pp. 22, 66 sq. et facs. 14; *The Speculum,* V (1930), p. 307.

2 Voir édition Dreves, d'après les tropaires italiens, dans *Analecta hymnica* 50, p. 75; sur les hymnaires, voir Mearns, *Early latins hymnaries,* Cambridge, 1913, p. 25. — La traduction de cette hymne a été donnée par Dom Guéranger dans l'*Année Liturgique,* au Dimanche de la Passion.

3 Pour cette question de terminologie, voir P. David, *Etudes historiques sur la Galice et le Portugal,* Coïmbre-Paris, 1947, p. 91, n. 1; Dom Brou, *Liturgie Mozarabe ou Liturgie Hispanique,* dans *Ephemerides Liturgicæ,* 1949, pp. 66-70.

concerne la mélodie. Voici, à titre de comparaison, la mélodie donnée par les deux tropaires de Nonantola, cités par Dreves :

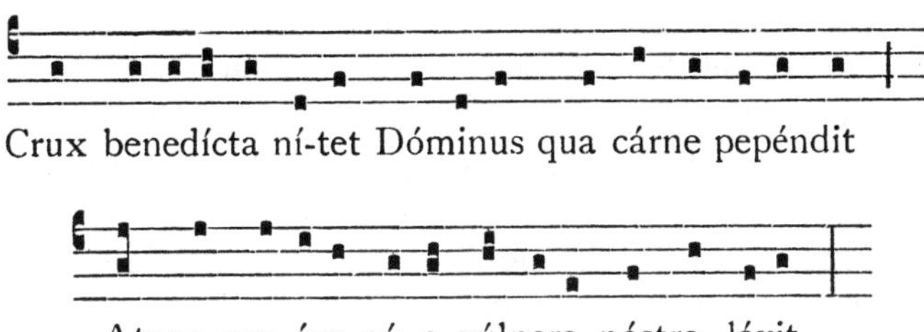
Crux benedícta ní-tet Dóminus qua cárne pepéndit
Atque cru-óre sú- o vúlnera nóstra lávit.

On peut se rendre compte, en comparant cette mélodie à celle que nous publions plus loin, que la ligne mélodique est à peu près semblable de part et d'autre : ce sont les mêmes syllabes qui sont, dans l'hymne italienne comme dans l'hymne hispanique, mélodiquement plus chargées. Pourtant, aucun des manuscrits signalés par Dreves ne donne la traduction adéquate des neumes wisigothiques. On serait donc réduit à ignorer la mélodie chantée à San-Millan, si la traduction exacte, sur lignes, ne nous était heureusement conservée par un processionnal du XIIIe siècle, provenant de Sainte-Marie de Ripoll [1].

Dans le *Liber Ordinum*, chaque strophe est notée en neumes sauf la première qui est lacunaire. Il suffira, pour notre travail, de reproduire les neumes sur la deuxième strophe. Mais on doit remarquer que le scribe, à la même place et pour traduire le même intervalle, emploie indifféremment le pes rond ou le pes carré : il ne peut s'agir ici de nuances rythmiques, puisque toutes les strophes s'adaptent à la même mélodie. Cette différenciation serait-elle due à la liquescence? Il ne semble pas : on sait d'ailleurs que les scribes espagnols traduisaient les mêmes intervalles par des graphies parfois très différentes [2].

D'autre part, il ne semble pas malgré le voisinage du *fa* que nous devions introduire le *si* ♭ dans la mélodie : le manuscrit n'en indique pas ici, alors qu'il les marque dans d'autres pièces [3].

Enfin, pour nous conformer au manuscrit de San-Millan, nous adoptons sur l'avant-dernière syllabe la clivis *la-sol* au lieu du simple *la* du manuscrit de Ripoll.

---

[1] Plus tard ce manuscrit passa à l'usage de l'Eglise cathédrale de Vich, où il est conservé sous le nº CXXIV. Il a été décrit par MGR ANGLÈS dans *La Musica a Catalunya fins al segle XIII*, Barcelona, 1935, p. 162, nº 30.

[2] Cf. DOM ROJO et DOM PRADO, *l. c.*, p. 83 (et p. 52 sur la liquescence).

[3] On pourra voir dans DOM ROJO et DOM PRADO, *l. c.*, p. 73, nº 1, un exemple de mélodie mozarabe avec le triton *fa-si*, sans note de passage. Le bémol a été ajouté par les éditeurs.

Nous rééditons le texte littéraire, d'après Dreves, en ajoutant en italique les deux strophes inédites du manuscrit de Ripoll (10e et 12e). Leur nature autant que leur composition dénote une époque postérieure. La 9e strophe figure dans les seuls manuscrits de San-Millan et de Ripoll, mais contrairement à ce que dit Dom Férotin, nous ne croyons pas qu'elle puisse être de Venance Fortunat, car elle est absente de tout le reste de la tradition, tant liturgique que littéraire [1].

Une rubrique du manuscrit de Ripoll précise que les strophes sont chantées par deux clercs et que le chœur reprend en refrain *Crux benedicta* [2] :

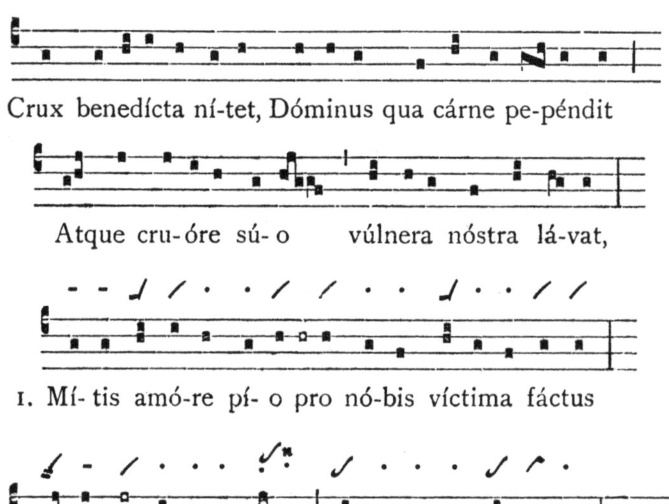
Crux benedícta ní-tet, Dóminus qua cárne pe-péndit
Atque cru-óre sú- o vúlnera nóstra lá-vat,
1. Mí- tis amó-re pí- o pro nó-bis víctima fáctus
Trá- xit ab ó-re lú-pi qua sá-cer ágnus ó-ves, * Crux

2. Transfixis palmis ubi mundum a clade redemit,
 Atque suo clausit funere mortis iter. * Crux.

---

[1] Cf. l'édition des *Carmina* par Leo dans M. G. H. *Auctores Antiquissimi*, IV, p. 27. — Les deux strophes en italique ont-elles été composées à Ripoll? L. N. d'Olwer, dans *L'Escola poetica de Ripoll del segles XI-XIII.* (Anuari de l'Institut d'Estudis Catalans, t. VI, 1915-1920) n'a pas étudié cette question. Leur imperfection a exigé dans le processionnal de Ripoll une adaptation de la mélodie qui n'a pas été transcrite ici.

[2] Traduction de Dom Guéranger (sauf pour les trois dernières strophes) :
Elle attire nos regards, la Croix bénie, sur laquelle le Sauveur fut suspendu par sa chair; sur laquelle il lava nos blessures dans son sang.
1. C'est par elle que l'Agneau sacré, douce victime, dans son amour pour nous, a arraché les brebis de la gueule du loup.
2. C'est sur elle que, ayant les mains clouées, il a racheté le monde de sa perte, et, en mourant, fermé ses voies à la mort.

3. Hic manus illa fuit clavis confixa cruentis
Quæ eripuit Paulum crimine, morte Petrum.

4. Fertilitate potens, o dulce et nobile lignum,
Quando tuis ramis tam nova poma geris!

5. Cujus odore novo defuncta cadavera surgunt,
Et redeunt vitæ, qui caruere diem.

6. Nullum uret æstus sub frondibus arboris hujus,
Luna nec in noctem sol neque meridie.

7. Tu plantata micas secus, est ubi cursus aquarum,
Spargis et ornatas flore recente comas.

8. Appensa est vitis inter tua brachia, de qua
Dulcia sanguineo vina rubore fluunt.

9. Tu benedicta manes super omnes valde refulges
Arbores et signo tuos a morte salvas.

10. *Tu Domini sanctum demonstrans celsa trophæum*
Atque piis celsa pandis in arce viam.

11. Gloria magna Deo magnalia tanta patrenti
Qui tam mira facit, gloria magna Deo.

12. *O mortalis homo mortis reminiscere casus*
Nihil pecude distas si tantum prospera captus.

L'introduction de l'hymne *Crux benedicta* en Espagne est un nouveau témoignage des accroissements de la liturgie hispanique au cours du XIe siècle. Nous avons ici un nouvel exemple de texte emprunté à l'étranger : la mélodie, par contre, fut bien composée en Espagne.

La prière privée *Domine Jesu Christe, gloriose conditor*, universellement répandue à cette même époque du XIe siècle, était récitée

---

3. Sur elle fut traversée d'un clou sanglant cette main qui arracha Paul à ses crimes, et sauva Pierre du trépas.

4. Doux et noble bois, qu'elle est riche, ta fécondité, quand tu portes sur tes rameaux un fruit si nouveau!

5. A l'odeur merveilleuse que tu répands, les corps morts se lèvent de leurs tombeaux, et ceux qui ne voyaient plus la lumière reviennent à la vie.

6. Sous le feuillage de cet arbre, on ne sent plus les ardeurs dévorantes, ni la lune pendant la nuit, ni le soleil dans son midi brûlant.

7. Dans ton éclat tu t'élèves au bord des eaux; c'est là que tu étales ta verdure embellie de fleurs nouvelles.

8. A tes branches est suspendue la vigne qui donne un vin si doux, dans le sang vermeil du Christ.

9. Tu demeures bénie et tu resplendis entre tous les arbres, et tu sauves de la mort ceux qui sont à toi par ce sceau.

10. Sublime, tu mets sous les yeux le saint trophée du Seigneur et tu ouvres aux fidèles la voie qui conduit à la cité céleste.

11. Gloire immense à Dieu accomplissant de si grandes et si admirables merveilles : gloire immense à Dieu.

12. O mortel, souviens-toi de la mort! Ne t'éloigne pas du troupeau si la prospérité t'a quelque peu favorisé!

par les fidèles avant de baiser le bois de la Croix. Nous en donnons, pour finir, la traduction [1] :

« Seigneur Jésus-Christ, glorieux Créateur du monde, qui, splendeur de gloire et égal au Père et à l'Esprit-Saint, avez daigné prendre une chair sans tache et permettre que vos saintes mains soient clouées au poteau de la Croix pour libérer le genre humain de la mort, ayez pitié de moi, oppressé et souillé par mes fautes... Ecoutez-moi, prosterné devant votre sainte, adorable et très glorieuse Croix, pour que je mérite d'assister purifié à vos saintes solennités... ».

---

[1] Texte latin dans Dom Férotin, col. 199 et Dom Wilmart, *Prières médiévales pour l'adoration de la Croix*, dans *Ephemerides Liturgicæ*, 1932, p. 33, n° 2.

LE CHANT DES BEATITUDES DANS LA LITURGIE HISPANIQUE

Dans le Nouveau Testament figurent plusieurs textes de caractère lyrique qui semblent avoir été destinés à entrer dans la Liturgie à l'égal des Psaumes et des Cantiques de l'Ancien Testament. Mais ces cantiques de l'Evangile ou de l'Apocalypse ne connurent pas la même diffusion et ne furent pas partout utilisés, dans les liturgies d'Orient et d'Occident avec la même fréquence [1].

Parmi les Cantiques moins répandus dans la Liturgie, il faut compter les «maximes» qui résument à elles seules l'essence du message évangélique et qui s'intitulent depuis fort longtemps les Béatitudes: elles forment dans l'Evangile de Matthieu (V 3-12) une série de huit stiques [2], qui commencent tous par le mot Μακάριοι *(beati)*, d'où le nom de *Makarismoi* donné à l'ensemble en Orient.

C'est en effet en Orient que les Béatitudes se sont d'abord diffusées en tant que cantique, mais il est assez malaisé de préciser à quelle époque elles sont entrées dans l'usage liturgique. Il semble que dès le IVe siècle, les Béatitudes étaient chantées dans l'église syrienne [3]: elles figurent en tout cas parmi les Odes bibliques de l'office matutinal dans les plus anciens témoins du Psautier jecobite, soit au VIII-IXe siècle [4].

Sous le rêgne de Justin II (565-578), les Makarismoi auraient été adoptées dans la liturgie byzantine: elles constitueraient donc une des plus anciennes «importations» venues des églises de Palestine [5]. Elles ont eu le privilège, à la différence des autres Odes de ne point avoir été abrégées, mais elles furent comme les autres, interpolées de tropaires [6]. Enfin, on

[1] Ainsi, par exemple, le cantique *Nunc dimittis* ne figure pas aux Complies du rite monastique, tandis qu'il se répète chaque soir au Bréviaire romain.

[2] Sur le nombre et l'ordre des Béatitudes, voir entre autres LAGRANGE, *L'évangile selon St. Matthieu* (1948), p. 80 et ss. et le Supplément au Dictionaire de la Bible, art. «Béatitudes».

[3] On le déduit de la manière dont le cantique est transcrit dans le Syrosinaïticus. En outre, l'usage dont St. Ambroise fait état, laisse entendre que les Béatitudes étaient déja en usage en Orient (voir plus loin).

[4] H. SCHNEIDER, *Die biblischen Oden in christlichen Altertum* dans «Biblica» 30 (1949) 49.—Id. *Die biblischen Oden seit dem VI. Jhdt., ibid.* 272.

[5] KENNETH LEVY, *A Hymn for Thursday in Holy Week* «Journal of the American musicological Society» XVI 2 (1963) 174.

[6] Le plus ancien témoin, du VIIIe siècle, Londres Brith. Mus. add. 26.113, contient des tropaires des Makarismoi: cf. Dict. d'Archéol. chr. et de Liturgie, IX, c. 2.366.

constate que la dernière Béatitude est habituellement suivie de la prière du Bon Larron (Luc 23, 42), sans pourtant que le lien entre ces deux textes soit bien évident [7].

L'emploi du chant des Béatitudes dans les livres liturgiques byzantins est assez fréquent [8]. Retenons seulement ici pour notre propos que les Béatitudes sont assignées au dimanche des Rameaux par les sources byzantines les plus anciennes: le Kanonarion du Mont Sinaï, du x-xie siècle [9] et le Typicon de Jérusalem de 1122, dont la rédaction peut -être reportée au ixe siècle [10]: ce dernier document assigne les Makarismoi au début de la Liturgie.

La diffusion du chant des Béatitudes en latin a été beaucoup plus restreinte: seulement à Milan, au temps de saint Ambroise et en Espagne, mais dans la seule liturgie de Tolède. Dans la liturgie romaine, pas de trace ancienne de ce chant [11].

A Milan, l'attestation du chant des Béatitudes repose non sur le témoignage des manuscrits liturgiques, mais sur un passage du commentaire d'Ambroise sur le Psaume CXVIII: «*Mane festina et ad ecclesiam defer primitias pii voti... Quam iucundum inchoare ab hymnis et canticis,* a Beatitudinibus *quas in Evangelio legis*» [12].

[7] Peut-être est-ce la mention du Royaume qui a suggéré le rapprochement entre la dernière Béatitude et la demande du bon Larron. D'après Siméon de Thessalonique (PG 155, c. 596 C), cette invocation se répétait trois fois.

[8] Voir sur ce point l'art. très documenté de Ken. LEVY, p. 173. Les Makarismoi se chantent notamment au début de la Liturgie ou après le 6.e Evangile de l'Office des Saintes Souffrances, le Grand Vendredi.

[9] DMITRIEVSKII, *Opisanie liturgiceskich rukopisej*, tome I, *Typica* (Kiev, 1895), p. 190.

[10] A. PAPADOPOULOS-KERAMEUS, *Analecta Jerosolymitikes Stachyologias* (Petrograd, 1894), p. 23. Pour la datation de ce document, voir A. BAUMSTARK, *Orientalisches in den Texten der abendl. Palmfeier* «Jahrbuch f. Liturgiewiss» 7 (1927) 152.

[11] La communion *Beati mundo corde* ne fait pas partie du «fonds primitif» du Graduel grégorien: elle est en effet absente des plus anciens graduels manuscrits édités par HESBERT (*Antiphonale Missarum sextuplex*, 1935), quoique elle figure déja dans le Tonaire de St. Riquier au viii-ixe s. (HUGLO, *Un tonaire du VIIIe siècle* «Revue grégorienne» 31 [1952] 228-229; «Ephemerides liturg.» 73 [1959] 406, n. 15) parmi les pièces du premier ton.

Mais dans la tradition manuscrite postérieure, il existe *quatre* mélodies du premier ton, différentes les unes des autres. L'une est propre aux manuscrits cartusiens; la seconde ne se trouve que dans un manuscrit aquitain (B. N. lat. 780, f. 97 v); la troisième, qui commence comme le répons *Beatus vir qui inventus est...*, se trouve à Nevers, Auxerre, dans le Sud-Ouest de la France (mss. aquitains), dans Naples, B. Naz. VI G 11 (normand ?); enfin, la quatrième mélodie, retenue par l'édition Vaticane, est la plus répandue: elle se trouve dans les mss. de St. Bénigne de Dijon et les mss. normands (mais non dans les anglo-normands), à Orléans ,ms. 119), à, Lyon, St. Dié, Echternach; dans Sienne, Bibl. Civica F VI 5 et Lucques 606 et enfin à Paris. Cependant, le plus ancien ms. parisien noté (Ste. Geneviève 93) ignore cette communion. Dans les manuscrits parisiens plus récents, elle se trouve à la vigile et non à la fête de la Toussaint: aussi, peut-on conclure que l'introduction de cette pièce à Paris ne date que du xii-xiiie siècle. D'ailleurs, les monastères parisiens (sauf St. Denis au xiiie siècle), n'ont pas adopté cette communion.

[12] In Psalm. cxviii, serm. XIX, n.° 32: PL 15, 1479; CSEL 62, p. 439.

Tolède 35.5. f. 124

Il s'agit ici non des «Bénédictions» (ou cantique *Benedicite*) [13], puisque Ambroise mentionne explicitement la source néo-testamentaire, ni du *Magnificat* [14], mais bien des Béatitudes évangéliques. Le texte de l'évêque de Milan suggère qu'elles se chantaient à l'office du matin *(mane)* comme dans l'usage syrien. Sans doute le nombre des Béatitudes à Milan était de huit [15], comme chez les Jacobites, alors que dans les textes grecs on en compte neuf. Ce rapport entre liturgie syrienne et liturgie milanaise n'est pas insolite [16].

Le fait qui pourrait plutôt donner matière à réflexion serait celui de la disparition du chant des Béatitudes des livres liturgiques ambrosiens: cette suppression pourrait peut-être s'expliquer à la suite d'un remaniement de la liturgie ambrosienne, sous l'influence de la liturgie romaine, probablement à l'époque carolingienne [17].

A Tolède, le chant des Béatitudes s'est maintenu au moins jusqu'au xᵉ siècle, date de l'unique et du plus ancien témoin du texte: le manuscrit 35.5 de la Bibliothèque Capitulaire [18]. La pièce s'y trouve au dimanche des Rameaux, comme chant de communion *ad accedendum* [19]:

Memento nostri Domine dum veneris in regno tuo.
VR. Beati pauperes spiritu quoniam ipsorum est regnum celorum. *Memento.*
VR. Beati mites quoniam ipsi possidebunt terram. *Memen.*
VR. Beati qui lugent quoniam ipsi consolabuntur. *Mem.*
VR. Beati qui esuriunt et sitiunt justitiam quoniam ipsi saturabuntur. *Mem.*
VR. Beati misericordes quoniam ipsi misericordiam consequentur. *(Memento).*

[13] L'édition des Bénédictins, reproduite par Migne (loc. cit., note précédente) proposait en note la leçon *benedictionibus* au lieu de *beatitudinibus:* mais cette leçon n'est appuyée par aucun manuscrit, à en juger par l'édition du *Corpus* de Vienne.

[14] Suivant H. SCHNEIDER *(Die altibl. Cantica:* Texte und Arbeiten, Beuron, 29-30, p. 8), qui trouve le passage obscur...

[15] On peut le déduire du Commentaire *in Lucam,* cap. V 51 (PL 15, 1650 A, CSEL 32, p. 200 ss.). Saint Augustin en comptait huit: *sunt autem omnes istae octo sententiae (de Sermone Dni. in monte* III: Patr. lat. 35, 1229).

[16] E. CATTANEO, *Rito ambrosiano e liturgia orientale* («Archivio ambrosiano» 2 [1950] 19-42).

[17] Suivant MAGISTRETI *(La liturgia della Chiesa milanese nel secolo IV* [Milano, 1899], pp. 146-147), le chant des Béatitudes aurait cessé au vᵉ siècle sous l'influence de la série de cantiques mis en circulation par la Règle bénédictine.

[18] Le manuscrit a té analysé pour la première fois par dom M. FÉROTIN, *Etude sur les manuscrits liturgiques mozarabes, Liber moz-sacram.,* col. 722 ss. Dom L. Brou a attiré l'attention sur le caractère singulier de ce témoin de la liturgie hispanique (voir «Ephemer. liturg.» 61 [1947] 38, n. 49 et p. 312), ainsi que Dom J. Pérez de Urbel *(Liber Commicus* I [1940], pp. CXXX-CXXXI), qui n'hésite pas à le présenter comme un «écho de dissidence religieuse»....

[19] Le manuscrit porte bien la rubrique *ad accedendum.* Dans le *Liber mozarab. sacram.* (col. 226), Dom Férotin a cru préférable de rétablir le titre habituel *ad accedentes.* Signalons que cette rubrique propre aux manuscrits hispaniques est parfois passée dans les manuscrits grégoriens d'Espagne, postérieurs à la suppression de la liturgie hispanique, tel que Madrid, Bibl. Acad. Hist. 51.

VR. Beati mundo corde quoniam ipsi Deum videbunt. *Me(mento).*
VR. Beati pacifici quoniam filii Dei vocabuntur. *Me(mento).*
VR. Gaudete et exultate quoniam merces vestra copiosa est in celis. *Mem.*
VR. Gloria et honor Patri et Filio et Spiritui Sancto. In secula seculorum. Amen.
Memento nostri Domine . . .

Cette pièce attire un certain nombre de remarques quant à sa place, à son texte et à sa mélodie.

Le chant des Béatitudes ne figure pas ici à l'office matutinal, comme en Syrie, mais à la Messe où il se chante durant la communion des fidèles. Cette place est d'autant plus singulière que les autres témoins de la liturgie hispanique [20], en particulier les manuscrits du nord de l'Espagne, ignorent cette pièce et donnent à la place une antienne plus courte *Hic est panis* [21]. Il est malaisé dans le cas présent de déterminer si c'est le chant des Béatitudes qui a détroné la communion *Hic est panis* qui serait alors la communion primitive du dimanche des Rameaux, ou si — au contraire — le 35.5 est resté plus fidèle à la disposition liturgique la plus ancienne qui aurait précisément comporté le chant des Béatitudes [22].

Quoiqu'il en soit, nous avons affaire ici, selon toute vraisemblance, à une pièce traduite du grec, ainsi qu'il ressort de plusieurs points caractéristiques. D'abord, les Béatitudes sont assignées au dimanche des Rameaux, comme dans les sources byzantines les plus anciennes. Ensuite, elles sont encadrées par le verset *Memento,* qui ici se reprend entre chaque verset des Béatitudes, et qui, dans le rit byzantin, conclut les Makarismoi.

C'est d'ailleurs ce même verset *Memento* qui est repris dans la cérémonie du Vendredi-saint appelée *Indulgentia* par les livres hispaniques : on le retrouve encore dans l'antiphonaire de Leon (fol. 168), dans les *Homiliae Toletanae* (addit. 30.853, fol. 65), dans le *Liber Ordinum* (éd. Férotin, col. 201) et enfin dans le *Liber Commicus* [23], non sans quelques variantes de détail :

[20] Le *Missale mixtum* (PL 85, 400 C), qui dérive de notre manuscrit ou d'un manuscrit très voisin, donne aussi comme chant de communion pour le dimanche des Rameaux un abrégé des Béatitudes (premier et dernier verset de notre texte).

[21] L'antiphonaire de Léon (fol. 155, éd. Brou-Vives, p. 249) donne une antienne *Hic est panis,* sans rubrique, juste après l'antienne de fraction *Loquutus est Dominus Jesus.* Cette antienne, qui est sans doute l'antienne de communion, est suivie de huit versets tirés de l'Evangile selon St. Jean.

[22] La liturgie des Rameaux, dans le ms. 35.5 comporte une autre pièce traduite du grec, l'antienne *Introeunte te,* examinée dans «Hispania sacra» 5 (1952) 367 et ss. Ajoutons que nous avons, depuis, retrouvé cette même antienne dans les deux graduels de la Bibl. Capit. de Pistoja C 120 et C 119 : dans ce dernier manuscrit, la série des pièces où figure *Introeunte te* est précédée de la rubrique *Anas. gallicanas ad processionem.*

[23] Edition Morin (*Anecdota Maredsolana* I, p. 167). Le texte du Liber Commicus place l'invocation *Domine* au début, comme l'évangile (Lc. 23, 42), alors que les autres témoins, en accord avec la Vetus Latina, la reportent après *Memento.*

TOLÈDE 35.5	Antiph. de Leon Liber Ordinum	Homil. Tolet.
Memento *nostri*	Memento mei	Memento mei
Domine	Domine	dum veneris
dum veneris	dum veneris	in regnum tuum
in regn*o* tu*o*	in regnum tuum	

La leçon *nostri* du 35.5, contraire au texte scripturaire qui emploie évidemment le singulier, est une adaptation liturgique que l'on retrouve encore dans la liturgie byzantine [24]. Par contre, l'ablatif *in regno tuo,* propre à notre manuscrit de Tolède 35.5, s'explique par le texte grec de Luc suivi sur ce point par la *Vetus Latina,* alors que la Vulgate a préféré l'accusatif [25], suivie par les *Homiliae Toletanae* et l'antiphonaire de Leon.

Ces minimes variantes textuelles ne sont d'ailleurs pas les seuls points qui opposent le 35.5 aux autres manuscrits: les mélodies ne sont pas les mêmes de part et d'autre. Si on compare les neumes tolédans du 35.5 sur *Memento mei* aux neumes du nord de l'Espagne des autres manuscrits, on constate que les notes isolées et les neumes plus développés ne tombent pas sur les mêmes syllabes et sont différents. En un mot, il ne s'agit pas de variantes d'une même mélodie, mais bien de deux mélodies différentes. C'est au fond assez normal, car si nous avons affaire de part et d'autre à un même texte, il s'agit en réalité de deux pièces différentes: le *Memento* de l'*Indulgentia* du Vendredi-Saint est un verset chanté et repris par la foule [26], tandis que le *Memento* des Béatitudes est en somme la *responsa* — ou plus exactement la *presa* [27] — d'une pièce qui offre plus d'un trait de ressemblance avec le Versus médiéval.

C'est précisément à l'occasion de cette dualité de mélodies que se pose la quesction d'origine orientale de la pièce. L'une de ces deux mélodies et plus particulièrement celle qui accompagne les Béatitudes, est-elle dépendante de la mélodie byzantine des Béatitudes?

[24] Comparer par exemple l'édition du Triodion p. 480, 481 et 678 (pluriel) et le ms. de Grottaferrata E y II, fol. 294 (*Musicae Byzantinae Monumenta Cryptensia* I).

[25] Quelques évangiles grecs donnent bien l'accusatif, mais la tradition liturgique byzantine a préféré la leçon ἐν τῇ βασιλείᾳ σου. Signalons aussi que notre manuscrit 35.5 suit l'ordre des Béatitudes tel que la Vulgate l'a adopté et non celui du texte grec où les versets 4 et 5 sont inversés.

[26] Nos autem fratres eademque diximus, cum gemitu repetamus: Memento mei... (*Homil. Tolet.,* loc. cit.) — Hanc ergo confessionem sancti illius latronis, fratres karissimi, quam *decantando* et *respondendo* propriam fecimus... cum gemitu repetamus: Memento mei... (cf. MORIN, *Anecdota Mareds.* I, p. 412). — Ce passage a été repris dans un sermon de l'Appendice des Sermons de St. Augustin *(Spuria et dubia),* parfois attribué à Fauste de Riez: serm. 156, n.° 5 PL 39, c. 2.054).

[27] Sur la *presa* dans les manuscrits wisigothiques, voir les remarques de Dom L. BROU dans «Archivos Leoneses» 8 (1954) 53. Le sigle PA (= *presa*) se retrouve dans quelques manuscrits aquitains, notament dans le Paris, B. N. lat. 776: cf. «Hispania sacra» 8 (1955) 366-367.

La réponse à cette question serait relativement aisée si nous n'avions affaire qu'à une seule mélodie byzantine pour les Béatitudes. Mais à la Liturgie [28], les Makarismoi se chantent selon le cycle des tons, sur le ton occurrent en raison des tropaires qui s'intercalent entre les *stichoi* [29].

Sans doute est-ce pour cette raison que nous trouvons dans la traduction manuscrite autant de divergences pour l'indication du ton des Makarismoi [30], alors que les sources les plus anciennes [31] indiquent le 4.e ton, qui est également celui du Vendredi-Saint dans les livres actuels.

La mélodie byzantine est du type hirmologique, c'est à dire de caractère syllabique. L'examen des neumes du 35.5 laisse entendre que la mélodie hispanique des Béatitudes était plus ornée. Elle comprenait une formule d'intonation toujours identique [32], suivie d'une récitation à l'unisson; une formule de cadence médiante, tombant généralement sur le dernier accent tonique du premier membre; une réintonation au second membre, également suivie par une récitation à l'unisson et enfin une nouvelle cadence qui introduit la reprise *Memento.* Il est remarquable que les neumes des trois dernières syllabes des versets et ceux de la fin de la reprise *Memento* sur *regno tuo* sont identiques et devaient donc se chanter sur la même mélodie.

Cette construction mélodique très simple et à la fois très classique parait plutôt de type occidental que byzantin. Cependant, cette considération ne saurait exclure a priori la possibilité d'un rapport mélodique entre Makarismoi et Béatitudes hispaniques. Pour une pièce de la Semaine sainte, une telle parenté n'aurait aucun caractère insolite.

[28] La notation musicale des Makarismoi précédant la Liturgie se trouve dans l'Anastasimatarion.

[29] Rebours (*Traité de Psaltique*... [Paris, 1906], pp. 148-153) a donné un exemple de chacun des huit tons des Makarismoi en notant la première Béatitude en premier ton, la 2.e en 2.e ton, etc. Actuellement en Sicile et en Albanie, les Makarismoi se chantent aussi suivant une mélodie traditionnelle propre, distincte de la mélodie byzantine moderne. Voir enfin *La divine Liturgie de St. Jean Chrysostôme chantée selon le rit byzantin avec traduction française et notation musicale* (Harissa, Liban, 1926), pp. 22-23.

[30] Voir la liste des différents tons indiqués par les sources dans l'art. cité de Ken. Levy, p. 173.

[31] Sauf cependant le ms. du Brith. Museum add. 26.113.

[32] Le même mot initial *(beati)* a naturellement attiré la même mélodie; de même pour l'intonation du second membre *(quoniam...)*: c'est là un procédé courant dans les divers dialectes de chant liturgique latin. cf. *Fonti e paleografia del canto ambrosiano* (Arch. ambros. VII, 1956), p. 65, note 29 et p. 146.

XV

Relations musicales entre Byzance et l'Occident

La nature des rapports entre Orient et Occident, aux points de vue liturgique et musical, varie beaucoup suivant la période considérée.

Les pièces grecques conservées en Occident ne sont pas un héritage de la période de transition au cours de laquelle l'Église de Rome abandonna le grec pour le latin, entre 360 et 380. Aux Ve et VIe siècles, les contacts entre Byzance et certains points de l'Occident — Sud de la Gaule, Milan, Ravenne, Rome, Bénévent — sont fort nombreux, mais c'est surtout au VIIIe siècle que le Sud de l'Italie est envahi par les moines grecs.[1] Enfin, à l'époque carolingienne, plusieurs traductions de textes grecs sont entreprises: écrits de Denys l'Aréopagite, Hymne acathiste,[2] antiennes *Veterem hominem* etc. Plus tard et jusqu'au XIIe siècle, les pièces bilingues se chantent encore à Ravenne, à Bénévent, à Rome et aussi, mais là l'usage est plus artificiel, à Saint-Denis en France.[3]

Nous laisserons de côté les pièces dont la mélodie grecque ne peut être connue même si le texte offre matière à enseignements utiles, et nous ferons la comparaison des pièces entre traditions orientale et occidentale, suivant que les pièces considérées sont transmises *en grec* par les manuscrits occidentaux, ou suivant qu'il s'agit seulement de traductions de pièces grecques en latin.

Dans le premier groupe, nous distinguerons les pièces occidentales en grec sans traduction latine et, d'autre part, les pièces bilingues qui utilisent la même mélodie pour le texte grec et sa traduction latine.

I

PIÈCES TRANSMISES EN GREC PAR LES MANUSCRITS OCCIDENTAUX

1. *Pièces occidentales en grec, sans parallèles orientales*

Dans cette première catégorie, nous trouvons d'abord la fameuse 'Missa greca', c'est-à-dire les pièces de l'Ordinaire en grec: *Doxa en ipsistis*, *Pisteuo eis ena*, *Agios*, *O Amnos*, *Doxa Patri*.

[1] Le premier monastère oriental de Rome est celui de S. Sabas (F. Antonelli, 'I primi monasteri di monaci orientali', *Rivista di archeologia cristiana*, v (1928), pp. 104–21; cf. 1929, p. 313 ss.). D'après Vasiliev, (*Histoire de l'Empire byzantin*, i, p. 348), 50.000 moines grecs se réfugièrent en Italie du Sud entre 726 et 775. Ce chiffre paraît un peu exagéré: cependant, dès 733, il y avait déjà un millier de moines orientaux réfugiés dans la province de Bari: Hefele-Leclercq, *Histoire des Conciles*, III, ii, p. 709, n. 2.

[2] M. Huglo, 'L'ancienne version latine de l'Hymne acathiste', *Le Muséon*, lxiv (1951), pp. 27–61.

[3] M. Huglo, 'Les chants de la Missa greca de Saint-Denis', *Mélanges Egon Wellesz* (Oxford, 1966).

L'Agios, tel qu'il nous a été légué par les manuscrits occidentaux,[1] a été reconnu, à la suite de comparaisons minutieuses avec les manuscrits grecs des XIIIe et XIVe siècles — qui offrent des mélodies plus ornées — comme un témoin authentique de la mélodie byzantine telle qu'elle se chantait à Byzance au Xe siècle: la mélodie byzantine serait le développement d'une mélodie plus simple du Xe siècle dont les seuls témoins seraient précisément les manuscrits occidentaux.[2]

La petite Doxologie (*Doxa Patri*) présente un cas un peu différent: texte et mélodie, connus surtout par les manuscrits aquitains,[3] sont probablement d'origine byzantine. Le texte est bien celui de la doxologie orientale — qui ignore l'incise *sicut erat in principio*; la mélodie est du mode de *sol*. Comme la liturgie byzantine connaît autant de mélodies que de tons,[4] il n'est pas exclu que la mélodie des manuscrits occidentaux nous donne la substance d'une des huit formules byzantines.

En somme, à l'exception de l'*Amnos* — inconnu du rite byzantin — et du Symbole, la *Missa greca* nous offre quelques échantillons de mélodies byzantines dans l'état où elles se chantaient au Xe siècle. C'est là un point qui souligne l'importance de ces mélodies pour l'étude de l'ancien chant byzantin et qui permet d'inférer l'étroite parenté entre le système modal byzantin et le grégorien.

A la *Missa greca*, il est permis de rattacher le *Cheroubicon*: ce chant de la procession de la Grande Entrée est en effet transmis en grec, avec la *Missa greca*, dans un manuscrit de Corvey du Xe siècle (Düsseldorf D. 2, fo 203). La version latine, *Qui Cherubim*, se chantait suivant la même mélodie que celle du texte grec, ainsi qu'il ressort de la comparaison des neumes du manuscrit de Corvey et de celui de Saint-Denis (Paris, Mazar. 384, fo 153).

Cependant, ces neumes ne peuvent être déchiffrés, faute de manuscrits sur lignes: on sait seulement que la mélodie était du IVe mode. La comparaison des neumes occidentaux et de la mélodie transmise par les manuscrits byzantins récents ne donne aucun résultat. On constate, à l'examen des neumes latins, que le même dessin mélodique se retrouve sur les deux cadences εἰκονίζοντες et προσᾴδοντες: ce genre de répétitions n'est pas rare dans les pièces byzantines anciennes.

Remarques négatives également pour l'antienne *Ave gratia plena* du 2 février. Le texte de cette pièce est donné en grec par le manuscrit du Mont-Blandin et elle s'est parfois chantée en grec jusqu'au XIIe siècle, par exemple à Metz.[5] Bien que le texte grec soit attesté par le *Livre des Cérémonies* de Constantin Porphyrogénète[6] et par les Ménées qui l'affectent comme apolytikion aux Vêpres du 2 février, la mélodie de cette pièce est malheureusement inconnue et ne permet pas de comparaison.

Le fait est d'autant plus regrettable que la mélodie occidentale de cette antienne — disparue des livres romains officiels — offre plusieurs particularités qui restent à expliquer: en particulier l'intonation inhabituelle et les cadences, dont la coupe ne semble pas faite pour le texte latin.

Enfin, les versets alléluiatiques grecs, conservés par les manuscrits du 'vieux

[1] M. Huglo, 'La tradition occidentale . . . du Sanctus', *Der kultische Gesang* . . . (Johner-Festschrift, Köln, 1950), pp. 40–46.

[2] Kenneth Levy, 'The Byzantine Sanctus and its modal tradition in East and West', *Annales musicol.*, vi (1963), pp. 14–15.

[3] La mélodie (mode de *sol*) est éditée dans les *Mélanges Wellesz*, p. 78.

[4] Ol. Strunk, 'The Antiphons of the Oktoechos', *Journal of the American Musicological Society*, xiii (1960), p. 54.

[5] D'après l'Ordinaire manuscrit 82 de Metz, édité par J. B. Pelt, *Étude sur la cathédrale de Metz, La liturgie*, i (Metz, 1937), p. 314.

[6] Edition A. Vogt, i (1935), p. 139 (cf. p. 158).

romain', seraient les témoins de l'usage de l'alleluia, tel qu'il se pratiquait à Byzance au VIIIe siècle, soit bien avant la constitution de l'alleluiarion.[1]

2. *Pièces occidentales en grec, avec parallèles orientales*

Ici la confrontation directe Est–Ouest est possible.

Le cas le plus connu est celui du tropaire *Ὅταν τῷ σταυρῷ*. Texte grec et mélodie sont transmis à la fois par les manuscrits occidentaux et par les manuscrits byzantins.[2] La comparaison est doublement intéressante: la version mélodique des manuscrits italiens permet tout d'abord de contrôler le système de transcription des manuscrits byzantins en notation ronde et, en second lieu, la confrontation des deux traditions permet d'apprécier à quel degré la fidélité de la ligne mélodique s'est maintenue en Occident.

Ces deux aspects de la question ont été minutieusement examinés par le Professeur Egon Wellesz qui, après avoir relevé une remarquable concordance paléographique des deux traditions, estime en fin de compte que les variantes entre version italienne et version byzantine sont dues au développement parallèle d'une source commune qui nous ramènerait à l'église de Jérusalem.

Une comparaison analogue est possible pour le tropaire de saint Nicolas *Μύροις παροικήσας*. Le texte grec, très déformé, est surmonté d'une notation neumatique latine. La comparaison est donc beaucoup plus délicate. Ce tropaire est transcrit à la suite d'un office monastique de saint Nicolas sur un fragment de la Bibliothèque Nationale de Paris (lat. 17.177, fol. 50^{v}). Malgré bien des recherches, il n'a pas été possible de localiser avec précision l'office qui précède le tropaire. On sait seulement qu'il vient de la zone où la notation neumatique française était en usage.

C'est en effet en neumes français que le tropaire est noté: la comparaison peut se faire avec la mélodie byzantine par l'intermédiaire des deux tropaires idiomèles suivants: *Πάσαις προσβολαῖς* et *Πλοῦτον ἡδονῶν*.[3] Malgré l'incertitude tonale de la notation neumatique, la valeur relative du punctum (son plus bas que le précédent) et de la virga (son à l'unisson ou plus haut que le précédent) permet néanmoins de contrôler si la ligne mélodique du tropaire, tel qu'il a été noté en Occident, correspond approximativement à la mélodie byzantine.

Après analyse comparative, il n'est pas exclu que le tropaire, transcrit avec notation neumatique latine, ait gardé, non sans beaucoup de variantes, la teneur de la mélodie byzantine connue par les manuscrits grecs.

Rappelons ici pour mémoire la présence dans un manuscrit bénéventain du tropaire[4] *Πάσχα ἱερὸν* qui se chantait à Rome le jour de Pâques, suivant la prescription des anciens *Ordo* romains XI et XII. Dans le manuscrit VI 40 de Bénévent, la place a été prévue pour la notation latine, au-dessus du texte grec, mais les notes manquent: il n'y a pas d'espace prévu pour les mélismes, ce qui implique une mélodie syllabique.

Reste enfin la question des *enechemata* ou *apechemata*, c'est-à-dire les formules d'intonations propres à chaque mode. Ces formules apparaissent chez les théoriciens occidentaux et dans les tonaires du IXe au XIe siècle. Elles jouent un rôle semblable en Orient et en Occident: malgré les différences constatées de part et d'autre, les

[1] Christian Thodberg, *Der byzantinische Alleluiarionzyklus, Studien im kurzen Psaltikonstyl*: Monumenta Musicae Byzantinae, Subsidia, viii (Kopenhagen, 1966), pp. 168–95.

[2] Egon Wellesz, *Eastern Elements in Western Chant*, pp. 68–109.

[3] Nous devons la transcription de ces mélodies à l'obligeance du Prof. Ol. Strunk.

[4] Bénévent, Bibl. Cap. vi 40: cf. *Paléographie musicale*, xiv, p. 461.

formules conservées par l'Occident méritent un examen approfondi en raison de leur ancienneté.[1]

3. *Le troisième groupe de pièces transmises par les manuscrits occidentaux: le groupe des pièces bilingues*

Pour mieux suivre l'ordre des collections transmises par les manuscrits, nous distinguerons deux groupes: (*a*) les antiennes de la Purification et (*b*) les antiennes à la Croix.

(*a*) Les antiennes de procession du 2 février (fête de l'Hypapante ou Rencontre du Christ et de Siméon) *Adorna* et *Ave gratia plena* ont été conservées en grec et en latin dans le *Blandiniensis*, l'un des plus anciens manuscrits du Graduel grégorien, et dans l'Ordinaire de Metz. Mais tandis que, pour la première antienne, la comparaison était matériellement impossible, ainsi que nous l'avons vu, pour la seconde au contraire, nous pouvons placer en parallèle mélodie grégorienne et mélodie byzantine.[2]

La comparaison fait découvrir des similitudes notables. Tout d'abord, les deux pièces sont du IIIe mode plagal (cadences essentielles sur le *fa* ou sur le *do*). Ensuite même parallélisme de composition des deux côtés: une même mélodie sert pour l'intonation des deux premières incises grecques et une même mélodie — différente de la précédente — pour l'intonation des deux premières incises latines:

Κατακόσμησον . . .	Ad-orna thalamum tuum Si- on
καὶ ὑπόδεξαι . . .	et suscipe Re- gem Christum . . .

Ensuite, cadence à peu près identique des deux côtés sur le mot *Sion*:

Mais, si la mélodie byzantine a régulièrement traité le mot d'origine hébraïque *Sion* au moyen d'une cadence oxytonique, le compositeur grégorien, lui, a conféré à ce mot une accentuation paroxytonique, exactement comme *Christum* et *Mariam*. Ce traitement est d'autant plus étonnant que, dans les autres pièces du répertoire grégorien, le mot *Sion* est habituellement considéré comme oxyton, tout comme le mot *Saba* etc.

Une légère ondulation de la ligne mélodique byzantine sur *ἄσπασαι* se retrouve presque semblable sur *amplectere*. Mais serait-ce pour rompre avec le parallélisme un peu monotone de la pièce byzantine, qui garde la même mélodie pour les 5e et 6e incises (*ἄυτη γὰρ . . . ἀνεδείχθη* et *αὕτη βαστάζει . . . δόξης*) que l'adaptateur latin aurait rayé de sa traduction la première de ces deux incises?

[1] J. Raasted, *Intonation Formulas and Modal Signatures in Byzantine Musical Manuscripts*: Mon. Mus. Byz. Subsidia, vii, pp. 154–8. La question des formules en Occident sera reprise dans ma thèse sur les tonaires latins (1967).

[2] Transcription du Professeur Egon Wellesz (5 février 1950).

L'*Adorna* latin n'est pas une composition grégorienne normale: son style tranche trop sur le reste du répertoire. L'explication de ce style très particulier est à chercher dans la source qui a inspiré le compositeur occidental: la mélodie byzantine de *Κατακόσμησον* qui appartient à une fête que l'Occident a empruntée à l'Orient.

(*b*) C'est également dans les pièces bilingues à la sainte Croix que nous retrouvons plusieurs points de contact entre Orient et Occident: il est assez curieux d'observer que, ici encore, il s'agit de pièces qui se chantent au cours d'une cérémonie que plusieurs églises, dont celle de Rome, empruntèrent aux églises d'Orient.

La plus remarquable des pièces chantées au cours de l'Adoration de la Croix est l'antienne *O quando in cruce*, dont nous avons parlé plus haut. Elle a gardé sans modification notable la mélodie de l'original byzantin.

Il faut également mentionner l'antienne *Salva nos Christe Salvator*, traduction d'un texte qui figure dans les imprimés, mais dont la mélodie n'a pas encore été retrouvée.

D'autres pièces à la Croix, également traduites du grec (*Crucem tuam*, *Adoramus crucem*, *Laudamus te Christe*), sont à rapprocher des pièces ambrosiennes du même genre et seront étudiées plus loin.

II

PIÈCES LATINES TRADUITES DU GREC

L'étude des pièces latines traduites du grec pourrait se diviser, pour des raisons de logique, en deux catégories: pièces latines dont le modèle grec est conservé — pièces dont l'original est perdu. Mais cette classification présente l'inconvénient de diviser en deux séries des pièces qui forment un groupe homogène. La voie la plus directe est donc de prendre les pièces dans l'ordre même de la tradition:

1. *Pièces grégoriennes du Cycle de Noël*

La séquence *Grates nunc* d'origine allemande, qui se chantait à Noël (le plus souvent à la Messe de l'Aurore), est la traduction d'un *οἶκος* du Kontakion de Noël composé par Romanos le Mélode.[1] La mélodie ne présente pas la coupe habituelle ni les cadences amenées par le grave (*do-ré-ré* ou *fa-sol-sol*, etc.) normales dans les séquences. Il est malheureusement difficile, voire impossible, de savoir si la mélodie latine a subi l'influence de la mélodie byzantine.

Dans le cycle de la Nativité, les antiennes de la Circoncision occupent une place distincte, tant à cause de leur texte que de leur mélodie. Le texte de ces pièces paraît, bien que l'original soit perdu, traduit du grec.

Presque toutes se terminent en effet par l'ephymnium caractéristique de l'hymnologie byzantine (*Gloria tibi Domine*, . . . *te laudamus Deus noster*, etc.). Peut-être ces antiennes sont-elles du Ve siècle, mais de toute façon postérieures au Concile de Chalcédoine de 451.

La troisième de ces antiennes, *Rubum quem viderat*, est vraisemblablement traduite du grec, en raison de la typologie qu'elle expose: le buisson ardent, pour les Pères latins, est une image de la Trinité, tandis que chez les Pères d'Orient il symbolise la virginité de la Théotokos. Sa composition mélodique tranche quelque peu sur les modèles habituels du 4e mode grégorien, notamment par sa récitation archaïque sur le *sol*, dans le premier membre.

L'antienne *Magnum hereditatis mysterium* semble bien, tant en raison de la

[1] W. von den Steinen, *Notker der Dichter*, i (Bern, 1948), p. 562.

présence de l'ephymnium que d'une faute de grammaire,[1] traduite du grec. Sa mélodie, avec montées et descentes par degrés conjoints, se distingue nettement des modèles d'antiennes grégoriennes normales.

Mais il y a mieux: l'antienne du *Benedictus*, *Mirabile Mysterium*, est la traduction d'un stichère qui a lui-même puisé la substance doctrinale de son texte dans un Discours de Saint Grégoire de Nazianze. Comme la mélodie du stichère est déchiffrable, une comparaison des mélodies byzantine et latine est possible.

Les deux mélodies sont du même mode (IVe plagal) et donc commencent et finissent de la même manière. Sur *hodie*, malgré le renversement des neumes, la cadence est identique de part et d'autre. Par ailleurs, chaque mélodie évolue suivant le génie de son propre langage musical. La mélodie byzantine met l'accent sur les deux natures (*φύσεις*) et sur le changement de l'Incarnation, tandis que la mélodie latine souligne l'absence de confusion de ces deux natures.

Le mot d'imitation n'a aucun sens dans le cas de cette antienne. Il n'est cependant pas douteux que le compositeur latin a dû entendre la mélodie byzantine avant de composer son antienne: il y a dans les deux pièces un même esprit, une même veine d'inspiration.

En résumé, les antiennes de la Circoncision font partie d'un très ancien groupe de pièces byzantines traduites en latin: si les mélodies latines — d'une incontestable valeur esthétique — tranchent sur les modèles (*patterns*) grégoriens habituels, c'est probablement parce qu'elles sont antérieures à la révision grégorienne du VIII–IXe siècle.

Il est possible qu'elles soient d'origine gallicane et même que le compositeur ait, dans une certaine mesure, tenté d'imiter la mélodie byzantine. Ces mélodies gallicanes auront été par la suite quelque peu retouchées, afin d'être alignées sur le reste du répertoire grégorien, sans perdre pour autant leur saveur très particulière.

A l'Épiphanie, un cycle de pièces célébrant le Baptême du Christ au Jourdain — les antiennes *Veterem hominem* — a été traduit du grec, pour satisfaire un désir de Charlemagne, en 802. Les antiennes *Veterem* et *Caput* sont la traduction de deux des hirmoi du Canon d'André de Crète pour l'Épiphanie. Quant à l'antienne *Te qui in spiritu* elle est, du moins au début, tirée d'un stichère de procession attribué à Cosmas de Jérusalem. En outre, toute la série a été conservée dans une version arménienne.

Suivant les *Gesta Caroli*, Charlemagne avait expressément demandé que le texte latin soit adapté sur la mélodie byzantine chantée par les moines grecs de l'ambassade byzantine: *ut ipsam materiam in eadem modulatione redderet*.[2]

Les antiennes latines sont toutes du 7e mode et sont construites sur un schéma identique, caractérisé par la quinte d'intonation *sol-ré*, immuablement placée sur le premier accent tonique. Or la mélodie byzantine est bien du même mode (*ἦχος τέταρτος*), mais on ne saurait prétendre qu'elle a été servilement copiée. On retrouve une seule fois, dans le cas du stichère *Σὲ τὸν ἐν πνεύματι* le même type d'intonation. Si les cadences sont identiques de part et d'autre, l'envolée qui culmine au sol supérieur (*natu*ram quae *corr*up*ta*), courante en grégorien, n'a pas été empruntée à la composition byzantine. En fait, le compositeur latin n'a pas adapté

[1] *Ex ea* se référant à *uterus*: le traducteur a servilement transposé le grec *ἐξ αὐτῆς* par *ex ea*, se référant à *κοιλία*, au lieu d'accorder le genre. Quelques manuscrits ambrosiens et grégoriens ont la leçon rectifiée *ex eo*.

[2] Sur ces antiennes, voir les études de J. Handschin (*Annales musicol.*, ii, 1954, p. 27 et seq.), de J. Lemarié (*Ephemerides liturgicae*, lxxii (1958), pp. 3–38), et surtout d'O. Strunk, 'The Latin Antiphons for the Octave of the Epiphany', *Mélanges Ostrogorsky*, ii (1964), pp. 417–26.

note par note son modèle: il s'en est librement inspiré, tout en le suivant de près.

Une autre série de pièces que l'on rencontre au cours du Cycle de la Nativité et aux autres périodes de l'année liturgique est le groupe d'antiennes commençant par *Σήμερον* en Orient et par *Hodie* en Occident. Ces pièces, qui résument le mystère de la fête célébrée, sont bien connues: il convenait cependant de mentionner que la similitude de part et d'autre n'est pas seulement d'ordre textuel, mais encore d'ordre musical:

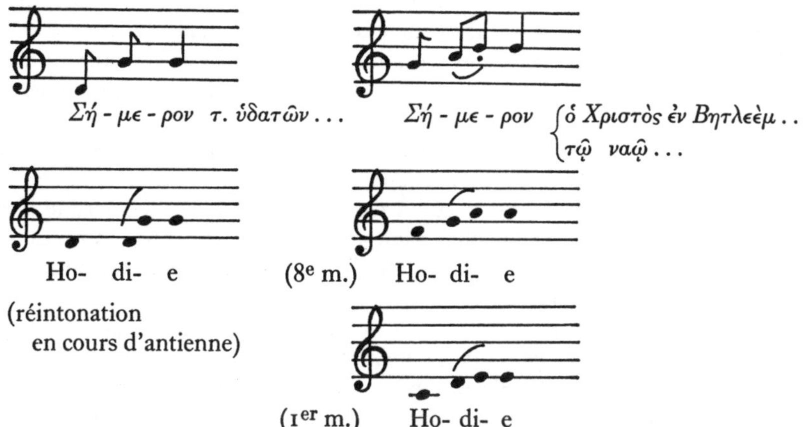

Ces parallélismes ne sont pas purement fortuits, car c'est une loi de composition, dans les répertoires liturgiques anciens, qu'à l'intérieur de chaque répertoire, un même mot, repris dans deux pièces assez éloignées l'une de l'autre, attire la même mélodie. Mais ici, c'est d'un répertoire à un autre que l'imitation s'est faite!

Plusieurs antiennes de la fête du 2 février, nous l'avons vu plus haut, offrent des points de contact entre Orient et Occident. D'autres pièces en l'honneur de la Théotokos semblent bien, elles aussi, d'origine orientale. Certaines, mais non toutes, appartiennent à la fête de la Purification. Ainsi, l'antienne *En Christi Genitrix* qui figure à la procession du 2 février dans le graduel aquitain de Gaillac (Paris, B.N. lat. 776, f° 26v). La pièce est peut-être d'origine gallicane, mais comme pour les antiennes de la Circoncision étudiées plus haut, une traduction du grec n'est pas exclue, si on en juge par le style littéraire.

2. *Pièces de la Semaine sainte*

Plusieurs pièces occidentales de la Semaine sainte sont traduites du grec: la première, dans l'ordre liturgique, est l'antienne de procession des Rameaux *Introeunte te*, traduction du tropaire hagiopolite *Εἰσερχομένου σου*, attesté déjà au IXe siècle.

Cette pièce ne fait pas partie du fonds grégorien ancien. Elle est transmise par la tradition hispanique et par la tradition gallicane: mais ni l'une ni l'autre de ces traditions ne semble tributaire de la mélodie byzantine. Ceci s'explique, car la version aquitaine ne découle pas directement de la pièce byzantine, mais seulement par l'intermédiaire de l'antienne hispanique dont la mélodie est malheureusement inconnue faute de manuscrit diastématique.[1]

Même remarque négative pour le chant des *Makarismoi*, assignés au dimanche des Rameaux par la liturgie hispanique: le texte des Béatitudes est bien emprunté à

[1] *Hispania Sacra.*

l'Orient, mais la mélodie ne doit rien, à première vue, à ces mêmes sources auxquelles le texte a été puisé.[1]

Un des répons de la Semaine sainte, le ℟ *Vadis propitiator*, est tiré d'un Kontakion de Romanos le Mélode. Le texte latin, extrait partiel du 4e oikos, se retrouve sous forme de répons, avec des variantes textuelles propres et avec cinq mélodies différentes dans la tradition occidentale. Une dépendance à l'égard de la mélodie originale du Kontakion — malheureusement inconnue — reste très problématique.

Cette remarque est encore plus valable pour le répons *Una hora* dont le texte est en partie extrait de la 6e antiphone du Vendredi saint *Κύριε ἐπὶ τὸ πάθος*: il est évident que sa mélodie, entièrement centonisée au moyen de formules ornées du 7e mode, ne doit rien à la mélodie byzantine de caractère presque entièrement syllabique.

Pour l'Adoration de la Croix, au Vendredi saint, nous trouvons dans les manuscrits de la région de Ravenne et de la zone bénéventaine — toutes deux en contact avec Byzance — des pièces gréco-latines du plus haut intérêt. D'abord le tropaire *Ὅταν τῷ σταυρῷ*, déjà étudié plus haut, ainsi que 4 antiennes. Ces dernières pièces se retrouvant à Milan, nous les étudierons plus loin avec les autres pièces ambrosiennes traduites du grec.

Un autre genre de pièce bilingue se trouve également conservé dans la liturgie du Vendredi saint: le très ancien Trisagion (*Agios o Theos*) qui se chante alternativement en grec et en latin. Cette pièce ne figure pas dans les plus anciens manuscrits grégoriens: elle est entrée dans la liturgie romaine, par l'intermédiaire des liturgies gallicanes qui l'auraient empruntée à l'Espagne au cours du VIe siècle. Mais dans quelle mesure, au cours de ces transferts successifs, la mélodie a-t-elle conservé la teneur de l'original?

3. *Pièces diverses*

Sous cette rubrique ont été regroupées quelques pièces qui n'appartiennent ni au cycle de Noël ni à celui de la Semaine sainte.

On y trouve d'abord l'apolyktion du 8 septembre *Ἡ γέννησίς σου* traduit en latin à l'occasion de l'introduction en Occident de la fête byzantine de la Nativité de la Vierge. La comparaison des mélodies offre un curieux rapprochement: la semi-cadence trois fois répétée (sur *annuntia*vit, *justiti*ae et *no*bis) la-sol-fa-mi-ré, qui n'est pas habituelle en grégorien, est semblable au mélisme de la formule d'intonation byzantine du *protos*.[2]

Une autre antienne à la Vierge *Sub tuum presidium* est la traduction d'une pièce grecque déjà attestée par un papyrus du IVe siècle: *Ὑπὸ τὴν σὴν εὐσπλαγχνείαν*. Pour ce texte, dont nous ne connaissons pas la mélodie byzantine ancienne, il existe trois versions latines indépendantes, chacune avec une mélodie différente: une ambrosienne, une bénéventaine, une 'grégorienne'.

Voici maintenant une liste de pièces auxquelles manquent, d'un côté ou de l'autre, la mélodie et pour lesquelles, par conséquent, aucune conclusion positive ne saurait être tirée.

L'hymne *Te decet laus*, prescrite par la *Regula Benedicti*, est une traduction d'une hymne très ancienne figurant déjà dans les *Constitutions Apostoliques*. La

[1] M. Huglo, 'Le chant des Béatitudes dans l'ancienne liturgie hispanique', *Miscelánea Férotin* (Barcelona, 1965), pp. 135–40.

[2] J. Raasted, *Intonation Formulas* . . . , p. 160, en note. La mélodie proposée par U. Gaisser ('Die Antiphon *Nativitas tua* und ihr griechisches Vorbild', *Riemann-Festschrift*, 1909, pp. 154–65), est 'moderne'.

mélodie orientale est inconnue; en Occident, on rencontre trois mélodies différentes.[1]

L'hymne Φῶς ἱλαρὸν a été traduite en latin à une époque relativement récente.[2] La mélodie adaptée au texte latin *Lumen hilare* est moderne et n'a donc pour nous aucun intérêt.

De même, aucune mélodie n'existe pour la traduction latine des tropaires en l'honneur de saint Denis, exécutée au XIIe siècle, probablement par Guillaume de Gap, abbé de Saint-Denis.[3] Faute d'entreprendre une comparaison mélodique, il serait intéressant de rechercher dans quelle collection grecque le traducteur a trouvé ces tropaires.

Cette liste de pièces diverses s'achève par un cas de parallélisme mélodique assez curieux, relevé sur deux pièces qui n'ont entre elles aucun lien textuel: il s'agit de l'acclamation *Ad multos annos* (Πολλὰ τὰ ἔτη), dont la mélodie a servi de modèle au Kyrie XIV de l'Edition Vaticane,[4] qui se trouvait déjà diffusé dans toute l'Europe dès le Xe siècle.

4. *Pièces ambrosiennes*

Le répertoire ambrosien, en usage dans l'église de Milan, compte un certain nombre de pièces traduites du grec. Nous les avons déjà étudiées en 1956 dans notre enquête sur les sources du chant ambrosien,[5] où elles sont classées suivant la nature de la pièce liturgique grecque originale.

Plutôt que de reprendre ce classement par genre littéraire, nous suivrons un ordre adopté précédemment pour l'examen des pièces grégoriennes:

(*A*) Pièces ambrosiennes dont l'original grec est perdu ou dont la mélodie byzantine est inconnue: Dans ce premier groupe, nous trouvons le ℟. *Vadis propitiator* et l'antienne *Sub tuam misericordiam*, examinés plus haut.

Comme cette dernière antienne, le transitorium du jour de Noël *Gaude et laetare* (*Ant. Med.* p. 47) est également traduit d'un Theotokion du Ve ou VIe siècle.

Parmi les transitoria, nous relevons deux pièces dont le texte est probablement une traduction du grec: *Multitudo angelorum* (*Ant. Med.* p. 439) et *Corpus Domini accepimus* (ibid., p. 320).

(*B*) Pièces où la comparaison musicale est possible: L'antienne ambrosienne *Dicant nunc Judaei* est la traduction d'un stichère du 2e ton de l'Octoechos dominical dont l'ephymnium a été remplacé par deux alleluia. Il est assez curieux de constater que le traducteur a tenu à maintenir dans le texte latin le même nombre de syllabes que dans le grec. Quant à la mélodie ambrosienne, elle a pénétré dans plusieurs manuscrits grégoriens et en particulier dans un Jeu pascal assez répandu dans les manuscrits de l'Italie du Nord, de l'Autriche et de l'Allemagne du Sud.

Il existe une autre mélodie pour cette antienne, une mélodie du 2e mode, qui joue le rôle de verset de l'antienne de procession *Christus resurgens*: on la trouve dans les manuscrits du Processionnal.

[1] Ces mélodies se trouvent dans les livres liturgiques bénédictins: la troisième, en 'vieux romain', est éditée seulement dans *Ambrosius*, xxxi (Milano, 1955), p. 93, d'après quelques mss. de l'Italie du Sud.

[2] Cette traduction se trouve dans le ms. bilingue Vatic. gr. 1070 (fol. 192) de l'an 1291: cf. Pitra, *Analecta sacra*, i (1876), p. lxxii.

[3] Cf. J. Handschin, *Annales musicol.*, ii, 1954, pp. 48–49, qui étudie les textes de Paris B.N. nouv. acq. lat. 1509 (XIIIe s.), f. 153–60.

[4] Les deux mélodies sont mises en parallèle dans *Revue grégorienne*, xxx (1951), p. 36; voir aussi Egon Wellesz, *History of Byzantine Music* (éd. 2, Oxford, 1962), p. 121.

[5] 'Fonti e paleografia del canto ambrosiano', *Archivio ambros.*, vii (Milano, 1956), pp. 117–123. Les mélodies se trouvent dans l'*Antiphonale Missarum . . . Mediolanensis* (1935), cité *Ant. Med.*

Quelle est, de ces deux versions, ambrosienne et grégorienne, celle qui se rapproche le plus de la mélodie byzantine? Apparemment, en s'en tenant à la comparaison des cadences, c'est la mélodie ambrosienne: cependant, les divergences sont par ailleurs trop nombreuses pour affirmer qu'il y a dépendance de l'une à l'égard de l'autre.[1]

L'antienne double *Simon dormis*, avec son verset, est un extrait de la 6e antiphone du Vendredi saint *Κύριε ἐπὶ τὸ πάθος*,[2] tout comme le répons grégorien *Una hora*: mais la pièce ambrosienne est un extrait trop bref pour offrir quelques liens de dépendance musicale avec la mélodie byzantine, bien qu'il y ait de part et d'autre plusieurs cadences identiques.

C'est dans le domaine des traductions intégrales qu'il y a le plus de chances de déceler des relations mélodiques entre Est et Ouest. Trois pièces importantes rentrent dans cette catégorie: l'ingressa *Videsne Elisabeth*; le transitorium *Laetamini justi* et enfin l'antienne après l'Évangile *Coenae tuae*.

La mélodie de l'ingressa ambrosienne *Videsne Elisabeth* (*Ant. Med.* p. 25) offre des points de comparaison précis avec la mélodie byzantine:[3] on note de part et d'autre une récitation sur le *sol* au cours des trois mots du début *cum Dei Genitrice*. Mais Milan orne la finale du mot *Maria* d'une descente mélismatique que l'on ne trouve pas dans l'original byzantin, presque entièrement syllabique. Par contre, sur le mot *ego*, à la fin, on constate, à l'Est comme à l'Ouest, un semblable développement mélodique qui n'a rien de fortuit.

On relève encore de part et d'autre le même intervalle de quarte pour l'intonation de *Tu enim regnatorem*. Enfin, il faut noter dans la mélodie ambrosienne ce procédé de répétition d'intonation qui amplifie le procédé byzantin faisant entonner les incises correspondantes par un saut de quinte:

Cependant, la cadence ambrosienne classique remplace habituellement la cadence byzantine sur *sol*: c'est là un procédé constant du chant milanais qui, lorsqu'il emprunte un thème mélodique à un répertoire étranger, substitue aux cadences du modèle sa formule cadencielle propre.[4]

Dans le transitorium *Letamini justi* (*Ant. Med.* p. 78), traduction d'un stichère des Ainoi (Ps. 148–150) de Noël, ce procédé de substitution des cadences se remarque encore sur le mot *incarnatum*. Par ailleurs, il est évident que la mélodie ambrosienne

[1] Telle était l'opinion de J. Handschin (*Annales musicol.*, ii (1954), pp. 47–48) qui utilisait une transcription du P. di Salvo. Nous avons comparé avec une transcription du Prof. O. Strunk, basée sur Milan, Ambros. S. 28 sup. (733).

[2] Mélodie du IIIe plag. transcrite par Egon Wellesz, *Eastern Elements*, p. 46.

[3] Transcription d'Egon Wellesz (1950).

[4] 'Fonti e paleografia', p. 132.

a suivi le modèle de la mélodie byzantine,[1] notamment au début, tout en la développant quelque peu:

1. Εὐ- φραί- νε- σθε δί-και-οι, οὐ- ρα-νοί
3. Παρ- θέ- νος κα- θέ-ζε-ταί . . .
Lae- ta- mi- ni jus- ti, coe- li . . .
Vir- go se-de-bat . . .

Les cadences byzantines identiques sur ἀγαλλίασθε, μιμουμένη et sur λέγουσιν ont été remplacées par une même cadence ambrosienne par clivis sur la syllabe finale. Par contre les cadences identiques de θαυμάζουσι et προσφέρουσιν ont été remplacées par une cadence suspensive sur *offerunt*. Enfin, les réintonations Ποιμένες, Μάγοι, Ἄγγελοι sont identiques dans l'ambrosien, quoique un peu plus ornées. Ces passages d'une frappante similitude n'impliquent pas qu'il y a eu imitation servile: le compositeur occidental ne s'est pas astreint à suivre son modèle. Il s'en est librement inspiré, enrichissant ici la mélodie syllabique du modèle (par exemple sur *coeli . . . Cherubim . . . angeli*) ou au contraire en l'allégeant pour conférer à la ligne d'ensemble une coupe et un équilibre conformes au genre musical ambrosien. En somme, le compositeur ambrosien s'est comporté vis-à-vis de son modèle byzantin comme à l'égard des autres sources dont il disposait: il les utilise, mais en les remodelant.

Une troisième pièce traduite du grec est affectée à la liturgie du Jeudi saint: l'antienne après l'évangile *Coenae tuae* (*Ant. Med.* p. 170). Elle a fait l'objet d'une confrontation très détaillée avec le Τοῦ δείπνου σου,[2] qui dans les manuscrits byzantins et slavons de l'Asmatikon a vu sa mélodie s'enrichir en mélismes, à partir d'une version plus simple, mais actuellement inconnue, composée pour le tropaire primitif à l'époque de Justin Ier (518–527): or, c'est précisément la mélodie ambrosienne qui, suivant K. Levy, reflète le mieux la teneur primitive de l'antique composition.

Au Vendredi saint, nous trouvons trois pièces pour l'adoration de la Croix dont le texte est traduit du grec: les antiennes *Crucem tuam*, *Adoramus Crucem*, *Laudamus te Christe* (*Ant. Med.* pp. 181–2). Chose curieuse, ce sont les manuscrits de l'Italie du Sud qui nous transmettent le texte grec de ces trois pièces, sous forme d'antiennes gréco-latines. Ces pièces ont dû probablement disparaître des manuscrits grecs lorsque l'Eglise byzantine abandonna l'usage de l'adoration de la Croix le Vendredi saint.[3] La première cependant est conservée sous deux formes mélodiques assez ornées par quelques manuscrits grecs. Voici la comparaison des textes:

[1] J. D. Petresco, *Les idiomèles . . . de Noël* (Paris, 1932), p. 96. Autre transcription du Prof. O. Strunk, basée sur Koutloumousi 412.

[2] K. Levy, 'A Hymn for Thursday in Holy Week', *Journal of the American Musicological Society*, xvi (1963), pp. 127–75.

[3] A. Rücker, 'Die *Adoratio Crucis* im Karfreitag in der oriental. Ritus', *Miscellanea L. C. Mohlberg* (Roma, 1949), p. 391.

Laura I 185	Milan Bénévent	Grégorien
Τὸν σταυρόν σου	Crucem tuam	Crucem tuam
προσκυνοῦμεν	adoramus	adoramus
δέσποτα	Domine	Domine
καὶ τὴν ἁγιάν σου ἀνάστασιν	et sanctam resurrectionem tuam	et sanctam resurrectionem tuam
δοξάζομεν	glorificamus	laudamus et glorificamus
	add. BÉNÉVENT:	
	Venite gentes, adoremus . . .	
		ecce enim . . . *etc.*

Le texte ambrosien traduit correctement le texte grec des manuscrits byzantins. Bénévent ajoute (en grec et en latin) un ephymnium. Le texte grégorien est peut-être le témoin d'un tropaire plus long, aujourd'hui disparu de la tradition orientale. Au point de vue musical, on constate que Milan et Bénévent (gréco-latin) sont neumatiquement identiques, mais présentent quelques différences mélodiques: Milan prend le *sol* comme teneur et s'achève sur le *ré*; Bénévent (gréco-latin) a le *la* comme corde de récitation et finit en *mi*.

L'intonation milanaise est identique à l'intonation du manuscrit grec (première des deux mélodies):[1]

Τὸν σταυ- ρόν σου προσκυ-νοῦμεν . . .
Cru- cem tu- am a- do- ra-mus . . .

La mélodie byzantine devient ensuite mélismatique: elle a dû se développer à partir d'une mélodie plus simple conservée par les manuscrits bénéventains et dont il ne reste que l'intonation comme témoin.

Pour l'antienne *Adoramus crucem tuam*, nous possédons deux sources occidentales: la mélodie grecque est donnée par une source bénéventaine et par une source ravennate.[2] Fait remarquable, c'est de la version bénéventaine, pourtant plus éloignée géographiquement, que Milan se rapproche davantage. Ce n'est pourtant pas en Italie du Sud que les compositeurs milanais ont été chercher leur inspiration! Il est probable que Milan a emprunté son modèle à une tradition non déformée de l'Italie du Nord. Cet emprunt serait donc bien antérieur au XIe siècle, date du manuscrit de Modène.

Les antiennes gréco-latines pour l'adoration de la Croix sont suivies dans les manuscrits bénéventains par une pièce gréco-latine *Δόξα ἐν ὑψίστοις Θεῷ* terminée par un triple alleluia,[3] car elle est affectée au dimanche de Pâques. A Milan, la

[1] Transcription d'O. Strunk, d'après Laura I 185 (cf. *Mon. Mus. Byz.*, vi, fol. 181v).
[2] Bénévent VI 40 (*Paléogr. Music.* xiv, p. 310) et Modena, B. Cap. I 7 ('Fonti et paleografia', p. 121).
[3] *Paléogr. Music.* xiv, p. 433; Egon Wellesz, *Eastern Elements*, p. 141.

traduction latine *Gloria in excelsis* sert d'antienne *ante Evangelium* pour le jour de Noël (*Ant. Med.* p. 43). La mélodie ambrosienne est visiblement dépendante de la mélodie gréco-latine transmise par les manuscrits de l'Italie du Sud, notamment sur les deux derniers alleluia.

Comme pour les antiennes à la Croix, nous sommes donc en présence d'une pièce très ancienne disparue en Orient avant la transcription et la fixation du répertoire, mais que l'Occident a sauvegardée avec sa teneur musicale et dans sa langue originale.

Si maintenant nous essayons de faire le bilan de notre enquête pour en tirer les conclusions valables sur les rapports Est-Ouest au point de vue musical, nous pouvons dégager les points suivants:

Pour les textes grecs conservés en grec par les manuscrits occidentaux, la mélodie originale semble en général assez bien conservée: on a pu le vérifier lorsqu'un contrôle était possible, par exemple pour un cas très net, le tropaire *Ὅταν τῷ σταυρῷ*.

On peut en inférer, dans les autres cas où un contrôle par les manuscrits grecs est impossible, que les mélodies des textes grecs, conservées seulement par les manuscrits d'Occident, ne sont pas des faux. Leur authenticité peut être parfois présumée, sinon prouvée, grâce à des indices relevés au cours de l'analyse musicale de la pièce, ou au cours de comparaisons avec des mélodies plus récentes. Tel est le cas du *Sanctus* grec.

Malheureusement, pour plusieurs de ces pièces — tel le Cheroubicon — nous n'avons que des manuscrits neumatiques et toute traduction diastématique est impossible. L'état ancien de ces mélodies permet cependant d'analyser les transformations, développements, enrichissements du chant byzantin après la période qui vit la pénétration de ces pièces en Occident.

Les pièces latines traduites du grec ne sont pas toujours tributaires de la mélodie byzantine qui ornait l'original. Les exemples de dépendance musicale se présentent en effet dans deux cas bien définis: (*a*) lorsque le texte latin est la traduction intégrale (ou presque intégrale) de la pièce grecque (à l'inverse, lorsque la pièce latine n'est qu'un bref extrait ou un centon de texte grec, pas de rapport musical entre la mélodie de l'original et la mélodie occidentale); (*b*) les rapports musicaux semblent encore plus étroits lorsque la pièce appartient à un office ou à une fête officiellement adoptée par l'Occident par imitation de l'Orient: tel est, par exemple, le cas de la série *Veterem hominem* ou celle des antiennes de l'Hypapante.

L'étude des rapports musicaux Est-Ouest ne devrait pas se limiter à la comparaison des pièces communes aux répertoires orientaux et occidentaux. Il faudrait également tenir compte des formules d'intonation ou de cadences communes aux deux répertoires. Ainsi, pour le premier mode, on rencontre à l'Est comme à l'Ouest la quinte d'intonation *ré-la* placée sur la première syllabe tonique. Plusieurs formules cadencielles sont communes à l'Est et à l'Ouest, celles-ci par exemple:

C'est le choix des formules, reliées entre elles par des incises de liaison, qui définit chaque mode, au point de vue composition. Peut-être, selon le jugement du professeur Wellesz, 'les mélodies orientales sont moins variées dans leur construction et dans leur détail que leurs parallèles, les mélodies grégoriennes'. Il n'en reste pas moins que la parenté entre l'ancien chant byzantin et le chant dit grégorien s'est un peu mieux révélée au cours de l'enquête précédente et que les deux répertoires peuvent être considérés comme deux dialectes d'un même langage musical: celui du bassin méditerranéen, l'Octoechos.

Le chant ambrosien a, lui aussi, adapté librement un certain nombre de pièces fort anciennes du chant byzantin: il semble que ces adaptations ont été faites à une époque plus reculée que celle où furent traduites les pièces recueillies par le grégorien. Il n'est pas impossible que Milan ait emprunté ces chants aux sources syro-palestiniennes, comme certains de ses usages liturgiques, plutôt qu'au répertoire des églises de Byzance; d'autres pièces ont pu venir de Byzance par Ravenne ou par la Péninsule. Enfin, le répertoire hispanique a, lui aussi, puisé aux sources palestiniennes (cas de l'antienne *Introeunte te*).

Cependant, il est très difficile lorsqu'on entreprend des comparaisons entre répertoires, de tirer des conclusions définitives, étant donné que les termes de la comparaison ne sont pas absolument identiques: nous comparons en effet une version occidentale fixée quasi immuablement depuis le IXe siècle à l'une des versions grecques qui ont circulé en Orient. Parfois nous suivons un manuscrit grec dérivé d'une tradition revue à Byzance même: mais si nous avions pu atteindre un témoin issu de la tradition syro-palestinienne, n'aurions-nous pas décelé des liens plus étroits entre les pièces comparées?

En somme, on ne saurait formuler un principe général ou une 'loi' qui permettrait de rendre compte de tous les cas particuliers considérés: il s'agit pour chaque pièce, ou pour chaque groupe de pièces, d'un cas d'espèce. Ces pièces grecques conservées par l'Occident ou les pièces latines traduites du grec sont comme des jalons dans la formation et le développement de chaque répertoire: elles ne leur confèrent pas une note d'exotisme — tel un chant étranger dans le folklore d'un répertoire populaire — mais témoignent de l'unité culturelle et spirituelle dans laquelle fusionnaient l'Est et l'Ouest.

XVI

La mélodie grecque du « Gloria in excelsis » et son utilisation dans le Gloria XIV

« Marie mit au monde son Fils premier-né, l'enveloppa de langes et le coucha dans une crèche.. Une troupe de la milice céleste louait Dieu en disant : Gloire dans les hauteurs à Dieu! Et sur la terre, paix! Bienveillance pour les hommes! »

Très tôt l'Eglise chrétienne répète l'hymne entonnée par les anges et la prolonge par la louange des Divines Personnes de la Sainte Trinité. C'est la Grande Doxologie. Cette hymne antique rappelle par son lyrisme et sa forme littéraire les doxologies des épîtres pauliniennes ou des écrits des Pères apostoliques. Aussi s'est-on parfois demandé si Pline ne faisait pas allusion au chant de la Grande Doxologie, quand il dénonçait à Trajan, vers 112, le cantique des chrétiens de Bithynie « adressé au Christ comme à un Dieu ».

Notre hymne peut remonter en effet au IIe siècle et son antiquité lui a valu l'honneur, dès le siècle suivant, d'être mise sur le même rang que les cantiques scripturaires de l'Office du matin ou *orthros*. Le texte a subi, entre cette époque reculée et les premières transcriptions conservées, plusieurs retouches qui varient selon les Eglises. Par des comparaisons avec les écrits des premiers siècles, le R. P. Lebreton [1] a pu déceler les passages probablement ajoutés. Ces additions ont été faites en réaction contre les hérésies contemporaines. A l'aide de ces remarques, et partant du principe que les incises communes à *toutes* les liturgies orientales et occidentales appartiendraient au texte primitif, il est possible de retrouver la teneur de l'original. En voici la traduction :

Gloire à Dieu dans les hauteurs ;
Paix sur la terre ;
Aux hommes, bienveillance.
Nous te louons, nous te bénissons, nous t'adorons.
Nous te rendons grâces à cause de ta grande gloire,
Seigneur, roi céleste,
Dieu Père tout-puissant.
Seigneur Dieu, Agneau de Dieu, Fils du Père,
Toi qui effaces les péchés du monde, aie pitié de nous ;
Toi qui effaces les péchés du monde, écoute notre supplication ;
Toi qui sièges à la droite du Père, aie pitié de nous :
Car tu es seul Saint,
Tu es seul Seigneur,
Jésus-Christ
Dans la gloire de Dieu le Père. Amen.

La louange s'adresse d'abord au Père, puis au Fils; l'omission du Saint-Esprit ne doit pas surprendre : il faut se souvenir que les anciennes doxologies ne nomment pas toujours les Trois Personnes de la Sainte Trinité. De même le Symbole de Nicée s'accrut d'un complément sur la doctrine du Saint-Esprit, bien après sa composition, lorsque l'hérésie macédonienne fit son apparition. Le R. P. Lebreton suppose que le *Gloria in excelsis* fut aussi complété sur ce point, en protestation contre la même erreur.

Cette hypothèse a l'avantage d'expliquer la place variable occupée par l'addition concernant la Troisième Personne dans les diverses recensions de la Grande Doxologie. Les textes grecs font figurer cette

[1] *La forme primitive du Gloria in excelsis* dans *Recherches de Sciences religieuses*, 13 (1923), p. 322-329. On trouvera dans A. Jungmann, *Missarum solemnia I*, (1948), p. 429-444, la bibliographie concernant le *Gloria in excelsis*. Il faut y ajouter A. Gastoué, *La Grande Doxologie* (*Revue de l'Orient chrétien*, 4 (1899), p. 280-290), Dom B. Capelle, *Le texte du Gl. in exc.* dans *Rev. Hist. Eccl.* 44 (1949), p. 439-457.

addition au milieu, aussitôt après l'invocation à Jésus-Christ, tandis que notre texte romain la rejette à la fin.

Cette divergence textuelle n'est pas la seule qui oppose les anciennes liturgies orientales et la liturgie romaine. Il faut tenir compte aussi de la place assignée à notre hymne dans la prière canonique. Tandis que tout l'Orient récite le *Gloria in excelsis* à l'Office du matin, Rome le réserve pour la seule synaxe eucharistique. Cet usage romain est attesté dès le VIe siècle par le *Liber Pontificalis*.

Le même document affirme que la coutume de chanter l'Hymne angélique à la messe de Minuit fut introduite par la Pape saint Télesphore († 136), affirmation manifestement erronée puisque la fête de Noël ne fut instituée que deux siècles plus tard, vers 335. N'y aurait-il pourtant pas un fondement quelconque à cette assertion? La langue grecque comme langue liturgique est abandonnée par Rome vers 375 [1], soit un peu moins d'un demi-siècle après l'introduction de la fête de Noël. Le *Gloria* en langue grecque, *Doxa en ypsistis Theo*, que l'on trouve assigné précisément à la fête de Noël dans les manuscrits latins, n'est-il pas un vestige de la liturgie alors célébrée en langue grecque? On serait tenté de le croire et de conclure avec l'auteur anonyme du *Speculum Ecclesiæ*, que l'on chantait « le *Gloria* en grec selon un antique usage de l'Eglise de Rome, au service de laquelle des Grecs ainsi que des Latins étaient attachés » [2].

A l'aide des documents connus jusqu'à ce jour, nous étudierons le texte et la mélodie de ce chant et montrerons que l'origine de l'un et de l'autre est à chercher en Orient, avant l'époque carolingienne.

La tradition manuscrite nous fait connaître deux catégories de documents selon que le grec est, ou non, accompagné de la traduction latine :

I. Le *Doxa en ypsistis* écrit en caractères latins, mais sans traduction latine, se trouve noté en neumes dans les manuscrits suivants : [3]

---

[1] La transition se fit entre 360 et 382 comme l'a déterminé récemment KLAUSER, *Der Uebergang der römischen Kirche von der griechischen zur lateinischen Sprache* (*Miscellanea Mercati I* (1946), p. 467-482).

[2] Cité par DOM MARTENE, *De Antiq. Eccles. Rit. I* (Anvers 1736), p. 279-280.

[3] Nous adoptons pour les tropaires allemands les dates fixées par les travaux de BRUCKNER et VON DEN STEINEN recensés dans la *Revue Grégorienne* de 1949, p. 77 sq. et 115 sq. Le début du *Doxa* du manuscrit 2 a été récemment reproduit en fac-similé par le R. J. SMITS VAN WAESBERGHE, *Gregorian Chant* (Stockholm, s. d.), p. 54, fig. 12. Le texte du manuscrit 8 a été publié par H. MÜLLER, *Reliquiæ Græcæ* dans *K. Mus. Jahrh. XXI* (1908), p. 147. — Et celui du manuscrit 16 par CHRIST et PARANIKAS, *Antologia græca Carminum christianorum* (Leipzig, 1871), p. 38. — Nous ne citons pas les manuscrits Br. Mus. add. 19. 768 et Vienne 1888 de S. Alban de Mayence : ils donnent une seconde mélodie que l'on retrouve aussi à S. Gall, mais dont il ne reste pas de transcription sur lignes.

1 S. Gall 484 (c. 970), p. 202, Trop. séquentiaire de S. Gall.
2 — 381 (c. 1000), p. 13, — — —
3 — 376 (an. 1064-70), p. 68, — — —
4 — 378 (c. 1070), p. 109, — — —
5 — 338 (XIe), p. 308, Graduel de S. Gall.
6 — 340 (XIe s.), p. 212 (intonation seulement), Graduel.
7 — 382 (fin XIe s.), p. 3, trop. séquentiaire de S. Gall.
8 Düsseldorf D. 2 (Xe s.), f. 203, sacramentaire d'Essen.
9 Munich 14.322 (an. 1024-36), f. 1, trop. séquentiaire de S. Emmeran.
10 — 14.083 (an. 1031-37), f. 35 ^v, — — —
11 Bamberg lit. 6 (fin Xe s.), f. 94, Graduel de S. Emmeran.
12 Oxford, Bold. Selden supra 27 (c. 1030), f. 88, trop. d'Heidenheim.
13 Oxford, Bold. 775 (979-1016), f. 28 et f. 72, trop. de Winchester [1].
14 Cambridge CCC 473 (milieu XIe s.), f. 69 ^v, trop. de Winchester.
15 Paris B. N. 9449 (c. 1060) f. 51 ^v, tropaire de Nevers.
16 Munich 19.440 (f. de garde du XII° s.), manuscrit de Tegernsee.

II. Le même texte avec la même mélodie, mais avec traduction latine interlinéaire ou parallèle, se trouve dans les manuscrits suivants :

17 Paris, B. N. lat. 2291 (IXe s.), f. 16, sacramentaire de S. Amand.
18 Paris, B. N. lat. 1118 (an. 985-996), f. 67 ^v, trop. de S. Martial.
19 Paris, B. N. lat. 9436 (XIe s.), f. 1 ^v, Missel de S. Denys.
20 Laon 263 (XII-XIIIe s.), f. 104.

Ce dernier manuscrit ne donne pas la traduction latine, mais farcit le texte grec d'une prosule latine [2].

Il faut encore mentionner des sacramentaires, psautiers, recueils divers datant presque tous du IXe siècle, où le texte grec figure sans notation.

Sacramentaires :

21 Léningrad Q. I. 41 (an. 836), f. 10 ^v, écrit à S. Amand pour Tournai [3].
22 Paris B. N. 2290 (IXe s.), f: 7 ^v, de S. Denys.

---

[1] Texte dans W. H. Frere, *The Winchester Tropar* (1894), p. 60. Fac-similé du *Doxa* dans *Archeologia* 46 (1881), plate 19. Le manuscrit fut copié sur un modèle de Tours ou de Fleury; voir Wellesz dans *Eastern elements in Western Chant* (Oxford-Boston, 1947), p. 194 sq.. cf. p. 33.

[2] Doxa en ipsistis tha Ke epigis yrinis eman te opis eudochia enumen se. *Laudat in excelsis celúm terramque regentem angelicus cætus laudat et omnis homo.* Eulogumen se. *Quem benedicit ovans cælorum celsa potestas et mortalis homo te benedicit ovans.* (P)roschinumen se. *Te veneranter adorat cuncta caterva polorum tè tellus pelagus laudat, adorat, amat.* Doxologumen se. *Glorificent Dominum rutilantia sydera cæli; glorificent te rex cuncta creata tua.* Eucharistumen se... Amyn. On remarquera l'emprunt littéraire au *Gloria laus.*

[3] Texte reproduit dans le catalogue de D. Staerk. Le manuscrit passa plus tard à Perrecy, en Saône-et-Loire et non en pays chartrain, cf. R. H. E. (1912), p. 702. — Sur les autres sacramentaires, voir les descriptions de L. Delisle et V. Leroquais.

23 Stockholm Franc. I (c. 860), f. 16, écrit à S. Amand, passa à Sens vers 895.
24 Laon 118 (Xe s.), f. 156 v, de S. Denys (texte incomplet).
25 Tours 193 (XIIIe s.), f. 15 v, de S. Martin de Tours.
Psautiers :
26 Berlin, Hamilton 552 (IXe s.), ps. gréco-latin de la région de Milan.
27 Londres, Br. Mus. Cotton Galba A. XVIII (IXe s.), ps. du roi Aethelstan.
28 Bamberg A. I. 14 (an. 909), f. 167, ps. quadruple de Salomon III de S. Gall.
Recueils divers :
29 Montpellier 306 (IXe s.), f. 138 v, Bourgogne.
30 Londres Br. Mus. Harl. 5642 (IXe-Xe s.), f. 47 v.
31 Cambridge Univ. 1567 (XIe s.), f. 422, de Cantorbéry.
32 Kremsmunster 309 (XI-XIIe s.), f. 190 v, tropaire séquentiaire : quoique ce manuscrit soit noté en neumes, le *Doxa* fait exception.

Ces documents nous permettent de donner une édition correcte du texte et de la mélodie du *Doxa en ypsistis*. Les manuscrits écrivent le texte en caractères latins [1] d'après la prononciation du grec alors en usage. En parallèle, nous croyons utile de rétablir la version en caractères grecs anciens.

Au point de vue *neumatique* on relève un certain nombre de variantes groupant les manuscrits allemands face aux manuscrits anglo-français. La principale divergence porte sur l'emploi du salicus : le salicus est employé 9 fois par les manuscrits sangalliens aux endroits indiqués par l'astérisque; les manuscrits anglo-français, sauf pour 2 salicus d'intonation, indiquent toujours un neume différent, un pes le plus souvent; d'autre part, Winchester note 2 fois le salicus à l'intonation *o eron* là où les allemands donnent le simple podatus.

La restitution *mélodique* est basée sur les manuscrits de S. Martial et de Laon, tous les autres étant notés *in campo aperto* [2] : on peut juger de leur valeur respective par la manière dont est rendu l'*equaliter* de S. Gall 381 : dans les 7 cas où l'on a affaire au même neume dans les trois manuscrits, l'*equaliter* est traduit correctement 3 fois seulement par Laon et 6 fois par S. Martial; la notation aquitaine de ce dernier est d'une diastématie suffisamment précise, mais elle ignore l'emploi de la clé et du guidon; elle traduit moins bien que le manuscrit de Laon le *iusum* de S. Gall 381 et de Winchester sur le *o* de *o amnos tu Theu.* Le manuscrit de S. Martial doit donc être complété pour la restitution mélodique par celui de Laon.

---

[1] Le texte du *Doxa* dans le psautier de Bamberg est écrit en onciale grecque : texte reproduit par DOM CAGIN, *Te Deum ou Illatio*, Solesmes 1906, p. 168. — De même la première ligne du texte de S. Gall 378 : mais cette onciale tracée par un scribe latin est une imitation de l'onciale grecque, mêlée de caractères latins.

[2] Un court passage neumatique du *Doxa* dans le manuscrit de Munich 14.322 a été noté au moyen de lettres indiquant les intervalles (notation dite d'Hermann Contract.) cf. RIEMANN-FESTSCHRIFT, Leipzig 1909, p. 138.

Enfin, pour les nuances *rythmiques*, nous avons suivi les indications des manuscrits sangalliens, auxquels correspond presque toujours dans les tropaires de Winchester l'allongement par désagrégation ou même l'emploi du *tenete*.

HYMNUS ANGELICUS SECUNDUM GRECOS.

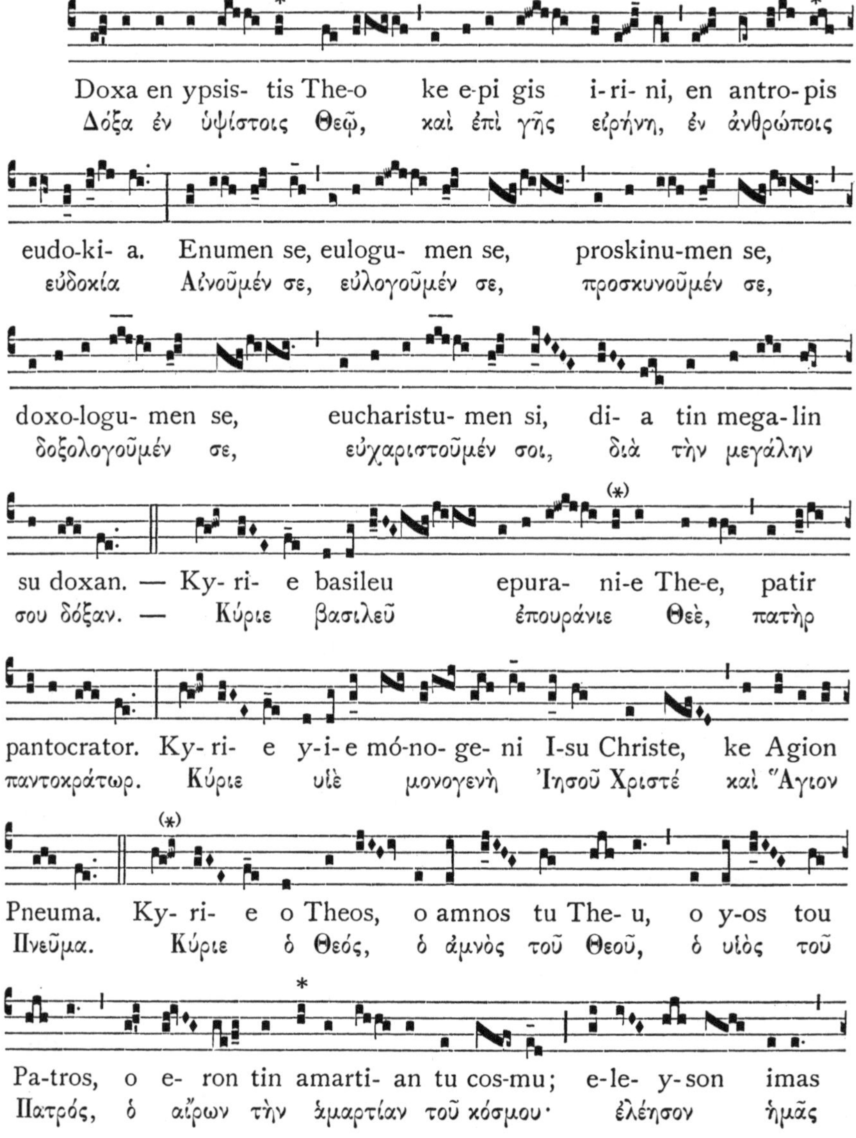
Doxa en ypsis- tis The-o ke e-pi gis i-ri- ni, en antro- pis
Δόξα ἐν ὑψίστοις Θεῷ, καὶ ἐπὶ γῆς εἰρήνη, ἐν ἀνθρώποις
eudo-ki- a. Enumen se, eulogu- men se, proskinu-men se,
εὐδοκία Αἰνοῦμέν σε, εὐλογοῦμέν σε, προσκυνοῦμέν σε,
doxo-logu- men se, eucharistu- men si, di- a tin mega- lin
δοξολογοῦμέν σε, εὐχαριστοῦμέν σοι, διὰ τὴν μεγάλην
(*)
su doxan. — Ky- ri- e basileu epura- ni-e The-e, patir
σου δόξαν. — Κύριε βασιλεῦ ἐπουράνιε Θεὲ, πατὴρ
pantocrator. Ky- ri- e y-i- e mó-no- ge- ni I-su Christe, ke Agion
παντοκράτωρ. Κύριε υἱὲ μονογενὴ Ἰησοῦ Χριστέ καὶ Ἅγιον
(*)
Pneuma. Ky- ri- e o Theos, o amnos tu The- u, o y-os tou
Πνεῦμα. Κύριε ὁ Θεός, ὁ ἀμνὸς τοῦ Θεοῦ, ὁ υἱὸς τοῦ
Pa-tros, o e- ron tin amarti- an tu cos-mu; e-le- y-son imas
Πατρός, ὁ αἴρων τὴν ἁμαρτίαν τοῦ κόσμου· ἐλέησον ἡμᾶς

o e- ron tas amarti- as tu cos- mu. — Prosde- xe tin de- i- sin
ὁ αἴρων τὰς ἁμαρτίας τοῦ κόσμου. — Πρόσδεξαι τὴν δέησιν
i-mon; o kathime-nos en dexi-a tu Patros, e-le- y-son imas. O-ti
ἡμῶν· ὁ καθήμενος ἐν δεξιᾷ τοῦ Πατρός, ἐλέησον ἡμᾶς. Ὅτι
sy i monos a- gi- os, sy i monos ky- ri- os [sy i monos
σὺ εἶ μόνος ἅγι- ος, σὺ εἶ μόνος κύριος, συ εἶ [μόνος
ip- sis- tos] Isos Christos is do- xan Theu Patros. A- min.
ὕψιστος] Ἰησοῦς χριστός εἰς δόξαν Θεοῦ Πατρός. Ἀμήν.

L'incise finale *sin agio Pneumati,* quoique figurant dans toutes nos sources, a été omise parce qu'il s'agit très probablement d'une addition faite sous l'influence du *Gloria* romain. La diversité des variantes neumatiques rencontrées sur ces trois mots semble confirmer cette supposition. Nous avons dit que le texte byzantin donne place à la glorification du Saint-Esprit dès le milieu du cantique : cette mention a été conservée à cette place par la tradition manuscrite franco-anglaise; elle est omise par la tradition allemande (sauf Munich 14.322 et Dusseldorf D. 2.). Cette omission s'explique par l'influence du texte reçu romain : il y a eu réaction réciproque des versions latine et grecque l'une sur l'autre, d'autant plus facilement que ces textes sont souvent transcrits en colonnes parallèles. Des harmonisations semblables sont fréquentes dans les manuscrits bilingues dans lesquels les textes tendent toujours à un certain état d'équilibre.

Quelques leçons caractéristiques du texte byzantin ont cependant été conservées par quelques témoins : ainsi *eudochia* (au lieu de *eudochias*) conservé par 11 manuscrits sur 25 examinés; le premier *tyn amartian* (au lieu de *tas amartias*) gardé par 19 manuscrits; *sy i monos* (au lieu de la crase *simonos*) conservé par les deux manuscrits de S. Denys.

Enfin, l'incise *sy i monos ipsistos* n'appartient pas aux plus anciens textes de la Doxologie byzantine : sur la foi d'un manuscrit grec [1] nous avons cru bon de la conserver.

[1] Cf. Christ et Paranikas, *l. c.* (Euchologe du XIIe s.).

Quant à l'ordre des acclamations : *ainumen se, eulogumen se,* etc... il a varié dans les manuscrits grecs; on ne peut donc pas savoir s'il y a eu quelque remaniement dans la tradition occidentale du *Doxa.*

Les leçons caractéristiques du texte byzantin aussi bien que l'ensemble du texte lui-même, montrent bien que le *Doxa en ypsistis* des manuscrits latins se relie en droite ligne à la tradition byzantine, pour le texte littéraire du moins. Faut-il pour autant en conclure à l'origine orientale de la mélodie? Une constatation s'impose au premier abord : nous retrouvons plusieurs passages de cette mélodie parallèles à celle du *Gloria XIV* de l'édition vaticane, conservée dans des manuscrits contemporains de ceux du *Doxa :*

Il faut donc déterminer l'ordre chronologique des deux mélodies. Un premier argument en faveur de l'antériorité du *Doxa* nous est fourni par l'examen paléographique des sources du Kyriale : la mélodie du *Gloria XIV* figure dans un seul manuscrit du Xe siècle (Bamberg lit. 6), dans deux du X-XIe siècle et dans une vingtaine du XIe siècle. Pour la mélodie du *Doxa* nous avons cité un manuscrit de la fin du IXe siècle (n° 17 de la liste des manuscrits) [1], quatre du Xe siècle et deux des environs de l'an 1000.

Un second argument vient confirmer le premier en montrant la dépendance du *Gloria XIV* à l'égard du *Doxa :* une demi-douzaine des plus anciens manuscrits du *Gloria* ont conservé l'invocation à l'Esprit-Saint au milieu de la Doxologie, ce qui est l'indice de la dépendance à l'égard du texte grec [2] :

Doxa.
I-su Christe ke A- gi- on Pneu-ma
Gloria XIV.
(Paris, N. Acq. 1235, fol. 222 v.)
... Jesu Chri-ste (et) Sancte Spí- ri- tus

C'est dans les manuscrits français qu'on peut lire cette variante, qui aura été éliminée au fur et à mesure de la diffusion du *Gloria XIV* par conformité avec le texte authentique du *Gloria* romain qui ne comporte pas cette clausule [3].

On peut aussi observer que la mélodie du *Doxa* construit ses cadences musicales sur les divisions du texte grec et non sur celles du texte romain; ce dernier dit : « *...qui tollis peccata mundi, suscipe deprecationem nostram. Qui sedes...* etc. » Le texte grec au contraire coupe ainsi : « *...Agneau de Dieu qui portes les péchés du monde. Reçois nos supplications, toi qui sièges à la droite du Père...* etc. ». Comparons la

---

[1] Ce manuscrit a quitté S. Amand pour la région parisienne (S. Denys) à la fin du IXe s. Cf. LEROQUAIS, *Sacramentaires*, t. I, p. 56, qui suit l'opinion de DELISLE. DOM BEYSSAC a fait remarquer que la notation est celle de S. Amand, (Elle s'arrête à *epuranie*) : on en trouvera le fac-similé dans *Le Cabinet des Manuscrits* de L. DELISLE, pl. XXX, 4.

[2] *Analecta Hymnica*, vol. 47, p. 245 (voir la note des éditeurs du trope du *Gloria XIV)*.

[3] Il y a là un indice de la provenance française du *Gloria XIV*.

mélodie du *Doxa* conservée en Occident à la mélodie de la Doxologie byzantine donnée par les manuscrits grecs [1] :

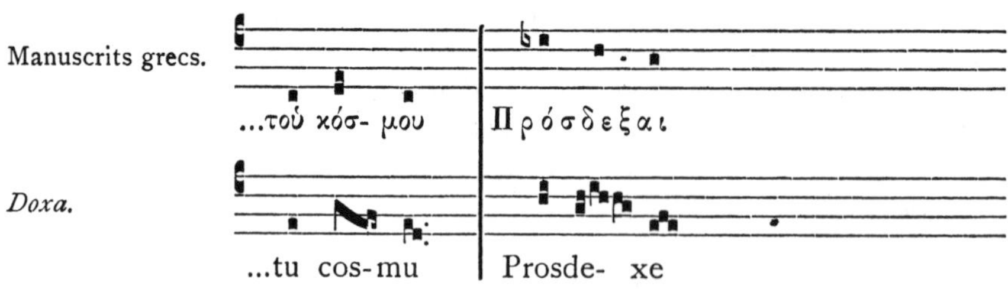
Manuscrits grecs.
...τοῦ κόσ- μου
Π ρ ό σ δ ε ξ α ι
Doxa.
...tu cos-mu
Prosde- xe
Romain :
peccáta mundi, súscipe deprecatiónem nostram

La mélodie du *Doxa* est donc antérieure à celle du *Gloria XIV*. Les textes sans notation du début du IXe siècle peuvent être considérés comme témoins de la circulation de la mélodie du *Doxa* en Occident dès cette époque : c'est probablement avant le second tiers du IXe siècle qu'aura été introduit le *Doxa en ypsistis*. Nous savons en effet que des moines grecs vinrent à S. Denys au temps d'Hilduin, vers 832, pour collaborer à la traduction des écrits de l'Aréopagite. Il n'est pas impossible que quelques chants grecs soient venus en Occident par cette voie ou dans des circonstances analogues. De S. Denys, ils se seront diffusés dans les monastères en relation avec la grande abbaye parisienne : S. Amand, Tours, S. Gall et d'autres.

La langue grecque n'était pas alors des plus connues et les variantes de transcription du *Doxa* suffiraient à le montrer : pourquoi s'obstinait-on à copier et à chanter en grec les pièces de l'Ordinaire de la Messe, *Doxa, Pisteuo, Agios, o Amnos tu Theu*...? Cet usage se justifie par une raison symbolique très belle : on voulait par des chants bilingues signifier, comme actuellement encore à la Messe Papale solennelle, l'unité de l'Eglise Catholique malgré la diversité des langues : *propter unanimitatem utriusque populi*, dit Amalaire [2]. On le comprend mieux encore quand on trouve des pièces bilingues affectées à la fête de la Pentecôte [3] : elles convenaient plus particulièrement à ce jour

---

[1] Les manuscrits *grecs* nous fournissent en effet une seconde mélodie dont nous donnons un extrait d'après une note d'A. Gastoué adressée à Dom Mocquereau en août 1896 et corrigée depuis par le professeur E. Wellesz; Gastoué a transcrit en notation grégorienne la notation byzantine moyenne d'un manuscrit dont il n'indique pas la cote. La même mélodie *modernisée* a été éditée par J. B. Rebours, *Traité de Psaltique* (Paris 1906), p. 214.

[2] *De ecclesiasticis officiis, IV* (P. L. CV, c. 1073 D), à propos des lectures en grec et en latin.

[3] Le *Doxa* est fixé pour la Pentecôte dans les manuscrits 10, 13, 15, et 18; la mention du Saint-Esprit au milieu de la Doxologie a dû, pour une part, contribuer à cette affectation.

où l'Eglise naissante, enrichie du don des langues, commença son office de louange : *audivimus eos loquentes* nostris linguis *magnalia Dei.*

Jusqu'alors on ne connaissait que le *Gloria XV :* c'est du moins l'avis de tous les auteurs. Le *Doxa* apportait avec son texte et sa mélodie quelque variété : il devenait naturellement le chant des solennités, le *Gloria XV* plus simple étant réservé aux fêtes mineures.

Cette mélodie grecque, chantée à S. Martial, S. Gall, S. Emmeran, c'est-à-dire dans les centres de composition de tropes, n'est pas restée sans exercer son influence. Elle a fourni ses éléments essentiels au *Gloria XIV.* Il faudrait chercher si, dans les tropaires, nous ne trouverions pas d'autres réminiscences du *Doxa.*

La mélodie du *Doxa,* importée en Occident à l'époque carolingienne, a dû être chantée en Orient avant le IXe siècle : elle présente donc pour l'histoire de la musique un double intérêt. Elle nous offre d'abord un échantillon de chant ecclésiastique grec orné : du répertoire byzantin, en effet, nous ne connaissions jusqu'ici que des productions hymnographiques presqu'entièrement *syllabiques;* la mélodie du *Doxa* nous donne au contraire une idée du chant mélismatique byzantin ancien, chant qui probablement n'était pas sans quelqu'analogie avec notre chant grégorien orné. Nous constatons en même temps comment l'auteur du *Gloria XIV* a su à la fois emprunter à son modèle oriental les thèmes essentiels de sa mélodie, tout en gardant sa liberté de composition et sa facilité d'expression.

XVII

Origine de la mélodie du Credo « authentique » de la Vaticane[1].

Il y a aujourd'hui un peu plus de 40 ans, le 29 mai 1909, Dom André Mocquereau présentait au Congrès International d'Histoire de la Musique réuni à Vienne son étude sur « le chant du *Credo* authentique selon l'édition vaticane ». Il reprit et compléta ce travail dans le tome X de la *Paléographie Musicale*. Son but était de fixer le rythme du récitatif du *Credo* « authentique ». La question de l'origine de la mélodie prenait dans cette perspective moins d'importance à ses yeux. Il note pourtant, d'après une rubrique de l'Ordo romain *de Baptismo* contenu dans le Sacramentaire Gélasien, que le Symbole était chanté aux Catéchumènes, le jour du Grand Scrutin; il suppose

1 Conférence préparée pour le Congrès International de Musique Sacrée de Rome (mai 1950).

que la mélodie de ce Symbole devait être un peu plus ornée que celle de notre Symbole actuel. — Simple hypothèse! Cette opinion ne reposait sur aucun document, puisque Dom Mocquereau reconnaissait que cette mélodie avait disparu sans laisser de traces.

De fait, aucun Sacramentaire ou recueil d'*Ordines romani* n'a gardé la mélodie du Symbole chanté aux Scrutins. Seul, un processionnal du début du XIVe siècle reproduit l'Ordo du Baptême, avec transcription intégrale des mélodies [1]. Dom Mocquereau n'a pu faire état de ce manuscrit, car le document ne fut photographié pour le Scriptorium de Solesmes qu'en 1914, soit deux ans après la parution du tome X de la *Paléographie Musicale*.

Après un très bref aperçu historique sur l'entrée progressive du Symbole dans les anciennes liturgies, nous comparerons la mélodie que l'édition vaticane a qualifiée d' « authentique » aux récitatifs du manuscrit de Cologne. Dans ce but, nous reprendrons les analyses mélodiques de Dom Mocquereau, puis nous examinerons ce que le compositeur a pu emprunter aux récitatifs plus anciens.

I. Origines de l'usage liturgique du Symbole; les différentes versions.

D'après les recherches du Rme Dom Capelle [2], la récitation du Symbole de Nicée-Constantinople fut pour la première fois introduite dans la liturgie byzantine par Timothée de Constantinople, au début du VIe siècle. L'usage se répandit rapidement dans tout l'Orient grec. Le texte adopté est naturellement la formule conciliaire, rédigée au pluriel : « Nous croyons... confessons... attendons... ». Le texte du Symbole, en Orient, n'est pas chanté, mais simplement récité — au cours de la « Sainte Liturgie » tout au moins : car il a pu en être autrement au cours des cérémonies préparatoires au Baptême, où, depuis le VIe siècle, le Symbole de Nicée-Constantinople a remplacé le Symbole apostolique. La même substitution de Symboles a dû s'effectuer en Occident vers le VI-VIIe siècle.

---

[1] COLOGNE *Stadtarchiv W.* 105 : ce manuscrit donne la mélodie des monitions chantées par le diacre : *Catechumeni procedant... Orate electi* etc., puis la mélodie du Symbole grec (f. 15) et enfin celle du Symbole latin (f. 17). Le manuscrit a été écrit pour Saint Pierre de Cologne.

[2] Dom B. CAPELLE : *Le Symbole de la Messe est-il celui de Nicée-Constantinople?* dans *Questions liturg. et paroiss.* 13 (1928), p. 65-73. — *Le Credo* dans *Cours et conférences des Semaines liturgiques* VI (Louvain 1928), p. 171-184. — *L'origine antidoptianiste de notre texte du Symbole de la Messe* dans *Rech. de théol. anc. et médiev.* I (1929), p. 7-20. — *Alcuin et le Symbole de la Messe, ibid.*, VI (1934), p. 249-260. — Voir aussi : Dom F. CABROL : *Le Credo de Nicée-Constantinople à la Messe*, dans *Revue Grégorienne* 18 (1933), p. 41-48, 81-87. — J. A. JUNGMANN : *Missarum Sollemnia I* (Wien 1948), p. 569-584.

Deux siècles environ après ce changement, le Concile d'Aix-la-Chapelle de 798 étend à toute la Gaule le chant du *Credo* à la Messe. Le choix du *texte* liturgique se porte sur la nouvelle traduction du Symbole, rédigée en 796 par Paulin évêque d'Aquilée et non pas sur le texte espagnol [1].

La version de Paulin, électique et personnelle, dépend de celle du Symbole baptismal contenu dans l'*Ordo Baptismi* romain, dont la rédaction, selon Mgr Andrieu, remonte au VIIe siècle. Cette dépendance explique pourquoi notre texte actuel du Symbole, bien que chanté par toute l'assemblée, est rédigé au singulier : « Je crois... je confesse... etc. ». Le singulier convient de préférence à la liturgie baptismale où le Symbole n'est récité que par un seul.

Nous savons en effet par l'*Ordo Baptismi* romain que les vérités de foi étaient transmises aux catéchumènes au cours d'une cérémonie solennelle appelée Scrutin. Un acolythe *chantait*, en grec d'abord, puis en latin, le Symbole de foi. Les rubriques de l'Ordo romain ne laissent place à aucune hésitation sur ce point : « *et dicit acolythus Symbolum, grece decantando in his verbis : Pisteuo eis ena... Et ille cantat Symbolum : Credo in unum...* ».

Cet usage du chant du *Credo* en grec et en latin persistait encore au XIe siècle, comme en témoigne Honorius d'Autun [2]. Sacramentaires et pontificaux du Moyen Age ont conservé d'innombrables adaptations textuelles de cet *Ordo Baptismi*.

Pourtant ces documents ne citent le plus souvent que l'incipit des deux Symboles; seul un manuscrit de Wolfenbüttel donne le texte intégral des Symboles grec et latin, mais sans notation [3].

La *mélodie* des deux Symboles de l'*Ordo* du Baptême n'a été conservée, à notre connaissance, que dans le processional de S. Pierre de Cologne, que nous avons cité plus haut.

La mélodie du Symbole grec, malgré son caractère à première vue assez complexe, présente de nombreux rapports avec le récitatif du *Credo* « authentique » de la Vaticane; par contre, le récitatif du Symbole latin de l'*Ordo* du Baptême présente peu d'affinité avec notre *Credo* actuel, surtout dans ses récitations, et dans ses cadences :

---

[1] Ce texte espagnol circulait dans le Sud-Ouest de la Gaule depuis l'imposition du IIIe Concile de Tolède de 589, visant non seulement l'Espagne, mais encore la Gaule Narbonnaise : ce qui explique pourquoi nous le retrouvons dans le Graduel d'Albi, Paris BN., 776, f. 92 (cf. Dom Capelle dans *R. T. A. M.* 1929, p. 15, note 27).

[2] *P. L.* 172, c. 661.

[3] Mgr M. Andrieu : *Les Ordines Romani du Haut Moyen Age*, I. Les manuscrits (Louvain, 1931), II. Les textes : Ordos I-XIII (Louvain, 1948), p. 365-447 : surtout p. 393 s., 408, 434 s.

aussi après en avoir transcrit la mélodie, le laisserons-nous désormais de côté. Quelques barres de ponctuation ont été ajoutées aux cadences principales :

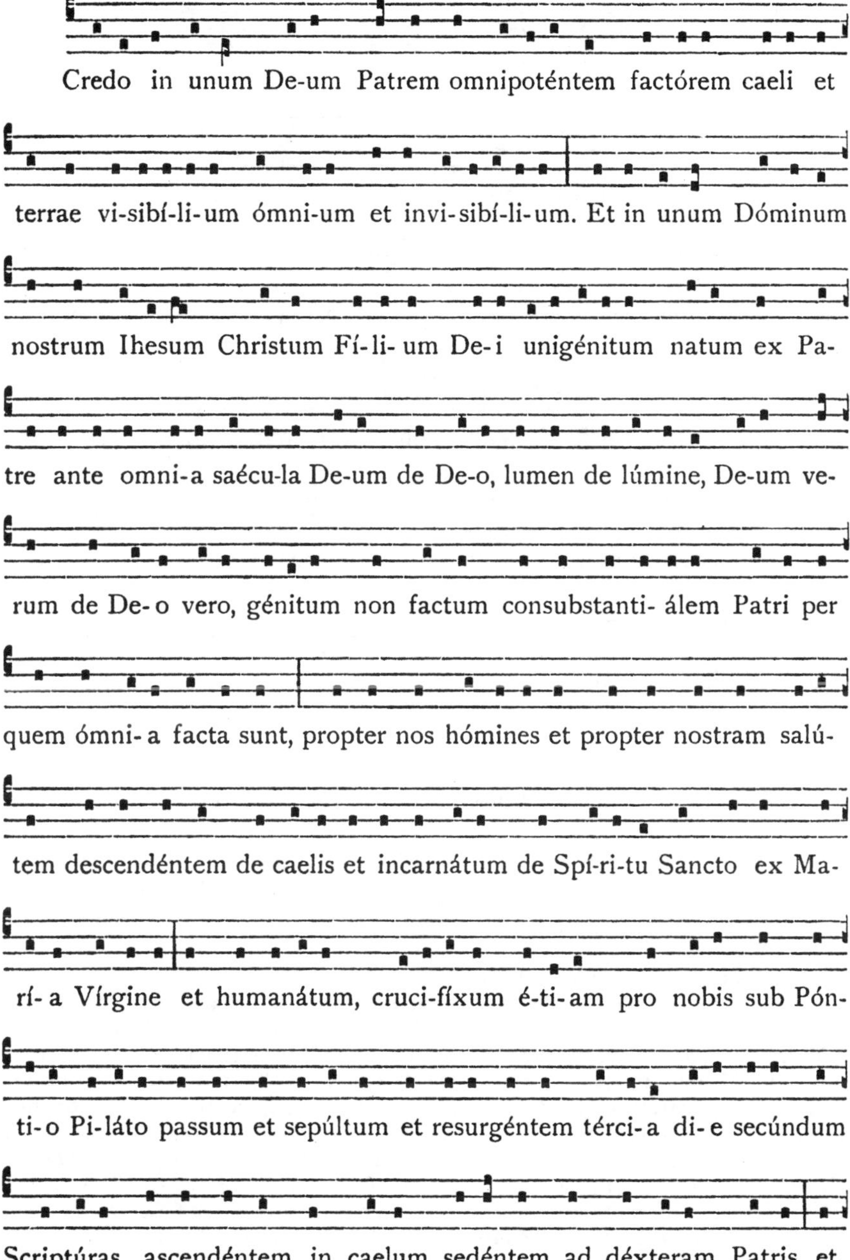
Credo in unum De-um Patrem omnipoténtem factórem caeli et
terrae vi-sibí-li-um ómni-um et invi-sibí-li-um. Et in unum Dóminum
nostrum Ihesum Christum Fí-li- um De-i unigénitum natum ex Patre ante omni-a saécu-la De-um de De-o, lumen de lúmine, De-um verum de De- o vero, génitum non factum consubstanti- álem Patri per
quem ómni- a facta sunt, propter nos hómines et propter nostram salú-
tem descendéntem de caelis et incarnátum de Spí-ri-tu Sancto ex Ma-
rí- a Vírgine et humanátum, cruci-fíxum é-ti-am pro nobis sub Pón-
ti-o Pi-láto passum et sepúltum et resurgéntem térci-a di-e secúndum
Scriptúras, ascendéntem in caelum, sedéntem ad déxteram Patris et

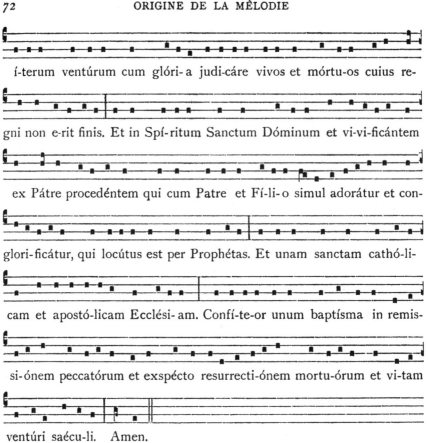

í-terum ventúrum cum glóri- a judi-cáre vivos et mórtu-os cuius re-

gni non e-rit finis. Et in Spí-ritum Sanctum Dóminum et vi-vi-ficántem

ex Pátre procedéntem qui cum Patre et Fí-li- o simul adorátur et con-

glori-ficátur, qui locútus est per Prophétas. Et unam sanctam cathó-li-

cam et apostó-licam Ecclési- am. Confí-te-or unum baptísma in remis-

si-ónem peccatórum et exspécto resurrecti-ónem mortu-órum et vi-tam

ventúri saécu-li. Amen.

***

II. Structure de la mélodie « authentique » du Symbole.

Avant d'aborder une étude comparative plus poussée des deux mélodies apparentées, il est nécessaire de rappeler la structure mélodique du *Credo* de la Vaticane [1].

[1] Sur les mélodies du Symbole voir :
J. DUPOUX : *Les chants de la Messe*, dans *Tribune de Saint-Gervais* 10 (1904), p. 67 ss. — Dom A. MOCQUEREAU : *Le chant « authentique » du Credo selon l'édition Vaticane*. Extrait présenté au Congrès International d'Histoire de la Musique, Vienne 1909. — *Paléographie Musicale*, t. X (1909-1912), p. 90-176 (sous le même titre). — *Le Nombre Musical Grégorien*, II, p. 382 (L'intonation *mi-fa-sol* du Credo I) et passim. — *Le chant « authentique » du Credo* (*Monographie Grégorienne III*, 1922). — A. GASTOUÉ : *Les chants du Credo*, dans *Revue du Chant Grégorien*, 37 (1933), p. 166-170 et 38 (1934), p. 14-18. — F. HABERL : *Das Choralcredo im vierten Modus in seiner unterschiedlichen Gestalt* — dans *Der kultische Gesang der abendländischen Kirche*, herausgegeben von Dr. Fr. TACK, (Köln 1950), p. 28-34.

« Trois lignes, écrit Dom Mocquereau, voilà toute la structure de notre *Credo :* au centre, une récitation sur le *la* encadrée de deux récitations sur le *sol* »[1].

Dans le premier membre du récitatif, l'accent tonique coïncide toujours avec le premier *sol* de la récitation; l'intonation qui amène cette récitation sur *sol* est essentiellement constituée par deux notes : *mi* et *fa*, avec addition possible de notes prosthétiques lorsqu'avant l'accent figurent plus de deux syllabes ou, au contraire, synérèse des notes fondamentales quand l'accent tombe sur la deuxième syllabe :

La récitation devrait, d'après le témoignage unanime de la tradition manuscrite, se poursuivre sur le *sol* sans monter au *la*. Les cinq exceptions relevées dans l'édition vaticane, contraires à la structure mélodique du *Credo*, viennent des premières éditions (1883 et 1895) du *Liber Gradualis* et ne peuvent se justifier en aucune manière.

La demi-cadence du premier membre se fait habituellement sur le *mi ;* elle est rattachée au deuxième membre par une incise de liaison qui mène progressivement au *la* de la deuxième récitation. Quand cette incise est supprimée, faute d'un texte suffisamment long, le deuxième membre commence, dans la majorité des manuscrits, sinon dans la Vaticane, — par un *podatus* de liaison *ré-la*, raccordant la cadence « aggravée » au premier membre de la deuxième récitation sur le *la :*

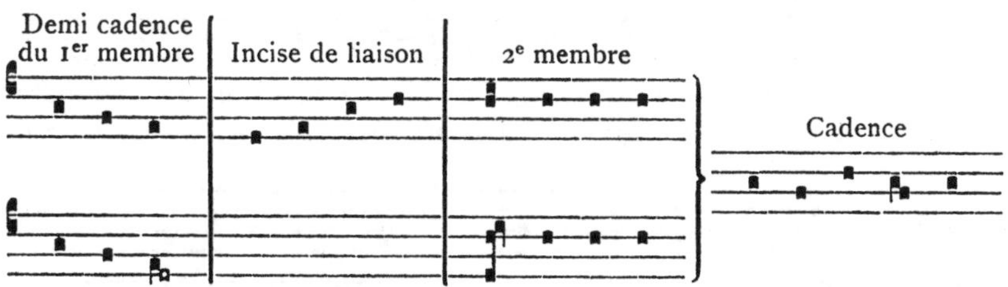

Dans les deux cas, le *deuxième* membre débute toujours, dans la Vaticane, par un podatus de broderie; la version du *Credo II*, qui peut être considérée comme un état différent du même récit, supprime ce

[1] *Paléographie Musicale*, t. X, p. 120.

podatus, sans que le caractère de la mélodie en subisse d'ailleurs aucune altération.

La cadence du deuxième membre se fait sur le *sol*. On rencontre pourtant le *fa* dans les manuscrits cartusiens et dans quelques manuscrits allemands tardifs.

Enfin, la cadence du troisième membre, — qui dans son intonation et dans sa récitation reproduit le premier, — se fait également sur le *sol*. Dans le *Credo II*, les cadences ramènent la mélodie sur la finale *mi* ou encore sur le *fa* ; cependant les plus anciens manuscrits donnent le plus souvent la cadence *sol*, comme dans le *Credo I*.

III. Comparaison des mélodies.

Ayant isolé les divers éléments de la mélodie du *Credo I* par l'analyse des trois membres qui la composent, il est maintenant facile de retrouver ces éléments dans le récitatif grec du manuscrit de Cologne.

Pourtant la comparaison de la mélodie de la Vaticane avec celle du manuscrit de Cologne n'acquerra sa valeur démonstrative qu'après examen des arguments en faveur de l'authenticité et de l'antériorité de la mélodie grecque.

Il suffit en effet de lire cette mélodie grecque pour y retrouver à première vue les éléments du Credo « authentique » de la Vaticane :

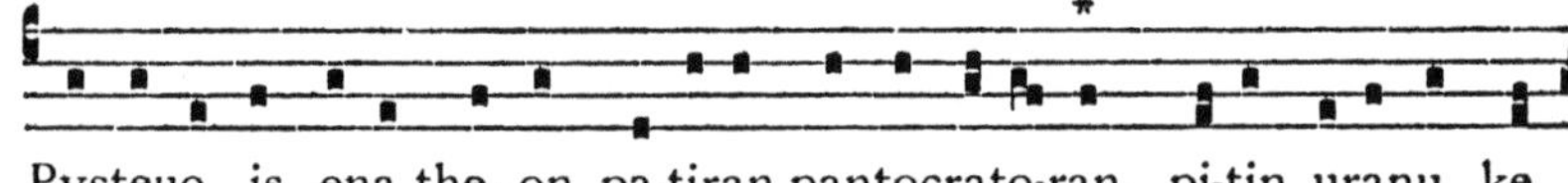

Pysteuo is ena the- on pa-tiran pantocrato-ran, pi-tin uranu ke
Πιστεύω εἰς ἕνα Θεὸν πατέρα παντοκράτορα, ποιητὴν οὐρανοῦ καὶ

gis, oratonte panto ke a-o-ra-ton. Ke is ena Ky-ri-on i-son christon,
γῆς, ὁρατῶν τε πάντων και ἀοράτων. Και εἰς ἕνα Κύριον 'Ιησοῦν Χριστόν,

thene-on tu the-u ton monogenin, to ek tu patros genithenta pro panton
τὸν υἱὸν τοῦ θεοῦ τὸν μονογενῆ, τὸν ἐκ τοῦ πατρὸς γεννηθέντα πρὸ πάντων

ton e-onon, fos ek fotos, the-on a-lithinon ek the-u a-lithinu, genithenta
τῶν αἰώνων, φῶς ἐκ φωτός, θεὸν ἀληθινὸν ἐκ θεοῦ ἀληθινοῦ, γεννηθέντα

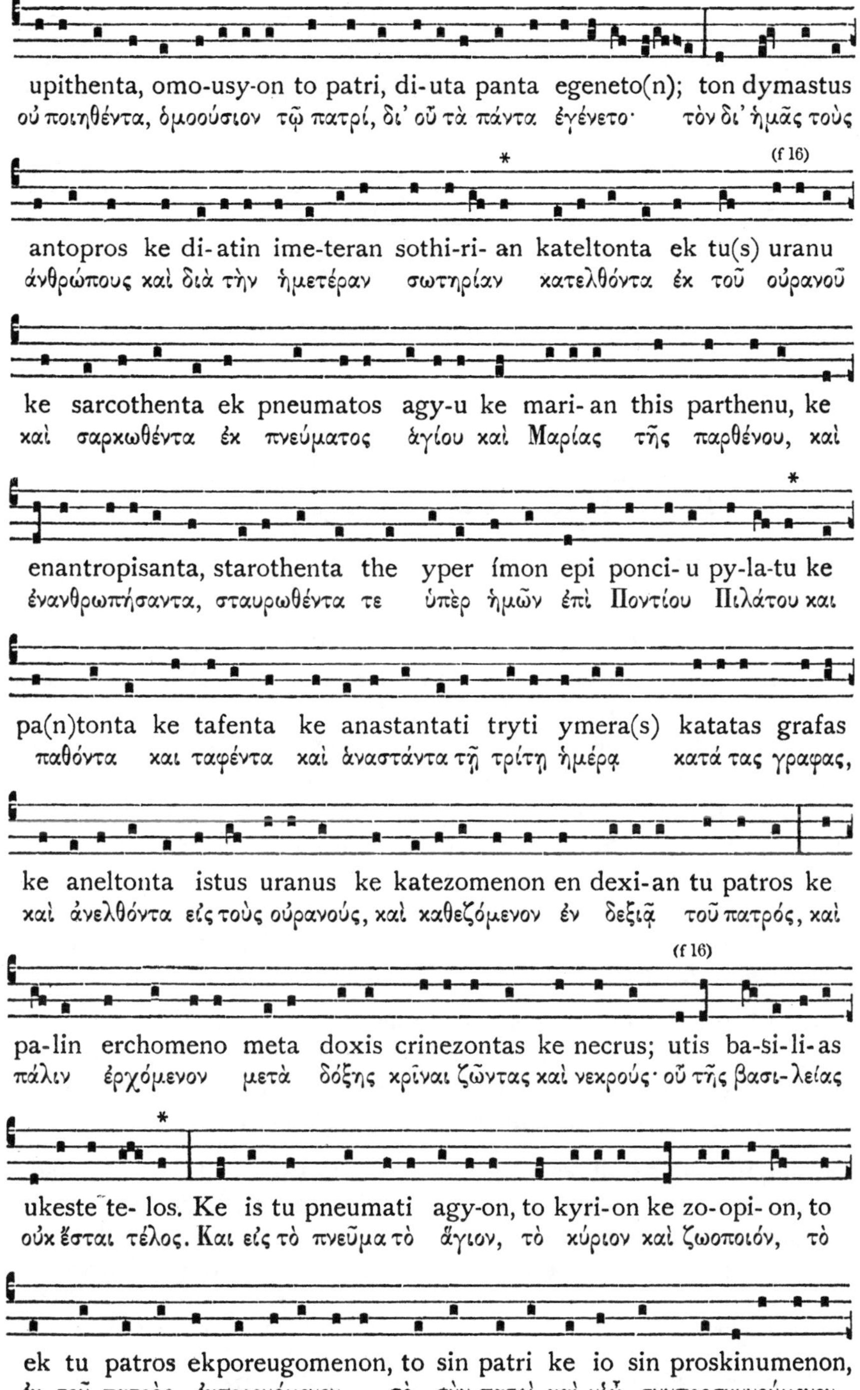
upithenta, omo-usy-on to patri, di-uta panta egeneto(n); ton dymastus
οὐ ποιηθέντα, ὁμοούσιον τῷ πατρί, δι' οὗ τὰ πάντα ἐγένετο· τὸν δι' ἡμᾶς τοὺς
*
(f 16)
antopros ke di-atin ime-teran sothi-ri- an kateltonta ek tu(s) uranu
ἀνθρώπους καὶ διὰ τὴν ἡμετέραν σωτηρίαν κατελθόντα ἐκ τοῦ οὐρανοῦ
ke sarcothenta ek pneumatos agy-u ke mari- an this parthenu, ke
καὶ σαρκωθέντα ἐκ πνεύματος ἁγίου καὶ Μαρίας τῆς παρθένου, καὶ
*
enantropisanta, starothenta the yper ímon epi ponci- u py-la-tu ke
ἐνανθρωπήσαντα, σταυρωθέντα τε ὑπὲρ ἡμῶν ἐπὶ Ποντίου Πιλάτου και
pa(n)tonta ke tafenta ke anastantati tryti ymera(s) katatas grafas
παθόντα και ταφέντα καὶ ἀναστάντα τῇ τρίτῃ ἡμέρᾳ κατά τας γραφας,
ke aneltonta istus uranus ke katezomenon en dexi-an tu patros ke
καὶ ἀνελθόντα εἰς τοὺς οὐρανούς, καὶ καθεζόμενον ἐν δεξιᾷ τοῦ πατρός, καὶ
(f 16)
pa-lin erchomeno meta doxis crinezontas ke necrus; utis ba-si-li-as
πάλιν ἐρχόμενον μετὰ δόξης κρῖναι ζῶντας καὶ νεκρούς· οὗ τῆς βασι-λείας
*
ukeste te- los. Ke is tu pneumati agy-on, to kyri-on ke zo-opi- on, to
οὐκ ἔσται τέλος. Και εἰς τὸ πνεῦμα τὸ ἅγιον, τὸ κύριον καὶ ζωοποιόν, τὸ
ek tu patros ekporeugomenon, to sin patri ke io sin proskinumenon,
ἐκ τοῦ πατρὸς ἐκπορευόμενον, τὸ σὺν πατρὶ καὶ υἱῷ συνπροσκυνούμενον,

Même architecture suppose dépendance; mais le récitatif grec, contenu dans ce manuscrit du XIVe siècle, n'aurait-il pas été calqué tardivement sur notre mélodie du *Credo?...*

ke sin doxa zomeinon, to la-lisan di-a ton prophiton. Is mi- an agi- an
καὶ συνδοξαζόμενον, τὸ λαλῆσαν διὰ τῶν προφητῶν. Εἰς μίαν αγίαν
katho-lichyn ke aposto-lichyn eccli-si- an. Omologo en baptisma is
καθολικὴν καὶ ἀποστολικὴν ἐκκλησίαν. Ὁμολογῶ ἓν βάπτισμα εἰς
a-fesin amarchi-an. Prosdocho(s) anastasyn necron, ke zo-in tu
ἄφεσιν ἁμαρτιῶν. Προσδοκῶ ἀνάστασιν νεκρῶν, καὶ ζωὴν τοῦ
mellontos e-onos. Amyn.
μέλλοντος αἰῶνος. Ἀμήν.

Cette hypothèse ne saurait se soutenir car la mélodie grecque porte en elle-même ses titres d'authenticité : en effet, pas plus que dans les hymnes païennes de Delphes ou que dans les tropaires byzantins [1], les syllabes atones ne s'y chantent dans le cours du récitatif sur une note plus élevée que la syllabe tonique du même mot. Un compositeur occidental aurait-il songé à cette règle intangible du récitatif grec, alors que le texte grec du Symbole est transcrit en caractères latins, *sans la moindre accentuation?...*

L'authenticité tranche par le fait même la question de l'antériorité : l'Eglise de Cologne, qui par ailleurs a transmis dans les diverses branches des sciences ecclésiastiques tant de vénérables documents, nous a donc conservé la source de notre mélodie du *Credo I*.

Toutefois, un détail reste à préciser : il serait prudent de se demander si cette mélodie grecque nous a été fidèlement transmise dans toutes ses parties, car, bien avant le XIVe siècle, l'attraction vers le terme supérieur du demi-ton a été, en Allemagne surtout, source d'altération

[1] Dom Mocquereau : *Nombre Musical*, t. II, p. 101, n. 1. — E. Wellesz : *Eastern Elements in western chant* (Boston, Cambridge 1947), p. 71. — *A History of Byzantine Music and Hymnography* (Oxford 1949), p. 274.

dans la transmission des anciennes mélodies. La question ne se pose ici que pour le demi-ton *mi-fa*, puisque la mélodie du Symbole grec reste entièrement confinée dans l'hexacorde naturel.

Dans les cadences intermédiaires, la mélodie fléchissait-elle primitivement au *mi?* L'étude intrinsèque de la mélodie grecque ne saurait lever l'incertitude. A s'en tenir aux manuscrits allemands de la même époque que celui de Cologne, il serait impossible de décider quelles pourraient être les cadences primitives du *Credo* « authentique »; à plus forte raison ne pouvons-nous savoir sur le témoignage isolé du manuscrit de Cologne [1] quelles peuvent être celles du Symbole grec. La découverte d'un témoin plus ancien pourra seule apporter la solution à cette difficulté, en fournissant une base de comparaison [2].

Il sera du moins possible de constater avec plus de certitude que le Symbole grec a fourni au compositeur du récitatif latin les thèmes de ses intonations et a guidé son choix pour les cordes de récitation. Dans l'architecture du premier membre de notre *Credo* latin, M. Gastoué avait déjà pressenti quelque influence byzantine : « Quels chants, écrit-il, ont ce mouvement de récitatif psalmodique : *mi, fa, sol, sol sol... fa, mi?* Je n'en vois guère d'analogues que (dans les)... chants qui ne sont pas d'origine romaine, mais grecque et orientale. De fait, la psalmodie simple du rit byzantin se récite sur *sol...* et dans le ton *deuteros* ou le *legetos*, la finale est *sol, la, sol, fa, mi, fa, mi*; donc exactement la base du chant romain du Symbole. *(art. cit.* p. 169).

Il n'est pas besoin d'aller rechercher aussi loin la source de la mélodie de notre *Credo :* car le Symbole grec du manuscrit de Cologne comporte lui aussi l'intonation *mi, fa, sol,* répétée souvent deux ou trois fois avant d'atteindre la teneur *sol.*

La récitation sur le *sol,* par contre, y est toujours plus réduite car le compositeur grec a voulu ménager à l'accent aigu le degré le plus élevé, grâce aux répétitions successives du motif *mi, fa, sol :* procédé de composition plus recherché sans doute que dans le récitatif latin, dont la simplicité, comme l'a dit Dom Mocquereau, « résulte du rejet de toute ornementation superflue et de l'unité parfaite des récitations dans les trois membres ».

L'incise de liaison du *Credo* de la Vaticane a pu aussi être empruntée au récitatif grec où nous retrouvons la progression *mi, sol, la* (par

---

[1] L'astérisque signale les altérations probables.

[2] Dans plusieurs manuscrits allemands et français du Xe-XIe siècle, on rencontre, à côté du *Gloria* grec, un *Credo* grec en neumes, indiquant des cadences ornées. Cette mélodie n'a été transcrite par aucun manuscrit sur lignes. Les neumes du manuscrit de Düsseldorf D. 2 (Xe s.) f. 203 supposent une mélodie syllabique qui se rapproche plus de celle du manuscrit de Cologne que de la précédente.

exemple sur *imeteran, apostolichyn*) ou encore *fa, sol, la.* Plus souvent la récitation du deuxième membre commence sur le *la,* en partant du *ré :* soit par un podatus (sur les enclitiques et proclitiques), soit par un saut brusque de quinte amenant directement la deuxième syllabe, accentuée sur le *la.*

La mélodie du « *Pisteuo eis ena* » ignore la broderie à l'aigu, propre au deuxième membre du *Credo* Authentique, encore que l'intonation *ré, la, (si)* ne soit pas étrangère à l'hymnographie grecque, comme on peut le voir par exemple dans les stichères du mois de septembre, transcrits par le Professeur Wellesz [1].

Ainsi les éléments de notre Credo : intonation, récitation, liaison, sinon les cadences, s'inspirent de l'architecture du Symbole grec. Ce Symbole, dont la mélodie nous est conservée par notre manuscrit de Cologne, est bien la source du *Credo* authentique. L'antique récitatif grec était suffisamment connu en pays franc et germanique. Walafrid Strabon ne fait-il pas allusion à la « douceur de la cantilène grecque du Symbole de Constantinople » [2]?

Il n'est donc pas surprenant de constater un nouveau cas d'adaptation du chant liturgique grec au répertoire occidental. Il a été possible de déceler, sous l'architecture de la mélodie authentique, quelques traces de l'influence de la mélodie grecque, influence sensible également dans les autres variantes du *Credo I* [3] et même, dans une certaine mesure, dans le symbole baptismal latin transcrit plus haut.

Mais inspiration ne signifie pas copie. Le compositeur de la Chapelle Palatine ne s'est pas contenté d'une adaptation matérielle de la mélodie grecque au nouveau texte latin : il lui a simplement emprunté ses principaux éléments; tout en s'inspirant de son modèle, il a su faire une œuvre originale. Et on doit bien reconnaître qu'au moyen de quelques éléments, assimilés en formules, il a parfaitement réussi à produire un chef-d'œuvre de régularité et de simplicité.

---

[1] *Die Hymnen des Sticherarium für September* (*Monumenta Musicae Byzantinae*, Transcripta I) Copenhague 1936, p. 5.

[2] *P. L.*, 114, c. 947.

[3] Les mélodies des *Credo* I, II, V, VI ne sont que des variantes d'un thème unique dont les éléments se retrouvent dans la mélodie grecque. Les intonations du Credo VI en particulier rappellent celles de la mélodie grecque par les successions *mi, fa, sol* plusieurs fois répétées (sur le *Credo VI* voir l'article de Dom GAJARD dans *Rev. Grég.*, IX (1924), p. 172-186).

XVIII

LES CHANTS DE LA *MISSA GRECA* DE SAINT-DENIS

Le titre d'Aréopagite, ajouté à l'auréole de l'évêque et martyr qui évangélisa Lutèce au IIIe siècle,contribua pour une bonne part à la diffusion du culte de saint Denis bien au dela des limites de l'Ile-de-France. Ces titres d'hellénisme conférés au patron de l'abbaye Saint-Denis-en-France eurent d'autres conséquences. Si saint Denis, évêque et martyr, était identifié avec l'Aréopagite converti par Saint Paul (Actes xvii. 34), il devait bientôt se trouver un hagiographe pour le confondre avec l'auteur des œuvres théologiques contenues dans le célèbre manuscrit grec que Louis-le-Pieux avait offert en 827 à l'illustre abbaye.[1] Pourtant, il ne semble pas que ces titres avantageux aient exercé une modification profonde dans le culte rendu par la célèbre abbaye à la mémoire de son patron. Au XIe siècle, saint Denis et ses compagnons sont toujours traités en martyrs, et si leur office[2] fait quelques brèves allusions aux 'glorieuses légendes', les messes du 9 et du 16 octobre empruntent leurs chants au Commun des martyrs.[3]

Au XIIIe siècle, un médecin du nom de Guillaume de Gap, qui devint plus tard moine, puis en 1173 abbé de Saint-Denis, rapporte d'Orient en 1167 quelques manuscrits grecs, parmi lesquels il faut sans doute compter la Vie de Saint Denis par Michel le Syncelle.[4] Guillaume traduit en latin cette biographie. Il est aussi, probablement, à l'origine de la traduction des tropaires byzantins qui célèbrent saint Denis, Aréopagite et Théologien.[5] Est-il aussi l'instigateur de cette 'Messe grecque' du jour octave de saint Denis, qui fut établie entre le XIe et le XIIIe siècle ? Il est permis de le supposer. Cette idée de chanter en grec certaines portions de l'office ou de la messe, faute de

[1] Paris, Bibl. Nat., gr. 437: cf. *Bibliothèque Nationale, Byzance et la France médiévale* (Paris, 1958), no. 6. Les ouvrages de l'Aréopagite furent traduits en 832, avec l'aide de moines grecs venus du monastère Saint-Denis de Rome.

[2] Cet office a sans doute Hilduin (+842) pour auteur : il a probablement remplacé un office plus ancien. On le trouve déja dans l'antiphonaire de Compiègne (*Patrol. lat.* 78, c. 807 ; rééd. Hesbert, *Corpus antiphonalium officii*, i) et naturellement dans tous les manuscrits de Saint-Denis ('Antiphonaire du Mont-Renaud', *Paléogr. Music.*, xvi ; B.N. lat. 17296 ; Mazarine 384, fo. 160, liste d'incipit, etc.) et enfin dans des manuscrits souvent très anciens (Antiphonaire d'Hartker ; Leipzig, Rep. i, 93 ; Paris, B.N. lat. 656, fragm. ; lat. 2395, liste d'incipit ; Rouen 211, *etc.*)

[3] Paris, Mazarine 384 (XIe s.) fo. 134 v. ; B.N. lat. 9436 (appelé parfois 'Missel du Sacre', XIe s.) fo. 107 : voir tableau comparatif plus loin, p. 80. Le graduel 'Gloriosus' est déjà assigné à la fête du 9 octobre par le cantatorium de Monza, du IXe siècle. L'épître, par contre, implique déjà que la 'légende' est admise puisqu'elle raconte la conversion de l'Aréopagite.

[4] Paris, B.N. grec. 933 (Xe siècle).

[5] Paris, B.N. nouv. acq. lat. 1509, p. 152: 'Incipiunt laudes ieromartyris Ariopagitae Dionysii Athenarum archiepiscopi de greco in latinum translatae quas Greci grece decantant...' (jusqu'à la p. 160) : on retrouve dans l'édition romaine des *Ménées*, i (Rome 1888, p. 321) nombre de textes traduits en latin dans ce manuscrit. C'est J. Handschin qui a avancé le nom de l'abbé de Saint-Denis comme traducteur de ces textes (qui n'étaient pas destinés à l'usage liturgique) : 'Sur quelques tropaires grecs traduits en latin.' § IV. 'Textes hymnologiques pour saint Denis', *Annales musicologiques*, ii (1954), p. 48 ss.

pouvoir célébrer toute la liturgie comme à Athènes ou à Byzance, ne devait pas déplaire aux moines de Saint-Denis!

En fait, c'était là moins une innovation qu'une imitation de ce qui se faisait déja ailleurs dans quelques églises de France. C'est ainsi que, pour mieux honorer saint Nicolas, évêque de Myre, on avait déjà pris l'initiative, au X-XIe siècle, dans une église de France indéterminée, de chanter le tropaire Μύροις παροικήσας,[1] qui figure encore aujourd'hui dans les Ménées.[2] Dans une autre église un essai avait été tenté dans un sens différent : on avait traduit en grec toutes les pièces de la messe grégorienne du dimanche de Pâques, 'Resurrexi', ainsi que les chants de l'ordinaire.[3] À Nevers, au XIe siècle, plusieurs pièces de la messe de la Pentecôte se chantaient en grec.[4] Il subsiste par ailleurs un certain nombre de versets alleluiatiques occidentaux traduits en grec.[5] Ces exemples d'adoption d'authentiques pièces byzantines et de rétroversions de pièces latines témoignent de l'engouement admiratif du clergé pour le grec, tant à l'époque carolingienne que dans les siècles suivants. Ces vestiges nous montrent en outre devant quels précédents se trouvaient les moines de Saint-Denis le jour où ils voulurent célébrer en grec l'office de leur saint patron. Deux possibilités s'offraient alors à eux : ou bien utiliser la *Missa greca* qui groupait seulement quatre pièces de l'ordinaire : 'Gloria in excelsis', 'Credo', 'Sanctus' et 'Agnus Dei' en grec;[6] ou encore traduire en grec les pièces du propre et, pour l'ordinaire, chanter la *Missa greca*.

Depuis le IXe siècle, et jusqu'au XIIe, les pièces de l'ordinaire sont conservées, en grec transcrit en caractères latins, par plusieurs manuscrits occidentaux. Cette *Missa greca* figure entre autres dans un sacramentaire de Saint-Denis, du IXe siècle.[7] C'est à la Pentecôte que, selon les rubriques de plusieurs manuscrits,[8] on chantait la *Missa greca*. Rien n'interdit de supposer qu'à Saint-Denis

[1] Ce tropaire, transcrit en lettres latines à la suite d'un des plus anciens témoins de l'office de saint Nicolas (Paris, B.N. lat. 17177, recueil de fragments, fo. 50 v.) est noté en neumes français. Nous avons cherché, en nous basant sur l'ordre liturgique des antiennes et répons de cet office, à déterminer pour quelle église séculière il avait été transcrit (par la suite, il fut adapté à l'usage monastique) : mais aucun des 50 manuscrits du Xe au XIIIe siècle examinés, qui contiennent l'office de St. Nicolas, ne donne une liste de pièces identique à ce fragment (vers le XIIe siècle, l'ordre adopté par la plupart des manuscrits est l'ordre numérique des modes). Quant à la mélodie de ce tropaire, elle doit faire l'objet d'une étude comparative du Professeur O. Strunk, qui a bien voulu nous communiquer auparavant quelques transcriptions.

[2] Édition romaine, ii (1889), p. 386.

[3] Montpelier, Fac. de Médecine H. 306, fo. 138 v. (première moitié du IXe siècle) : pièces du propre et de l'ordinaire, écrites en caractères latins, sans neumes.

[4] Paris, B.N. lat. 9449, fo. 49 v.–52 : deux pièces du propre et les pièces de l'ordinaire, à l'exception de l''Agnus Dei', sont traduites en grec, écrit en caractères latins. Dans Paris, B.N. lat. 779, fo. 67 et nouv. acq. lat. 1871, fo. xxii, l'introït de la Pentecôte est traduit en grec et noté.

[5] E. Wellesz, *Eastern Elements in Western Chant* (*Monum. Mus. Byz.*, Subsidia II), p. 33 ss. ; L. Brou o.s.b., 'Les chants en langue grecque dans les liturgies latines', *Sacris erudiri*, i (1948), pp. 165–80 ; iv (1952), pp. 226–38. Cet article répond en partie au voeu exprimé par le Docteur Wellesz (*Eastern Elem.*, p. 56) d'une liste de documents liturgiques latins comprenant des pièces en langue grecque. Voir encore E. Jammers, *Die Essener Neumenhandschriften der Landes- und Stadt-Bibliothek Düsseldorf* (Ratingen, 1952), p. 19. Kenneth Levy ajoute à la liste de Brou le verset alléluiatique grec 'Hic est discipulus' (pour le 27 décembre) conservé par Laon, Bibl. munic. 263 (XIIe s.) fo. 105 (cf. *Annales musicologiques*, vi [1958–62], p. 37, n. 2).

[6] Il n'y a pas lieu de discuter ici l'origine byzantine — ou seulement carolingienne — de la mélodie de ces pièces grecques. Ce problème a été débattu par O. Ursprung, 'Um die Frage der Echtheit der Missa greca', *Musikforschung*, vi, pp. 289–316, qui développe des arguments de critique interne contre l'authenticité. Voir aussi Jammers, op. cit. pp. 19–21. Plus récemment, Levy a défendu l'origine orientale de ces chants en les comparant aux pièces conservées par les manuscrits byzantins ('The Byzantine Sanctus' : *Annales musicologiques*, vi [1958–63], pp. 7–67). Il serait peut-être opportun de se demander si ces pièces grecques ne seraient pas venues d'Orient par l'intermédiaire du répertoire gallican.

[7] Paris, B.N. lat. 2290 (IXe s.) fo. 7 v. et 8 ; Laon, Bibl. munic. 118 (Xe s.), Sacramentaire-Graduel de Saint-Denis, fo. 156 v. ('Doxa...')

[8] Levy, art. cit., p. 35.

les pièces grecques aient été affectées à la fête du saint, le 9 octobre, ou au jour octave.[1] Cependant, ce n'est qu'au XIIIe siècle que nous trouvons l'attestation positive de cette affectation de la *Missa greca* à la liturgie de l'octave. Cette messe du 16 octobre comprenait en outre la traduction en grec des pièces de l'ordinaire. Le coutumier de l'abbaye nous fournit dans le détail l'ordonnance de cette curieuse messe. Nous en donnerons le texte établi sur deux manuscrits : M = Paris, Bibl. Mazarine 526, fo. 184, N = Paris, Bibl. Nat. lat. 976, fo. 137–137[v].

DE OCTABIS BEATI DIONYSII

Ad missam tres cantores. Officium in greco *Zeveta*(1) *a gallia*. Sex(2) procedentes ℣. *Zeveta a gallia. Doxa Patri. Kyrie fons bonitatis*(3). Post incipiat sacerdos *Doxa en ipsistis*. Oratio *Protegat nos Domine*(4). Prima epistola legatur(5) in greco alia in latino : *Stans Paulus*...℟. *Fobite*(6) *ton Kyrion* ℣ *Ide ekzetontes*(7). A III alleluia(8) *Ekekraxan*(9) *dikei*, a IIII(10) sequentia *Gaude prole*(11). Ante evangelium, ant. O *beate Dyonisi*. Post legatur evangelium in greco, aliud(12) in latino *Videns Jesus turbas*.

Si dominica fuerit dicatur *Pisteuo*(13) quod est *Credo* et si dominica non fuerit non dicatur(14). Offertorium *Y ta Cherubim*(15). *Sanctus, agyos, agyos. Agnus, O amnos*(16) *tou Theu* et *Agnus Dei* III.

Communio *Psallate Yri*(17). Postcommunio *Sumpsimus Domine pignus*(18). *Ite missa est* est (19) sicut angelorum.

Variantes (1) *Zeneta* N (2) Quatuor M (3) *omitt* : *bonitatis* M (4) *omitt* : *Dne* M, *addit* : *sepius* N (5) legetur M (6) *Phovicite* M (7) *Ite ezeontes* M (8) alleluia a IV M (9) *Ekekrassan* M (10) *omitt.* a IIII M (11) *Superae armoniae* M (12) alia MN (13) *Physteuo* M (14) Dicatur *Phisteuo* quod est *Credo* etiam si dominica non fuerit N (15) *Kerouvin* M, Pref. *Qui sanctorum addit* M (16) *agnos* MN (17) *Ysu* N (18) *omitt* : *pignus* M (19) *omitt* : est N

Les variantes entre M et N sont minimes. Deux seulement retiennent plus particulièrement l'attention. La première porte sur le choix des séquences : 'Superae armoniae', l'ancienne séquence, dans M[2]; 'Gaude prole Grecia', séquence plus récente, dans N.[3] La seconde variante porte sur la prescription du 'Credo' : M prescrit le 'Credo' si l'octave de saint Denis tombe un dimanche— ce qui était alors la règle habituelle — tandis que N l'impose de toute façon, que l'octave tombe un dimanche ou en semaine. Rien qu'en se basant sur ces deux points de détail, on peut conclure que M est plus ancien que N.[4] Pour le reste, les deux manuscrits coïncident de manière satisfaisante. Les prescriptions qu'ils fixent pour l'octave de saint Denis appellent plusieurs remarques, tant sur les chants de l'ordinaire et du propre que sur les lectures en grec et en latin.

Les chants de l'ordinaire sont identifiés :

le 'Kyrie' : mélodie occidentale, avec le trope 'fons bonitatis'.[5]

le 'Doxa en ipsistis' ou 'Gloria in excelsis', dont la mélodie nous a été heureusement conservée par plusieurs manuscrits des X, XI et XIIe siècles : l'un d'eux vient d'ailleurs de Saint-Denis.[6]

[1] L'octave de saint Denis existait bien au XIe siècle (sinon plus tôt) : Paris, Mazarine 384, fo. 135 ; B.N. lat. 9436, fo. 108 v. (voir plus loin le tableau comparatif des pièces pour cette messe de l'octave). Pour illustrer la 'poussée d'hellénisme' dans le culte de saint Denis, rappelons que le nom du saint est écrit en caractères grecs dans le calendrier du sacramentaire B.N. lat. 2290 ; en outre, Jean Scot avait écrit un vers en grec en l'honneur de saint Denis : M.G.H. *Poëtae aevi carolini*, iii, p. 546.

[2] *Repertorium hymnologicum*, no. 19815 ; *Analecta hymnica*, ix, p. 141.

[3] *Repertorium hymnologicum*, no. 6912 ; *Analecta hymnica*, lv, pp. 130–1. On la trouve notée dans le missel de St.-Denis du XIIIe siècle : Paris, B.N. lat. 1107, fo. 381.

[4] D'après Molinier (*Catalogue des manuscrits de la Mazarine*, i, p. 211), le manuscrit M serait un peu postérieur à 1234, tandis que le ms. N est assigné par le *Catalogue général des manuscrits latins* au XIII–XIVe siècle. Ces datations seraient sans doute serrées davantage par une analyse comparative de M et N.

[5] C'est-à-dire la mélodie de la messe II de l'Édition Vaticane. Sur ce Kyrie et son trope, voir *Rassegna gregoriana*, iii, (1904), c. 531–44.

[6] Paris, B.N. lat. 9436, fo. 1 v. On trouvera la liste des manuscrits et la restitution de la mélodie du 'Doxa' dans mon article 'La mélodie grecque du Gloria in excelsis', *Revue grégorienne*, xxix (1950), pp. 30–40.

le 'Pisteuo — quod est Credo' — est connu par plusieurs manuscrits neumatiques — dont le 'Missel du Sacre' de Saint-Denis[1] — mais la mélodie, aux finales ornées, n'a pas encore été déchiffrée.[2]

le 'Trisagion' est également fort répandu en Occident : sa mélodie est connue surtout par les manuscrits aquitains.[3]

enfin l''Agnus Dei', en grec, à peu près aussi répandu que le Trisagion,[4] se trouve également dans le sacramentaire de Saint-Denis (Paris, B.N. lat. 2290, fo. 8), quoique sans neumes.

En résumé, toutes les pièces de l'ordinaire,[5] chantées en grec le jour octave de saint Denis sont attestées par les manuscrits de l'abbaye dès le IXe siècle et par plusieurs manuscrits français notés des Xe et XIe siècles. Donc pas d'innovation liturgique et musicale de ce côté.

Il n'en est pas de même pour les pièces du propre qui apparemment sont toutes — à l'exception de l'offertoire — des pièces du répertoire grégorien traduites en grec. L'identification de l'introït offre quelque difficulté, car l'incipit de la traduction grecque a été déformé. H. Leclercq[6] propose de restituer les mots 'Zevete a gallia' par Δεῦτε ἀγαλλιασώμεθα soit 'Venite exultemus'. Mais il n'existe pas d'introït grégorien commençant ainsi.

Remarquons que, dans le coutumier, introït et verset psalmique ont même commencement, rencontre fortuite qui ne se trouve qu'une seule fois dans le répertoire, à l'introït 'Venite (adoremus)', suivi du Ps. 'Venite (exultemus)'. Mais si ce dernier incipit traduit correctement le texte grec indiqué par le coutumier, on ne saurait en dire autant pour l'antienne d'introït, à moins de supposer que le copiste du coutumier a confondu les deux incipit, celui de l'antienne et celui du psaume. Pourtant, cet essai d'explication n'est pas satisfaisant, car l'introït proposé, 'Venite adoremus', appartient aux Quatre-Temps de septembre, parfois au dimanche dans l'octave de l'Epiphanie,[7] mais il ne semble pas avoir été affecté à une fête du sanctoral. Il reste une dernière objection contre le maintien de 'Venite adoremus': les sources du XIe siècle indiquent l'introït 'Exclamaverunt' pour le 16 octobre. Celui-ci aurait-il été remplacé par un autre introït au moment où le propre du 16 octobre fut traduit en grec? Aucune solution ne nous paraît pleinement satisfaisante pour résoudre ces objections.

Le 'Gloria Patri' qui se chante après le psaume et avant la reprise de l'antienne est, soit une rétroversion de la petite doxologie occidentale, soit tout simplement la petite doxologie byzantine[8]

[1] Paris, B.N. lat. 9436, fo. 1 v.

[2] En effet, la mélodie du 'Pisteuo' que j'ai publiée dans *Revue grégorienne*, xxx (1951), pp. 74–76, d'après Cologne, Stadtarchiv W. 105, ne 'traduit' pas les neumes que les manuscrits français, allemands et helvétiques portent au dessus du texte grec du 'Pisteuo'. La mélodie du manuscrit de Cologne est entièrement syllabique.

[3] Cf. Levy, art. cit., particulièrement p. 10 ss.

[4] Aux manuscrits mentionnés par Levy (art. cit., p. 44), on peut ajouter Bruxelles 21536–40 (Catal. 484) fo. 102 v.; le fragment noté sur un dyptique d'ivoire du Cabinet des Médailles à la B.N. (facsimilé : *La musique des origines à nos jours... sous la direction de* N. Dufourcq [1946], p. 101 ; notice : J. Hourlier, o.s.b. dans *Études grégoriennes*, vi [1963], pp. 149–52). Dans Vienne, Österr. Nat. Bibl. 1888 (Tropaire de St. Alban de Mayence), fo. 2, l''Amnos' se trouve deux fois, avec deux mélodies différentes.

[5] Mentionnons pour mémoire — puisqu'il n'est pas traduit en grec — l''Ite Missa est' : 'est sicut angelorum'. Il faudrait se garder de l'identifier avec l''Ite missa est' de la 'Messe des Anges' de l'Édition Vaticane (messe VIII), qui est relativement 'récente'. La prescription signifie qu'on prend le même 'Ite Missa est' qu'à la messe votive des anges (ou peut-être le même qu'au 29 septembre ?).

[6] *Dictionn. d'archéol. chrét. et de liturgie*, vi, col. 1583, n. 1.

[7] L'introït 'Venite adoremus' se trouve à la place de 'In excelso throno' (texte non scripturaire de l'introït du IIIe dim. après l'Epiph.) dans les manuscrits de Lyon, Valence, Cluny, Grenoble, dans les manuscrits cartusiens, *etc.*

[8] La différence entre la doxologie occidentale et la doxologie byzantine réside dans la suppression de l'incise 'sicut erat in principio' du texte grec.

qui circulait en Occident avec les autres pièces de la *Missa greca*. En voici le texte et la mélodie d'après les manuscrits notés :[1]

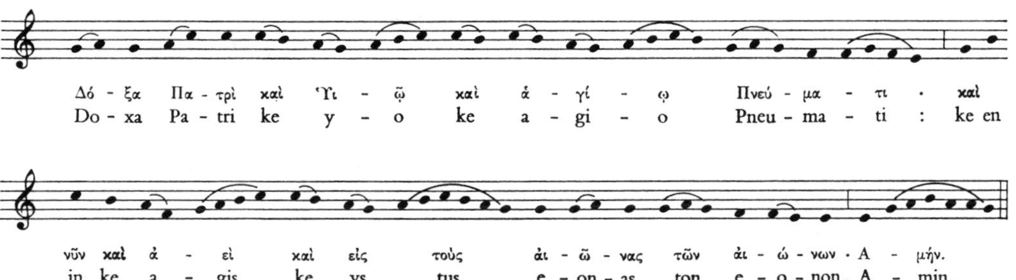
Δό - ξα Πα - τρὶ καὶ Ὑι - ῷ καὶ ἁ - γί - ῳ Πνεύ - μα - τι · καὶ
Do - xa Pa - tri ke y - o ke a - gi - o Pneu - ma - ti : ke en
νῦν καὶ ἀ - εὶ καὶ εἰς τοὺς αἰ - ῶ - νας τῶν αἰ - ώ - νων · Α - μήν.
in ke a - gis ke ys tus e - on - as ton e - o - non . A - min.

Après l'épître, lue en grec et en latin, on chante une traduction du répons-graduel 'Timete Dominum ℣ Inquirentes', assigné à cette messe de l'octave par tous les manuscrits sandionysiens[2] du XIe au XIIIe siècle. L'alleluia est, lui aussi, une traduction grecque du verset 'Clamaverunt', attesté par les mêmes sources que le graduel.[3] Il est curieux de constater que ce verset alleluiatique grec ne se retrouve pas dans les manuscrits de Saint-Denis : il a été signalé dans le graduel de Saint-Vaast du XIe siècle, où il est précisément assigné à la fête de Saint-Denis au 9 octobre.[4] La séquence et l'antienne *ante evangelium* — tirée de l'office de saint Denis — se chantent en latin. N'étant pas tirées de l'Écriture, ces deux pièces risquaient sans doute de présenter plus d'une difficulté de traduction à un helléniste médiéval : elles furent donc laissées en latin. Nous verrons un peu plus loin que la traduction de la séquence n'arrètera pas les hellénistes du XVIIe siècle.

L'offertoire est incontestablement la pièce la plus intéressante de cette messe du 16 octobre. Dans l'incipit 'Y ta Cherubim', on reconnaît le *Cheroubicon* ou Hymne des Chérubins, tropaire qui se chante dans la Liturgie byzantine, au cours de la procession de la Grande Entrée, c'est à dire à l'offertoire. Le *Cheroubicon* est conservé en grec, mais transcrit en caractères latins, par un manuscrit de Corvey, du Xe siècle :[5] la pièce est notée. La traduction latine se trouve dans les

[1] D'après Düsseldorf, D. 2, fo. 203 v. ; Paris, B.N. lat. 779 fo. 67 v., lat. 909, fo. 37, lat. 1118, fo. 67, lat. 1119, fo. 45 v., lat. 1121, fo. 24, lat. 1834, fo. 1[v], nouv. acq. lat. 1871, fo. 22[v], (dans ces manuscrits, le 'Doxa Patri' se trouve à la Pentecôte ; dans les mss. 1119 et 1121, le texte est écrit en caractères grecs d'imitation). La restitution de cette pièce garde une certaine incertitude, faute de clé et faute d'une diastématie précise. Cependant, comme le 'doxa' accompagne les tropes d'introït de la Pentecôte, il est probable qu'il est écrit dans le mode de Sol. Le même texte, mais sans notation se relève dans Bruxelles 21536–40 (Cat. 484) fo. 102 v. et dans Laon, Bibl. munic. 118, fo. 16 v. Enfin, dans l'Antiphonaire de Leon (fo. 60, 81, 210), avec une mélodie apparemment différente.

[2] Paris, Mazarine 384, fo. 135 ; B.N. lat. 9436, fo. 108 v. ; B.N. lat. 1107, fo. 272 v. (voir tableau comparatif plus loin). Le lat. 10505 est privé d'une bonne partie de son sanctoral par suite d'une lacune matérielle.

[3] Ce verset, qui se trouve bien en effet dans les manuscrits de Saint-Denis n'appartient pas au 'fonds grégorien primitif' : il semble avoir été composé dans le nord de la France au X-XIe siècle. Il a été ajouté dans un manuscrit de Corbie (Paris, B.N. lat. 13024, fo. 119 v.) avec neumes français.

[4] Cambrai, Bibl. munic. 75 (XIe s.) fo. 114 : cf. Brou, art. cit., *Sacris erudiri*, i (1948), p. 174.

[5] Düsseldorf, Landes- und Stadt-Bibl. D.2, fo. 203 v. ; Wellesz, *Eastern Elements*, p. 33 ; Jammers, op. cit., Tafel 9. Ce manuscrit viendrait de Corvey et se rattache donc d'une certaine manière au groupe Corbie-Saint Denis.

manuscrits de Saint-Denis[1] et dans un manuscrit allemand,[2] d'une part, et d'autre part, dans le processionnal de Saint-Dominique de Sora,[3] en Italie du Sud.

Les divergences textuelles entre ces deux groupes sont assez notables :

SAINT-DENIS (Paris, Mazar. 384, fo. 153)	SORA (Vat. Regin. 334, fo. 78ᵛ)
Qui Cherubim mystice imitamur	Qui Cherubim mystice imitamur
et vivificae Trinitatis ter sanctum	et *vice* Trinitatis ter sanctum
hymnum offerimus,	hymnum *decantamus*,
omnem nunc mundanam	omnem nunc *secure*
deponamus sollicitudinem	deponamus sollicitudinem
sicuti regem omnium	sicuti regem omnium
suscepturi cui ab angelicis	*suscipientes cum*
invisibiliter	inivisibiliter *angelorum*
ministratur ordinibus,	*officio* ministratur,
alleluia	alleluia

Ces variantes suggèrent l'indépendance des traductions opérées à Saint-Denis d'une part et en Italie du Sud d'autre part.[4] Les neumes du texte latin coïncident avec ceux du texte grec de Corvey. Mais ce qui est plus remarquable c'est le fait qu'à Saint-Denis au XIIIe siècle on chantait encore le *Cheroubicon* en grec : malheureusement, aucun manuscrit sandionysien de cette époque[5] n'a conservé la pièce avec sa mélodie : il faut donc nous résigner, jusqu'à plus ample informé, à la perte de cette mélodie[6] transportée de Byzance en Occident : cette perte est d'autant plus regrettable que les manuscrits byzantins — moins anciens que nos témoins occidentaux — nous transmettent une mélodie beaucoup plus ornée[7] qui ne traduit pas les neumes latins, d'une diastématie trop imprécise.

L'identification de la communion 'Psallate Yri' (ou 'Ysu', dans N) est aussi difficile que celle de l'introït. H. Leclercq[8] propose comme modèle 'Cantate Jesu' : mais cette transcription trop

[1] Paris, Collection privée, 'Antiphonaire du Mont-Renaud', reproduit dans *Paléographie Musicale*, xvi : G. Beyssac a remarqué que le *Cheroubicon* devait jadis se trouver en entier, au Capitulum CCXXII, du manuscrit : aujourd'hui, il ne reste que l'incipit 'Qui Cherubim' (fo. 37) avec renvoi (*Revue de Musicologie*, xl [1957], p. 139); Paris, Mazarine 384 (XIe s.) fo. 153, en entier, avec notation neumatique (voir planche ci-joint : on pourra comparer la notation du texte latin à celle du texte grec reproduit par Jammers).

[2] Londres, Brit. Mus. Harl. 3095 (X-XIe s.), fo. 111 v. : cf. Handschin, 'Le Cheroubicon', *Annales musicologiques*, ii (1954), p. 45.

[3] Vatican, Regin. 334, fo. 78 v.–79 : cf. Brou, art. cit. *Sacris erudiri*, iv (1952), pp. 228–9. Le texte du *Cheroubicon* traduit dans l'ouvrage de Claude de Sainctes, *Liturgiae sive Missae sanctorum* (Paris, Morel 1560), p. 38, coïncide avec la traduction du groupe St.-Denis.

[4] On peut faire une observation semblable sur l'antienne 'Sub tuum' : le processionnal de Sora (et d'ailleurs les antiphonaires bénéventains, tel que le ms. V 21 du Chapitre de Bénévent) traduisent 'sub tuis visceribus' là où les autres manuscrits occidentaux donnent 'sub tuum praesidium' : on a dû confondre, en Italie du Sud, σπλάγχνα avec εὐσπλαγχνία.

[5] Paris, B.N. lat. 1107; Rome, Bibl. Casanate 1595 (Missel parisien, en relation avec St.-Denis) ; Londres, National Art Gallery 1346 (Missel de St.-Denis, du XIII-XIVe s.).

[6] Le fait que dans les anciens manuscrits de St.-Denis cités à la note 1, le *Cheroubicon* soit traité en verset d'offertoire de la Messe de la Trinité impliquerait que son mode était le mode de MI. On notera, sur le facsimilé, la répétition du même motif mélodique sur 'imitamur' et sur 'offerimus'.

[7] Sur l'histoire de la mélodie du *Cheroubicon* byzantin, voir Wellesz, *A History of Byzantine Music and Hymnography* (Oxford, 1949), p. 139, 2e éd. (1961), p. 166 ; Levy, 'A Hymn for Thursday in Holy Week', *Journal of the American Musicol. Soc.*, xvi (1963), p. 165 ss.

[8] *Dict. Archéol. chrét. et de Lit.*, col. 1585, n.3.

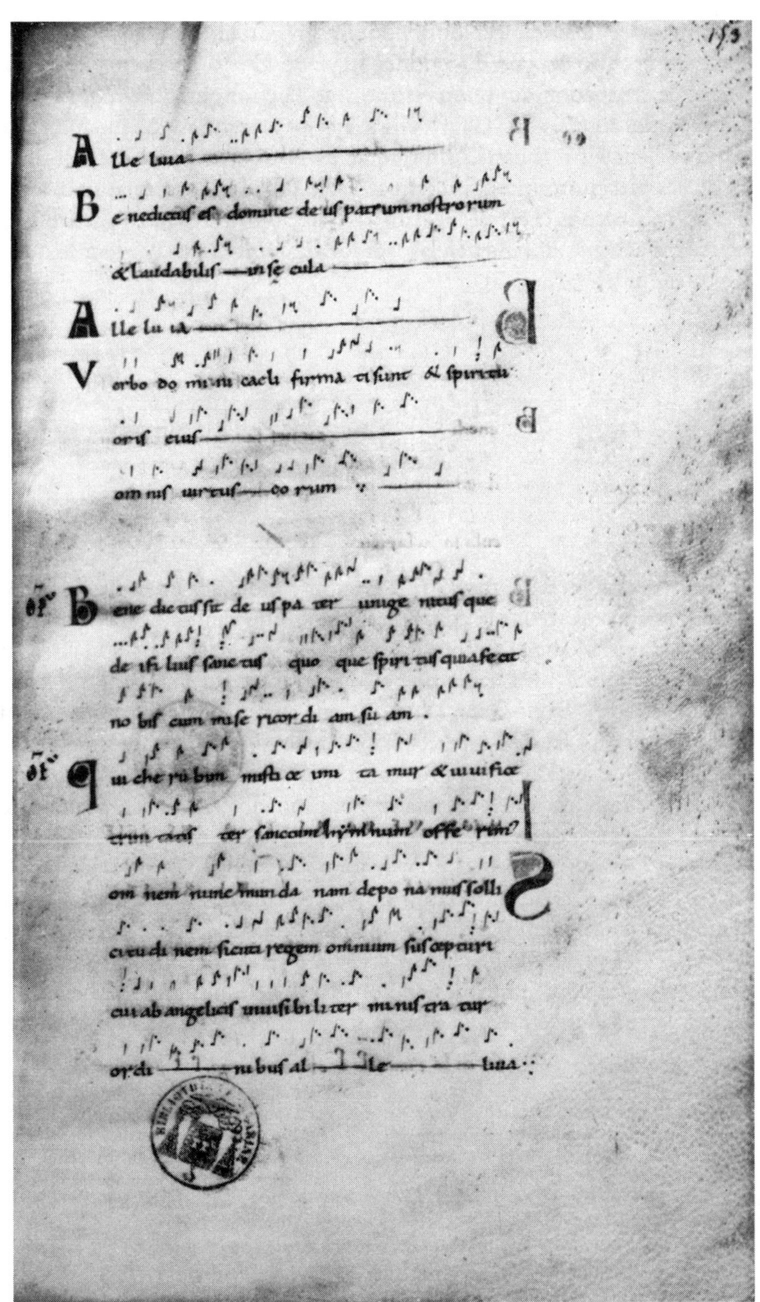

Cliché Bibl. Nat.

Le *Cheroubicon* en latin (Paris, Bibl. Mazarine 384, fo. 135)

matérielle ne correspond à aucune pièce du répertoire grégorien. La déformation du texte grec rend difficile toute conjecture en vue d'identifier la pièce. De toute façon, il est impossible de voir dans cet incipit la traduction des premiers mots de la communion grégorienne 'Posuerunt mortalia', assignée par les sources du XIe au XIIIe siècle pour cette messe du 16 octobre.[1]

Faute de retrouver dans les manuscrits liturgiques de Saint-Denis du XIIIe et du XIVe siècle le texte intégral de ces pièces grecques, il n'est pas facile de les identifier toutes. On ne saurait, en raison même de l'absence de ces pièces dans la tradition liturgique,[2] mettre en doute leur authenticité. Elles se rattachent suffisament à la tradition de Saint-Denis par leur texte latin comme le montre ce tableau-résumé :

	Paris, Mazar. 384, *fo.* 135 *Paris, B.N. lat.* 9436, *fo.* 108*v*	*Coutumier* (*M & N*)	*Paris, B.N. lat.* 1107 (*XIIIe s.*), *fo.* 272*v*
Intr.	Exclamaverunt	?	Intret (comme au 9 octobre, fo. 271v)
Grad.	Timete Dominum	Timete Dom. (grec)	Timete Dominum
Allel.	Clamaverunt (*omitt.* 9436) Fulgebunt	Clamaverunt (grec)	Justi epulentur
Offert.	Confitebuntur cœli		
	Qui Cherubim (384, fo. 135)	Y ta Cherubim	Mirabilis (comme au 9 octobre, fo. 271v)
Comm.	Posuerunt	?	Posuerunt

Pour les lectures gréco-latines de la messe du 16 octobre, nous sommes plus heureux que pour les pièces de chant, car nous trouvons la confirmation des prescriptions du coutumier dans deux lectionnaires de Saint-Denis. L'usage sandionysien des lectures en grec et en latin ne saurait évidemment prétendre à une antiquité aussi haute que celui de l'Italie du Sud ou de Rome en matière de lectures bilingues.[3] Mais à Saint-Denis, l'usage peut remonter à s'en tenir aux documents, jusqu'au XIIe siècle, sinon plus haut. Les péricopes grecques du 16 octobre se retrouvent en effet dans deux lectionnaires de Saint-Denis, un grec et un latin : le premier, le ms. grec 375 de la Bibliothèque Nationale de Paris est un lectionnaire byzantin du XIe siècle. Il contient quelques péricopes en caractères grecs ajoutées au XIIe ou au XIIIe siècle sur des pages blanches : nous relevons l'épître (fo. 56) et l'évangile (fo. 154) pour le jour octave de saint Denis.

Dans l'un des plus beaux évangéliaires latins de Saint-Denis, le ms. lat. 9387 de la B.N.,[4] les lectures ont été ajoutées en caractères grecs par une main du XIVe siècle pour les fêtes de Noël, la Dédicace (24 février), Pâques, la Pentecôte et pour la fête de saint Denis (fo. 157^v) ; le texte est surmonté d'une notation qui imite la notation ekphonétique des lectionnaires byzantins.[5] Que le texte de ces lectures ait été copié dans d'authentiques lectionnaires byzantins ou qu'il

[1] Voir un peu plus loin le tableau comparatif des manuscrits de St.-Denis.

[2] Il ne reste que deux missels notés de St. Denis (Londres : cf. p. 79, n. 5—Paris, B.N. lat. 1107) ; un troisième manuscrit, un peu plus récent (B.N. lat. 10505) n'a pas le sanctoral d'octobre. Pour tirer argument *a silentio* il aurait fallu que tous les manuscrits de St. Denis fussent conservés.

[3] F. C. Burkitt, 'Manuscrits bilingues dans la liturgie des églises d'Italie', *Miscellanea Amelli* (1920), pp. 39–40. A Rome, l'usage des lectures bilingues — conservé dans la messe papale jusqu'à nos jours — remonte à l'époque de transition où l'Église de Rome abandonna le grec comme langue liturgique pour le latin, c'est-à-dire à la fin du IVe siècle. Signalons enfin que le manuscrit français de Léningrad F v VI 3 contient une épître en grec (Éph. ii 19–22) pour une fête d'Apôtre : A. Staerk, *Les manuscrits latins... de St. Pétersbourg*, i (1910), p. 42 ; Thibaut, *Monuments de la notation ekphonétique* (St. Pétersbourg, 1912), p. 24.

[4] Paris, B.N. lat. 9387 (IXe s.), fo. 153–60. Le plat inférieur du ms. est protégé par une plaque ciselée due au même artiste que celui qui exécuta la plaque inférieure du ms. lat. 9436 déjà cité.

[5] A. Gastoué, *La Musique française* [catalogue], Bibliothèque Nationale (1939), no. 4.

s'agisse seulement d'une rétroversion du texte liturgique latin en langue grecque, nous trouvons dans ces deux documents confirmation des usages décrits dans le coutumier du XIIIe siècle. Cet usage a duré très longtemps puisqu'il est encore attesté en 1509 par G. Chartelier, conseiller au Parlement de Paris : 'Le samedi IIe jour dudit mois de juin, la Court fut à Monseigneur St.-Denis. La messe fut chantée des benoist martyrs *Intret in conspectu tuo*. Les épîtres et évangiles furent dits en grec et en latin'.[1]

En 1625, Dom Jacques Doublet fait état de ce même usage : 'Es festes solennelles, l'on chante double épistre et double évangile, l'un en latin et l'autre en grec, et ce, en commémoration de l'Apostre de France, sainct Denys l'Aréopagite qui estoit grec de nation... Le jour de l'octave de la feste de sainct Denys, l'on chante toute la messe en grec, mesme le célébrant chante le *Gloria in excelsis* et le *Credo* en grec.'[2] Ces lectures en grec, l'éditeur R. Ballard les imprime en 1658, dans le petit livret intitulé : *Missa in octava sancti Dionysii Areopagitae et sociorum martyrum...*,[3] avec d'ailleurs tout le reste, chants et oraisons, de la messe grecque. Mais cette édition n'est pas un nouveau témoin de l'usage attesté au XIIIe siècle par le coutumier : presque rien de commun entre l'ancien usage et la messe grecque de Ballard. Il suffit de mettre en regard les documents pour s'en convaincre :

COUTUMIER DU XIIIe S.	ÉDITIONS[4] DE 1658 & 1777
INTR. ?	*Sapientiam* (traduit en grec)
KYRIE : Kyrie (II) *fons bonitatis*	Kyrie IV (de l'Édit. Vaticane)
GLORIA IN EXC. : Mélodie propre	Gloria IV
COLLECTE : *Protegat nos Domine* (en latin)	*Protegat nos Domine* (en grec)
EPITRE : *Stans Paulus...* (en grec et en latin)	*Stans Paulus...* (en grec et en latin)
GRADUEL : *Timete Dominum* (en grec)	*Anima nostra* (en grec)
ALLELUIA : *Clamaverunt* (en grec)	*Justi epulentur* (en grec)
ÉVANGILE : *Videns Jesus turbas* (en grec et en latin)	*Attendite a fermento* (en grec)
CREDO : mélodie spéciale (en grec)	Mélodie du Credo V de l'Ed. Vaticane (en grec)
OFFERTOIRE : 'Cheroubicon'	*Exultabunt sancti* (en grec)
SECRÈTE : ?	*Hostias tibi Dne.* (en latin)
PRÉFACE : *Qui sanctorum* (en latin)	1. Préface commune (en grec) 2. Préface selon l'us. de Paris (en grec)
SANCTUS : *Agyos...* (mélodie spéciale)	*Agios* (melodié du Sanctus IV de l'Ed. Vaticane)
PATER NOSTER : en latin	en grec
AGNUS DEI : (mélodie spéciale) en grec	(mélodie IV de l'Ed. Vatic.) en grec
COMMUNION : ? (non identifiable) (en grec)	*Dico autem vobis* (en grec)
POSTCOMMUNION : *Sumpsimus Dne.* (en latin)	*Sumpsimus Dne.* (en grec)
ITE MISSA EST : en latin	traduit en grec[5]
BÉNÉDICTION ÉPISCOPALE : ?	traduite en grec[5]

[1] *Mémorial* : le passage en question est cité par Leclercq (art. cit., 1584–5), d'après l'édition de Guilhermoz dans le *Bulletin de la société de l'histoire de Paris et de l'Ile-de-France*, xv (1888), pp. 174–9.

[2] *Histoire de l'abbaye de St.-Denys en France et de ses antiquités* (Paris, 1625), pp. 361 et 366. La curieuse lettre de 'L'Église grecque au vénérable archimandrite de l'abbaye royale...St. Denis-en-France' (Vidieu, *St. Denys* [1889], pp. 416–18) fait également allusion aux lectures bilingues des quatre principales fêtes de l'année. C'est d'après un manuscrit gréco-latin de Mr. Albert Lenoir que Vidieu a publié ce texte. On aimerait connaître le sort de ce manuscrit pour tenter de dater la lettre apocryphe.

[3] Fin du titre : . . . *ad usum regalis ecclesiae ejusdem, S. Dionysii in Francia O.S.B. Congregationis Sancti Mauri*. La messe sera rééditée en 1777 et 1779 par Lottin, mais avec un titre français. Deux manuscrits sandionysiens du XVIIIe siècle la contiennent également : Mazarine 452, à l'usage du célébrant, et Mazarine 4465, à l'usage des chantres, qui contient les parties notées. La messe grecque imprimée a été étudiée par A. J. H. Vincent, *Note sur la messe grecque qui se chantait autrefois à l'abbaye royale de St.-Denis, le jour octave de la fête patronale* : *Revue archéologique*, nouvelle série, t. IX, 1864, pp. 268–81. — H. Omont, *La Messe grecque de Saint-Denis* : *Études d'Histoire du Moyen-Âge dédiées à Gabriel Monod I*, 1896. — H. Leclercq, art. 'grecque', *Dict. d'Archéologie chrét. et de Liturgie*, t. VI c. 1581–6.

[4] Nous avons utilisé l'édition de 1777 qui est, à quelques additions près, identique à celle de 1658. À la fin des deux éditions de 1777 et 1779, on trouve le texte latin des pièces traduites en grec dans le corps du livret.

[5] Voir Leclercq (dans *Dict. d'Archéol. chr. et de lit.*, vi, 1585) sur la curieuse traduction de cette monition (qui ne figurait pas dans l'édition de 1658) et sur la traduction de la Bénédiction épiscopale.

Si on établit le bilan de cette comparaison, force est de reconnaître que rien ne subsiste de la messe grecque du XIIIe siècle dans le domaine des chants : le lien subsiste seulement dans le domaine des lectures[1] et des oraisons. Comment ces modifications se sont-elles effectuées ? Il faut admettre une certaine période de dégradation : ces chants en grec n'ont pu se conserver indéfiniment. Ils furent sans doute abandonnés entre la fin du XIIIe et le début du XVIe siècle, tandis que les lectures en grec et en latin furent maintenues. Mais qui traduisit en grec les pièces de chant de la 'nouvelle' messe grecque ? Quel helléniste traduisit les oraisons, les monitions, la séquence et le reste ?

Il ne semble pas que toutes ces traductions soient le fait des humanistes du XVIe siècle, dont le rôle consista seulement à retoucher la traduction de la messe traditionnelle.[2] C'est du moins la conclusion qui ressort de l'examen de la préface de la Messe imprimée en 1658 ; elle s'achève sur cette note de la dernière heure : 'Pendant l'impression de cette messe, l'abbaye de Saint-Denis nous a communiqué un manuscrit grec où se trouve *une partie* de la Messe grecque de Saint Denis révisée par le célèbre Guillaume Budé qui a mis à la fin une lettre signée et paraphée de sa main. Il mourut en 1540. *Cette messe est différente de celle qui se chante aujourd'hui*. Mais c'est d'après ce manuscrit que nous rétablissons dans le symbole ces deux mots *et expecto*, etc.'

Ne faut-il pas voir dans les mots—que nous avons soulignés—désignant 'cette messe différente de celle qui se chante aujourd'hui' (en 1658), un témoin de la messe grecque fixée par l'usage du XIIIe siècle, ou du moins une partie de cette messe ?[3] La messe 'qui se chante aujourd'hui' est sans équivoque celle que Ballard a imprimée en 1658. Il semblerait donc que ce sont les Mauristes, entrés en 1633 à Saint-Denis, qui sont à l'origine de cette nouvelle messe. Cette déduction s'appuie sur les procédés utilisés par les religieux de la Congrégation de Saint-Maur en fait de liturgie : en effet, les usages traditionnels des monastères repris par la jeune Congrégation cédaient le plus souvent la place a l'uniformité du *Bréviaire* et du *Missel* mauristes et les anciens offices propres à des compositions nouvelles.[4] Il est donc fort probable que les modifications de la Messe grecque imprimée sont dues aux Mauristes.

Pourtant, en relisant le texte de Dom J. Doublet, écrit avant 1625, on se demande si l'allusion au chant de 'toute la messe en grec' ne viserait pas précisément les textes de la nouvelle messe, imprimée ultérieurement en 1658 : dès lors, la 'nouvelle messe' serait antérieure aux Mauristes... Il faut bien reconnaître que l'expression de Dom J. Doublet est assez ambiguë[5] et qu'elle peut s'appliquer aussi bien à la messe grecque ancienne—ou du moins à ce qui en restait alors—qu'à

[1] Encore faudrait-il comparer les deux textes grecs : il ne semble pas que l'éditeur a été chercher le texte de ses lectures dans les manuscrits mentionnés plus haut : mais ceci serait à vérifier (la péricope évangélique est, de toute façon, différente).

[2] Omont (art. cit.) accordait une place beaucoup plus large aux humanistes dans la composition de cette nouvelle messe : nous la réduisons à un travail de révision linguistique et grammaticale effectué sur les textes de l'ancienne messe.

[3] Ce serait en effet une vue trop rigide de l'esprit de croire que cette messe grecque héritée du XIIIe siècle a subsisté telle quelle, au milieu de toutes les vicissitudes extérieures et de la décadence des monastères au XVIe siècle. Peut-être que seules les lectures ont traversé les siècles jusqu'au XVIIe. Le texte du conseiller Chartelier, rapporté plus haut, ne mentionne effectivement que les lectures en grec : mais la messe décrite, il est vrai, est celle du 11 juin (Invention de St. Denis) et non la messe du 16 octobre.

[4] À titre d'exemple, nous citerons seulement le cas de la Chaise-Dieu où l'ancien office propre de St. Robert fut remplacé par un nouvel office contenu dans le *Proprium ad usum pontificii et regalis monasterii sancti Roberti de Casa Dei* (Clermont, 1765). L'auteur du nouvel office est Dom Hugues Vaillant qui s'était spécialisé dans la composition de nouveaux Propres.

[5] Les termes de Dom Martène—qui concernent sans aucun doute la Messe imprimée—nous offrent la même apparence d'ambiguité : 'In octava vero sancti Dionysii quidquid a choro in missa precinitur, totum greco sermone canitur' (*De antiq. ecclesiae ritibus*, i [1736], p. 281).

la nouvelle. En effet, l'une et l'autre se chantent entièrement en grec et à l'une comme à l'autre 'le célébrant chante le *Gloria in excelsis* et le *Credo*' en grec. La seule différence porte sur les oraisons la séquence, la préface et le 'Pater' qui constituent en somme l'élément nouveau de la messe imprimée.[1] En définitive, cette messe grecque aurait été agencée entre 1633 et 1658, sans tenir compte des traditions anciennes ou du moins de ce qui pouvait en rester.

Cette coutume liturgique du 16 octobre à Saint-Denis a un aspect quelque peu singulier, il faut bien le reconnaître. Elle a aussi un caractère assez traditionnel, puisque la messe grecque, telle qu'elle fut codifiée au XIIIe siècle, avait recueilli plusieurs pièces dignes d'intérêt, entre autres l'Hymne des Chérubins et les chants de l'ordinaire en grec. Mais la tradition ancienne s'étant peu à peu estompée fut un beau jour 'restaurée' d'une manière assez artificielle et sans lien solide avec le passé. Il est vrai que ce n'est pas de ce côté que s'orientent les recherches des byzantinistes. De plus en plus leur attention se porte sur ces pièces grecques transmises par les anciens manuscrits occidentaux. C'est au Docteur Egon Wellesz que revient le mérite d'avoir, notamment dans *Eastern Elements in Western Chant*, attiré l'attention sur ces vestiges et entrepris de retracer leur histoire.

[1] La 'lettre de l'Église grecque' (Vidieu, p. 416) fait allusion à la 'restauration' du grec pour la préface, l'oraison dominicale et les collectes. En fait, il s'agit plus exactement, en comparaison des usages du XIIIe siècle, d'une innovation que d'une restauration.

XIX

SOURCE HAGIOPOLITE D'UNE ANTIENNE HISPANIQUE POUR LE DIMANCHE DES RAMEAUX

Les divers répertoires liturgiques latins ont été, à des époques différentes et dans des proportions inégales, influencés par le chant byzantin. Ce problème fort complexe de l'influence du chant oriental sur le chant occidental a déja fait l'objet de plusieurs études: la question ne sera cependant tranchée de manière définitive que le jour où le degré d'influence aura, pour chaque cas particulier, fait l'objet d'un examen détaillé. On constate en effet que, dans les pièces traduites du grec, la dépendance est tantôt purement textuelle et tantôt littéraire et musicale à la fois.

La liturgie hispanique contient bon nombre de pièces traduites du grec ou même conservées dans le texte original. Des études entreprises sur ces chants, il est permis de tirer quelques conclusions intéressantes: il reste encore beaucoup à dire cependant sur cette question, tant sur les textes que sur les mélodies. La présente enquête se limitera à l'antienne *Introeunte te* du dimanche des Rameaux, traduite d'un stichère composé dans la ville sainte de Jérusalem et plus tard adoptée par les Eglises d'Aquitaine.

L'antienne se chantait jadis en Espagne au cours de la procession qui se rendait de l'église où l'on distribuait les palmes à l'église stationale. Elle est traduite du stichère idiomèle Εἰσερχομένου σου qui, aujourd'hui encore, figure dans les livres liturgiques byzantins [1] parmi les pièces de la λιτή ou procession qui suit les Grandes Vêpres du samedi avant le dimanche des Palmes. Ce stichère est déjà attesté par le *Typicon* de Jerusalem [2] dont la rédaction peut, dans l'ensemble, être rapportée au IXe siècle. On le chantai alors au cours de la pro-

[1] *Triodion*, éd. vénitienne (1850), p. 335; éd. rom. (1889), p. 604.

[2] Ed. par PAPADOPOULOS-KERAMEUS en 1894, d'après un ms. daté de 1122. Baumstark (*Orientalisches in den Texten der abendl. Palmfeier* dans *Jahrb. f. Lit. wiss.* VII, p. 152) donne la date de rédaction que nous citons.

cession des rameaux qui parcourait les lieux par où Notre Seigneur était passé lors de son entrée triomphale dans Jérusalem.

Le stichère doit pourtant remonter à une époque plus ancienne que le document qui l'atteste : comme le texte fait allusion à la *Passion volontairement subie* par le Christ, il est probable que la composition peut en être fixée à l'époque des controverses sur le monothélisme et peut-être même au temps de saint Sophrône [3]. En tout cas, ce n'est sûrement pas à Constantinople [4] mais à Jérusalem [5] que fut composé notre stichère. Il n'est pas impossible qu'un pélerin de Terre Sainte en ait rapporté le texte original on une traduction en Espagne.

Il reste à déterminer si cette traduction, que nous lisons dans les manuscrits de chant wisigothique, a été directement introduite dans la liturgie hispanique ou si un ou même plusieurs intermédiaires l'ont transmise à l'Espagne. L'antienne *Introeunte te* se lit en effet non seulement dans les livres de la liturgie hispanique, mais encore dans les manuscrits aquitains des x, xi et xiie siècles : rien ne prouve qu'ils ne sont pas les héritiers d'une tradition plus ancienne dont l'Espagne aurait ensuite bénéficié. D'autre part, l'hypothèse d'une influence de la liturgie hispanique sur les répertoires des Eglises du Sud-Ouest de la France doit aussi être prise en considération. En définitive, l'histoire de la circulation de l'antienne ne peut être tranchée que par l'histoire du texte et par la comparaison des versions à l'original grec.

L'établissement du texte hispanique repose sur deux manuscrits seulement en raison des lacunes subies par les divers témoins du *Liber Ordinum*. Le texte aquitain est basé sur sept manuscrits complets qui se divisent, tant en raison du texte que de la mélodie, en deux groupes.

Manuscrits hispaniques :

T[5] = TOLÈDE 35. 5. *Officia et Missae de Quadragesima*, analysé par Dom Férotin (*Les mss. lit. moz.* col. 720 et ss.). Les paléographes assignent ce ms. au ix-xe s. L'antienne figure au fol. 51, 2° col. aprés le triple *Deo gratias* qui termine la seconde BNO des palmes.

[3] L'expression τὸ πάθος τὸ ἑκούσιον est employée par S. Sophrône dans son *Epitre dogmatique* (MANSI XI, 489 B =P. G. LXXXVII, 3180 A). On la retrouve dans un autre stichère de ce même jour, l'idiomèle Τὴν κοινὴν ἀνάστασιν (*Triodion*, éd. rom. p. 612).

[4] La procession des Rameaux était encore inconnue à Constantinople au début du ixe siècle : cf. Baumstark, *Das Typikon der Patmos Hds. 266...* dans *Jahrb. f. Lit. w.* VI, p. 102 ; *La solennité des palmes dans l'ancienne et la nouvelle Rome*, dans *Irenikon* XIII (1936), p. 3-24.

[5] Noter l'expression *la Ville sainte* par laquelle se trouve désignée Jerusalem Sur l'expression, voir encore Baumstark dans JLW. VI, p. 101.

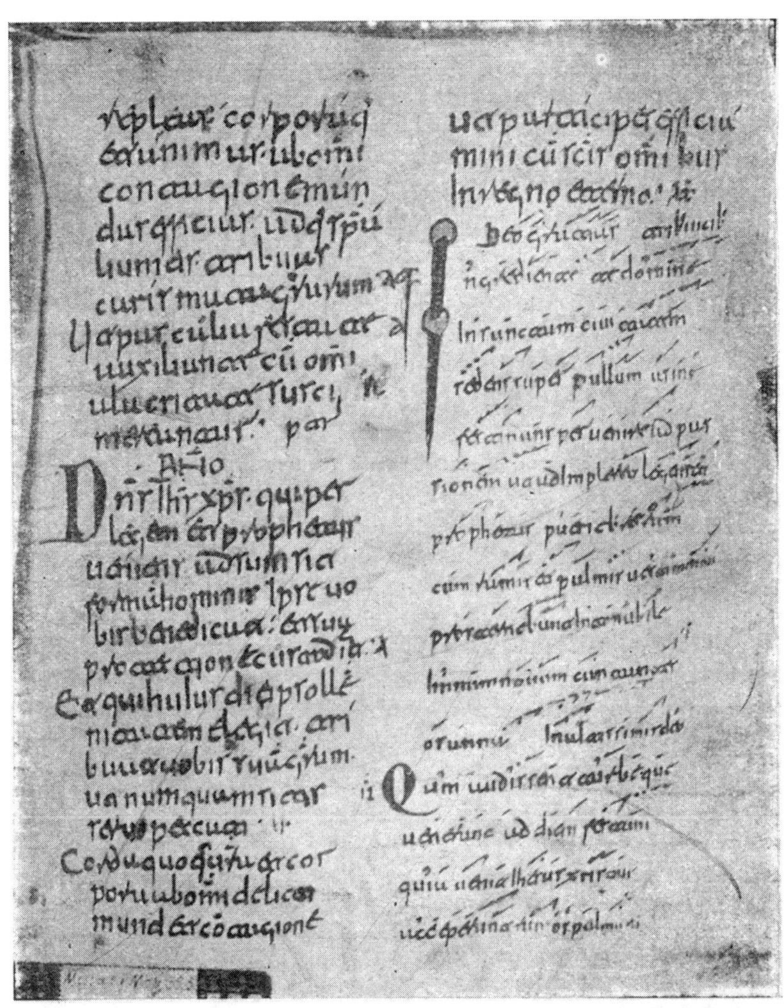

Tolède, Bibl. Capitulaire, Ms. 35, 5, fol. 51

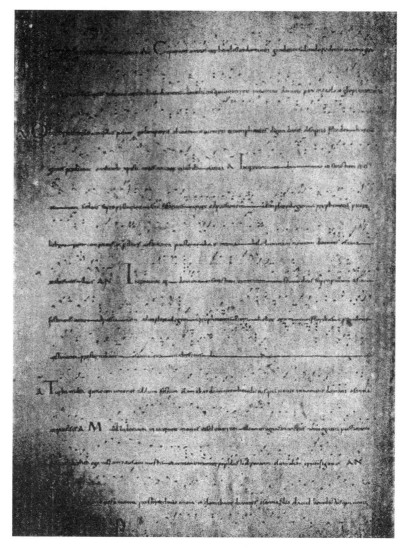

Paris, B. N., lat. 776, fol. 55v

L = Antiphonaire de la Cathédrale de León, dont le texte a été édité par les moines de Silos (1928). Dom L. BROU a eu l'obligeance de nous transcrire les neumes de cette antienne (fol. 153v-154), en attendant l'édition phototypique annoncée.

MANUSCRITS AQUITAINS:

1°) *Avec mélodie prolixe* (=*pr.*)

A 1 = ALBI 42. Recueil copié à la fin du IXe siècle dans le Midi de la France. La partie littéraire a été analysée par Dom Wilmart (*Archives d'hist. doctr. et litt. du M. A.*, III, 1928, p. 285 et ss.) et la partie liturgique par Mgr. Andrieu (*Les Ordines Romani du Haut M. A.* I, 1931, p. 32-34). L'antienne *Introeunte te* figure parmi les additions, au fol. 80. L'écriture du texte et de la notation à points superposés présentent les caractères du Xe siècle. J. Lapeyre (*Tribune de S. Gervais* XIII, 1907, p. 231 et ss.) a transcrit, non sans inexactitudes dues à l'imprécision de la diastématie, la mélodie de ce manuscrit.

A 2 = PARIS, B. N. lat. 776: Graduel d'Albi, du XIe siècle, analysé par le *Catalogue des manuscrits latins* de la B. N. (t. I, p. 270). En vue de rectifier la transcription de la mélodie donnée par Lapeyre d'aprés A 1, dom Beyssac a emprunté à ce manuscrit, dont la diastématie est rigoureuse, une version plus exacte de l'antienne *Introeunte te*. (*Rassegna gregor.* X, 1911, col. 145, lin. B).

Sous le mélisme final, on remarquera un petit *d* dont la haste est recourbée obliquement vers la gauche. Cette lettre se rencontre fréquemment dans les prosaires aquitains: elle indique la répétition de l'incise neumatique qui précède immédiatement et évite ainsi au notateur de transcrire deux fois de suite la même mélodie. La comparaison de A1 et de A2 permet de vérifier immédiatement cette interprétation. Dans A1, le même motif mélodique est écrit deux fois de suite tandis que dans A2 on ne le trouve qu'une seule fois mais suivi de la lettre de répétition *d*. Le sens de cette abréviation est d'ailleurs précisée par divers manuscrits contemporanis: *d* ou *dpl* (=*duplicatur*) dans Angers 144 (136), fol. 97;

dl dans Paris B. N. lat. 1087 (Cluny) et Chartres 47;

de (=*denuo*) dans les deux tropaires de Winchester, copiés sur des manuscrits de Tours ou de Fleury.

Les manuscrits wisigothiques, comme les aquitains, emploient le *d* barré dans le même sens de répétition, comme le montre Dom Brou, dans l'*Anuario Musical* VI, de 1951, à propos de *l'Alleluia dans la liturgie mozarabe*. Il est possible que l'emploi de la lettre *d* soit d'origine espagnole: il aura été répandu en France par l'intermédiaire de l'école aquitaine.

2°) *Avec mélodie brève* (=*br*).

T = LONDRES, Brith. Mus. Harleian 4951 (début du XIe s.): Graduel de Toulouse (cf. *The musical notation of the Middle Age* 1890, pl. V; *Paléo. Mus.* II, pl. 85). L'antienne figure au fol. lxxv.

I = PARIS, B. N. lat. 1240 /(x et XIIe s.): Tropaire prosaire de Saint Martial, dont la plus grande partie date du Xe s. Cf. le *Catalogue* cité de la B. N., p. 459. L'antienne n'est représentée que par son incipit, au milieu d'une table d'antiphonaire, fol. 23 (cf. Solange Corbin, *Essai sur la musique religieuse portugaise au Moyen Age*, Paris 1952, p. 297).

[illegible] = PARIS, B. N. lat. 1121 (XI in.); Tropaire-prosaire-processional de Saint Martial de Limoges (Cf. *Catalogue* cité de la B. N., p. 409). L'antienne figure au processionnal, fol. 146.

R = PARIS, B. N. lat. 2819 (XIe s.): Processional de saint Maurin d'Agen, copié à la fin d'un recueil patristique (Cf. *Catalogue*... III, p. 111): le texte de l'antienne (fol. 82) a été collationné par Melle. S. Corbin.

Y = PARIS, B. N. lat. 903 (XIe s., 1.e moitié): Graduel-tropaire de S. Yrieix, à l'usage de Saint Martial dès la fin du XIe siècle. On trouvera l'antienne dans le facsimilé de la *Paléographie musicale*, t. XIII, p. 120.

B = PARIS, B. N. lat. 776, Graduel d'Albi mentionné plus haut (A2): l'antienne à mélodie *br.* précède immédiatement la mélodie *pr* (fol. 55v).

M = MADRID, Bibl. de la Acad. de la Historia 51: Graduel de San Millan de la Cogolla, du début du XIIe siècle. L'antienne est transcrite au fol. 101. Avant l'intonation, un *n* a été ajouté de seconde main. Semblable addition se retrouve dans d'autres manuscrits, par exemple dans le Graduel de Bénévent VI 34 (*Paléo. Mus.* XV, fol. 126 et 192). Cette indication peut avoir deux significations qui ne sont d'ailleurs pas contradictoires. Elle signifie tout d'abord qu'à un moment donné on à décidé de ne plus chanter la pièce en question et cet abandon est signalé par la négation *non* (=*n* en abrégé). Il est encore possible que la lettre *n* ait été ajoutée par un chef d'atelier pour désigner au scribe copiant ce manuscrit une pièce hors d'usage à éliminer de sa transcription. On constate de fait que dans les graduels aquitains postérieurs (Madrid B. Ac. Hist. 45; Tolède B. Cap. 35. 10), l'antienne à disparu.

Le texte des manuscrits aquitains ne diffère pas substantiellement du texte des manuscrits wisigothiques: cependant, en vue de faciliter la comparaison des versions avec l'original grec, il à paru préférable de donner séparément les deux textes latins.

TEXTE BYZANTIN	TEXTE HISPANIQUE (T[5], L)	TEXTE AQUITAIN (A1, A2; T, I, S, R, Y, B, M)
Εἰσερχομένου σου, Κύριε, εἰς τὴν ἁγίαν πόλιν[1] ἐπὶ πώλου καθήμενος[2] ἔσπευδες ἐλθεῖν ἐπὶ τὸ πάθος ἵνα πληρώσῃς νόμον καὶ προφήτας[3]. οἱ δὲ παῖδες τῶν Ἑβραίων τῆς ἀναστάσεως τὴν νίκην προμηνύοντες ὑπήντων σοι[4].	Introeunte te[1], Domine, in sanctam civitatem sedens super pullum asinae festinans pervenire ad passionem ut adimpleres legem et prophetas : pueri Hebreorum	Introeunte[1] te, Domine[2], in sanctam civitatem sedens[3] *supra*[4] pullum asinae festinans *venire* ad passionem *adimplere* legem et prophetas : pueri Haebreorum[5]
μετὰ κλάδων καὶ βαΐων,	cum ramis et palmis vestimenta prosternebant, intonabile[2] hymnum novum	cum ramis[6] et palmis vestimenta prosternebant, intonabile hymnum novum
λεγοντες.	cantantes : Hosanna in altissimis Deo	*dicentes*[7] : Hosanna[8] in altissimis Deo[9]
Εὐλογημένος εἶ, Σωτήρ, ἐλέησον ἡμᾶς.		
Ex stich. Τὴν κοινὴν ἀνάστασιν (*Triodion*, p. 612): [1] εἰς τὴν πόλιν τὴν ἁγίαν. [2] καθ. ἐπι πώλου ὄνου. [3] τὰ τῶν προφ. ἐκπλερῶν κηρύγματα. [4] προϋπηντων σοι ... βοῶμεν· Ὡσαννὰ ἐν τ. υψ. ...	[1] Ingrediente te T[5]: Quum introires L [2] intonabi!e] cum letitia L	[1] Introeuntem ISY [2] Domino A2, B, T [3] sedem *leg. D. Beyssac.* [4] super M [5] aebreorum RYM [6] floribus A1 A2 Y [7] intonabile... dicentes *om.* A1 A2 [8] *post* Hosanna *add.* Rex A1 A2 [9] Deus A1 A2 B T R M

La restitution du texte ne présente pas de grandes difficultés. Une remarque cependant s'impose à propos de l'antienne dont nous avons modifié le début plutôt que d'adopter l'une des deux leçons indiquées par T 5 ou L. Le témoignage discordant de nos deux témoins hispaniques laisse déja présumer que la version primitive a subi quelque retouche et cette présomption se trouve confirmée par la comparaison du texte grec à l'ensemble de la tradition latine.

Le génitif absolu εἰσερχομένου σου appelle normalement en latin l'ablatif absolu. Le texte espagnol primitif devait être identique à celui que nous lisons en Aquitaine: *Introeunte te.* Cette forme insolite devait figurer dans l'archétype de la tradition manuscrite hispanique et ne dut être modifiée qu'à une époque postérieure de la transmission du texte: d'un coté (T5), on aura conservé la forme participiale en changeant de verbe, tandis qu'ailleurs (L) on conservait le verbe en adoptant une tournure grammaticale plus courante, conforme aux débuts des autres antiennes des Rameaux. Ces initiatives isolées ont évidemment abouti à des résultats fort différents. De ces faits découlent quelques conclusions intéressantes pour l'histoire du texte.

Les divergences entre T5 et L prouvent que le texte aquitain ne dérive pas de l'une de ces deux familles mais d'un de leurs ancêtres, antérieurement à toute tentative de correction. Comme T5 fut écrit au IX-Xe siècle, on peut penser que le texte non corrigé passa en Aquitaine dans le courant du Xe siècle[6].

La leçon *floribus* des manuscrits aquitains A1, A2, Y ne peut être qu'une retouche de la leçon *ramis* des manuscrits espagnols qui rendent par ce terme le sens exact de κλάδων. Cet indice confirme le sens de la trasmission du texte: c'est bien d'Espagne en Aquitaine que le texte a circulé puisque c'est la leçon espagnole qui est la plus proche du texte grec. On ne saurait objecter à cet argument que le *dicentes* des graduels aquitains est plus proche de λέγοντες que le *cantantes* des manuscrits wisigothiques. En cette dernière partie du texte le modèle byzantin a été abandonné. Le traducteur, au lieu de suivre le stichère, qui s'écarte ici de la source évangélique, a préféré revenir à la lettre des Synoptiques.

Examinons les textes de plus prés. L'*ephymium* du stichère ἐλέησον ἡμᾶς donne au texte un caractère pénitentiel moins bien adapté à la fête des Palmes que le joyeux *Hosanna*[7]. Bien que courante dans la poésie liturgique byzantine, l'invocation finale fut ici remplacée par l'acclamation rapportée dans le récit évangélique. Le choix de *dicentes* pour introduire cette acclamation, plus proche du verbe grec que le *cantantes* hispanique, n'implique nullement la priorité du texte aquitain sur le texte espagnol, car, à partir de *pueri Haebreorum,* nous ne sommes plus en présence d'une traduction, mais

[6] Cette conclusion ne vaut, il est vrai, que relativament à l'état *actuel* de la tradition manuscrite wisigothique. En effet, la tradition aquitaine pourrait très bien dépendre d'un original espagnol moins ancien qui aurait gardé la leçon de l'archétype *Introeunte te.*

[7] L'idiomèle cité à la note 3 a une finale semblable à celle de notre stichère mais qui introduit l'*Hosanna:* il est très possible que le traducteur ait connu cet idiomèle (cf. apparatus du texte grec).

avons affaire à une véritable composition [8]. La différenciation entre le texte hispanique *(cantantes)* et aquitain *(dicentes)* n'est pas le fait d'une variante de traduction mais vient d'une correction faite aprés la migration du texte en Gaule méridionale.

En résumé, l'histoire du texte se réduit aux points suivants: le stichère, composé au VIIe siècle à Jérusalem, fut traduit en latin pour la liturgie hispanique au VII-VIIIe siècle. Il se diffusa ensuite dans le Sud-Ouest de la France à Albi et dans les autres églises d'Aquitaine.

De ces conclusions concernant l'histoire du texte nous allons passer à l'étude des mélodies dont il nous reste quatre versions différentes:

1.° La mélodie byzantine, du second mode, transmise par les stichéraires en notation ronde tel que le *Codex Dalassenos* reproduit en facsimilé dans la collection des *Monumenta musicae byzantinae* (I, 1935, fol. 223v). La transcription de la mélodie en notation moderne, préparée pour la série des *Transcripta* de la même collection nous a été aimablement communiquée par le Professeur Wellesz.

2.° La mélodie hispanique: la comparaison de T5, noté en neumes tolédans, à la version de L noté en neumes wisigothiques du Nord de l'Espagne, permet de constater plusieurs différences. Malgré tout, les ressemblances sont suffisamment nombreuses pour qu'il soit permis de parler d'une seule et unique mélodie hispanique.

3.° La mélodie *pr* des manuscrits d'Albi.

4.° La mélodie *br* des autres manuscrits aquitains (cette dernière n'est pas une simplification de la mélodie albigeoise). Aucune des deux mélodies aquitaines ne peut être considérée comme la traduction diastématique de la mélodie hispanique. Il faut en conclure que le texte de l'antienne a pénétré dans le sud de la Gaule sans qu'un interprète puisse transmettre par oral la mélodie. D'ailleurs la dualité de mélodies en Aquitaine est un argument contre l'hypothèse d'une tradition musicale trés ferme dès l'origine [9].

[8] On notera aussi que le traducteur a omis les mots της ἀναστάσεως τὴν νίκην προμηνύοντες qui rappelleut l'expression *resurrectionem vitae pronuntiantes* du Répons *Ingrediente Domino.*

[9] A une époque où le chant se transmettait par pure tradition orale, on ne composait de mélodie nouvelle que lorsqu'on n'avait pas la possibilité de connaître la mélodie traditionnelle. Il faut et effet se rendre compte que dans un antiphonaire copié sur un modèle étranger, il se glissait parfois une pièce dont la mélodie n'était pas connue des chantres de la région où l'on éxécutait la copie (sur la part respective de la tradition orale et de la trad. écrite, voir le texte d'Hélisachar cité par BISHOP, *Liturgica historica,* 1918, p. 337; M. G. H. *Epist. aevi kar.* III, p. 307). On composait alors une mélodie nouvelle. En conséquence, lorsque deux où plusieurs mélodies se rencontrent pour un même texte,

Le problème se réduit donc à la confrontation des mélodies byzantine et hispanique. C'est ici précisément que surgit la difficulté, car, malgré la diastématie relative de L, il est impossible d'apprécier dans le détail ce que le compositeur espagnol a pu conserver du modèle byzantin. On constate bien que certaines récitations syllabiques ou que quelques passages plus ornés portent sur les mêmes mots de part et d'autre mais on demeure dans l'impossibilité de relever avec précision les points architecturaux du modèle qui ont été maintenus [10]. A priori il n'est pas insoutenable que la mélodie byzantine ait influencé le compositeur espagnol. Cependant, en raison des modifications textuelles de la seconde partie du texte et surtout de la finale [11], il faut estimer comme plus probable l'indépendance des deux mélodies. S'il en est bien ainsi, le cas de l'antienne *Introeunte te* rejoint la catégorie des chants des autres liturgies latines empruntés à l'Orient et dans lesquels on constate l'indépendance musicale à l'égard du modèle. Dans les chants bilingues, une même mélodie sert nécéssairement aux deux versions de la même pièce. Au contraire, dans les traductions autonomes, le nouveau texte suit, à l'égard de la composition musicale, la même destinée que les autres pièces liturgiques latines.

on peut en conclure que la pièce en question n'est pas aussi ancienne que le bloc dont elle fait habituellement partie dans la tradition manuscrite.

[10] Dans le transitorium ambrosien *Letamini* (*Antiph. missar. mediol.* p. 78), on retrouve l'intonation, les mêmes notes de cadences et certaines recitations du modèle byzantin Εὐφραίνεσθε δίκαιοι transcrit par J. D. PETRESCO (*Les idiomèles et le Canon de l'office de Noël,* Paris 1932, p. 96). Semblable comparaison est ici impossible.

[11] Ce genre d'acclamation finale, si fréquent dans l'hymnographie byzantine, appelle presque toujours la même mélodie: comparer à ce point de vue, la finale du stichère du 14 sept. Σταυρὲ τοῦ χριστοῦ (transcription WELLESZ, *die Hymnen des Stich. für September,* 1936, p. 76) à celle du stichère anastasime de l'Octoëchos Σὲ τὸν σταυρωθέντα (transcrit par Tillyard, *The Hymns of the Oct.* part I, 1940, p. 15). En Orient comme en Occident, un même mot ou un même membre de texte réemployé ailleurs attire souvent la même mélodie (comparer le traitement de *Hosanna* dans les deux antiennes aquitaines). En abandonnant le texte final du stichère, le traducteur se libérait résolument de la contrainte du modèle.

XX

L'ANCIENNE VERSION LATINE
DE L'HYMNE ACATHISTE

Le cinquième samedi de Carême, l'Église grecque célèbre un double office, celui de la férie qui a pour objet le bon Samaritain et celui de l'acathiste, adressé à la Mère de Dieu dans le mystère de l'Annonciation. Le noyau de ce dernier office est essentiellement composé d'une longue hymne, pendant le chant de laquelle on doit rester debout, d'où son nom d'hymne a-cathiste.

Depuis le neuvième siècle, cette hymne est divisée en quatre sections, séparées par des pauses (καθίσματα) durant lesquelles il est permis de s'asseoir : on lit tout d'abord le sermon sur l'acathiste, tiré du synaxaire; puis, au cours des pauses suivantes, on chante le canon de l'acathiste, attribué à Joseph l'Hymnographe (†883), et divers tropaires. L'office, tel qu'il est actuellement constitué, fait perdre à la pièce essentielle une partie de son éclat, en la noyant dans un ensemble de productions très inférieures. Il n'en fut pas ainsi à l'origine, car l'office de l'acathiste, tel qu'il fut institué le 25 mars 719, ne comprenait alors, comme nous le montrerons plus loin, que l'hymne de vingt-quatre strophes et le *kontakion* ou refrain.

En rigueur de termes, *Kontakion* désignerait plutôt l'ensemble de l'hymne: le mot *Kontakion* s'applique en effet à la composition poétique comportant 18 à 30 tropaires acrostiches de facture semblable, chantés sur la même mélodie et précédés d'un tropaire plus court, mélodiquement indépendant, appelé *prooemium* ou *koukoulion*; l'acclamation finale commune à tous ces tropaires (ἐφύμνιον) s'adresse le plus souvent à Dieu ou au saint que l'hymne célèbre.

Si la date d'introduction du *Kontakion* à Constantinople est discutée, on admet du moins que son origine doit être recherchée en Syrie. Le diacre Romanos, à qui l'on a parfois attribué la paternité de l'acathiste, était précisément originaire d'Emèse sur l'Oronte et exerça ses fonctions à Béryte avant de venir terminer dans la capitale sa carrière de mélode.

L'hymne acathiste rentre bien dans le genre du *Kontakion*, mais les livres liturgiques actuels ont restreint le terme au petit tropaire initial, refrain d'action de grâces à la Vierge qui a délivré « sa ville » des ennemis. Les tropaires suivants sont intitulés *oikoi* ou stances. L'acathiste en compte 24, débutant chacune successivement par une des 24 lettres de l'alphabet. Les douze premières célèbrent l'histoire de la conception et de la nativité de Notre-Seigneur; la seconde partie, plus doctrinale, médite divers aspects du mystère de l'Incarnation.

Les strophes impaires se prolongent par douze salutations à la Mère de Dieu: en relation avec l'idée principale de la stance qui précède, elles sont placées par le compositeur sur les lèvres de l'archange Gabriel, de saint Jean-Baptiste, des bergers, des Mages et enfin des fidèles. L'acclamation à la Vierge « épouse inviolée », termine ces douze salutations: à la fin des strophes paires, plus courtes, elle est remplacée par l'alleluia, adressé au Fils de Marie.

Cette heureuse alternance de strophes longues et brèves, ces gracieuses salutations à l'adresse de la *Theotocos,* le vocabulaire imagé et musical, les allitérations, les assonances, contribuent justement à placer l'hymne acathiste au premier rang des chefs-d'œuvre de l'ancienne poésie liturgique byzantine [1].

L'Église d'Orient n'a pourtant pas été la seule à connaître ce cantique magnifique: en effet, dès le IXe siècle, l'hymne acathiste était déjà diffusée en Occident, grâce à une traduction latine demeurée jusqu'à présent inédite.

Cette traduction figure intégralement dans quelques manuscrits des XIe, XIIe et XIIIe siècles: elle y est précédée d'un prologue où sont rapportées les circonstances de l'institution de l'office de l'acathiste. Ce prologue historique et la traduction du *kontakion* et du

1 Sur l'hymne acathiste, voir Dom Pl. DE MEESTER, *L'Inno acatisto,* dans *Bessarione* VIII, sér. II (1904); ces articles furent tirés à part en 1905 et résumés dans le *Diction. d'Archéol. chrét. et de Lit.* à l'article « *Acathistus* ». La bibliographie est à compléter par la notice de C. Emereau dans les *Échos d'Orient* t. 21 (1922) p. 259-263. Parmi les nombreuses traductions parues depuis la publication de cet article, nous signalerons simplement les dernières traductions françaises : l'une a paru à Québec dans la revue « *Marie* » (1949, p. 100-103) et l'autre à Chevetogne : elle est due au R. P. MERCENIER (*La prière des Églises Byzantines* II 2, 1949, p. 13-35) qui a traduit aussi les autres prières du Samedi de l'Acathiste.

premier *oikos* se lisent en outre dans un manuscrit de Saint-Gall du IXe siècle [2]: cependant, une note du copiste, justifiant son interruption, laisse penser que l'on connaissait à Saint Gall la traduction intégrale de l'hymne : *Qui propterea pretermissus est a nobis quia male de greco in latinum versus nihil habuit veritatis* [3]. Le modèle copié, aujourd'hui perdu, a heureusement été transcrit ailleurs et de cet exemplaire, ou d'une autre copie contemporaine, dérivent les manuscrits plus tardifs actuellement subsistants :

R = PARIS, *Bibliothèque Mazarine* 693 :

Ce petit volume contient une collection de sermons et de poésies latines sur la Vierge. La partie primitive de ce recueil semble plutôt de la fin du XIe siècle que du XIIe, date indiquée par le catalogue de Molinier. Quelques particularités paléographiques, telles que, par exemple, la ligature *ti* ou la forme de la haste de la lettre *d* et quelques abréviations font penser que le scribe avait sous les yeux un exemplaire en écriture du début du IXe siècle ou de la fin du VIIIe.

Le manuscrit fut donné à Saint Remi de Reims par le trésorier Raynier (*ex dono Raynerii tesaurarii*). Au début du XVe siècle, il passa entre les mains de l'anglais Guillaume Bloch, docteur en théologie de l'Université de Paris, qui l'offrit au monastère augustin de Saint Paul, près de Bruxelles.

Dans ce *Mariale*, copié à longues lignes, le nom de Marie est toujours écrit en lettres rouges, mais dans l'hymne acathiste (fol. 109 v-115 v) on le trouve aussi écrit en bleu ou en vert. Dans la série des douze invocations, rangées en colonnes, la couleur bleue de l'A initial

2 ZÜRICH, *Zentralbibl.* C. 78, édité par P. von WINTERFELD, *Ein abendländisches Zeugniss über den* Ymnos acathistos *der gr. Kirche* dans *Zeitschr. für deutsches Altertum u. d. Literatur* 47 (1903) p. 81-88. La partie qui contient le prologue et le début de l'hymne est du IXe siècle : cf. K. MOHLBERG, *Mittelalterl. Handschriften...* n° 109 ; A. BRUCKNER, *Scriptoria Medii Ævi Helvetica* III, St. Gallen 2 (Genf 1938) p. 126. Nous désignons par G *l'édition* du manuscrit par Winterfeld, ou du moins les extraits de cette édition, que nous n'avons pu nous procurer, réédités dans les *Échos d'Orient* VII (1904) p. 297.

3 Une « apologie » analogue se rencontre dans le manuscrit Saint-Gall 672 de la fin du IXe siècle, contenant les Actes du Ve concile. Le scribe qui s'arrête après la session IV, justifie ainsi son interruption : « *Priora sunt de initiis concilii Constantinopolitani. Sequentia vero de ultimis que et necessariora videbantur* » (p. 112). Il saute ensuite quatre sessions pour arriver enfin aux anathématismes. Cf. BRUCKNER, p. 115-116.

de l'*Ave,* alterne toutes les trois lignes avec la verte. Les corrections du copiste ou de main contemporaine (R^1) sont assez rares; au XIV-XVe siècle le texte a été collationné sur un manuscrit étroitement apparenté au recueil suivant mais distinct de lui cependant. Nous n'avons relevé que les plus intéressantes de ces corrections (R^2), parfois arbitraires.

P = BRUXELLES, *Bibliothèque Royale* II 1420 (Catal. 1869) :

Cet homiliaire du XIIe siècle, divisé en quatre volumes, était affecté à la lecture du réfectoire de l'abbaye du Parc, près de Louvain. L'hymne figure au quatrième volume (fol. 139 v-141 v) contenant les légendes et sermons du Sanctoral. Le manuscrit est écrit à deux colonnes et de ce fait la disposition strophique n'est plus observée.

F = PARIS, *B.N. lat.* 2153 :

Ce recueil patristique fait partie du lot de manuscrits achetés par Colbert en 1682 aux Cisterciens de Foucarmont. Il est, comme le précédent, écrit à deux colonnes. Les initiales sont peintes dans la première partie; à filigranes bleus et rouges dans la seconde : il s'agit d'un manuscrit du XIIe-XIIIe siècle [4].

V = REIMS, *Bibliothèque publique* 1394 (K. 771) :

Ce florilège marial est, comme le précédent (F), de provenance cistercienne : il a appartenu à l'abbaye de Valloires, près d'Abbeville, fondée en 1138. Il passa dans la bibliothèque de Guy de Roye, archevêque de Reims († 1409), puis dans celle du Chapitre : il y fut coté par le chanoine Gilles d'Aspremont le 22 mai 1412. Le texte de l'acathiste (fol. 46 v-48) est apparenté de près à celui de F, accord facilement explicable par l'origine cistercienne des deux recueils.

Du *Mariale* ou de l'homiliaire, l'hymne acathiste et son prologue passèrent dans les recueils de miracles de la Vierge. Mais on s'intéressa alors davantage au récit de la délivrance qu'à l'hymne elle même : ainsi, dans un *Liber Miraculorum* d'origine française, un

[4] Voir la description détaillée de ce recueil dans le catalogue des manuscrits de la Nationale, rédigé sous la direction de Ph. LAUER, t. II p. 342. L'hymne est transcrite aux fol. 131 v-133. Les photographies de *RV* nous ont été obligeamment prêtées par l'Institut de Recherche et d'Histoire des Textes.

nouveau titre révèle cette préoccupation de compilateur : « *Quomodo sancta Dei Genitrix urbem Constantinopolitanam defendit sub sancto Germano patriarcha* » [5].

D'autres recueils se bornèrent au récit du prologue et laissèrent l'hymne de côté, jugée beaucoup trop longue ou en dehors de l'objet immédiat de la collection. Mais cette amputation appelait nécessairement la suppression de la fin du prologue primitivement destiné à introduire le texte de l'acathiste. Ainsi, par exemple, dans un recueil de provenance française, du fonds de Saint Germain des Prés, on ne lit que la première partie du prologue [6].

C'est probablement à l'une de ces recensions abrégées que le moine bénedictin, Gautier de Coincy a emprunté le thème de l'un de ses plus beaux miracles en vers français [7].

Pour l'établissement du texte du prologue, cette branche dérivée de la tradition doit évidemment être négligée. Pour l'édition du texte de l'hymne acathiste, nous nous bornons aux quatre témoins cités plus haut. Il ne faudrait pourtant pas croire que cette liste soit exhaustive : bien d'autres homiliaires ou recueils qu'une description trop sommaire des catalogues ne permet pas d'atteindre, doivent contenir notre hymne. Aussi notre édition n'a-t-elle qu'un caractère provisoire. Elle est basée sur le manuscrit R dont nous maintenons la disposition strophique. En vue de faciliter le recours à l'original grec, nous reproduirons la numérotation des vers adoptée par W. Christ et M. Paranikas dans leur « *Anthologia graeca* » ;

5 Paris *B. N. lat.* 2333 A (XIII-XIVe s.) fol. 13. Le texte de ce manuscrit est apparenté au groupe FV : une collation intégrale est inutile comme le montrera le choix de variantes suivantes : *haberi* (33), *carnalis* (36), *Et cum mentis* (73), *radix intelligibilis* (252), *Omnes laudent te* (289) etc. Ce manuscrit est à rapprocher du recueil des Jacobins, *B. N.* 17.491; cf. *Catal. hagiogr. Paris* III p. 402, *Anal. Boll.* 27 (1908) p. 214 et 504.

6 Paris *B. N. lat.* 12.593 (XIIIe s.), anc. St. Germain 486, fol. 147-147 v. Cf. Mussafia, *Studien zu den mittel. Marienleg.* dans *SB. der kais. Ak. der Wiss. in Wien*, Phil. hist. Kl., t. CXIII (1887) p. 962-969. Voir aussi Poncelet, *Index Miraculorum B. V. M.* dans *Anal. Boll.* 21 (1902) p. 241 ss. no 216, 1585, 1714. Ce genre de remaniement est très fréquent dans les miracles de la Vierge : comparer le cas de la délivrance de CP. avec le récit du « miracle perpétuel » des Blachernes (dans *Échos d'Orient*, 30, 1931 p. 135).

7 En attendant l'édition annoncée par A. Långfors, voir A. E. Poquet, *Les miracles de la Sainte Vierge traduits et mis en vers français par Gautier de Coincy* (Paris 1857) c. 417-422.

dans le même but pratique nous ajouterons les initiales grecques de chaque *oikos* pour permettre au lecteur de se reporter facilement à l'édition de la Patrologie grecque ou à celle de Dom Pitra dans lesquelles la numérotation des vers fait défaut [8].

Nous avons enfin, après recours à l'original grec, corrigé quelques fautes de transmission, corrections justifiées du fait qu'il s'agit, en l'occurrence, de fautes de copiste et non de traducteur : elles consistent surtout en lettres ajoutées ou mal lues (v. 45, 59, 83, 107, 152, 186, 226, 251) ; en tildes indument placées sur la voyelle finale (55, 76, 179) et enfin en erreurs dues probablement à des difficultés de lecture d'un ancien modèle (99, 199 etc.). Ces fautes ont eu tout le temps suffisant pour s'introduire dans la tradition du texte, car la traduction est d'environ deux siècles antérieure à notre plus ancien manuscrit : elle dut en effet être exécutée au début du IXe siècle.

Cette date sera déduite de l'étude du prologue qui contient aussi plusieurs données dignes d'attention sur les origines de la fête de l'acathiste, et en outre de l'examen de la traduction elle-même. Nous essaierons enfin de mesurer l'influence que l'hymne a exercée en Occident dans la vie liturgique du Moyen-âge.

8 *P.G.* 92, col. 1336 s. — Dom Pitra, *Analecta sacra Spicilegio Solesmensi parata* I (Paris 1876) p. 250. Selon P. Maas dans *Byzant. Zeitschrift* XIV (1905) p. 644, Dom Pitra, sans avoir cité toutes les variantes des manuscrits grecs par lui consultés, a donné au moins les plus importantes. Nous n'avons pu consulter les collations partielles de Lauriotés et Eustratiadés qui préparent les voies à l'édition critique définitive du texte grec de l'acathiste.

Une telle édition devrait tenir compte des anciennes versions telle que la version latine publiée ci-après et aussi de la version arabe éditée dans cette revue par M. Curt Peters : *Eine arabische Übersetzung des Akathistos Hymnos* (*Le Muséon*, 53, 1940, p. 89-104).

INCIPIT HYMNUS DE SANCTA DEI GENITRICE MARIA, VICTORIFERUS ATQUE SALUTATORIUS, A SANCTO GERMANO PATRIARCHA CONSTANTINOPOLITANO, RYTHMICE COMPOSITUS, PER SINGULOS ALPHABETI LITTERAS INCHOANS SINGULOS VERSUS, CUIUS ISTA HABETUR EXORDII RATIO :

In diebus Thedosii [1] predecessoris Leonis, patris scilicet Constantini [2] qui prenominatus est Cavallinus [3], tempore quo Hildricus apud Francos principabatur, audiens Musilimim [4], rex Saracenorum, gloriam et divitias Constantinopoleos civitatis, infinitam multitudinem exercitus terreni ac classici [5] congregavit atque conduxit eamdemque urbem circumvallavit. Et validissime eam cotidiano oppugnans impetu, cata mane [6], in initio admonitionis exercitus, una cum omnibus undecumque suae parti adscitis, conspiciebat quamdam inestimabilis claritatis feminam, purpureis indutam [7] vestibus cum multitudine maxima candidatorum virorum de celo descendentem et muros ipsius [8] civitatis circumeuntem palliumque quoddam ante muros hostibus protendentem, cuius protectione divino nutu et illesa civitas [9] conservabatur et hostium vires enervabantur.

Unde factum est ut divinum confessus miraculum, idem Musilimim precibus, cum mille viris tantum, civitatem ingrediendi sibi permissionem [10] obtinuerit, necnon multis oblatis muneribus, adorato quoque Domino et sancta Genitrice ejus fœderis dextras dederit seseque in propriis [11] retulerit.

Idem vero Theodosius in brevi, quoniam viriliter principatui ministravit, attonsus in clericum, Leonem imperii successorem accepit. Qui prefatum sanctum virum Germanum, quem annis [12] quadraginta in disciplina discendi et quinquaginta in episcopali doctrina moribus et vita agonizantem, majorem jam nonagenario, quia illi in reverendarum imaginum confractione consensum non prebuit, contra fas, sede [13] in quamdam diaconiam, quam grece nomine proprio εἰς τὰ Βήρου [14] appellatur, crudeliter pepulit ibique [15] cum

Titulus : Incipit *om.* GP Hymnus sanctae Dei Genitricis GPFV Mariae PV victoriosus R : victoferus G Constantinopolitanorum GP per ... ratio *om.* P singulos inchoans G ita GF.

1 Theod. imperatoris P 2 Const. scil. R 3 Calvus *codd.* 4 princip. ap. Franc. P Musilinum FV (*ut infra*) 5 atque PF classiaci FV 6 circa mane *Paris. lat. 2333 A* 7 inductam F 8 ipsius *om.* F 9 muros coram host. sua protectione divino proteg. nutu civitas P 10 promissionem (*per compendium*) FV 11 propria P 12 quem *om.* P anni F 13 fede RFV : de sede sua expulsum P 14 proprio nomine G Ystabrum P : Istabiru GR : Istabirii FV 15 eumque ibi P

dolo — proh dolor! — interfici [16] fecit. Qui sepultus in monasterio εἰς τὰ Ῥωμαίου [17] vocabulo in quo debito religionis cultu gloriae martyrum adaequatus in honorem Jesu Christi Domini nostri [18] devotissime veneratur. Qua de re prefata tam ab ipso insigni viro quam a successoribus ejus est constitutum [19] mosque laudabilis et imitandus [20] inolevit in Annuntiatione [21] sanctae et gloriosae ac semper Virginis ejusdem Genetricis Dei et [22] Domini nostri Jesu Christi per annos singulos triumphum hunc [23] decantari quasi ex voce ipsius civitatis [24] sibi commendatae a [25] trecentis decem et octo patribus Niceni concilii sub magno Constantino, in [26] publica statione prescriptae diei, quae appellatur ad Blachernas, et per omnes catholicas Greciae totius ecclesias responsum [27] cantari [28] a populo per [29] singulos hymni versus reddendum :

1 Propugnatori magistratui victoriae
Sicut redemta a diris, gratiarum actiones
3 Rescribo tibi, Civitas tua, Dei Genitrix!
Sed sicut habens imperium inexpugnabile,
De omnibus periculis me libera
6 Ut clamo tibi : Ave sponsa insponsata.

INCIPIT HYMNUS

A

Angelus primi status celitus missus est [8] dicere Dei Genitrici : Ave. [9] Et cum incorporea voce [10] incorporantem te videns, Domine, [11] pavescebat et stabat clamans ed eam talia :

12 Ave per quam gaudium splendebit.
Ave per quam maledictio deficiet.

16 pro dolor *codd.* intefecit PFV 17 Istaromeus *codd.* 18 honore DNJC. P 19 constitutus est G 20 imitabilis P 21 Nativitate P 22 ac P 23 triumphus hic GP 24 civitatis *bis scripsit* G 25 ac FV 26 et P 27 Responsum ... *etc. Rubricatae sunt litt. in* RFV 28 a cantore RFV : cantori P 29 a populo *om.* G ac *add.* RFV *ante* per (prae V).

Responsum : 1 Propugnari RPFV magistratu RFV 2 redimita RPFV adiris RFV : aderis P 3 sancta *add.* P *ante* Dei 4 Sed] Et RFV 6 Sponsa insp. Ave F.

Titulum hymni om. RP : HYMNUS F.

Hymnus : A- 7 est missus G 8 Ave] sponsa insponsata. QUI PROPTEREA PRETERMISSUS EST A NOBIS QUIA MALE DE GRECO IN LATINUM VERSUS NIHIL HABUIT VERITATIS, *add.* G *qui hic expl.* 10 te *om.* F Dñē videns P 11 et *om.* P 12 splendebat P.

Ave cadentis Adam resurrectio.
15 Ave lacrimarum Evae redemptio.
Ave altitudo inascensibilis humanis cogitationibus.
Ave profunditas invisibilis et angelorum oculis.
18 Ave quae es imperatoris solium.
Ave quae portas portantem omnia.
Ave stella demonstrans solem.
21 Ave uterus divinae incarnationis.
Ave per quam renovatur creatura.
Ave cum qua adoratur plasmator.
24 Ave sponsa insponsata.

B

Videns Sancta seipsam in castitate [26] inquit Gabrieli fiducialiter : [27] « Quod excellet tuae voci [28] insusceptibile animae meae apparet; [29] absque enim semine conceptionis partum [30] predicis clamans :

Ave sponsa insponsata.

Γ

Notitiam ignotam noscere Virgo querens [32] clamavit ad ministrantem : [33] « Ex lumbis ingenerantibus filium nasci [34] quomodo est possibile, dic mihi? » [35] Ad quam ille locutus est sicut consequebatur in timore clamans :

36 Ave consilii arcani initiatrix.
Ave honore superior omni.
Ave mirabilium Christi primitae.
39 Ave dogmatum ejus capitulum.
Ave scala celestis per quam descendit Deus.
Ave sponsatrix transducens terrenos in celum.
42 Ave angelorum multirumigerulum miraculum.
Ave demoniorum multimodum lamentans vulnus.
Ave lucem arcanam generans.
45 Ave « quomodo » neminem docens.

15 *post v.* 17 *in P* Evae] Ave V 16 inaccessibilis F (*post rasuram*). 23 odoratur P (*cf.* 116) : adoartur (*sic*) V.

B- 25 ipsam *om.* P. 26 ait P 29 semine enim P.

Γ-33 lumbis (λαγόνων)] liliis *codd.* nasci *om.* RFV (*add.* R2) 36 initiatrix arc. F 40 ascendit F 41 ducens RFV 42 multirumigerulum (πολυθρύλλητον)] -migerum *codd.* 43 multimodum] multitudo RFV (*corr.* R2) 45 commodum P neminem (μηδένα)] numen *codd.*

Ave sapientium superascendens scientiam.
Ave fidelium splendens prudentia.
48 Ave sponsa insponsata.

Δ

Virtus Altissimi obumbravit tunc [50] ad conceptionem innuptam [51] et fructiferum ejus alvum [52] sicut agrum ostendit dulcem omnibus [53] volentibus metere salutem in psallendo sic :

54 Ave sponsa insponsata.

E

Habens Dei susceptibilem Maria matricem [56] cucurrit ad Elisabeth; [57] et infans illius continuo [58] cognoscens ipsius salutationem gaudebat [59] et ex saltationibus, sicut canticis, clamabat ad Dei Genitricem :

60 Ave germinis immarcescibilis vitis.
Ave fructus intonsilis possessio.
Ave agricolans humanum.
63 Ave plantatorem vitae nostrae germinans.
Ave arvum pullulans copiam miserationum.
Ave mensa gestans abundantiam propitiationum.
66 Ave redolentiam escae reflorens.
Ave portum animarum preparans.
Ave acceptabile intercessionis thimiama.
69 Ave omnis orbis propitiatio.
Ave Dei ad mortales bona voluntas.
Ave mortalium ad Deum fiducia.
72 Ave sponsa insponsata.

Z

Æstum mentis habens cogitationibus dubiis [74] castus Joseph turbatus est [75] ante innuptam te videns [76] et furto te nuptam suspicans, Impolluta! [77] Discens autem conceptionem ex Spiritu Sancto dixit :

46 sapientum R 47 *post* splendens *add.* et prudens P.

E- 55 Maria (ἡ παρθένος)] Mariam FP : MARIAM RV 59 saltationibus (ἅλμασιν)] salutationibus *codd.* 61 intonsibilis RFV : incomprehensibilis P 62 humanum (φιλάνθρωπον)] hum. genus PR2 64 arvum] arva R (*corr.* R2): aura FV 66 *post v.* 67 *in codd.* 71 ad Deum mortalium R.

Z- 73 Æstus int. hab. P 76 furto *om.* P suspicans] nesciens P Impolluta (ἄμεμπτε)] impollutam *codd.* 77 *post* autem *add.* tuam P de Spir. P

78 Ave sponsa insponsata.

* * *

H

Audierunt pastores angelis hymnizantibus [80] carnalem Christi presentiam [81] et currentes velociter sicut ad pastorem, [82] vident illum tamquam agnum immaculatum [83] in utero Mariae pastum et laudantes dixerunt :

84 Ave Agni et Pastoris mater.
Ave aula rationabilium ovium.
Ave invisibilium bestiarum ultio.
87 Ave paradisi ostiorum apertio.
Ave quia celestia coexultant terrae.
Ave quia terrestria colletantur Christo.
90 Ave apostolorum os intacibile.
Ave martyrum invictissima fiducia.
Ave luminis naturae stabilitio.
93 Ave splendida gratiae cognitio.
Ave per quam nudificatus est infernus.
Ave per quam induti sumus gloria.
96 Ave sponsa insponsata.

Θ

Deum accurrentem stellam videntes Magi [98] ipsius secuti sunt splendorem; [99] et sicut lucernam tenentes eam [100] per ipsam scrutabantur Lampadem surrectam [101] et consequentes Inconsequibilem clamaverunt matri ejus :

102 Ave sponsa insponsata.

I

Viderunt pueri Chaldeorum in manibus Virginis [104] qui plasmavit mani-

H- 83 de utero P pastum (βοσκηθέντα)] partum *codd.* 85 rationalium FV ovium] animalium P 88 *et* 89 quia (ὅτι)] qua *codd.* 88 coexultant (συναγάλλεται)] qua exultant RFV : qua exultat P terra P 90 os apostol. incitabile P 93 *om.* P

Θ- 97 Deo P : ad Deum curr. R 99 et (καὶ)] sed et *codd.* (*forte ex dupl. interpretatione siglae illegib. vel obscurae*; *cf.* 245) 100 quam RFV lampadam P (*cf.* 247) 101 inconsequentibilem F.

I- 104 manibus *om.* P

bus homines [105] et Dominum intelligentes eum [106] si et servi accepit formam [107] festinaverunt muneribus famulari et clamaverunt benedictae :

108 Ave inoccidentis maris stella.
Ave mystici diei sol.
Ave suasionis caminum desinens.
111 Ave Trinitatis initiatores custodiens.
Ave tyrannorum inhumanorum principatum eiciens.
Ave Dominum humanum ostendens Christum.
114 Ave barbaram religionem redimens.
Ave a ceni operibus eruens.
Ave ignis adorationem extinguens.
117 Ave flamma vitiorum carens.
Ave Persarum dux pudicitiae.
Ave omnium gentium letitia.
120 Ave sponsa insponsata.

K

Predicatores Dei facti Magi [122] reversi sunt in Babylonem, [123] perficientes tuam functionem [124] et predicantes te Christum omnibus, [125] sinentes Herodem tamquam irrisum nescientem psallere :

126 Ave sponsa insponsata.

Λ

Splendens in Ægypto illuminationem veritatis, [128] eiecisti tenebras falsitatis [129] simulacra enim ejus, Salvator, [130] non ferentia tuam potentiam, corruerunt; [131] hi autem exlamaverunt ad Dei Genitricem :

132 Ave erectio hominum.
Ave ruina demonum.
Ave quae potentiam erroris conculcasti.
135 Ave idolorum dolum arguens.

105 Deum RFV   106 etsi P   107 benedicta R (a *finalis cum cauda, fortasse pro* ae) : benedicto FV (*ead. confusione ac in v.* 251)   110 suavissimus FV   caminium P indesinens R : deficiens FR2   112 Eitiens V : sitiens F   113 Christum ostendens RP   115 *om.* R (*sed add.* R2)   a *om.* V   116 adoratione F : odorationem P (*cf. v.* 23).

K- 121 *post* predicatores *add.* veri P   124 *om.* P   post Christum *add.* genuisse FVR2   sinetes] declinantes P   nescientes RFS 1*corr.* R2).

Λ- 127 Ægypti R   illuminatione P   veritas R   129 Salvatorem P   130 nos R   ferentia (ἐνέγκαντα)] ferentes RFV   131 hic P : his RFV   132 erecti V

Ave mare quae mersisti Pharaonem intelligibilem
Ave petra quae potasti sitientes vitam.
138 Ave ignea columna ducens eos qui sunt in tenebris.
Ave tegumentum mundi amplius nubis.
Ave esca mannae succedens.
141 Ave escae sanctae ministra.
Ave casta terra promissionis.
Ave ex qua fluit mel et lac.
144 Ave sponsa insponsata.

M

Debitum Simeoni de presenti vita [146] transeunti ac de seculo migranti [147] redditus est sicut infans. [148] Sed cognitus illi et Deus perfectus [149] ideo obstupuit tibi indefluam substantiam clamans :

150 Ave sponsa insponsata.

* * *

N

Novam ostendit creaturam [152] manifestans Creator nobis ab ipso factis, [153] sine semine germinans fructus [154] et conservans illam sicut erat incorruptam; [155] ut miraculum videntes laudemus eam dicentes :

156 Ave flos incorruptionis.
Ave corona continentiae.
Ave resurrectionis figuram persplendens.
159 Ave ex his gentium vitam demonstrans.
Ave arbor splendida fructifera ex qua nutriuntur fideles
Ave folium bene umbrosum quo teguntur multi.
162 Ave partum ferens redemptionem captivis.
Ave generans ductorem errantium.
Ave judicis omnium exoratio.
165 Ave delictorum indulgentia.
Ave stola nudorum fidissima.
Ave affectio omnem amorem vincens.
168 Ave sponsa insponsata.

137 portasti R (r *expunxit* R^1) F^1 V sitientibus RFV 139 nubibus PR^2
140 mane succendens F lac et mel RFV.

M- *Vv.* 145-150 *om.* P 148 et] est R^2 149 indefluans V : indefluens F

N- 152 nob. Creator FV factis (γενομένοις)] factus *codd.* 155 eam *om.* P
158 figura R (corr. R^1) P 159 existentium P 160 fructiferax ex quo RFV
166 nudor. stola P.

40

Ξ

Peregrinam genituram videntes peregrinamur a mundo, [170] mentem in celo transponentes : [171] ideo enim Altissimus [172] in terra nobis ostensus est humilis hominibus, [173] volens attrahere ad altitudinem celorum [174] fideliter clamantes :

Ave sponsa insponsata.

O

Totum erat in imis et supernis; nullo modo [176] aberat incircumscriptum Verbum : [177] dispensatio enim divina [178] non translatio autem localis facta est [179] et genitum de Virgine deum-susceptibile, audiens haec :

180 Ave Dei capabilis regio.
Ave venerandi mysterii aula.
Ave infidelium dubitata auditio.
183 Ave fidelium indubitata gloriatio.
Ave habitus ejus sanctissimus qui est super Cherubim
Ave cella omnifinita ei qui est in Seraphim.
186 Ave contraria in seipsa ducens
Ave puerperium et virginitatem jungens.
Ave per quam absoluta est transgressio.
189 Ave per quam apertus est paradisus.
Ave porta Christi regni.
Ave spes bonorum eterna.
192 Ave sponsa insponsata.

Π

Omnis natura angelorum stupuit [194] magnum tuae incarnationis opus : [195] intractabilem enim viderunt tractabilem, [196] hominibus nobiscum quidem [197] commorantem, audientem autem ab omnibus :

198 Ave sponsa insponsata.

Ξ- 169 Peregrini P 172 est ostensus FV humilis *om.* P.

O- 175 superius FV nullo modo] non P 178 autem *om.* R (*sed add.* au R2) 179 et generaturam se deum susceptibilem virgo gavisa est aud. haec P (susceptibilem *etiam in* RFV) 180 regia P 182 infidelibus P 183 gloriatio] ratio P 184 est] es F 185 omni finita (πανάριστον)] homini finita RFV : hom. defin. PR2 186 lucens FV 190 regni xpi P.

Π- 196 homin. quid. nobiscum F.

P

Rhetores multisonos, sicut pisces insonos, [200] videmus in te, Dei Genitrix : [201] incertant enim dicere : « Quomodo [202] et virgo manens et parere potuisti? » [203] Nos autem mysterium admirantes, fideliter clamamus :

204 Ave sapientiae Dei susceptorium.
Ave providentiae ejus signum.
Ave philosophos insipientes ostendens.
207 Ave artilogorum sermones arguens.
Ave qua stulti facti sunt diri conquisitores.
Ave qua stulti facti sunt fabularum poetae.
210 Ave Atheniensium nexus divellens.
Ave piscatorum sagenas replens.
Ave de profunditate ignorantiae extrahens.
213 Ave multos scientia divitificans.
Ave navis volentium salvari.
Ave portus vitae nautarum.
216 Ave sponsa insponsata.

Σ

Salvare volens mundum omnium Ornator [218] in hoc ipse prenuntiatus venit; [219] et cum esset Pastor et Deus [220] pro nobis apparuit erga nos ovis, [221] simili autem similis clamans sicut voluit audire :

Ave sponsa insponsata.

* * *

T

Murus es virginum Dei Genitrix Virgo [224] et omnium ad te currentium: [225] celi enim et terrae [226] condidit te Creator, Incontaminata, [227] habitans in utero tuo et omnes acclamare docens :

228 Ave columna virginitatis.
Ave porta salutis.

P- 199 Rediores FV 200 vidimus P 201 certant R (*corr.* R2) edicere P 202 et virgo *bis scr.* FV manens] es P et (2o) *om.* FV 203 mysterium *om.* P 204 sapientia FV susceptorum FVP (*corr.* P1) 205 prudentiae P 207 artiloquorum RP (*corr.* R2) sermonem P 208 *omitt.* RFV Ave] Salve P.

Σ- 217 mundum volens FV 221 similis] similiter R volebat P.

T- 226 Incontaminata (ἄχραντε)] incontaminato *codd.* (*eadem confusione litterae ąc in vv.* 107 *et* 251) 227 cui omnes acclamant dicentes P

42

Ave princeps redemptae plasmationis.
231 Ave tributrix divinae benignitatis.
Ave, tu enim regenerasti furiatos mente.
Ave, tu enim intellectum dedisti errantibus prius.
234 Ave quae corruptorum mentium confundis.
Ave quae seminatorem castitatis genuisti.
Ave thalamus nuptiarum incorruptibilium.
237 Ave fideles Domino conjungens.
Ave bona nutrix Domini Virgo.
Ave veneranda sponsalis stola sanctorum.
240 Ave sponsa insponsata.

Υ

Hymnus omnis et laus contendit delibare 242 multitudinem multarum miserationum tuarum 243 quae numero psalmos et cantica 244 offerimus tibi, Rex benigne; 245 sed nihil perficimus dignum de quibus dedisti fide clamantibus :

246 Ave sponsa insponsata.

Φ

Luminis susceptricem lampadem in tenebris ostensam 248 vidimus sanctam Virginem : 249 immaterialem autem accendens ignem, 250 ducit ad iter divinum semper, 251 splendore mentem illuminans, clamore autem honorificata isto :

252 Ave radius intelligibilis solis
Ave splendor increati luminis.
Ave fulgor animas illustrans.
255 Ave sicut verra inimicos everrens.
Ave quæ multi-lumine oriris illuminationem.
Ave quæ multi-munere refluis calicem.
258 Ave piscinæ salutaris pingens figuram.

230 editae P 232 Ave *om.* P generasti P furatos FV : curatos P 233 Ave *om.* P 238 Ave nutrix Virgo Domini P.

Υ- 241 Yymnus R (*primam litt.* Y *add. rubricator*) et omnis P 242 multarum *om.* FP 243 quo æquo num. P 244 offeramus P 245 sed si F fide *om.* P.

Φ- 247 lampadam PFV (*cf.* 100) 250 divino P 251 splend. nos ill. P honorificato P (*cf.* 107 *et* 226) 252 radis V 254 fulgur P animans R 255 evertens PF 256 illuminatione P 257 fluis RFV calice P 258 piscina R pinguens V

Ave peccati tollens cenum.
Ave luter emundans conscientiam.
261 Ave crater fidelium exultatio.
Ave odor Christi boni odoris.
Ave vita mysticae epulationis.
264 Ave sponsa insponsata.

X

Gratiam dare volens salutationibus antiquis [266] omnium debitorum Absolutor hominum [267] advenit per se [268] ad suae existentes gratiae [269] et rumpens chirographum audit ab omnibus :

270 Ave sponsa insponsata.

Ψ

Psallentes tuam genituram, favoramus omnes [272] sicut animatum templum, Dei Genitrix : [273] in tuo enim habitans utero, [274] qui continet omnia manu Dominus [275] sanctificavit, glorificavit, docuit clamare tibi omnes :

276 Ave tabernaculum Dei et Verbi.
Ave sancta sanctorum major.
Ave archa Sancto deaurata Spiritu.
279 Ave thesaurus vitae inconsummabilis.
Ave honorificum diadema imperatorum piorum.
Ave glorificatio colenda sacerdotum venerabilium.
282 Ave ecclesiae immobilis columna.
Ave imperii inexpugnabilis murus.
Ave per quam surgunt trophea.
285 Ave per quam hostes corruunt.
Ave animae meae patrocinatio.
Ave lucis meae medela.
288 Ave sponsa insponsata.

Ω

Omnilauda mater quae genuisti omnium [290] sanctorum sanctissimum

261 caracter P.

X- 266 absolutorum R (?) 267 advenit] advenae R (*corr.* R2) FV per se] Persae R (*corr.* R2) 268 ad suae ... gratiae] Asiae ... Greciae R (*corr.* R2).

Ψ- 272 animal tuum P 275 docuit tibi P 285 corruunt] arguuntur P 287 medelatio FV.

Ω- 289 Omni laude P *Post* mater *add.* dignissima P 290 *Post* sanctissimum *add.* Dei P.

44

Verbum, [291] suscipiens igitur oblationem [292] ab omni erue calamitate omnes [293] et a futura libera punitione qui sic clamant :

Ave sponsa insponsata.

291 igitur] hanc laudis P 292 ciamitate R (corr. R1) : calamitate erue P 293 a *om.* R (*add.* R2) P omnes qui clam. P.

L'origine des textes précédemment édités est assez diverse. C'est le prologue latin qui est le plus récent : composé par le traducteur de l'hymne, il nous apprend dans quelles circonstances, éloignées et prochaines, fut organisé l'office de l'acathiste.

I. *Le prologue historique*

Le titre du prologue historique présente des marques suffisantes d'authenticité, n'ayant pu être inventé par un copiste : en effet, la lecture du prologue et de l'hymne elle-même ne laissent d'aucune manière supposer que l'on se trouve en présence d'une hymne alphabétique, dont « chaque strophe — *dans le texte grec* — commence par chacune des lettres de l'alphabet ». Cette indication ne peut être que le fait d'un traducteur.

D'autre part, au milieu du prologue, l'auteur présente à son lecteur le « susdit saint Germain » qui n'a pas été auparavant mentionné, si ce n'est dans le titre : cette référence implique encore que le titre est bien du traducteur. L'attribution de l'hymne toute entière à Saint Germain demande cependant d'être discutée.

Dans la question des origines de l'acathiste, il faut, selon la remarque de Dom de Meester [9], soigneusement distinguer l'origine du texte même de l'hymne d'une part et d'autre part la création d'une fonction liturgique consacrée au chant de cette hymne. Le prologue, quoiqu'il en soit du titre, se borne à nous rapporter les origines de cette fonction, appelée **ἀκολουθία τοῦ Ἀκαθίστου** et à reconnaître à saint Germain la paternité du seul kontakion.

La fonction de l'acathiste aurait été instituée par saint Germain et ses successeurs à la suite de la levée miraculeuse du siège de Constantinople, sous Léon l'Isaurien. Le prologue se divise naturellement en trois parties d'inégale importance : le siège de Constantinople par les Arabes et sa délivrance; la visite de la ville par

9 *Art. cit. p.* 15; cf. THEARVIC, *Photius et l'acathiste* dans *Échos d'Orient* VII (1904) p. 299.

le chef arabe Maslamah; l'institution de la cérémonie de l'acathiste. Reprenons chacune de ces parties.

1. Les données historiques du prologue peuvent aisément être recoupées par les chroniques byzantines et arabes [10]. Le siège débuta effectivement sous Théodose III, en août 717, ou plus exactement peu après son abdication au profit de Léon l'Isaurien. L'entrée en scène de Léon ne sera maladroitement rapportée dans le récit latin qu'après le siège de Constantinople, en vue d'introduire en scène saint Germain. En fait la destitution de Théodose et l'accès de Léon au pouvoir sont un peu antérieurs à l'investissement total de la capitale par les Arabes.

A l'intention de ses lecteurs occidentaux, l'auteur a voulu citer le contemporain franc du *basileus* mais il a confondu Childéric II (675), fils de Clovis II, avec Chilpéric II († 721). C'est à un copiste ignorant le surnom de Constantin V qu'il faut, par ailleurs attribuer la leçon *Calvus* pour *Cavallinus*. Enfin la déformation du nom du chef arabe pourrait s'expliquer par une mauvaise lecture de l'archétype du VIII-IXe siècle qui orthographiait probablement *Musalma* (avec les *a* ouverts en haut), conformément au grec Μουσαλμᾶ dans la chronique de Nicéphore, par exemple. Ces remarques autorisent à supposer que le rédacteur du prologue écrivait en pays franc.

En août 717 commence donc le siège, un des plus rudes que la capitale de l'empire ait eu à subir : au témoignage des chroniqueurs arabes [11], l'expédition fut soigneusement préparée par les Musulmans concentrés à Abydos. L'auteur latin exagère à peine quand il mentionne, sans d'ailleurs beaucoup préciser, les préparatifs considérables faits sur terre puis sur mer, par Maslamah, général du calife.

10 Nous écartons en effet le témoignage tardif du sermon de l'acathiste (B.H.G. 1060) : ce texte nous rapporte bien *une* délivrance de Constantinople due à l'intervention de la Vierge Marie, mais on y chercherait en vain une allusion précise à l'introduction du chant de l'hymne (cf. *Byz. Zeitschr.* 13 (1904) p. 252; KRYPIAKIEWICZ, *De hymni acathisti auctore*, ib. 18 (1909) p. 358). C'est très probablement sous l'influence de ce récit ou de celui du synaxaire (encore moins ancien) que l'hymne a été attribuée à Sergius par *quelques* manuscrits *récents*.

11 Les sources ont été résumées et critiquées par Marius CANARD, *Les expéditions des Arabes contre Constantinople* dans *Journal asiatique* 208 (1926) p. 80-102 : l'expédition de Maslama. — Les données chronologiques de ce travail sont à préciser d'après les études des spécialistes tels qu'OSTROGORSKY ou V. GRUMEL.

Les assauts contre les murailles de Byzance ne furent peut-être ni aussi fréquents ni aussi violents que l'assure notre récit, car l'hiver fort rigoureux ralentit les opérations du siège; puis la famine et même la peste décimèrent les assiégeants. Enfin les Bulgares, soudoyés par l'empereur Léon, harcelèrent les Arabes. Aussi, la « cité protégée de Dieu » ne tarda pas à être dégagée. L'armée des assiégeants fort réduite, reprit la route du Sud, tandis que leur flotte, disloquée le 15 août 718 par la tempête, s'éloignait pour longtemps des rivages du Bosphore.

« L'histoire, écrit Vasiliev, attache une très grande importance à cet échec des Musulmans devant Constantinople. Par sa résistance couronnée de succès, Léon sauva l'empire byzantin. L'historien anglais Bury dit de Constantinople qu'elle fut le grand boulevard de l'Europe chrétienne et qualifie l'année 718 de date œcuménique ». M. Louis Bréhier a également souligné l'importance de cette victoire pour le christianisme: « En tenant plus d'une année contre toutes les forces de l'Islam, Constantinople a vraiment sauvé l'Église et la civilisation européenne »[12].

Le caractère merveilleux de ce succès n'a pas échappé au rédacteur du *Liber Pontificalis* qui attribue l'échec des Musulmans à une intervention divine[13]. De même, l'auteur de notre récit l'attribue à la Vierge : dans la coïncidence des dates de l'engloutissement de la flotte arabe et de la fête de la *Koimesis* de Marie, n'était-il pas permis de voir un signe de la faveur de la *Theotocos* pour « la ville à elle confiée par Constantin »? [14]

Cet acte de foi du peuple byzantin en sa protectrice a trouvé sa gracieuse expression dans la vision de la Reine des anges « vêtue de pourpre et resplendissante de lumière, entourant les murailles de son

12 A. Vasiliev, *Histoire de l'Empire byzantin,* traduction Brodin Bourguina tome I (Paris 1932) p. 314. L. Bréhier dans l'*Histoire de l'Église* de Fliche et Martin, V (1938) p. 435; voir aussi *Vie et mort de Byzance* dans la collection *Évolution de l'Humanité* (1947) p. 76.

13 « Deo eis contrario... confusi recesserunt » (éd. Duchesne I 402).

14 La fin du prologue fait allusion à cette consécration de Constantinople à la Vierge par les Pères du concile de Nicée de 325 : en fait, le nom de l'évêque de Byzance ne figure pas sur la liste des signataires du premier concile œcuménique. Cette confusion du prologue s'explique du fait que les chroniqueurs byzantins rapportent la dédicace de Constantinople juste après le concile de 325 : cf. D. Lathoud, *La consécration et la dédicace de Constantinople* dans *Échos d'Or.* 23 (1924) p. 290 ss.

manteau ». Le terme de *pallium,* ici employé pour désigner le vêtement de la Vierge, ferait-il allusion au *maphorion de la Theotocos,* voile très ample tombant jusqu'aux talons? L'église des Blachernes conservait un voile de ce genre que l'on disait avoir appartenu à la Vierge Marie : cette relique passait pour avoir plusieurs fois déjà protégé des invasions la cité impériale. Au IXe siècle, Joseph l'Hymnographe célèbrera le « vêtement saint et vénérable, de la cité mur inexpugnable » [15]. Notre prologue pourrait donc être considéré comme un témoin plus ancien de cette légende. Remarquons cependant que *dans l'hymne* elle-même, ne se rencontrent d'allusions ni au manteau ni au voile protecteur, ni enfin à une délivrance quelconque de Constantinople : il n'y a de place que pour la louange désintéressée de la Vierge et rien n'y rappelle le prologue historique : nous verrons que le détail a son importance.

2. La capitulation des Arabes se serait achevée par une trêve de sept ans. D'après le récit latin, Maslamah, obligé de s'avouer vaincu, obtint de son vainqueur la permission de rentrer dans «l'opulente et fière cité » avec mille cavaliers. Le fait serait légendaire; il est rapporté vers 775 par le Pseudo-Denys de Tell-Mahré : Maslamah « demanda à Léon de pénétrer dans la ville pour la visiter : il y entra avec *trente* cavaliers, y circula trois jours et admira les œuvres royales ». D'après la chronique de Karamani, beaucoup plus récente, Maslamah entre *seul* dans Constantinople. Notre chroniqueur latin, plus généreux, lui accorde *mille* compagnons.

Cette entrée de Maslamah à Constantinople, rapportée par les auteurs arabes est au demeurant ignorée des chroniqueurs byzantins. Son origine pourrait s'expliquer soit par la conclusion possible du pacte de sept ans, soit plutôt par la construction de la mosquée destinée aux prisonniers musulmans : à cette mosquée, la plus ancienne de Constantinople, le nom de Maslamah est longtemps resté attaché [16], sans que l'on puisse d'ailleurs certifier qu'elle fut effectivement construite à la requête du chef arabe.

3. Cette seconde partie nous a retracé les circonstances éloignées

15 *P.G.* CV col. 1008. Voir le quatrième tropaire de l'hymne éditée par DOM PITRA *de veste B.M.V.* dans *Anal. sacra...* I 530.

16 M. CANARD, art. cit. p. 99 ss : *l'entrée de Maslama à CP.* — p. 94 ss : *la mosquée de CP.* — NOMIKOS, *la première mosquée de CP.* dans l'*Annuaire* de la Soc. d'ét. byz. d'Athènes I (1924) p. 199 ss.

de l'institution de la « Cérémonie de l'Acathiste » : avec l'entrée en scène de saint Germain se précisent les circonstances prochaines.

Saint Germain, d'abord évêque de Cyzique, était devenu en 715 patriarche de Constantinople : il occupait donc le siège de la Nouvelle Rome depuis une dizaine d'années, lorsque Léon l'Isaurien chercha à obtenir son concours pour la propagande iconoclaste. Le patriarche s'efforça de faire revenir le *basileus* sur ses erreurs et, de guerre lasse, préféra la déposition, plutôt que de donner son assentiment à la politique religieuse de l'empereur [17]. Dans le courant de janvier 730, il se retira, selon Théophanes et Nicéphore, dans sa maison paternelle de Platanion. D'après Étienne le diacre, biographe de saint Étienne le Jeune, le patriarche fut interné dans un monastère [18]. Le nom de ce monastère est précisé par notre prologue. Ce détail laisserait supposer que le rédacteur connaissait la ville de Constantinople ou du moins qu'il tenait ses renseignements d'un témoin bien informé des lieux.

Notre auteur précise encore la durée de l'épiscopat de saint Germain : il nous est difficile de contrôler la valeur de cette précision, car nous ignorons à quelle date exacte le saint fut consacré évêque de Cyzique. Nous pouvons du moins vérifier que le patriarche étant mort à 90 ans passés [19], le chroniqueur latin pouvait puiser ses renseignements à une source exacte.

Le prologue mentionne enfin *les* successeurs de saint Germain : ce pluriel détermine une époque assez éloignée du règne de l'empereur isaurien, car le patriarche Constantin, deuxième successeur de saint Germain, mourut en 766. Ni lui, ni le patriarche Anastase, son prédécesseur, n'ont dû contribuer à la diffusion de l'office de l'acathiste, institué par saint Germain : aveuglément dociles à la politique religieuse de Constantin Copronyme († 775), lui-même très mal disposé à l'expansion du culte de la *Theotocos*, ces deux patriarches durent avoir d'autres préoccupations que celle de faire

17 Noter le parallélisme entre ce passage du prologue et la notice du *Liber Pontificalis* (*loc. cit.*) au sujet du motif de déposition de Germain : « eo quod ei consensum prebere noluisset pontificatu privavit ».

18 *P.G.* t. C col. 1085 B. L. Bréhier dans l'*Hist. de l'Église* (vol. cit. p. 454, n. 3) préfère le témoignage de Nicéphore à celui du diacre Étienne : nous nous contentons ici de rapprocher ces diverses dépositions sans chercher à les discuter, notre but étant de montrer que le prologue se rattache à des sources orientales.

19 Voir les sources réunis dans *P.G.* XCVIII col. 19 ss.

chanter l'acathiste. Par conséquent, il faut nécessairement compter dans le pluriel « *successoribus ejus* » plus de deux successeurs de saint Germain et englober aussi sous ce pluriel les patriarches iconophiles. Nous atteignons ainsi la période du deuxième concile de Nicée (787) qui réhabilita saint Germain [20]. Par ailleurs, la vénération publique rendue au saint patriarche, « mis au rang glorieux des martyrs », ne se comprendrait plus bien en dehors de cette perspective de la restauration des images. On peut donc assigner à la rédaction du prologue une date postérieure au troisième quart du VIIIe siècle.

D'après la lettre de notre texte, le rôle des patriarches iconophiles aurait uniquement consisté à diffuser dans toutes les églises de langue grecque un usage approuvé par le patriarche Germain pour la seule ville de Constantinople : le *kontakion* en effet, composé, comme nous le verrons, par saint Germain, se donne comme le chant de la cité de Constantinople : ... *civitas TUA*.

Au lendemain de la délivrance, le 25 mars 719 en la fête de l'Εὐαγγελισμὸς, le peuple, à l'invitation de son patriarche, se rendit à l'église des Blachernes [21] pour remercier la Vierge de la protection accordée à « sa Ville ». Au chant de l'acathiste exécuté par un chantre, le peuple répondit par le refrain d'action de grâces à sa libératrice. Le même office fut chanté au cours des années suivantes et l'usage s'en est perpétué jusqu'à nos jours.

Mais comment expliquer pourquoi cet office de l'acathiste, primitivement fixé, d'après notre document latin, à la fête de l'Annonciation, se récite-t-il aujourd'hui le cinquième samedi de carême? A titre d'hypothèse, nous proposons une explication, basée sur la coutume liturgique suivante: l'Église grecque, accorde toujours la priorité à la fête de la Conception du Seigneur, même quand cette fête coïncide avec le Grand Vendredi ou avec le Grand Samedi, en raison de la relation précise de la fête du 25 mars avec celle du 25

20 *Actio sexta* (MANSI XIII 718 E; cf. aussi c. 105 et *P.G.* XCVIII 33. L'expression « *reverend*arum *imaginum* » suggère aussi que l'auteur écrit durant la période de restauration des images.

21 La station liturgique du 8 septembre était également fixée aux Blachernes: cette explication est pourtant impuissante à justifier la bizarre variante de P *in Nativitate* au lieu de *in Annuntiatione* d'autant plus inattendue que notre texte figure, dans ce manuscrit, parmi les sermons du mois de mars.

décembre. Cette règle ancienne[22] ne vaut évidemment que pour l'office canonique de l'Εὐαγγελισμὸς ; s'applique-t-elle cependant à la cérémonie de l'acathiste qui n'a eu primitivement aucun caractère officiel mais a été au contraire, dès son origine, considérée comme une coutume louable « *mos laudabilis...* »? Aux inconvénients de l'occurrence des offices de la Grande Semaine et de l'Annonciation fallait-il nécessairement ajouter celui de la récitation d'un office supplémentaire? Il était beaucoup plus simple de transférer la fonction de l'acathiste à une date liturgique plus commode, chaque fois que la Grande Semaine tomberait aux environs du 25 mars. Le jour liturgique qui semble s'être imposé pour ce transfert est celui qui coïncida avec le 25 mars l'année même de l'institution, soit le quatrième samedi de carême : en 719, en effet, Pâques tombait le 16 avril et le quatrième samedi de carême, suivant la manière byzantine de compter les féries, le 25 mars.

Cette évolution dut s'accomplir au cours du VIIIe siècle car, au début du IXe, le typicon de la Grande Église[23] laisse au patriarche la faculté de fixer l'*acolouthie de l'acathiste* le quatrième *ou* le cinquième samedi de carême. C'est cette dernière date qui a finalement prévalu et qui aujourd'hui encore est assignée pour l'office de l'acathiste, mais la date primitivement fixée pour la fonction peut seule rendre adéquatement raison du terme dont on la désigne parfois de nos jours : Ἀκολουθία τοῦ Εὐαγγελισμοῦ.

Une évolution analogue se constate à l'égard de l'église stationnale. Entre tous les sanctuaires de Constantinople consacrés à la Vierge, une station était particulièrement indiquée pour la fonction de l'acathiste : le Pèlerinage des Blachernes où l'on conservait le voile protecteur de la Cité et où l'on vénérait une représentation fort populaire de la Vierge priant les mains levées vers le ciel et portant l'Enfant Jésus dans sa poitrine entr'ouverte[24]. La Vierge

22 Il en était ainsi dès le dixième siècle au moins : entr'autres textes, voir CONSTANTIN PORPHYROGENETE, *Le livre des Cérémonies* (édition A. VOGT, dans la collection Budé, tome I p. 172, 173).

23 PATMOS 266 : sur ce manuscrit, voir J. SAKKELION, *Patmiake Bibliotheke...* (Athenesin 1890) p. 136; DIMITRIEVSKIJ, *Opisanie...* (= Description des manuscrits liturgiques de l'Orient orthodoxe) I *Typika* (Kiev 1895), p. 124; H. DELEHAYE, *Synaxarium Eccles. CPolitanae* (*Propyl ad Acta SS. Nov.*) Bruxellis 1902, p. X.

24 Certains auteurs pensent qu'il s'agit seulement d'un médaillon à l'effigie de l'enfant Jésus. Quoiqu'il en soit, l'image blachernienne se rencontre dans

des Blachernes n'avait-elle pas au cours des siècles précédents, protégé la ville qui lui offrait de si fervents hommages? De fait, l'église des Blachernes fut choisie pour l'action de grâces de la victoire de 718, comme le rapporte le prologue latin. Plus tard, toujours d'après le typicon de la Grande Église [25], la station sera fixée au sanctuaire non moins célèbre de sainte Marie des Chalcopratia, plus proche du palais impérial que le quartier exentrique des Blachernes.

Ces quelques remarques au sujet de l'évolution de la date et de la station de l'office de l'acathiste impliquent que le prologue latin dépend d'une source antérieure au typicon de la Grande Église, c'est-à-dire antérieure au début du IXe siècle : A. Baumstark a en effet démontré que ce typicon représente la liturgie constantinopolitaine du début du IXe siècle [26]. La date ici assignée au prologue, correspond approximativement à celle qui sera plus loin déduite de l'examen critique de la version de l'hymne elle-même.

Il n'est pas sans intérêt de constater finalement que malgré ce changement d'église stationnale, c'est la Vierge des Blachernes qui est le plus habituellement représentée dans l'iconographie de l'acathiste [27] : dans le cycle des vingt-quatre scènes correspondantes aux vingt-quatre *oikoi* de l'hymne, figure en dernier lieu « l'orante

diverses provinces de l'Empire dès le VIe siècle. M. Maurice VLOBERG qui a esquissé l'histoire de la *Blachernitissa* ajoute « qu'il y aurait beaucoup à décrire dans l'abondance des œuvres à effigie blachernienne » (dans *La Vierge notre médiatrice*, Grenoble 1938 p. 22).

25 Dimitrievskij, *op. cit.* p. 56. Voir aussi CONSTANTIN PORPHYROGENETE, *éd. cit.* p. 154 et le commentaire de l'éditeur p. 164.

26 Baumstark date des années 802-806 le typicon *τ* source du manuscrit de Patmos : *Das Typikon der Patmos Handschrift und die altkp. Gottesdienstordnung* dans *Jahrbuch für Lit. wiss.* VI p. 104 s. — *Denkmäler der Entstehungsgeschichte des byz. Ritus* dans *Oriens Christianus* III, Ser. 2 (1927) p. 1 s.

27 Un exemple des plus intéressants est le manuscrit 429 de la bibliothèque du Saint-Synode de Moscou décrit par dom Pitra dans ses annotations du texte de l'acathiste et par STRZYGOWSKI dans l'ouvrage cité par G. MILLET, *L'iconographie de l'Évangile* (Paris 1916) p. 82, qui renvoie aux collections de facsimilés; les peintures des monastères athonites sont reproduites par le même auteur dans *Les monuments de l'Athos* (Paris 1927) : voir l'Index au mot « *Hymne acathiste* ». L'iconographie serbe présente plusieurs divergences : voir O. TAFRALI, *Iconografia imnuli acatist* (Bucarest 1915) et *Le siège de Constantinople dans les fresques des églises de Bucovine* dans *Mélanges Schlumberger* II (Paris 1924) p. 456-461.

Blachernitissa avec l'Enfant Jésus sur sa poitrine devant une large et riche tente militaire et entourée de personnages qui la prient à genoux »[28]. Peut-on estimer de ce fait que les tardives peintures murales de l'acathiste dépendent de modèles copiés sur d'antiques manuscrits à peintures antérieurs à la persécution iconoclaste? La question mériterait d'être examinée de plus près.

Nous avons pu préciser, grâce aux indications du prologue, les origines de l'office de l'acathiste. Il reste maintenant à montrer que le *kontakion* a été composé par saint Germain à l'occasion de la délivrance de Constantinople de 718.

II. *Le Kontakion. Son origine.*

Le kontakion Τῇ ὑπερμάχῳ diffère du reste de l'hymne : expression d'action de grâces de la capitale envers sa libératrice, ses accents de circonstance tranchent nettement avec la sérénité contemplative de l'hymne où il n'y a de place que pour la louange désintéressée de la Vierge et de son Fils. La forme contraste autant que le fond ainsi qu'il ressort à la simple lecture des deux parties du morceau[29].

On peut donc se demander si l'hymne commençait primitivement par le kontakion, ou tout simplement par le premier oikos Ἄγγελος, comme dans le *Sinaiticus* 1004.

Le problème paraît se compliquer du fait que manuscrits et éditions indiquent après le kontakion τῇ ὑπερμάχῳ le tropaire automèle Τὸ προσταχθὲν, strophe supplémentaire construite selon la même métrique, mais sur une mélodie différente de celle des *oikoi* brefs. Ce tropaire aurait-il quelque titre à être considéré comme primitif? C'est l'opinion de Krypiakiewicz[30] qui a bien mis en relief le carac-

28 M. Vloberg, *op. cit.* p. 29.

29 Sur la métrique du kontakion, voir de Meester, *art. cit.* dans *Bessarione* sér. II, vol. VII, p. 134. Ajoutons que le kontakion est du même mode que l'hymne : on trouvera la mélodie dans P. Thibaut, *Panégyrique de l'Immaculée Conception* (Paris 1909) p. 48, qui a transcrit la notation d'un manuscrit de la bibliothèque du Phanar. La même mélodie (modernisée) est éditée à la page suivante et dans Rebours, *Traité de Psaltique* (Paris 1906) p. 196. Actuellement encore, comme au VIIIe siècle, le kontakion est chanté par les deux chœurs et les strophes de l'hymne par un soliste (dans le texte latin, *versus* a le sens de *strophe*, ainsi qu'on le dira plus loin).

30 *Art. cit.* (*Byz. Zs.* 1909) p. 361.

tère introductoire de ce tropaire. Pourtant, comme Paul Maas l'a fait remarquer [31], l'authenticité des tropaires échappant aux lois de l'acrostiche reste toujours sujette à caution. D'autre part, comme la version latine de l'acathiste ignore ce tropaire, on peut admettre qu'il appartient à l'office de l'acathiste composé au IXe siècle et non à l'hymne elle même [32]. Ainsi l'hymne acathiste aurait primitivement débuté par l'oikos Ἄγγελος [33]. Saint Germain y a simplement ajouté le kontakion d'action de grâces.

Ce kontakion (*responsum*) composé en 719 se répandra dans toutes les églises de langue grecque après la première crise iconoclaste. En somme, l'œuvre de saint Germain se réduit à l'institution de la fête de l'acathiste et à la composition du kontakion.

Sans qu'il soit nécessaire de rechercher ici l'authenticité des suscriptions des livres liturgiques de l'église grecque qui attribuent à saint Germain diverses compositions hymnographiques, il est permis de reconnaître au patriarche d'incontestables capacités d'hymnographe. Constatons au moins que la doctrine exprimée dans le kontakion répond à ses préoccupations théologiques et en particulier à l'une des idées fondamentales de sa mariologie : la médiation de Marie dans la distribution des grâces.

Cette attribution du prologue latin concorde enfin avec le témoignage indirect de saint Grégoire II passé jusqu'ici inaperçu faute d'un rapprochement avec le texte de notre version latine du kontakion. Dans sa lettre à saint Germain, traduite en grec et lue au VIIIe concile, le pape félicite d'abord son correspondant des efforts tentés

31 *Das Kontakion* dans *Byz. Zeitschr.* 19 (1910) p. 296.

32 Nous suivons ici l'opinion de Dom Pitra, *op. cit.* p. 250.

33 C'est ce même tropaire que Romanos a choisi pour *hirmos* de son hymne *de casto Joseph.* Dom Pitra et ceux qui, à sa suite, attribuent l'acathiste à Sergius, ont bien remarqué la difficulté que la citation du diacre Romanos entraine pour l'attribution de l'acathiste à ce patriarche : aussi s'efforcent-ils de montrer que le choix de ce premier tropaire comme *hirmos* de l'hymne nouvelle, a remplacé *tardivement* l'incipit d'une composition isosyllabique beaucoup moins célèbre. Il faut reconnaître que cette solution, plus ingénieuse que solide, ne repose sur aucune base paléographique : aussi, Krumbacher, rendant compte (dans *Byz. Zs.* 13 (1904) p. 621) de l'édition du prologue latin de l'acathiste par Winterfeld, déclarait que la candidature de Sergius devait être définitivement écartée. Krypiakiewicz, dans *art. cit.*, suivi par S. Eustratiadès (1917) attribue l'hymne à Romanos. Paul Maas, *art. cit.* p. 306, la date du VIe siècle, sans chercher à préciser davantage : c'est l'opinion qui parait la plus raisonnable.

pour ramener l'empereur Léon à l'orthodoxie. Après un bref exposé de la doctrine des images, le pape s'adresse en termes plus personnels au patriarche. Évidemment cette finale n'intéresse plus l'histoire de la querelle des images, comme il ressort de la citation du document pontifical au concile de Paris de 825 sur l'iconoclasme, omettant précisément cette seconde partie : « Verum hinc ad propositum redeamus *propugnatricis tuae* (τῆς ὑπερμάχου σου), o sanctissime et omnium christianorum domine, magnificationes qualis ipse ostensus fueris in cunctis *ab illa* directus et *salvatus* et *contra inimicos* confortatus admirantes... » [34].

Ce terme de *propugnatrix* est trop insolite en latin pour ne pas trahir une dépendance : en reprenant l'expression caractéristique du kontakion (*propugnatori*) désignant la Theotocos, le pape semble bien faire allusion aux événements de 718 et à la dernière composition du patriarche. C'est bien la Vierge Marie qu'il désigne en effet, sans la nommer, comme on peut le déduire de la suite du texte où le pape évoque Judith libératrice de son peuple, type de la *Propugnatrix* conférant la victoire à ses fidèles. Grégoire II termine sa lettre en recommandant Germain aux prières de la Vierge, sans d'ailleurs la nommer plus explicitement, et à celle de tous les saints : « Sed ejusdem supplicationibus et omnium sanctorum potens in prelio Deus noster ... custodiat te... ».

La lettre de Grégoire II confirme l'attribution du Kontakion à saint Germain. Tous les problèmes ne sont pas pour autant résolus, car le message de Germain auquel répond le document romain est perdu : nous ignorons si le patriarche a envoyé au pape le kontakion qu'il venait de composer et le récit des événements de 718-719. Quoiqu'il en soit de cette correspondance entre Constantinople et Rome, nous sommes du moins suffisamment renseignés sur l'origine du kontakion, origine que précisera d'ailleurs l'examen de la traduction latine de l'hymne.

III. *La version latine de l'acathiste*

Une première constatation s'impose à la lecture comparée de la version latine de l'acathiste et du texte grec : la servilité de la tra-

[34] JAFFE 2181. M. Curt Peters a déjà attiré l'attention sur une participation possible de saint Germain à la composition de l'Acathiste (*art. cit.* du *Muséon* de 1940, p. 89).

duction à l'égard de l'original. Ce défaut est commun à bien des traductions contemporaines, telles que les Actes du IIe concile de Nicée ou les écrits dyonisiens d'Hilduin. Comme dans ces traductions, les non-sens et contresens, conséquence inévitable d'un mot à mot inintelligent, sont dans l'acathiste latin monnaie courante.

C'est pour cette raison que le copiste du manuscrit du Parc a omis dans sa transcription l'oikos M, inintelligible; il a également sauté quelques vers obscurs et retouché quelques passages maladroitement traduits, sans recourir à l'original grec, bien entendu. Il n'a enfin corrigé que les non-sens les plus criants sans avoir remarqué les contresens.

Le scribe de Saint Gall se serait-il plus nettement aperçu de ces contresens, lui qui déclare : « *male de greco in latinum versus nihil habuit veritatis* » ? Avait-il sous les yeux un texte grec qui lui permit d'accuser le traducteur ? S'il jugeait ainsi le traducteur, pourquoi n'a-t-il pas lui-même essayé de mieux faire et a-t-il préféré s'abstenir ?

Son accusation du moins se justifie, car le traducteur a non seulement fait des contresens, mais encore des fautes de déclinaison ou de conjugaison; il a enfin, par souci du mot-à-mot, employé des tournures barbares. Ainsi, il traduit *ut clamo* (6) alors que le subjonctif eut été plus correct. Il traduit consciencieusement l'auxiliaire de mode (145) au lieu de prendre une tournure latine équivalente. Enfin, il dispose d'un vocabulaire fort pauvre : il emploie le même mot latin pour traduire deux mots grecs différents (55, 179...) ; il confond les mots qui se ressemblent : ainsi **τροφή** (140) et **τρυφή** (66, 141) sont rendus par *esca*; **ἐμωράνθησαν** (208) et **ἐμαράνθησαν** (209) par *stulti facti sunt*. Il transpose matériellement les mots composés et commet ainsi parfois des contresens: *νυμφοστόλη* (240) par exemple, au lieu de *paranympha* a été redu par ... *sponsalis stola!*

Il faut pourtant reconnaître à la décharge du translateur, que le texte grec choisi pour base de la traduction latine, est loin d'être un « bon » texte. Ceci explique plusieurs obscurités de la version latine. Ce texte grec peut facilement être décelé dans l'apparatus de Dom Pitra, grâce à certaines leçons dans la version latine : *resurrectio* (14), *adoratur plasmator* (23), *sicut consequebatur* (35), *honore superior omni* (37), *bestiarum* (86), *Christo* (89), *lampadem surrectam* (100), *manibus* (104), *persarum* (118), *indefluam substan-*

tiam (149), *clamans sicut voluit audire* (221), *psalmos et cantica* (243), *ignem* (249), *calicem* (257), *favoramus* (271), *lucis* (287).

Ces leçons du texte latin correspondent à des variantes du texte grec qui appartiennent à un petit groupe de manuscrits grecs provenant de l'Italie du Sud [35] : le traducteur latin travaillait sur un manuscrit de cette famille. Il est donc permis de supposer que la traduction a du être entreprise, non à Constantinople, mais en Occident [36]. Ceci confirmerait l'attribution que nous avons faite du prologue à un rédacteur franc. On notera enfin que le traducteur a remplacé l'*ἀλληλούϊα* des strophes brèves par l'acclamation des strophes longues *Ave sponsa insponsata*. Serait-ce en raison de la suppression de l'alleluia, en Occident du moins, au cours du Carême ? La traduction de l'acathiste se lisait en guise de sermon, puisque nous la trouvons dans les homiliaires en la fête de l'Annonciation qui tombe le plus souvent à la fin du carême.

L'époque de la traduction peut être déterminée approximativement par l'examen du vocabulaire. Ce vocabulaire nous rattache aux traductions de l'Aréopagite entreprises par Hilduin vers 832 et se distingue par contre de la version de Scot Erigène exécutée entre 860 et 862, comme le prouve la comparaison des mots grecs communs aux trois traductions [38]. L'examen du glossaire confirme donc les données chronologiques du prologue et limite la traduction de l'hymne entre le troisième quart du VIIIe siècle et le milieu du IXe.

[35] Vatican *Barberini greo* 308 (*anc.* III 27) et 460 (IV 42) du XIIe siècle; 339 (III 58) du XIVe s.; 351 (III 70) du XIV-XVe s. et enfin 289 (III 8) du XVe s. que dom Pitra (*op. cit.* p. 249) a respectivement désigné dans son apparatus par les n° 8, 11, 9, 10, 7.

[36] Il est plus difficile de préciser si le traducteur, d'origine franque très probablement (voir plus haut p. 45), travaillait dans son propre pays ou en Italie du Sud comme le traducteur de la bénédiction de l'eau pour l'Épiphanie (cf. Dom. P. de Puniet, *Formulaire grec de l'Épiphanie dans une traduction latine ancienne* dans *Rev. bén.* 29 (1912) p. 29 ss.). Un clerc romain aurait vraisemblablement nommé, dans le prologue, Grégoire II plutôt que Chilpéric...

[37] La variante *Χαῖρε νύμφη ἀνύμφευτε* au lieu de l'*Alleluia*, ne se rencontre pas dans les manuscrits grecs et n'a jamais du s'y trouver car elle est incompatible avec l'état actuel du texte de l'acathiste (en particulier l'oikos Θ). A propos de cette anomalie du double *ephymnium*, Baumstark avait échafaudé (dans *Byz. Zs.* 16 (1907) p. 657) une hypothèse sur l'origine de l'acathiste qui n'a pas été retenue par les critiques.

[38] Cette liste, qu'il serait facile d'allonger, a été dressée au moyen de l'*index*

Le vocabulaire peut également nous indiquer le lieu où travaillait notre traducteur : il est très probable que celui-ci vivait dans l'entourage d'Hilduin, abbé de Saint Denys.

Saint Denys expliquerait d'abord la traduction sur un original italo-grec : celui-ci aurait été transmis à l'abbaye parisienne par le monastère romain de saint Denys *in Via lata.* Ce monastère, dédié au premier évêque de Paris, était peuplé de moines grecs: l'un d'eux traduisit le *Libellus antiquissimus* de la Passion de saint Denys composé à Paris, du latin en grec.

La traduction de l'Acathiste aura été faite à saint Denys plutôt qu'à Rome puisque le vocabulaire atteste l'utilisation d'un glossaire semblable à celui qu'Hilduin emploiera pour traduire les œuvres de l'Aréopagite.

Enfin le rayonnement de la grande abbaye explique pourquoi l'hymne semble, d'après les témoins actuels, s'être diffusée surtout dans le Nord-est de la France et vers Saint-Gall.

Si ces déductions sont exactes, il devient possible de préciser la date de la traduction. Celle-ci aurait été commencée au moment de la reprise des controverses sur les images, vers 825. Les allusions iconophiles du prologue ne sont pas étrangères aux discussions de l'Assemblée de Paris, en novembre 825, au cours desquelles on cita longuement l'épitre dogmatique de saint Germain à Jean de Synada.

de DYONISIACA ou recueil des anciennes versions latines des ouvrages de l'Aréopagite édité par Dom Ph. CHEVALLIER :

Mot grec *commun aux 2 textes*	Version latine de l'acathiste		Version de Denys par HILDUIN vers 832		Version de Denys par JEAN SCOT ERIGÈNE vers 861
γαστήρ	21, 83, 273	uterus	463, *etc.*	uterus	*venter*
μύστις	36, 111	initiat(rix)	52, *etc.*	initiat(or)	*magist(er)*
θεοδόχος	55	Dei susceptibilis	135	...Dei susceptibilis	*Deum recipiens*
ὑμνεῖν	79	hymnizare	42, 51	hymnizare	*laudare*
θεωρεῖν	97	videre	144	videre	*aspicere*
πάθος	117	vitium	240	vitium	*passio*
σωφροσύνη	118	pudicitia	239	pudicitia	*temperantia*
πόθος	167	amor	553	amor	*desiderium*
ῥύπος	259	cenum	1450	cenum	*sordes*

Cette date laisse tout le temps nécessaire à la diffusion de l'hymne jusqu'à Saint-Gall. Le plus ancien témoin du texte de l'acathiste latin est en effet un manuscrit sangallien du IXe siècle.

D'autre part, dès la seconde moitié du IXe siècle, l'acathiste a pu exercer une influence. Sans doute, Notker ne s'en est-il pas inspiré dans ses « Hymnes » à la Vierge. On peut croire cependant que l'acathiste a dû, soit en France, soit dans le milieu sangallien, faire sentir son influence — ne serait-ce qu'à titre de modèle — dans la formation d'un nouveau genre liturgique : le *versus*.

Le *versus* peut se définir : « Hymne chantée par un ou plusieurs chantres, avec intercalation d'une strophe reprise en refrain par tout le chœur ». Les *versus* ne se chantent pas à l'office divin mais dans les processions ou au cours de fonctions telles que l'adoration de la Croix. Le *Crux fidelis* est, avec le *Gloria laus,* le plus ancien exemple d'hymne traitée en *versus*. Leur usage n'a pas d'attestation antérieure à la seconde moitié du IXe siècle. A cette même époque, Radpert, Hartmann et Notker composent de nouveaux *versus* à l'imitation des anciennes hymnes [39].

Par sa structure, l'acathiste est assimilable au *versus*; ce rapprochement a déjà été fait par Baumstark à propos de la *Soghîta* qui correspond, dans la poésie liturgique syrienne, au Kontakion byzantin : « Le *Gloria laus...*, écrit-il, l'hymne *Audi judex mortuorum...* du Jeudi saint... le superbe *Pange lingua...* sont chantés d'une manière qui est tout à fait conforme aux grandes formes de l'antique poésie de la Syrie chrétienne » [40]. On pourrait en dire autant de notre hymne byzantine : l'acathiste est en effet chantée par un soliste tandis que le kontakion est repris par tout le peuple *per singulos hymni versus*. Le prologue latin emploie ce mot de *versus* à propos des strophes alphabétiques de l'hymne et non, comme l'indique clairement le titre du prologue, à propos des vers.

Ce n'est, il est vrai, qu'une hypothèse. Remarquons toutefois qu'on trouve dans les manuscrits du XIe siècle des *versus* attribués à tort à saint Anselme [41]. Ils peuvent remonter au Xe siècle car les

39 Voir L. Gautier, *Histoire de la poésie liturgique au Moyen-Age* (Paris 1886), ch. IV. *Analecta hymnica,* vol. 50 p. 237, 250. W. von den Steinen, *Notker der Dichter* (Bern 1948) p. 522, 525.

40 *Liturgie comparée* (Amay-Chevetogne 1939) p. 112.

41 *P.L.* CLVIII col. 1048; *Anal. hymn.* 48 p. 103, nº 102; V. Leroquais, *Bréviaires manuscrits* IV p. 320; Chevalier, *Repertor. hymnol.,* Suppl. nº 2129;

plus anciens manuscrits, ceux de Cambrai, sont déjà interpolés d'invocations en prose[42]. Ces *versus* ont pour refrain *Ave Sponsa insponsata* qui est précisément l'*ephymnium* de l'acathiste et de plus, ils s'inspirent directement du premier et du troisième oikos.

Si donc l'acathiste n'était pas à l'origine même du genre littéraire consitué par les *versus*, elle demeurerait la source de l'un d'entr'eux. C'est d'ailleurs le seul exemple que nous connaissions au sujet de l'influence de l'acathiste en Occident[43] : après le XIIIe siècle on ne la copie plus et elle sombre dans l'oubli.

*
* *

Au terme de cette étude, il sera utile de rassembler les conclusions dispersées au cours de l'exposé.

Des données historiques dignes de foi permettent d'assigner à la composition du prologue ou au rassemblement de ses sources, une date antérieure à 802-806. La traduction de l'hymne peut être daté des environs de 825 et semble avoir été entreprise à Saint-Denis. Si imparfaite soit-elle, cette traduction a du moins le mérite de serrer le texte grec au plus près et de mieux garder que les traductions latines des XVe ou XVIIIe siècles, l'allure et le rythme de l'original.

L'ancienne version de l'hymne circule au cours du IXe siècle en

W. Legg, *The processional of Chester* (H.B.S. vol. XVIII p. 19-21 et p. 42, note); E. Wellesz, *Eastern elements in Western chant* (Boston 1947) p. 201, n. 3. La mélodie de ces *versus* sera publiée ultérieurement.

42 Ils citent de plus le début de l'antienne *Ave gratia plena* en grec = *Chere chekaritomene.* Ce tropaire se chantait à Byzance à la procession des cierges le 2 février (cf. Constantin Porphyrogenete, *éd. cit.* I p. 139). Il fut introduit à Rome par Sergius († 701) mais le texte grec n'a subsisté que dans un manuscrit sans notation de la fin du VIIIe siècle (R. J. Hesbert, *Antiph. missar. sext.* p. LXXXVIII et n° 29 a). Le texte grec s'est pourtant chanté à Metz jusqu'au XIIe siècle (cf. Kirch, dans *Écho des sanctuaires de saintes Odile* 1932 p. 18), d'après l'Ordinaire manuscrit de la Cathédrale (aujourd'hui détruit).

43 On trouve encore des réminiscences probables de l'acathiste dans la séquence *Consolatrix miserorum* (Anal. Hymn. 8, p. 75, *str.* 4 et 6). L'origine de la représentation du manteau protecteur de la Vierge dans l'iconographie occidentale pourrait bien être notre prologue plutôt que le folklore celte ou germanique comme le voudrait Perdrizet, *La Vierge de miséricorde* (Paris 1908) p. 24.

pays franc puis à Saint Gall. Peut être a-t-elle exercé quelqu'influence dans la formation d'un nouveau genre liturgique : le *versus*. En tout cas, elle inspire directement les *versus* « *Ave Sponsa insponsata* » du Xe siècle. Quelques vagues réminiscences se rencontrent à des époques plus tardives.

Le prologue détaché de l'hymne, connut un succès plus durable, car il entra dans les recueils de miracles. Il nous rapporte les origines de la fête de l'acathiste en Orient. Cette fête fut instituée par saint Germain, le 25 mars 719, a l'occasion de la délivrance de Constantinop due à l'intervention de la Vierge. Cette fonction extra-liturgique, d'abord célébrée en surplus de l'office canonique de l'Annonciation, fut plus tard transférée au quatrième Samedi de Carême en raison de l'occurrence possible de la Grande Semaine avec la fête du 25 mars. Ce changement de date a probablement coïncidé avec un changement de station : celle-ci était primitivement fixée au sanctuaire marial des Blanchernes.

Le patriarche Germain adopta pour cette cérémonie d'action de grâces un chant populaire et déjà ancien : l'hymne acathiste. Il lui imprima un caractère de circonstance en y ajoutant le kontakion Τῇ ὑπερμάχῳ qu'il fit reprendre par tout le peuple entre chaque strophe de l'hymne.

L'office de l'acathiste tel qu'il se chante aujourd'hui dans l'église byzantine s'est formé plus tard autour de ce noyau primitif. Le prologue évidemment ne nous en parle pas, mais il nous aide à mieux saisir l'évolution de la poésie liturgique au cours du VIIIe siècle : à cette époque en effet, le genre du Kontakion disparaît de l'office grec : les poésies des anciens mélodes sont abandonnées et remplacées par le Canon [44]. Les anciennes hymnes des Ve et VIe siècles ne sont plus représentées, dans l'office actuel des grandes fêtes que par leur refrain initial ou *koukoulion* et leur premier tropaire, bloqués entre la sixième et la septième ode du Canon. C'est ainsi qu'à l'orthros du 25 mars nous retrouvons le refrain et la première strophe de l'acathiste, seule trace de son affectation primitive à la fête de l'Annonciation. Enfin, le Canon de l'Acathiste,

[44] E. WELLESZ, *A History of Byzantine Music and Hymnography* (Cambridge 1949) p. 174; *Kontakion and Kanon*, Rapport présenté au *Congrès international de musique sacrée* tenu à Rome du 26 au 30 mai 1950.

au lieu de supplanter l'ancienne hymne, viendra s'intercaler aux cathismes, toutes les 6 strophes.

Au cours des âges, le kontakion initial sera de moins en moins répété : on ne le chante plus aujourd'hui qu'au début et à la fin de l'hymne et des cathismes. On a peu à peu oublié qu'il donnait à tout l'office de l'acathiste un sens très déterminé d'action de grâces auquel le compositeur n'avait sans doute pas songé.

Le nom de ce compositeur demeure inconnu : la critique des sources, l'étude de la doctrine et du vocabulaire, l'examen de la métrique de l'hymne grecque nous reportent à l'âge d'or de la poésie liturgique byzantine. Cette enquête nous autorise-t-elle cependant à prononcer le nom du mélode Romanos, le diacre inspiré de la Vierge des Blachernes? Les données fournies à l'histoire littéraire de l'acathiste par l'ancienne version latine et son prologue n'élèvent contre cette candidature aucune objection.

XXI

La prose de Notre-Dame de Grâce de Cambrai

Malgré le silence des sources, il n'est pas téméraire d'affirmer que la dévotion à la Vierge Marie fut enseignée aux premiers chrétiens de Cambrai en même temps que les rudiments de la foi. Les premières manifestations de cette dévotion ne sont toutefois attestées par les documents historiques qu'à partir du VIe siècle. Elles vont par la suite en se multipliant. Le bas Moyen Age lui donnera une forme nouvelle, désormais la plus populaire, lorsqu'en 1440 le chanoine Fursy de Bruille, secrétaire du Cardinal de Brogny, rapportera de Rome l'Icône de Notre-Dame de Grâce.

Léguée par lui à l'église cathédrale, en 1450, la Sainte Image est solennellement inaugurée le 14 août 1452. Cinq ans plus tard, en l'année même ou Philippe le Bon, duc de Bourgogne « alla veyr et saluer l'image de Nostre-Dame qui est en la Cappelle de la Trinité », Jean, abbé d'Anchin, fonde une messe chantée le samedi et, en outre aux Vigiles des six principales fêtes de la Vierge.

Cette Messe, nous rapportent les Actes du Chapitre [1], est annoncée par le tintement des trois cloches Fursy, Aldegonde et Glorieuse. Les chants de la Messe sont assurés par le *Magister Puerorum*, les enfants, et deux contre-ténors de cette maîtrise qui était alors l'une des plus célèbres.

La Messe dite, une procession silencieuse se rend à la chapelle de la sainte Trinité afin d'y chanter devant la sainte Image la prose *Ave Sponsa*. A la vérité, on ne chante pas la prose entière mais l'une de ses trois subdivisions : l'*Ave Sponsa* compte en effet neuf strophes et un refrain [2]. Les strophes sont chantées par les solistes et l'invocation qui les termine est reprise par tout le chœur.

Les manuscrits et anciennes éditions [3] qui nous ont conservé cette prose viennent en majeure partie du Nord-Est de la France et les plus anciens témoins ont été transcrits à Cambrai.

---

[1] Abbé Bègne, *Histoire de Notre-Dame de Grâce* (Cambrai 1910), p. 257, note 10; *La Quinzaine diocésaine de Cambrai*, Avril-Septembre 1950 : Mr. Thellier y édite les *Actes* du Chapitre concernant la fondation de 1457.

[2] *Patrol. lat.* CLVIII, col. 1048; *Analecta hymnica*, vol. 48, p. 103.

[3] Aux documents cités dans les *Analecta hymnica*, ajouter : Beaune 39 (38) Psautier-Livre d'Heures du XIIIe s. écrit dans le Nord de la France (Leroquais, *Les Psautiers mss...* I, p. 74); Verdun 116, Bréviaire de saint Maur de Verdun, de la seconde moitié du XIIIe s. (Leroquais, *Brév. mss...* IV, p. 320); le « *Parnassus Marianus* » (Duaci 1624, p. 372); W. Legg, *The Processional of Chester* (H. B. S., vol. XVIII, p. 19-21). Dans ces documents plus tardifs, l'*Ave Sponsa* est intitulé ou traité comme oraison privée et non comme pièce de chant.

Deux des plus intéressants y sont encore aujourd'hui conservés. Le premier, un tropaire-versiculaire du XIe siècle (manuscrit 78) s'ouvre par notre prose, notée en neumes messins, sans lignes ni guidons. L'autre, un graduel du XIIe siècle (manuscrit 61), transcrit l'*Ave Sponsa* sur les dernières pages [1].

Cette diffusion de la prose dans le Nord de la France s'explique aisément. L'*Ave Sponsa* dérive en effet d'une traduction latine de l'Hymne Acathiste qui était précisément répandue dans le Nord-Est de la France, en Belgique et même jusqu'à Saint-Gall.

L'Hymne Acathiste, chef d'œuvre de l'hymnographie byzantine, était à Constantinople, depuis le début du VIIIe siècle, le témoignage le plus populaire de la dévotion à la Mère de Dieu, Rempart de la Cité.

Cette longue hymne de 24 grandes strophes se chantait debout par respect pour la Toute-Sainte : d'où son nom d'a-cathiste (non assis). Une strophe sur deux comporte douze invocations, véritable litanie qui se termine par le salutation de la Mère de Dieu toujours Vierge : *Ave Sponsa Insponsata.*

Au début du IXe siècle, les moines de Saint-Denis traduisent l'Acathiste et répandent leur traduction dans le Nord-Est [2]. La traduction, très littérale, ne rend pas toujours exactement le vocabulaire imagé — parfois quelque peu recherché — ni les assonances du texte original [3]. Le lecteur moderne en éprouve parfois une certaine difficulté. Cette difficulté se retrouve dans la prose, car son auteur a suivi de très près son modèle. On ne s'étonnera donc plus de certaines expressions étranges de l'*Ave Sponsa.*

Comme l'hymne byzantine, notre prose salue la Vierge du titre d'Epouse Inviolée. Cette salutation initiale, omise par les deux manuscrits de Cambrai doit être restituée d'après les autres témoins qui nous sont parvenus. Les Actes du Chapitre désignent d'ailleurs notre prose par les mots *Ave Sponsa* et non par le début de la première strophe *Ave per quam.*

Les invocations qui terminent chaque strophe sont originales. Il faut pourtant excepter le dernier vers de la seconde strophe : il est tiré d'une antienne gréco-latine pour la procession de la Chandeleur :

---

[1] Cf. Dom J. Hourlier, *Le domaine de la notation messine*, dans *Rev. Grég.* XXX (1951), p. 106-107.

[2] Dom M. Huglo, *L'ancienne version latine de l'Hymne Acathiste* dans le *Muséon*, LXIV (1951), p. 27-61.

[3] On trouvera des traductions françaises de l'Hymne Acathiste dans les ouvrages suivants : F. Mercenier, *La prière des églises byzantines* II 2, (Chevetogne 1949), p. 13-35; P. Regamey, *Les plus beaux textes sur la Vierge Marie* (Paris 1946), p. 66 et ss. et enfin dans la revue « *Marie* » paraissant à Québec (1949, p. 100-103).

Chere Checharitomene, Theotoce partene [1]. Dans le deuxième manuscrit de Cambrai (nº 61), un scribe a pris soin de traduire en interligne ces mots grecs par l'invocation latine *Ave gratia plena Dei Genitrix Virgo*. Cette traduction a été adoptée, de préférence au grec, dans la restitution de la prose préparée pour les fêtes du Vᵉ centenaire de Notre Dame de Grâce.

Cette invocation à Marie pleine de grâces ne convient-elle pas parfaitement pour célébrer la Vierge représentée sur l'Icône de la Cathédrale? Il est permis de se demander si cette allusion à la plénitude de grâce n'a pas déterminé le choix de la prose *Ave Sponsa* par Jean d'Anchin ou par l'organisateur de la fonction hebdomadaire en la chapelle de la Trinité. On s'expliquerait mieux ainsi la préférence accordée à cette composition peu connue alors que tant de séquences plus célèbres ou plus populaires en l'honneur de la Vierge demeuraient encore en usage.

La ressemblance de la prose *Ave Sponsa* avec l'hymne byzantine ne convient-elle pas tout particulièrement pour honorer l'Image de Notre Dame de Grâce, venue de l'Orient? L'Icône, avec cette Vierge voilée d'un *maphorion* tissé de l'étoile est chantée par le vers « tu stella demonstrans solem, sol diei mystici ». La Maternité divine ne fait-elle pas de Marie « l'astre de l'admirable lumière éclairant le monde en décadence »? La Vierge tenant l'Enfant dans ses bras n'est-elle pas la Vierge « portant Celui qui soutient tout » de par sa Toute-puissance? Notre Dame de Grâce n'est-elle pas enfin la Corédemptrice par laquelle s'est effectuée « la rénovation de la Beauté créée » et la Médiatrice qui nous conduit à « l'adoration de l'auteur et de la source de toutes choses »?

La poésie séquentiaire nous offrirait peu d'exemples d'invocations aussi belles et aussi doctrinales. Elles conviennent parfaitement, surtout pour ceux qui connaissent leur source d'inspiration, à la Vierge de la Sainte Image.

Mais si le texte de notre prose est d'inspiration orientale, la mélodie au contraire ne doit rien à l'Hymnographie byzantine. La mélodie de l'Hymne acathiste, toute différente, appartient au genre orné [2],

---

[1] Ce tropaire se chantait à Byzance à la procession des cierges le 2 février (cf. CONSTANTIN PORPHYROGÉNETE, *Le livre des Cérémonies*, éd. VOGT, I p., 139). Il fut introduit à Rome par Sergius († 701) mais le texte grec n'a subsisté que dans un manuscrit sans notation de la fin du VIIIᵉ siècle (Dom HESBERT, *Antiph. missar. sext.* p. LXXXVIII et nº 29 a). Le texte grec s'est pourtant chanté à Metz jusqu'au XIIᵉ siècle (cf. KIRCH, dans *Echo des sanctuaires de sainte Odile* 1932 p., 18), d'après l'Ordinaire manuscrit de la Cathédrale.

[2] En attendant la transcription préparée par M. le Professeur Wellesz, voir l'essai de restitution du P. THIBAUT, *Panégyrique de l'Immaculée Conception* (Paris 1909), p. 48.

tandis que notre *Ave Sponsa* est presqu'entièrement syllabique [1].

SALUTATIO SANCTÆ MARIÆ

Un chantre :
Ave Spónsa Insponsáta.
La schola :
1. Ave per quam ór-bis lápsi fácta est e-répti-o. Ave per
Salut, toi par qui a été opérée la libération de l'homme déchu. Salut,
quam occumbéntis est Adæ surrécti-o. A- ve per quam prímæ
toi par qui Adam pécheur est ressuscité. Salut, toi à qui nous devons la
Tous :
mátris est Evæ re- démpti-o.*Sáncta Ma-rí- a, ó- ra pro nó-bis.
Rédemption de notre première mère, Ève. Sainte Marie, prie pour nous.
2. Alti-túdo cogi-tándi tu inacces- sí-bi- lis. Invi-sí-bi- le pro-
Tu es la hauteur de pensée inaccessible. La profondeur
fúndum ange-ló-rum ócu-lis : A-ve grá-ti- a pléna, Dé- i má-
invisible aux yeux des anges. Salut, pleine de grâce, Mère de
ter, Vírgo. * Sáncta Dé- i Génitrix, ó- ra pro nó-bis.
Dieu, Vierge. Sainte Mère de Dieu, prie pour nous.
3. Omni- a portántem pórtans só-li- um impé-ri- i. Tu stélla de-
Tu portes celui qui porte tout, trône du pouvoir. Tu es l'étoile qui

[1] Le titre *Salutatio Sanctae Mariae* est emprunté au ms. 61; nous avons toujours désigné l'*Ave Sponsa* par le mot de prose pour nous conformer aux documents cambraisiens. En rigueur de terme, l'*Ave Sponsa* se range dans la catégorie des *versus* (cf. le *Muséon*, art. cit., p. 57 et sq.). Nous adressons ici nos remerciements à Mr. l'abbé Dartus, maître de chapelle de la Cathédrale de Cambrai, auquel nous devons plusieurs renseignements et qui a fait exécuter la traduction de l'*Ave Sponsa*. C'est chez lui, 32 rue du Petit Séminaire, qu'on pourra se procurer la pièce reproduite ici.

mónstrans só-lem sol di- é- i mýstici. Occidéntis ástrum múndi
montre le soleil, toi soleil du jour mystérieux. Tu es l'astre du couchant,
lúmi-nis conspí-cu- i. * Sáncta Vírgo vírginum, ó- ra pro nó-bis.
resplendissant de lumière. Sainte Vierge des vierges, prie pour nous.
4. Incarna-ti- ónis dívæ úterus tu fácta es. Per quam reno-
L'Incarnation divine s'est opérée en ton sein, Toi, par qui
vá-tur ómnis cre-atúræ spé-ci- es. Cum qua adorá-tur Fáctor et
est renouvelée l'espèce créée tout entière. Avec qui est adoré l'auteur et
Orí-go ómni- um. * An-ge-ló-rum Dómina, ó- ra pro nó-bis.
le principe de toute chose. Reine des Anges, prie pour nous.
5. Tu éxstas i-ni-ti- átrix árcani con-sí-li- i. Mi-randórum vere
Tu t'élèves, initiatrice du conseil secret. Première des œuvres
Chrísti ópe-rum pri-mí-ti-æ. Dógmatum il-lí- us éxstans, tu fons
vraiment admirables du Christ. Elevée au-dessus des préceptes de celui-ci, tu
et i- ní-ti-um. * Cæ- lórum Regína, ó- ra pro nó-bis.
es la source et le commencement. Reine des Cieux, prie pour nous.
6. Scá-la tu cæ-léstis per quam descéndit í-pse Dé- us. Spónsa
Tu es l'échelle céleste par qui Dieu lui-même est descendu. Tu es l'épouse
transdú-cens terréna super ad cæ-lésti- a : Tu Má-ter innúpta,
passant au-delà et au-dessus du terrestre pour aller au céleste. O Mère chaste,
ómni honóre su- pé-ri- or.* Vír- go perpétu-a, ó- ra pro nó-bis.
au-dessus de tout honneur possible. Vierge perpétuelle, prie pour nous.

7. Dæmonum fórte laméntum mœror et tri- stí-ti- a. Ange-ló-
Tu es l'affliction et la tristesse des démons. Mais aussi
rum sed bonórum laus, décus et gló-ri- a. Electórum tu cun-
la louange, l'honneur et la gloire des bons Anges. Tu rassasies de
ctó- rum sá-ti-as læ- tí-ti-am.* Témplum Dómini, ó- ra pro nó-bis.
joie · tous les élus. Temple du Seigneur, prie pour nous.
8. Géne-rans lú-cem perénnem et inacces-sí-bi- lem. Sophórum
Tu engendres la lumière éternelle et inaccessible. Tu surpasses
su-per-ascéndens ómni- um sci- énti- am. Animárum tu sanctá-
en science tous les sages. Tu es la splendeur
rum spléndor et pru- dénti- a. * Sa- crá-ri- um Spí- ri-tus Sáncti,
et la sagacité des âmes saintes. Sanctuaire de l'Esprit Saint,
ó- ra pro nó-bis.
prie pour nous.
9. Cí-vi-cam ví-tæ corónam frúctu véntris gérminans. Pós-sidens
Tu as engendré en ton sein la couronne civique de vie. Tu possèdes
di-vi-ni-tá-tem et in é-a púllullans. Nútri-cans humani-tá- tem et
la divinité et te développes en elle. Tu nourris et cultives
é-am a-gríco-lans.* Tu só-la sín(e) exémplo, ó- ra pro nó-bis.
l'humanité. Toi seule, sans pareille, prie pour nous.

L'invocation *Ave Sponsa* fournit le thème de la première strophe. Le premier hémistiche en reproduit le motif musical, tandis que le second vers le reprend à la quarte. Puis la cadence de ce deuxième vers conduit au troisième dont le timbre est repris par l'invocation finale.

Telle est la structure de la première strophe. Les strophes suivantes sont bâties de façon différente. Un même motif s'y répète plusieurs fois : cette répétition paraîtrait monotone si, pour terminer la strophe une grande montée ne venait soulever les voix dans une vibrante acclamation. Le chœur reprend à ce moment l'invocation finale qui conduit doucement les voix vers la supplication : *ora pro nobis.*

Mieux que cette analyse musicale, l'audition de l'*Ave Sponsa* prouverait que le talent du compositeur ne le cède en rien à celui de l'auteur du texte littéraire. Tant par les sources de son inspiration que par son expression poétique et musicale, la prose *Ave Sponsa* se classe parmi les chants les plus adaptés à honorer dignement Notre-Dame de Grâce.

ADDENDA ET CORRIGENDA

Abréviations

AH	Analecta hymnica medii aevi
BC	*Bulletin codicologique de Scriptorium*
BNF	Bibliothèque nationale de France (Paris)
CAO	*Corpus antiphonalium officii* (R.J. Hesbert)
CR	Compte-rendu
EG	*Études grégoriennes* (Solesmes)
G.M.	G. Meersseman
GR	Grégorien (chant -)
JAMS	*Journal of the American Musicological Society*
MMMAE	Monumenta monodica medii aevi
M.H.	Michel Huglo
ms. mss.	manuscrit / manuscrits
PL	*Patrologia latina*
RISM	Répertoire International des Sources Musicales (Munich: Henle Verlag)
VR	vieux-romain (chant -)

VIEUX-ROMAIN (ARTICLES I–IV)

I. Le chant "vieux-romain": liste des manuscrits et témoins indirects

Cet inventaire des sources du chant "vieux-romain" ou simplement "romain" a été suscité à la fois par le dépouillement de tous les graduels examinés pour l'édition critique du *Graduel romain* et par la communication du Dr. Bruno Stäblein au Congrès de Musique Sacrée de Rome en 1950 au sujet des *deux* répertoires liturgiques romains, à l'époque du pape Vitalien (657–72). Ainsi, cet article a marqué le point de départ des diverses hypothèses proposées pour expliquer l'évidence de deux répertoires liturgiques identiques, exprimés par des mélodies différentes, quoique plus ou moins apparentées.

Au sujet des discussions autour de ce "Central Problem," voir Andrew Hughes, *Medieval Music: The Sixth Liberal Art* (éd. rév., Toronto: University of Toronto Press, 1980), nn[os] 605–31.– Helmut Hucke, "Gregorian and Old Roman Chant," dans le *New Grove* (éd. de 1980), vol. 7, 693–7.– James McKinnon, "Gregorian Chant," dans le *New Grove* (éd. de 2001), vol. 10, 373–4. McKinnon observe avec justesse que ces appellations des deux répertoires sont inadéquates: je les maintiens néanmoins pour éviter les malentendus.

Dom Eligius Dekkers, éditeur de *Sacris erudiri*, ayant entrevu la portée de cet exposé objectif des sources du VR n'hésita pas à demander trois épreuves à l'imprimeur pour le "Tableau des principales différences liturgiques et textuelles entre chant vieux-romain et chant grégorien" (pp. 108–9): c'est en effet à partir de cette base que l'on peut rattacher soit au VR, soit au GR, un certain nombre de "témoins indirects," c'est-à-dire des documents sans notation qui offrent des variantes propres uniquement à l'un ou à l'autre de ces répertoires.

Ce processus de recherche sur les "témoins indirects" a été parfois contesté par les musicologues qui se sont lancés sur le "Central Problem," tandis que Jacques Handschin ("La question du chant 'vieux-romain'," *Annales musicologiques* 2 [1954]: 49–60) concluait que "si vraiment Rome ne connaissait que le vieux-romain, les documents romains non notés ne peuvent supposer que ce chant."

Il n'est pas question de discuter ici les suites de la controverse à ce sujet, puisque nous nous limitons à la présentation des sources. Voici donc la liste des ouvrages parus depuis 1954 au sujet des manuscrits du VR: le renvoi à ces travaux pour l'étude des manuscrits est fait ici même une fois pour toutes:

Pierre SALMON. *Les manuscrits liturgiques latins de la Bibliothèque Vaticane*. 5 volumes. Studi e Testi, 251, 253, 260, 267, 270. Città del Vaticano: Biblioteca Apostolica Vaticana, 1968–72.
Volume 1: *Psautiers, Antiphonaires, Hymnaires, Collectaires, Bréviaires*. Studi e Testi, 251. Città del Vaticano, 1968. CR de M.H. dans le *BC* 1971/1, n° 468.
Volume 2: *Sacramentaires, Epistoliers, Evangéliaires, Graduels et Missels*. Studi e Testi, 253. Città del Vaticano, 1969.

Paul F. CUTTER. *Musical Sources of the Old-Roman Mass: An Inventory of MS Rome, S. Cecilia Gradual 1071; MS Rome, Vaticanum latinum 5319, MSS Rome, San Pietro F 22 and F 11*. Musicological Studies and Documents, 36. Neuhausen-Stuttgart: Hänssler Verlag, 1979. CR de M.H. dans le *BC* 1981/2, n° 358.

Robert AMIET. "Catalogue des livres liturgiques manuscrits conservés dans les archives et les bibliothèques de Rome." *Studi medievali* 3e série, 27 (1986): 925–7.

Joseph DYER. "Prolegomena to a History of Music and Liturgy at Rome in the Middle Ages." *Essays on Medieval Music in Honor of David G. Hughes*. Éd. Graeme M. Boone. Isham Library Papers, 4. Cambridge, MA: Harvard University Press, 1995. Table 2: "Sources of the Roman Liturgy before the Fourteenth Century," pp. 108–15.

Philippe BERNARD. *Du chant romain au chant grégorien*. Patrimoines, Christianisme. Paris: Éditions du Cerf, 1996, 15–54, avec mention du fragment de Sárospatak, p. 903–4. CR de M.H. dans *Antiquité tardive* 6 (1998): 406–9; de Dom Daniel Saulnier dans *EG* 25 (1997): 169–71 et de Peter Jeffery dans *Speculum* 47 (1999): 122–4.

Remarques brèves sur les documents cités dans l'Article I:

p. 97: La qualification de la tradition du VR, "aussi singulière que mystérieuse," est de Dom René-Jean Hesbert dans la *Paléographie musicale*, vol. 14 (Solesmes: Abbaye St-Pierre, 1934), 289.

I. Graduels

A. – *Manuscrits notés*

p. 98, **MS 1**: Le ms. Phillipps 16069 appartient aujourd'hui à la Fondation Martin Bodmer à Cologny-Genève, ms. 74. Les études relatives à ce graduel seront citées au cours de mon commentaire sur l'article II.

p. 99, **MS 2**: Biblioteca Apostolica Vaticana, Vat.lat. 5319.

Graduel d'origine romaine non précisée: la fête de la Dédicace du Latran (19 novembre) est commune à toutes les églises de Rome.

Les mélodies de ce graduel ont été transcrites par Margareta Landwehr-Melnicki dans MMMAE 2 (Kassel: Bärenreiter, 1970), préfacé par Bruno Stäblein: les chants sont édités par genres (introïts, graduels, alleluias, etc.) et non suivant l'ordre du formulaire de chaque fête. CR de M.H. dans la *Revue de musicologie* 59 (1973): 143–5.

D'après les fêtes incrites au Sanctoral et leur disposition dans la série des dimanches après la Pentecôte, James McKinnon a montré que ce graduel donne l'état de la liturgie de la messe romaine au VIIIe siècle, soit à l'époque de la transmission du répertoire romain vers le nord de l'Europe ("Vat. lat. 5319: Witness to the Eighth-Century Roman Mass Proper," *International Musicological Society Study Group Cantus Planus. Papers Read at the 7th Meeting, Sopron, Hungary, 1995*, Budapest: Hungarian Academy of Sciences, Institute for Musicology, 1998, 403–11).

Les interpolations de tropes et d'alleluias grégoriens de ce manuscrit s'expliquent du fait de la présence dans la Ville des monastères basilicaux: l'Ordo du Latran, composé par le chanoine Bernhard, prieur du chapitre de la basilique, mentionne expressément l'usage du chant VR, lorsque le pape, suivi de la Curie et de la Schola cantorum, vient célébrer dans la basilique du Latran (Bernard, *Du chant romain*, 804–12, avec citation et traduction des sources).

L'addition d'alleluias grégoriens à ce graduel VR s'explique par la pauvreté relative de l'ancien répertoire romain. (Sur ce point, voir plus bas, l'addition à la p. 106.)

Pour les tropes ajoutés à ces deux graduels romains, voir John Boe, "Italian and Roman Verses for *Kyrie leyson* in the MSS Cologny-Genève, Bibliotheca Bodmeriana 74 and Vaticanus latinus 5319," *La tradizione dei tropi liturgici*, éd. Claudio Leonardi et Enrico Menesto (Spoleto: SISMEL, 1990), 337–84.

Les manuscrits de la basilique St-Pierre, du XIIIe siècle, ne comportent pas ce genre d'additions, non pas parce qu'ils représentent une tradition plus conservatrice (p. 99), mais plutôt parce qu'ils avaient été archivés juste après l'adoption du chant grégorien par la Curie romaine.

p. 99, **MS 3**: Biblioteca Apostolica Vaticana, Archivio di S. Pietro F.22.

À propos des traits du VIIIe ton dans ce manuscrit, voir Emma Hornby, *Gregorian and Old Roman Eighth Mode Tracts* (Aldershot: Ashgate, 2002), Appendice 3, p. 325–55. CR de M.H. dans les *Cahiers de Civilisation médiévale* 46 (2003).

p. 100, **MS 4**: Rome, Biblioteca Vallicelliana C.52.

Sur ce graduel grégorien, voir *Le Graduel romain*, vol. 2: *Les Sources* (Solesmes: Abbaye St-Pierre, 1957), 123.

La mélodie du cantique *Vinea* d'après ce manuscrit (f. 79), est reproduite ici d'après mon article de la *Revue grégorienne* 31 (1952): 131, en ajoutant (cf. note 4) que ce cantique figure également dans le MS C.119 la Biblioteca capitolare de Pistoia.

Vine- a enim Domini Saba- oth, * domus Israhel.
1. Canta- bo nunc di- lecto canti-cum di-lectae vi-ne-ae me- ae * domus
2. Vi- ne- a fac- ta est di- lecta in cornu in loco ube- ri * domus
3. Et hedi- ficavit turrim in medi- o e- jus et torcular fodi(t) in e- a * domus
etc...

Le texte biblique de ce cantique est tiré d'une ancienne version latine de la Bible, conservée par un manuscrit gallois (Oxford, Bodleian Library, Auct. F.4.32: voir la note 3). La mélodie, contrairement à ce que j'avais avancé en 1952, n'est pas apparentée au répertoire VR: c'est un vestige de chant responsorial orné provenant du répertoire d'une église d'Italie centrale.

p. 101, **MS 5**: Biblioteca Apostolica Vaticana, Archivio S. Pietro, F.11.

Sur la messe d'enterrement *Rogamus te*, voir Claude Gay, "Formulaires anciens de Messes pour les défunts," *EG* 2 (1957): 87 (R[9]), 93 n° 12. Sur la messe de mariage, voir les additions au manuscrit suivant.

p. 101, **MS 6** et p. 102, **MS 7**: Florence, Biblioteca Riccardiana, mss. 299 et 300.

Sur la messe de mariage, voir John Boe, "The Roman *Missa Sponsalicia*," *Plainsong and Medieval Music* 11 (2002): 127–66, étude dans laquelle le formulaire de ces deux manuscrits (p. 128) est replacé dans leur contexte liturgique.

p. 102: (Appendice) *Le Pontifical de la Curie romaine.*
L'article mentionné ici dans la note 1 est reproduit plus loin (article IV).

B. – *Manuscrits sans notation*

1°/ *Les variantes de texte*:

p. 105: Dans la communion *Confundantur superbi* de la fête de sainte Cécile (22 novembre), l'incise *Fiat cor meum immaculatum* se réfère sans ambage à la prière de la martyre vénérée dans le quartier juif du Transtévère (cf. antiennes et répons de la fête dans CAO 3, 2863, 1761; CAO 4, 6267): cette courte prière attribuée à sainte Cécile par les *Acta martyrum* a disparu du grégorien.

A propos des changements dans l'ordre des communions des dimanches après l'Epiphanie (Tableau des pp. 108–9), voir James McKinnon, "The Eighth-Century Frankish-Roman Communion Cycle," *JAMS* 45 (1992): 179–227.

p. 106: 2°/ *Les différences d'ordonnance liturgique*:

Aux différences d'ordonnance liturgique s'ajoutent la grande variété des timbres mélodiques (*pattern*) dans les divers répertoires de chant liturgique:
BÉNÉVENT: trois timbres mélodiques: deux pour Pâques (*Resurrexit tamquam* et *Pascha nostrum*) et un autre pour les onze textes des versets: voir le tableau de la page 285 (de l'article cité ci-dessous).
MILAN: Cycle des fêtes: deux timbres mélodiques pour dix versets.
Cycle des dimanches: sept timbres mélodiques pour huit versets.
VR: Huit timbres mélodiques pour 70 versets.
GRÉGORIEN (au IXe siècle): 75 timbres mélodiques pour 101 versets.
Au XIe siècle: plus de 200 versets (d'après M.H., "L'ancien chant bénéventain," *Ecclesia orans* 2 [1985]: 286).

p. 108–9: Tableau des principales différences liturgiques et textuelles entre chant vieux-romain et chant grégorien.

C'est sur ce tableau que les "témoins indirects" (nn^os^ 11, 12, 13) ont été collationnés. Il existe aussi un autre moyen pour "écarteler" les deux traditions VR et GR: après collation du grégorien sur le VR, on examine à quelle version du texte psalmique – *Psalterium romanum* ou *Psalterium gallicanum* – appartient la variante. Le fichier que j'avais établi en 1951 fut confié en 1954 à Dom Jean Gribomont, Directeur de la réédition de la Vulgate à San Girolamo in Urbe. Le 27 février 1958, il me donnait ses conclusions: "J'ai rétabli sommairement les données en six listes. Les trois premières surtout vous intéressent et vont dans votre sens. Le texte littéraire du Grégorien a subi un certain nombre de retouches mineures, qui s'expliquent par une influence du Psautier Gallican, même si un certain nombre de ces retouches, notées, trouvaient en elle-mêmes une explication grammaticale. Or, le Psautier Gallican n'était pas alors en usage à Rome, et ce n'est pas lui qui a donné naissance au vieux fonds du répertoire. Ergo..."

La question en resta là jusqu'à 1975, année où Thomas H. Connolly publia son étude sur le graduel de Ste. Cécile du Transtévère et la tradition du VR (*JAMS* 28 [1975]: 413–68): son "Appendix II" (442–51) donne un relevé de 195 variantes textuelles dans les introïts.

Vingt ans plus tard, Philippe Bernard publiait les résultats de son enquête sur les variantes qui permettent de dissocier le groupement des manuscrits VR et de les rapprocher du GR ("Les variantes textuelles entre 'Vieux-romain' et 'grégorien'," *Requirentes modos musicos. Mélanges offerts à Dom Jean Claire*, éd. Dom Daniel Saulnier, Solesmes: Abbaye St-Pierre, 1995, 63–82).

II. Antiphonaires

A.- *Manuscrits notés*

p. 112, **MS 14:** Londres, British Library, Add. MS 29988.
note 1: La mention de l'Espagne comme lieu d'origine de cet antiphonaire est due au catalogue de vente de Bernard Quaritch, *A General Catalogue of Books Offered to the Public at the Affixed Price* (London,1874), Lot 30:

> "ca. 1100...is similar in notation to a Graduale bearing the date of 1071... From an effaced memorandum on the first page, and the length of the service attributed to st Laurence in the text, it would seem that the MS was written for and belonged to a Cistercian Abbey of St Laurence, perhaps in Spain."

Effectivement, cet antiphonaire est extrêmement proche des autres manuscrits romains par ses caractéristiques codicologiques, comme le montre la comparaison suivante:

[14] Add. MS 29988:	154 ff.	28 x 18 cm.	13 portées par page
[01] Bodmer MS 74 : *ol.*	159 ff.	31 x 19,5 cm.	13 - - -
[02] Vat.lat. 5319:	159 ff.	30 x 20 cm.	13 - - -

Le manuscrit de Londres n'a pas été écrit pour des cisterciens, puisqu'il donne pour les offices nocturnes huit répons au lieu de douze dans le rit cistercien. Il n'a pas davantage été préparé pour une église d'Espagne: l'origine romaine de cet antiphonaire est indubitablement attestée par son répertoire et par sa notation. Certes, le style de décoration de l'**A** initial du répons *Aspiciens* diffère de celui des graduels romains cités plus haut: mais cette différence est due au fait que ce manuscrit, un peu plus récent que les deux autres, provient d'un scriptorium romain différent, non identifié.

La "longueur de l'office de saint Laurent" n'est pas un argument suffisant en faveur de l'"appartenance" ou plus exactement la destination à une église dédiée à St Laurent.

Enfin, le témoignage du "memorandum effacé à la première page" est d'autant plus suspect que Guglielmo Libri, qui possédait trois manuscrits romains de Ste. Cécile du Transtévère (voir article II), a parfois ajouté à des manuscrits volés des mentions frauduleuses du genre de celle-ci: "S. Lorenzo de l'Escurial." Voir Léopold

Delisle, *Le Fonds Libri et Barrois à la Bibliothèque nationale,* Paris: Bibliothèque Nationale, 1888, XV.–Alessandra Maccioni Ruju et Marco Mostert, *The Life and Times of Guglielmo Libri (1802–69): Scientist, Patriot, Scholar, Journalist, and Thief. A Nineteenth-Century Story* (Hilversum: Verloren, 1995), 209–13.

Le tampon initial, formé de deux cercles concentriques entre lesquels on peut lire seulement ...SS..., n'est surement pas celui des cisterciens de la Basilique Sessoriana (Ste. Croix de Jerusalem) qui est de forme ovale. D'autre part, aucun antiphonaire n'est mentionné dans les catalogues de Viviana Jemolo et Marco Palma, *Sessoriani dispersi*, Sussidi eruditi, 39 (Rome: Edizioni di Storia e Letteratura, 1984).

La provenance soi-disant espagnole du manuscrit a été malencontreusement maintenue par les auteurs du *Catalogue of Additions to the Manuscripts in the British Museum in the Years 1876–81* (London: The Trustees of the British Museum, 1882, repr. 1967), 16 ("Antiphonal of Spanish Use") et elle a été répétée dans H.B. Briggs et Angustus Hughes-Hughes, *The Musical Notation of the Middle Ages Exemplified by Facsimiles of Manuscripts Written between the Tenth and Sixteenth Centuries Inclusive* (London: J. Masters, 1890), pl. XII. Il s'agit plutôt d'une notation dite "de transition" entre la zone d'Italie centrale et la zone bénéventaine (voir Jacques Hourlier et M.H. dans *Paléographie musicale*, vol. 15 [livraison de 1953], p. 96, nº 276).

D'après une série d'indices convergents, la provenance – mais non l'origine – de cet antiphonaire est bien la même que celle du graduel de Ste. Cécile de Transtévère (voir plus bas, article II, Addenda).

L'origine du ms est incontestablement romaine, mais il n'a pas nécessairement été écrit à Ste. Cécile du Transtévère: une comparaison minutieuse de son texte et de ses mélodies avec l'antiphonaire VR de l'Archivio di San Pietro B 79 (ci-après nº 15) donnerait sans doute quelque résultat. D'après un sondage effectué en 1993 sur l'office des morts, il ressort que la série de répons de l'office des morts la plus proche de l'Additional ms. 29988 est précisément celle du ms. B 79 de San Pietro (voir le tableau, p. 8).

La provenance de l'antiphonaire de Londres est jusqu'à un certain point la même que celle du graduel de 1071 (voir plus bas, article II, Addenda et Corrigenda).

p. 113, **MS 15**: Biblioteca Apostolica Vaticana, Archivio di San Pietro B.79.

Le manuscrit a été reproduit en facsimilé en 1995: *Bibliotheca Apostolica Vaticana, Archivio di San Pietro (saec. XII),* Introduzione e Indici a cura di Bonifacio Giacomo Baroffio e Soo Jung Kim; presentazione di Leonard E. Boyle (Rome: Torre d'Orfeo, 1995). Selon Marie-Thérèse Gousset (Paris, BNF, Cabinet des Manuscrits), la date du manuscrit devrait, suivant le style de ses initiales, être reportée à 1210–30.

Les antiennes contenues dans ces deux manuscrits ont été étudiées par Edward C. Nowacki, "Studies on the Office Antiphons of the Old Roman Manuscripts," Ph.D. diss.: Brandeis University, 1980 (UMI 80–24546).

Tableau comparatif des répons de l'Office des morts
dans le Vieux-romain et dans le Grégorien

Code Du R/	Incipit Du R/	Nombre De témoins	VIEUX-ROMAIN				GRÉG.
			Bibl. Arch. B 79	Vaticane S. Pietro		Brit. Libr. Add. 29988	(Brév. Rom.)
				H 56	F 11		
14	Credo quod *	1644	1	1	1	1	1
72	Qui Lazarum	1672	2	8	2	2	2
24	Domine quando	1310	-	-	-	-	3
71	Qui consolabatur **	27	-	2	6	6	-
90	Subvenite	200	-	-	3	3	(+)
3	Adesto **	4	3	-	4	7	-
36	Induta est **	149	7	3	7	4	-
116	Auditu auris **	4	4	4	-	-	-
60	Nocte os meum **	36	5	-	5	-	-
35	Inclinans **	3	6	6	-	8	-
64	Numquid dominus **	7	-	5	-	-	-
57	Ne recorderis	1361	8	7	8	5	6
40	Libera me…viis	877	-	-	-	-	9 A
38	Libera me…morte	1651	-	-	9	-	9 B

* texte tiré du livre de Job
** R/ de l'*Historia de Job* (dimanches de septembre)

Fragments du vieux-romain découverts depuis 1954

La numérotation de ces fragments et témoins indirects ajouté ici continue celle de l'article, arrêtée au n° 21 (p. 120).

1. *Fragments notés*

22 – FROSINONE, Archivio di Stato 82 (99): Diplôme (4 pages) provenant d'un antiphonaire contenant les chants du 27 décembre, découvert par Giacomo Baroffio, "I frammenti liturgici nella collezione delle pergamene dell'Archivio di Stato di Frosinone." *In the Shadow of Montecassino. Nuove ricerche dai frammenti di codici dell'Archivio di Stato di Frosinone* (Frosinone, 1995), 84.– *Iter liturgicum Italicum* (Padova: CLEUP Editrice, 1999), 83.

23 – SUTRI, Archivio della catedrale.
Deux bifolia provenant d'un antiphonaire décoré et noté dans le style des manuscrits romains décrits dans l'article I. Les pièces notées commencent à la Septuagésime et s'achèvent au Mercredi des Cendres.
Notice de Thomas F. Kelly, "A New Source of Old Roman Chant," Paper Presented at the 69th Annual Meeting of the American Musicological Society, Houston, TX, 15 November 2003 (*Program and Abstracts*, p. 94-95).

24 - BOLOGNA, Civico Museo Bibliografico Musicale:
Fragments d'antiphonaire découverts par Giacomo Baroffio (message personnel du 15/03/2004).

25 – MACERATA: Menus fragments d'antiphonaire VR, découverts par Giacomo Baroffio, qui prépare le facsimilé des fragments énumérés ci-dessus (message personnel du 15/03/2004).

2. *Fragments sans notation*

26 – SÁROSPATAK, A Tiszaninneni Reformatus Egyhazkerület Nagykönyvtara, sans notation
Ce feuillet mutilé et gratté a été signalé la première fois en 1976 par László Szelestei Nagy, puis décrit par Bernard Bischoff et Virginia Brown, "Addenda to C.L.A.," *Medieval Studies* 47 (1985): 346, n° 1860, et enfin photographié en couleurs par Barbara Haggh en 1991 pour Peter Jeffery, qui a présenté ses recherches au 57th Annual Meeting of the American Musicological Society, Chicago, 8 November 1991 ("The Earliest Manuscript of Old Roman Chant: An Eighth-Century Italian Fragment Now in Hungary," *Program and Abstracts*, éd. Margaret Murata, Madison, WI: A-R Editions, 1991, p. 13; article manuscrit inédit de 1995 obligeamment communiqué à l'Auteur).
Les chants du graduel pour la Semaine sainte en écriture onciale du VIIIe siècle et ceux de la semaine de Pâques, écrits en caroline, au verso du feuillet, appartiennent à une période importante durant laquelle les variantes textuelles entre VR et GR sont

si minimes qu'il est parfois difficile de décider de quel répertoire dépend ce fragment. Peter Jeffery, qui a placé en colonnes parallèles le texte du fragment entre ceux du Psautier Romain et ceux des graduels VR et GR, a observé qu'en cas de variantes le manuscrit S se rapproche du *Psalterium Romanum* contre les graduels. En somme, le feuillet de Sárospatak est, comme le fragment de Fulda (p. 107, **MS 10**), un témoin de la diffusion du VR dans les contrées de l'Europe évangélisées par les missionnaires anglo-saxons au VIIIe siècle.

27 – ST. PAUL IN LAVANTHAL, Stiftsbibliothek, MS 2/I.

Sur la feuille de garde de ce manuscrit en écriture anglo-saxonne du VIII–IXe siècle, figure un *Ordo lectionum* en partie conforme à l'Ordo XXX A de Michel Andrieu (*Les Ordines Romani du Haut Moyen Age*, vol. 3: *Les textes*, Louvain: Spicilegium Sacrum Lovaniense, 1974, 455–8), édité d'après le graduel de Mont-Blandin, Bruxelles, Bibliothèque Royale, ms. 10127–44 (**MS 13**, p. 111). Le fragment donne aussi une série d'antiennes pour le Vendredi-saint et le Samedi-saint.
Voir Peter Jeffery, "A New Source of the Early Anglo-Saxon Antiphoner," Paper Presented at the 69th Annual Meeting of the American Musicological Society, Houston, TX, 15 November 2003 (*Program and Abstracts of Papers Read*, éd. Jann Pasler, Philadelphia: American Musicological Society, 2003, p. 94).

II: Un important témoin du chant 'vieux-romain': le graduel de Sainte-Cécile du Transtévère (Manuscrit Phillipps 16069, daté de 1071)

La découverte de ce graduel, résumée ici en quelques lignes, s'inscrit dans le cours de l'inventaire des sources du *Graduel romain*, dont j'avais été chargé en 1949 (Voir *Les sources du plain-chant et de la musique médiévale*, article I, p. 76): en effet, il était nécessaire à ce moment de reprendre la recherche du manuscrit romain daté de 1071, entreprise au début du XXe siècle, mais sans résultat.

Après la surprenante découverte des manuscrits du VR dans l' Archivio di San Pietro par Dom Cabrol et Dom Mocquereau en avril 1890 (Voir *Les sources du plain-chant et de la musique médiévale*, article I, p. 72), ce dernier repartait pour Rome en 1904, accompagné cette fois de Dom Cagin: le savant liturgiste avait préparé dans la liste des manuscrits à examiner à Rome une fiche sur le graduel de Ste. Cécile du Transtévère, dont le texte avait été transcrit par Domenico Giorgi dans son *De liturgia Romani pontificis*, vol. 4 (Rome, 1744, repr. Farnborough: Gregg, 1970), 441–528. L'appartenance du graduel au Cardinal Gentili était confirmée par la découverte due à Dom Gabriel Beyssac d'une copie en couleurs de deux pages du fameux graduel, suivie d'une note en français indiquant le nom et la fonction du propriétaire: cette copie était donc datable de 1728–31 (voir article II, p. 35–6).

Les recherches commencèrent par la bibliothèque de l'archéologue romain De Rossi qui avait hérité de plusieurs manuscrits appartenant jadis à des cardinaux romains (liste publiée par le jésuite Silva Tarouca dans *Civiltà Cattolica* 73 [1922]: 323): les deux chercheurs apprirent à ce moment-là seulement que la collection de De

Rossi avait été transportée à Vienne en 1877 puis à Lainz. On en resta donc à cette première étape en raison de la préparation du *Kyriale* pour 1905.

Le 5 janvier 1908, Dom Gabriel Beyssac prit contact avec le Dr. Guido Adler au sujet de ce graduel noté sur portée rouge et jaune en 1071: le savant musicologue lui répondit qu'à Lainz on ne connaissait qu'un seul graduel noté sur portées colorées, mais sans la date précise de 1071: le ms. 231 (VIII 170). Le 30 mars 1908, le bibliothécaire de Lainz, le Père jésuite Ditschl, ayant refusé le prêt du graduel *nach Auswärts*, il fallut attendre la tournée de photographies des manuscrits d'Autriche en 1914. Mais en juillet 1914, après le drame de Sarajevo, les deux moines photographes, sur le conseil de l'impératrice Zita, laissèrent leurs rouleaux de pellicule impressionnées dans les caves du chateau de Schönbrünn, afin de retourner rapidement à Quarr Abbey (Isle of Wight). Après la guerre, lorsque les photographies furent récupérées, développées et classées, on constata qu'il s'agissait dans ce manuscrit 231 d'un graduel grégorien d'Aquilée et non de Rome (voir plus bas, l'article VI, Addenda).

En 1951, la reprise des recherches fut basée d'une part sur les données acquises au début du siècle et surtout sur la découverte de la cote 16069 de la bibliothèque de Sir Thomas Phillipps à Cheltenham: "*Boone* 1861.– 16069 Graduale, cum Notis Musicis, *fol. V.* s. X, *vel* XI. *Red mor. rich glt.* [gilt-edged] *Old No* 77." Il ne restait plus qu'à enquêter dans les catalogues de vente des grands booksellers londoniens chargés de disperser la collection Phillipps.

Je m'adressais donc à Miss Cecily R. Gabain, qui, dans sa jeunesse, avait pratiqué la méthode de chant de Dom Mocquereau: munie des renseigements essentiels sur le manuscrit de Ste. Cécile de Transtévère, Miss Gabain fit le tour des booksellers londoniens, Sotheby's, Christie's, Maggs et des frères Lionel et Philip Robinson qui, en 1946, avaient acheté pour 100.000 livres sterling le résidu de la collection Phillipps: Pall Mall 14 était enfin l'adresse de dépôt du fameux graduel. La demande de microfilm pour la description du manuscrit fut rapidement acceptée par la firme Robinson à deux conditions: ne pas reproduire le manuscrit et rédiger une notice descriptive pour le futur catalogue de vente. C'est à ce moment que Dom Jacques Hourlier intervint pour m'assister dans la rédaction du présent article et de la notice du *Catalogue 83 of Rare Books and Manuscripts* offered for Sale by William Robinson, Ltd. (Londres, 1953), 59–62.

En décembre 1952, au cours des multiples répétitions des chants de la messe enregistrés pour la firme des disques Decca de Londres, je fus frappé de la variante textuelle de l'alleluia du IIIe dimanche après la Pentecôte (*Deus judex justus, fortis et* ***patiens***... selon le Psautier Gallican) différente de la version de l'antienne du Psaume VII chantée à Prime le mardi (*Deus judex justus, fortis et* ***longanimis***... selon le Psautier Romain). Cette remarque fut l'amorce de mes recherches qui aboutirent en 1954 à l'article de *Sacris erudiri* reproduit plus haut (article I): cependant, pour obtenir l'imprimatur, je dus atténuer fortement la conclusion qui ressortait nettement de l'examen des sources, à savoir l'origine non-romaine du chant grégorien.

La réaction contre cette troublante découverte fut inspirée à deux de mes confrères dans les *EG* de 1957. Cependant, le bref mémoire que Dom Jacques Hourlier avait rédigé à cette époque sur "L'origine du Graduel grégorien" pour défendre ma position ne fut retrouvé que dans les papiers du chanoine Jean Jeanneteau (d. 1992) et publié en 1995 par Dom Daniel Saulnier dans *Requirentes modos musicos. Mélanges offerts à Dom Jean Claire*, 145–63.

L'article II, de l'année 1952, sur l'histoire du graduel de Ste. Cécile de Transtévère forma le point de départ d'une étude remarquable de la part de Max Lütolf, un fidèle ami depuis notre rencontre à la Biblioteca comunale d'Assise en mai 1967: il s'agit du volume de présentation du facsimilé du graduel de Ste. Cécile (1987), que j'ai recensé dans le CR de *Scriptorium* (1990/1, 145–8), reproduit plus haut à la suite de l'article II.

Cependant, il reste encore des observations à entreprendre sur ce graduel, en particulier sur son lieu d'origine, le *titulus Ceciliae* dans le Transtévère, mais encore sur la collection de livres liturgiques à laquelle il a appartenu:

I. Thomas H. Connolly, qui avait naguère étudié le graduel de Ste. Cécile (cf. *JAMS* 28 [1975]: 413–58) a montré plus tard que ce titulus avait été établi à proximité d'une synagogue du IIIe siècle, en plein quartier juif, et que cette situation avait fortement influencé le choix des textes des derniers dimanches après la Pentecôte ("Traces of a Jewish-Christian Community at S. Cecilia in Trastevere," *Plainsong and Medieval Music* 7 [1998]: 1–20). En effet, l'introït *In voluntate* (Esther 13, 9) pour le VIIe dimanche *post Angeli* du VR (XXIe du GR) et l'offertoire *Recordare* (cf. Esther 14, 12–13) pour le dernier dimanche de la série *post Angeli* du VR (XXIIe du GR) sont chantés chaque année autour du 22 novembre, *natalis* de la martyre romaine. Bien mieux, dans le graduel VR Vat. lat. 5319 – qui comble les lacunes du graduel de Ste. Cécile – l' offertoire *Recordare* précède immédiatement le formulaire de la messe de sainte Cécile (Cutter, *Musical Sources*, 270, § 198). A ces observations, on ajoutera la remarque faite plus haut à la p. 150 de l'article I, sur l'insertion de la prière de sainte Cécile (*Fiat cor meum immaculatum*) dans le texte psalmique de la communion de sa fête.

II. La collection de livres de Ste. Cécile du Transtévère est constituée de manuscrits bibliques et liturgiques, largement décrits par Christoph Stroux dans son article "Saint Cecilia's Books at the Cape of Good Hope: A Preliminary Report," *Ars Nova* [Pretoria, Department of Musicology, South Africa] 17 (1985): 51–65, 3 pl. couleurs: CR de M.H. dans le *BC* 1989/1, n° 691.

A la liste de Stroux, il faut désormais ajouter la grande Bible en deux volumes de Ste Cécile du Transtévère qui fait partie de la Collection Schoyen à Oslo (MS 19, olim New York, Brooklyn Museum). Achetée par Boone à la vente Sotheby du 20 juin 1860, cette Bible fut revendue à Guglielmo Libri qui à son tour la remit en vente chez Sotheby le 25 juillet 1862 (communication du Dr. Christopher de Hamel, 19 avril 2004).

1. Cambridge, Collection Sydney Cockerell: Lectionnaire de Ste. Cécile du Transtévère, acquise par Mr. B. Cron, rachetée en juillet 2003 par Yale University pour la Beinecke Library (ms. 1000). Au Samedi-saint, les cantiques à la fin des *lectiones cum cantico,* entre autres celui de Jonas (cf. *Paléographie Musicale*, vol. 14 [Solesmes: Abbaye St-Pierre, 1934], 272–3), sont notés sur portée. Christopher de Hamel, "Medieval Manuscripts of Sir Sydney Cockerell," *The British Library Journal* 13 (1987): 195, n° 3.

2. Capetown, National Library of South Africa, Grey 6 b 2.
Représentant de la liturgie romano-franciscaine de la Curie. Son origine est déterminée par les deux feuilles de garde qui proviennent d'une Bible romaine, semblable à celle de Ste. Cécile du Transtévère.

3. Capetown, National Library of South Africa, Grey 6 b 4.
Antiphonaire-hymnaire en notation bénéventaine de la seconde moitié du XIIIe s. Le ms. a été étudié par Morné Bezuidenhout dans sa Ph. D. diss.: University of South Africa at Capetown, 1984: il contient des vestiges de la notation romaine dite de transition et quelques mélodies du VR.

4. Capetown, National Library of South Africa, Grey 48 b 4–5. *Legendarium ad usum ecclesiae scae. Ceciliae de Urbe*, en deux volumes, écrits au XI–XIIe siècle. Ms. sans notation musicale, mais important pour l'histoire de la liturgie à Ste. Cécile (par exemple, mention de la Dédicace de Ste. Cécile au 3 juin 1080, soit le mercredi des Quatre Temps de Pentecôte).

5. Cologny-Genève, Fondation Bodmer, 74 (ancienne cote 77: voir article II, 28).
Graduel VR de 31 x 19.5 cm., écrit par le prêtre Jean, terminé au mois de mai 1071 (Connolly, *JAMS* 28 [1976]: 413–58). Remarquons une nouvelle fois (cf. article II, 34) que les deux mots importants du colophon *cecilie transtiberyn* ont été grattés. Notation musicale dite "de transition", à raison de 13 portées par page. Reliure italienne du XVIIIe siècle, en maroquin rouge estampé à chaud au XVIIIe siècle, tranches ciselées (voir l'article II, p. 28}.

6. Londres, British Library, Add. Ms. 29988 (ancienne cote 78).
Antiphonaire VR de même dimension (28 x 18 cm., 13 portées musicales par page) et avec la même reliure que le graduel précédent. Son étiquette a disparu aujourd'hui, mais sa trace est attestée par une note insérée dans le dit graduel et publiée par Max Lütolf (*Das Graduale*, 49):

> "Die gleiche Hand, die dem Graduale die Nummer "77" zugeteilt hatte, notierte an der linken oberen Ecke eines in C 74 eingelegten Papierblattes die Nummern "77–78" und fügte nach der Beschreibung des Graduale hinzu: "Antiphonarium cum notis musicis. Cod. membranaceo del sec. XI, in fol. picc. Di membrane 154. Rarissimo ed antico Cod. come il sudetto, quantunque non abbia data."

Max Lütolf n'a pas remarqué que cette note nous permet de retrouver la provenance de l'antiphonaire. L'antiphonaire VR, le graduel de 1071 et la grande Bible de Ste Cécile en deux volumes, sont passés de la collection du Cardinal Gentili dans celle du marquis Campana qui vendit sa collection par l'intermédiaire de Payne and Foss. À la vente Sotheby du 20 juin 1860, le graduel (Lot 154) fut acquis par Thomas Boone qui le céda à Sir Thomas Phillipps, mais l'antiphonaire échut directement ou par intermédiaire, à Guglielmo Libri, installé à Londres depuis 1848 (Le catalogue des acquisitions de Phillipps à cette époque ne comporte aucun antiphonaire).

Après avoir vainement tenté de vendre en bloc sa collection de mss. au British

Museum en 1846, Libri avait été réduit à liquider ses livres et ses manuscrits par ventes successives de 1847 à 1862 (P. Alessandra Maccioni, "Guglielmo Libri and the British Museum. A Case of Scandal Averted," *The British Library Journal* 17 (1991): 36–60.– P. Alessandra Maccioni Ruju & Marco Mostert, *The Life and Times of Guglielmo Libri (1802–69)*, Hilversum: Verloren, 1995, 424–6 [liste des catalogues de vente de Libri].

Il faut remarquer ici que les trois mss. de Ste. Cécile de la collection Grey à Capetown (ci-dessus nn^os^ 2, 3 et 4) font partie d'un groupe de 17 mss. mis en vente par Sotheby & Wilkinson du 29 mars au 5 avril 1859 et que, dans cette vente, figurait un certain nombre de livres provenant de la collection Libri. Il est probable que les fausses mentions d'origine de l'antiphonaire discutées plus haut, impliquent que ce ms. est passé entre les mains de Guglielmo Libri.

Quelques années après la mort de ces deux bookcollectors, Libri (1869) et Sir Thomas Phillipps (1872), Bernard Quaritch mettait en vente l'antiphonaire qu'il avait présenté dans son *General Catalogue of Books offered to the Public at the affixed Price* (Londres, 1874), 10 n° 30. Il fut acheté à ce moment par le British Museum au prix fixé de 36 Livres sterling.

III. Les diverses mélodies du *Te decet laus*

p. 114: Suivant J. Smits van Waesberghe (*Kirchenmusikalisches Jahrbuch* 53 [1969]: 5–6), la mélodie C de l'hymne *Te decet laus* n'est pas une composition du genre VR, mais une composition très ancienne à répétition de motifs mélodiques, comparable à la mélodie de l'antienne de fraction *Hic est Agnus* (cf. article VII, 93).

IV. Les antiennes de la procession des reliques: vestiges du chant "vieux-romain" dans le Pontifical

Le processus d'emprunt à un rit antérieur s'est produit dans le Pays basque au nord de l'Espagne à l'époque de la suppression de l'ancien chant hispanique: n'ayant pas trouvé dans les Pontificaux venus du nord de l'Europe des mélodies adéquates pour la consécration d'un autel, les chantres basques maintinrent les antiennes traditionnelles, ce qui nous permet aujourd'hui de connaître la composition mélodique de six pièces de l'ancien rit hispanique. Voir Maria Carmen Suso, "L'évolution modale dans les antiennes de l'*ordo* wisigothique pour la consécration de l'autel," *EG* 26 (1998): 173–204.

AQUILÉIEN (ARTICLES V–VII)

V. Les manuscrits notés du diocèse d'Aquilée

Comme au chapitre suivant, il faut se reporter à l'ouvrage de Raffaella Camilot-Oswald, cité au chapitre VI, pour la description des manuscrits liturgiques du diocèse d'Aquilée. On notera que cet inventaire de livres liturgiques de la cathédrale d'Aquilée ne relève que deux séquentiaires, mais aucun tropaire ou recueil de drames liturgiques du genre de Venise, Sta. Maria della Fava, lit. 4, "assembled in or for Aquileia." Voir

Giulio Cattin, “Tra Padova e Cividale. Nuova fonte per la drammaturgia sacra nel Medioevo,” *Il Saggiatore musicale* 1 (1994): 112.

Voir plus loin au sujet des *Troparia tardiva* provenant de l’ancien diocèse d’Aquilée.

VI: Liturgia e musica sacra Aquileiese

Le signalement des manuscrits d’Aquilée cités dans cet article doit être complété par la description détaillée donnée par Cesare Scalon et Laura Pani, *I Codici della Biblioteca Capitolare di Cividale del Friuli* (Florence: Edizioni del Galluzzo, 1998).– Cesare Scalon, *La Biblioteca Arcivescovile di Udine* (Medioevo e Umanesimo, 37; Padova: Antenore, 1979) et enfin par les notices de Raffaella Camilot-Oswald, *Die liturgischen Musikhandschriften aus dem mittelalterlichen Patriarchat Aquilaeia*, Teilband I: *Handschriftenbeschreibungen*, MMMAE Subsidia, 2 (Kassel: Bärenreiter, 1997): les références sont indiquées sur le tableau de la p. 16.

Dans la concordance ci-dessous, la mention des graduels collationnés pour l’édition critique du Graduel romain sera indiquée par leurs sigles (Vol. 2: *Les Sources*, Solesmes: Abbaye St-Pierre, 1957, 158–71) et les antiphonaires ou les bréviaires dépouillés par René-Jean Hesbert, CAO, vol. 5 (Rome: Herder, 1975), 5–18, seront mentionnés par leur code numéroté.

		MMMAE	Graduel	CAO
CIVIDALE				
Museo archeologico nazionale				
XLIV: VI 320 n.41 & 42		13 Abb. 5 a–b		
LVI: VI 321 n.49 & n.51		24 9 a–b		
LVII: VI 320 n.41 & 42		29 10a–c		194
LVIII: VI 321 n.49, 325		33 11 a–b		
LXXIX: VI 321 n.49, 325		36 12 a–b		
LXXX: VI 325				
LXXXIV: VI 325				
XCI: VI 320 n.39		43 13 a–b		195
XCII: VI 320 n.39				
XCIII:				196
CI: V 317		58 16 a–b		
CII: V 317		61 17 a–c		
GORIZIA (Görz)				
Seminario				
Antiph.A: I 120; V 316; VI 320 n.41		64 18		247
– B: I 120; V 316; VI 320 n.41		67 19 a–b		248
– D: V 31		75 21 a–b		
– F: V 316		78 22 a–b		
– G: V 315 n.9; VI 321 n.49		81 23 a–b		
– H: V 316; VI 321 n.49		84 24 a–b		
– I: V 315 n.9, 316; VI 322 n.54		86 25 a –b		
– K: V 316		89 26 a–b		
ROMA				
Bibl. Apostolica Vaticana				
Rossi				
76 (VIII 18): V 314 n.3; VI 321 n.50, 325		102 30	*Aqu1*	
UDINE				
Archivio capitolare				
1: V 315 n.11				
Bibl. Arcivescovile				
2: VI 321 n.48		104 31 a–b	*Aqu2*	
36: VI 319 n.34	Evang.			
39: VI 318 n.30	Missel Grado		Iti2	
72: VI 320 n.42	Pst.-Hymn			
73: VI 320 n.42	Pst.			
75: VI 318 n.30	Grad. Moggio		*Mog1*	
76: VI 319 n.34, 321 n.48, 325	Missel Aquilée noté		*All13*	

		MMMAE	Graduel	CAO
78: VI 318 n.30	Grad. Weingarten		*All4*	
79: VI 318 n.30	Pomposa			
80: VI 318 n.30	Moggio			
84: VI 318 n.30	Antiph. Treviso			
94: VI 318 n.30	Salzb. Aquilée			
234:			*Rat2*	
Bibl. capitolare				
2: VI 319 n.34				
IV/16: VI 318 n.30				
25/38: VI 318 n.30				
Bibl. comunale				
1232 XIX: V 315 n.12				
VENEZIA				
Bibl. Nazionale Marciana				
III CXXV (=2407): VI 321 n.50		112 Abb.34		

Un missel d'Aquilée est conservé à San Daniele del Friuli, Biblioteca comunale 149: il a heureusement échappé aux "prises révolutionnaires" de la campagne d'Italie qui ont amené à la BNF onze manuscrits de cette bibliothèque.

Pour la vue d'ensemble des manuscrits de toutes ces bibliothèques, voir Giacomo Baroffio, *Iter Liturgicum Italicum*, Padoue: CLEUP Editrice, 1999.

p. 321, n.49 et 52: Dans mon article "Une composition musicale de Latino Frangipane," *Revue de musicologie* 54 (1968): 96–8, j'ai publié l'alleluia *Felix corpus* d'après le facsimilé du ms. LVI de Cividale, f. 211v. Ultérieurement, la transcription de cette pièce a été donnée par Karlheinz Schlager, *Alleluia Melodien,* Vol. 2*: Ab 1100,* MMMAE 8 (Kassel: Bärenreiter, 1987), 637. L'auteur a montré dans ses notes (p. 174) que le dominicain Latino Frangipane, Cardinal Malabranca, avait simplement composé le texte *Felix corpus* etc. en l'adaptant sur la mélodie préexistante de l'alleluia *Felix ex fructu triplici* pour la fête de saint Pierre martyr de l'Ordre dominicain (29 avril).

Le missel de Biella, jadis propriété du professeur Elias Avery Lowe (†) est actuellement conservé à la Bodleian Library d'Oxford, sous la cote Lat. lit. e 4 (communication de Margaret Bent, All Souls College, 27/02/2004).

Les tropaires de l'ancien diocèse d'Aquilée, conservés à Cividale, à Gorizia (Seminario J) et à Udine, ont été décrits par Andreas Haug, *Troparia tardiva*, MMMAE Subsidia, 1; Kassel: Bärenreiter, 1995 (voir CR de M.H. dans le *BC* 1997/1, n° 131).

Au sujet du Jeu pascal à Aquilée, voir Walther Lipphardt, *Liturgische Osterfeiern und Osterspiele*, Teil VI: *Nachträge. Handschriftenverzeichnis. Bibliographie*,

Ausgaben Deutscher Literatur des XV. bis XVIII. Jahrhunderts, Reihe Drama, 5; Berlin: De Gruyter, 1981 (CR de M.H. dans le *BC* 1981/2, n° 797). Lipphardt analyse les manuscrits de Gorizia, Seminario B, J, et K; d'Udine 84, 94 et 234 et de Moggio 2, que je n'ai pas pu identifier. Le texte du Jeu pascal de ces manuscrits est édité dans les volumes précédents.

Enfin, Jurij Snoj, de l'Université de Lubljana, a édité *Two Aquileian Poetic Offices*, Musicological Studies, 65/8; Ottawa: Institute of Medieval Music, 2003, d'après Gorizia, Seminario A, B, L et Cividale, Museo archeologico nazionale XXXIV, XLIV et XLIX: office des sts. Hellarus et Tatianus (1-33) et office des sts. Cantius, Cantianus, Cantianella et Prothus (34–51).

A propos de la relation entre *Confractorium et Transitorium* de la liturgie ambrosienne (p. 89), voir l'étude de Terence Bailey, *The Transitoria of the Ambrosian Mass: Compositional Process in Ecclesiastical Chant*, Musicological Studies, 79 (Ottawa: Institute of Mediaeval Music, 2003): CR de Barbara Haggh dans *BC* 2004/1, sous presse.

GALLICAN (ARTICLE V)

VIII. Altgallikanische Liturgie

Cet article de 1972 est redevable aux études d'Amédée Gastoué, *Le chant gallican* (Grenoble: Saint Grégoire, 1939) et surtout de Bruno Stäblein ("Gallikanische Liturgie" dans *MGG*, vol. 4 (1955), 1299–1325). Il est la source directe de mon article "Gallican rite, Music of the" du *New Grove* (éd. 1980: vol. 7, 113–25) qui comporte en plus un chapitre sur l'hymnodie gallicane (p. 121). Les paragraphes I, II et III.2.a et la bibliographie de l'article "Gallikanischer Gesang" (*MGG* Sachteil, vol. 3 [1995], 998–1027, signé d'Olivier Cullin et M.H.) sont tirés de mon article cité du Grove. Enfin, la dernière rédaction du "Gallican Chant" dans le *New Grove* (vol. 9 [2001], 458–72) a été soigneusement revue par Jane Bellingham et Marcel Zijlstra.

Par conséquent, plutôt que d'ajouter des compléments à cet article de 1972, il vaut mieux renvoyer au dernier article du *New Grove,* avec un supplément bibliographique: Mathieu Smyth, "Répertoire romano-franc et chant 'Gallican' dans la recherche contemporaine," *Miscel.lània Litùrgica Catalana* 10 (2001): 15–43.

p. 220: Au sujet de la lettre dite de Germain de Paris sur la liturgie gallicane (Autun, Bibliothèque municipale, Ms. 184, *olim* Séminaire G III), il faut ajouter à la mention des deux éditions de cette lettre, celle de Klaus Gamber [1965] et celle d'E. C. Ratcliff, 1971 (cf. le CR de M.H. dans le *BC* 1972/2, n° 903), que la dernière description du manuscrit a été donnée par Claire Maître, *Catalogue des manuscrits de la Bibliothèque municipale d'Autun et de la Société Eduénne* (Paris: Éditions du CNRS, 2004).

Remarquer enfin que le Professeur Bernard Bischoff, dans sa lettre du 16 mars 1972, m'avait confirmé la date de 825–40 établie par André Wilmart pour la main A de l'*Expositio*.

p. 221: La cote actuelle du Rituel-Processionnal de la cathédrale de Cologne, Historisches Archiv der Stadt Köln, est GA 89b (et non plus W 105): cf. M.H., *Les Processionnaux manuscrits*, RISM B XIV 1 (Munich: Henle, 1999), 216–19, Sigle **D–146.**

p. 222, no. 15: Au sujet du "Trecanum," terme mentionné dans la lettre du Pseudo-Germain de Paris, qui a fait l'objet de plusieurs hypothèses discutables, c'est à Philippe Bernard que l'on doit l'interprétation la plus plausible: voir Philippe Bernard, "Le 'Trecanum': un fantôme dans la Liturgie gallicane," *Francia. Forschungen zur westeuropaischen Geschichte* 23 (1996): 95–8: "Trecanum" est une déformation de "Trisagion", sans relation ici avec le rite de la communion comme l'ont cru certains liturgistes.

p. 228: Le *pes stratus*, considéré comme indice de composition gallicane, a été relevé par Dom Cardine dans son *Graduel neumé* (Solesmes: Abbaye St-Pierre, 1966), p. 37, en marge de l'offertoire (gallican) *Elegerunt*, substitué à l'offertoire romain *In virtute.*

HISPANIQUE (ARTICLES IX–XIV)

Sur les manuscrits en écriture wisigothique, avec ou sans notation, voir Agustin Millares Carlo, *Corpus de Códices visigóticos*, 1. *Estudios*. 2. *Album*, ed. Manuel C. Díaz y Díaz et al. (Las Palmas de Gran Canaria: Universidad de Educacion a distancia, 1999). Compte rendus de M.H. dans le *BC* 2000/1, n° 31 et de Barbara Shailor dans *Speculum* 78 (2003): 1346–8. Nouvelle édition projetée par Manuel C. Díaz y Díaz (cf. note de Jean Vezin dans *Scriptorium* 56 [2002]: 357 n. 2).

IX. Les diagrammes d'harmonique interpolés dans les manuscrits hispanique de la *Musica Isidori*

Cet article, suscité en 1983 par l'examen du facsimilé du plus ancien manuscrit de la *Musica Isidori* publié par Rudolf Beer en 1909 (voir p. 177, n.15), a été précédé d'un essai sur le même sujet ("Le 'De musica' de saint Isidore de Séville d'après le manuscrit de Silos [Paris, B.N. nouv. acq. lat. 2169]," *Revista de musicología* 15 [1992]: 565–78), bien que le diagramme en question ait été omis par le copiste. Plus tard, l'étude de ce diagramme a été reprise dans "The Diagrams Interpolated into the 'Musica Isidori' and the Scale of Old Hispanic Chant," *Western Plainchant in the First Millenium. Studies of the Medieval Liturgy and its Music. Essays in Memory of James W. McKinnon* (Aldershot: Ashgate, 2004), 230–41. Suivant la remarque de Don M. Randel au Congrès de la Société Internationale de Musicologie à Madrid, le 4 avril 1992, ce diagramme antérieur à l'époque carolingienne nous donne l'échelle de l'ancien chant hispanique.

Ce diagramme qui n'a jamais franchi les Pyrénées, a disparu des manuscrits de l'Espagne à la suite de la Reconquista: il a cependant survécu dans un manuscrit de Santa Cruz de Coïmbra de la fin du XIIe siècle ou du début du XIIIe.

X. La notation wisigothique est-elle plus ancienne que les notations européennes?

Cette question est restée sans réponse à ce jour.

Le tableau de la p. 22, recopié et non cliché par l'éditeur, ne rend pas bien la graphie des neumes wisigothiques et entrave quelque peu l'examen des arguments qui distinguent les deux écoles de notation, celles de l'Espagne et celles de l'Europe. Voir Nancy Phillips, "Notationen und Notationslehren von Boethius bis zum 12. Jahrhundert," *Die Lehre vom einstimmigen liturgischen Gesang*, Geschichte der Musiktheorie, 4, éd. Thomas Ertelt & Frieder Zaminer (Darmstadt: Wissenschaftliche Buchgesellschaft, 2000), 442–7 ("Spanische Neumen").

Aux arguments développés dans cet article, il faut observer que l'Espagne est séparée de la zone des notations neumatique du nord de la France par les pays de langue d'oc qui ont adopté la notation à points superposés seulement au Xe siècle. On devrait donc plutôt considérer que des manuscrits notés en Espagne au IXe siècle auraient pénétré à Lyon, à Autun etc. pour inspirer les premiers essais de notation française.

XII. Les 'preces' des graduels aquitains empruntées à la liturgie hispanique

Ici encore, la pénétration des *Preces* litaniques de la liturgie wisigothique s'est accomplie dans le sens de l'Espagne vers l'Aquitaine: Dom Anscari Mundó m'a demandé, en 1955, si cette pénétration avait eu lieu à l'époque où Toulouse était capitale du royaume wisigoth ou seulement à l'époque carolingienne. Je ne puis me prononcer.

Aux manuscrits cités dans cet article, ajouter le processionnal aquitain de Paris, BNF, Nouv. acq. lat. 3001 (XIVe siècle), décrit dans *Les Processionnaux manuscrits*, RISM B XIV 2 (Munich: Henle, 2004), Sigle **F–143**, et le fragment de Braga, Arquivo Distrital, Registo Geral, Caixa 280.3, Collecçâo Cronológico (XIe siècle) qui donne la litanie *Miserere Pater juste* en écriture wisigothique, mais avec notation aquitaine (RISM B XIV 2: Sigle **P–13**).

XIII. Mélodie hispanique pour une ancienne hymne à la Croix

p. 193: les deux manuscrits de Nonantola cités par Dreves (AH 50, 75) sont conservés à Rome: Biblioteca Casanatense 1741 (C.IV.2), voir RISM B XIV 2 (cité ci-dessus) Sigle **I–126/2** et Biblioteca nazionale 1343 (Sessoriana LXII), voir RISM B XIV 2, sigle **I–128/2.**

PIÈCES GRÉCO-LATINES (ARTICLES XV–XXI)

XV. Relations musicales entre Byzance et l'Occident

Cet article, écrit à l'instigation d'Egon Wellesz, a été revu et augmenté grâce aux transcriptions effectuées à mon intention par Oliver Strunk, mais est resté inédit à ce jour.

XVI. La mélodie grecque du *Gloria in excelsis* et son utilisation dans le Gloria XIV

Le *Gloria in excelsis* en grec fait partie de la *Missa greca* ou Ordinaire de la messe chantée le dimanche de Pentecôte, pour célébrer le don des langues apporté par l'Esprit-saint aux Apôtres rassemblés dans le cénacle (Act. 2, 4). La composition de cette messe a été particulièrement étudiée par Charles Atkinson dans les trois études suivantes: "Zur Entstehung und Überlieferung der 'Missa greca'," *Archiv für Musikwissenschaft* 39 (1982): 113–45, avec un tableau (CR de M.H. dans le *BC* 1983/1, n° 10); "'O amnos tu theu': The Greek Agnus Dei in the Roman Liturgy from the Eighth to the Eleventh Century," *Kirchenmusikalisches Jahrbuch* 65 (1961): 7–30 (CR de M.H. dans le *BC* 1984/2, n° 315).– "The Doxa, the Pisteuo and the *ellenici fratres*: Some Anomalies in the Transmission of the Chants of the Missa greca," *The Journal of Musicology* 7 (1989): 81–106 (CR de M.H. dans le *BC* 1991/1, n° 15). L'auteur a mentionné plus de 70 manuscrits pour la *Missa greca*, la plupart avec notation neumatique ou à points superposés aquitains.

p. 33 n° 17: Jacques Handschin a donné le facsimilé de ce Gloria en grec dans son article des *Annales musicologiques* 2 (1954): 28.

Manuscrits notés à ajouter à la liste de la p. 33:
p. 33, après le n° 18: Paris, BNF, lat. 1119 (XIe s.), St-Martial, f. 45v.– BNF, lat. 1120 (XIe s.), St-Martial, f. 38.- Paris, BNF, lat. 9434 (XIe s.), Tours, f. 26v (*Doxa en ipsistis theo*, avec neumes ajoutés de seconde main).

Manuscrits sans notation musicale à ajouter à la liste des p. 33 et 34:
p. 34, après le n° 28: Vatican, Reg. Lat. 215 (écrit peu après 877), f. 130 v. Cf. André Wilmart, *Codices Reginenses latini*, vol. 1 (Città del Vaticano: Biblioteca Apostolica Vaticana, 1937), 511. Henry M. Bannister, *Monumenti Vaticani di Paleografia musicale* (Leipzig: Harrassowitz, 1913), 29–30, no 108, Tav. 10.

p. 34, n° 28: la cote actuelle de Bamberg, Staatsbibliothek A I 44 (et non A.I.14, ici p. 34) est: Msc. Bibl. 44.

p. 34: après le n° 32: Paris, BNF lat. 1858 (XIIIe s.), Blois, Chambre des comptes. Au f.118, *Doxa* et *Pisteuo*.

E. Delaruelle, "La connaissance du grec en Occident du Ve au IXe siècle," *Mélanges de la Société toulousaine d'études classiques* 1 (1946): 207–26, a cité les manuscrits de la BNF, lat. 2290 et 9436, et enfin le Psautier de Sedulius Scottus (Paris, Bibliothèque de l'Arsenal 8407).

Sur le tropaire de Laon 263, base de la transcription de la p. 35, cf. Heinrich Husmann, *Die Tropen- und Sequenzhandschriften,* RISM B V 1 (Munich: Henle, 1964), 103–5.
p. 39 n.2: le passage d'Amalaire concernant les lectures en grec et en latin, aussi bien à Rome qu'à Constantinople (où Amalaire avait été envoyé comme apocrisiaire

en 813), est tiré du *Liber officialis*, Livre II, chap. I (*De duodecim lectionibus*), éd. J.M. Hanssens, *Amalarii episcopi opera liturgica omnia*, vol. 2, Studi e Testi 139 (Città del Vaticano: Biblioteca Apostolica Vaticana, 1948), 197.

XVII. Origine de la mélodie du Credo 'authentique' de la Vaticane

p. 69, n. 1: Sur le manuscrit de Cologne, Historisches Archiv der Stadt Köln, voir plus haut, article VIII, p. 221.

p. 70: Le manuscrit de Wolfenbüttel mentionné ici est le n° 4175 de la Herzog August Bibliothek, provenant de Wissembourg: voir Andrieu, *Les Ordines Romani,* vol. 1, 453, n. 1.

XVIII. Les chants de la *Missa greca* de Saint-Denis

Cet article a fait l'objet de quelques remarques de la part d'Oliver Strunk (lettre du 19 janvier 1967, expédiée de Grottaferrata) et de Dom Jacques Froger (*EG* 9 [1968]: 119): tous deux m'indiquent leur hésitation au sujet du *Venite exultemus* (*Deute agalliasometha*), dont il est question dans le texte de l'Ordinaire de St-Denis, édité ici p. 76. Cet Ordinaire a été édité en 1990 par Edward B. Foley, *The First Ordinary of the Royal Abbey of St-Denis in France: Paris, Bibliothèque Mazarine 526*, Spicilegium Friburgense, 32 (Fribourg: University Press, 1990).

Enfin, Anne Walters Robertson a commenté le texte des deux Ordinaires de Saint-Denis qui indiquent en détail la composition de la *Missa greca* chantée le 16 0ctobre, jour octave de la fête patronale: *The Service-Books of the Royal Abbey of Saint-Denis* (Oxford: Clarendon Press, 1991), 285–98. Avec justes raisons, elle attribue la composition de cette messe à Guillaume de Gap, abbé de St-Denis, qui avait visité Constantinople en 1167. La seule pièce attestée en grec ou en latin avant la composition de la *missa greca*, le *Cheroubicon* (Table 4.9, p. 249), ne nous est parvenue que dans des manuscrits avec notation neumatique. Les missels de St-Denis, notés au XIIIe ou au XIVe siècles ne donnent ni le texte ni la mélodie de l'"Hymne des Chérubins", pourtant mentionnée dans les Ordinaires du XIIIe siècles au 16 octobre. Enfin, le processionnal de Sora (Vatican, Reg. Lat. 334, XI–XIIe siècle), noté sur lignes, ne donne que le texte du *Cheroubicon* (f. 78v) en laissant la portée absolument vide.

Oliver Strunk rappelle dans sa lettre (citée plus haut) que le chant d'entrée (Eisodos) de la liturgie byzantine se compose de trois antiphones, la troisième étant précisément empruntée au Psaume 94, *Venite exultemus Domino*: il rappelle ensuite le texte d'Amalaire (envoyé de Charlemagne en tant qu'apocrisiaire à Constantinople en 813) à ce sujet: "Hunc psalmum [94] audivi Constantinopoli in ecclesia sanctae Sophiae in principio missae celebrari." (PL 105: 1275 = *De ordine antiphonarii*, XXI, 4: éd. Hanssens, vol. 3, p. 57).

Dom Froger suggère pour la restitution du texte de la psalmodie d'introït *Psallite Domino* (*Psallate Yri*).

Remarques:
p. 74, n. 5: L'office de saint Denis a été publié par Jean François Goudesenne, *L'office romano-franc des saints martyrs Denis, Rustique et Eleuthère, composé à Saint-Denis à partir de la Passion du Pseudo-Fortunat (VIe–VIIIe s.), remanié et augmenté par l'archichancelier Hilduin vers 835 puis au Xe siècle* (Ottawa: Institute of Mediaeval Music, 2002).

p. 75, n. 5: L'alleluia *Utos estin* du manuscrit 263 de Laon est une rétroversion de l'alleluia *Hic est discipulus* due aux disciples de Jean Scot. Cf. Robert C. Lagueux (Yale University), "Performing Knowledge on the Feast of St. John the Evangelist at Laon," Paper Presented at the 69th Annual Meeting of the American Musicological Society, Houston, TX, 14 November 2003 (*Program and Abstracts*, p. 56).

p. 79, n. 2: Sur le ms. Harleian 3095, voir mon article "Remarques sur un manuscrit de la 'Consolatio Philosophiae' (Londres, British Library, Harleian 3095)," *Scriptorium* 45 (1991): 255–94 (= Variorum Reprints, vol. III, article VI).

p. 79, n. 3: Sur le Vatican, Reg. Lat. 334, ajouter M.H., *Les Processionnaux manuscrits*, RISM B XIV 2 (Munich: Henle, 2004), Sigle **I–142**.

XIX. Source hagiopolite d'une antienne hispanique pour le dimanche des Rameaux

p. 369, A2: En 2001, le graduel de la BNF, Ms. lat. 776 a été édité en facsimilé par Nino Albarosa, Heinrich Rumphorst et Alberto Turco: *Il cod. Paris, BNF, lat. 776, sec. XI, Graduale di Gaillac*, Codices gregoriani, 3 (Padoue: La Linea Editrice, 2001). Dans la présentation du manuscrit, Marie-Noël Colette apporte, au sujet de l'origine du graduel, des arguments en faveur de l'abbaye de Vieux, en relation avec celle d'Aurillac.

p. 370: Aux manuscrits cités, ajouter Pistoia, Biblioteca capitolare C 120: l'antienne *Introeunte te* figure dans une série intitulée dans le ms. *Antiphonas gallicanas*.

XX. L'ancienne version latine de l'hymne acathiste

Ma découverte de l'ancienne version latine de l'Hymne acathiste de la liturgie byzantine a été suscitée par le dépouillement des catalogues de manuscrits des bibliothèques de France au cours des années cinquante, en particulier par la lecture des descriptions du manuscrit 693 de l'Arsenal et du manuscrit 2153 de la BNF dans le catalogue de Philippe Lauer (vol. 2, Paris: Bibliothèque Nationale, 1940, p. 342),

Une fois le texte établi, il ne restait plus qu'à entreprendre les recherches sur l'origine de cette traduction: d'après la diffusion manuscrite du texte et le 'glossaire' utilisé pour la traduction, il est évident que c'est dans le Nord de la France et probablement dans l'entourage d'Hilduin, Abbé de St-Denis (815–40/44), que la version latine de cette hymne alphabétique, attribuée à saint Germain de Constantinople, a vu le jour.

Cependant, en 1958 un dominicain de Fribourg en Suisse, le Père G.G. Meersseman (1903–88), publiait dans le *Spicilegium Friburgense* deux gros volumes intitulés *Der Hymnos Akathistos im Abendland.* Au sujet de l'histoire de la traduction de l'acathiste, la position de Meersseman est absolument l'inverse de la mienne: selon lui, la traduction latine de l'acathiste, entreprise par Cristoforo, évêque d'Olivolo en Vénétie, serait remontée à Reichenau et de là à St-Denis d'où elle aurait rayonné dans le nord de la France.

Cette nouvelle interprétation des sources ne fut pas agréée par Egon Wellesz (*Journal of Theological Studies*, 50 [1959]: 179–82, qui, à la suite de mon article, avait publié son ouvrage *The Akathistos Hymn*, Monumenta musicae Byzantinae transcripta, 9 (Copenhagen: Munksgaard, 1957). Voir pp. XXIII–XXV.

Le Père Henri Barré, supérieur du Séminaire français de Rome, signala à G. Meerseman deux autres manuscrits de l'acathiste latin dans le premier de ses deux articles: "L'Hymne acathiste en Occident," *Marianum* 21 (1959): 291–7.– "Autour de l'hymne acathiste," *ibid.* 23 (1961): 98–105. De même, Richard William Hunt lui indiqua un manuscrit normand récemment acquis par la Bodleian Library (cf. vol. 2, p. 50 n. 4).

Enfin, Dom Cyrille Lambot a mentionné, dans la *Revue bénédictine* 71 (1959): 134, un manuscrit de St-Germain-des-Près (Paris, BNF lat. 11750, XIe siècle, f. 22–9) qui n'avait pas été décrit dans le Catalogue des mss hagiographiques de la BNF. Il resterait d'ailleurs à reprendre l'enquête sur les recueils de miracles de la Vierge: liste dans *Analecta Bollandiana, Inventaire hagiographique des tomes 1 à 100*, Bruxelles: Société des Bollandistes, 1983, 269–71) et les "Mariale" du nord de la France, ceux de Normandie en particulier: par ex. Rouen, Bibliothèque Municipale 652 (A 570) de Rouen (?); Rouen, Bibliothèque Municipale 651 (A 289), 1408 (U 134) et 1469 (A 535), tous trois de Jumièges (cf. Catalogue hagiographique de la Bibliothèque Municipale de Rouen dans *Analecta Bollandiana* 23 (1904): 129–275. La question de la diffusion de l'Acathiste latin aux XIIIe et XIVe siècles serait ainsi mieux connue, mais le texte du prologue historique et de la traduction latine de l'Hymne acathiste ne serait pas, a priori, sensiblement amélioré par la collation de leurs variantes. De toute façon, il semble bien que la question de l'origine de cette version latine, telle que le Père Meersseman l'a présentée, n'a pas encore été sérieusement discutée.

Il reste donc à démontrer maintenant que la position de G. Meerssemann manque d'un solide fondement historique et qu'ensuite ma démonstration de 1952 se trouve confortée par les travaux d'Ann Freeman au sujet de la controverse sur les images, agitée sous les règnes de Charlemagne et de Louis le Pieux, plus précisément au concile de Paris, le 1er novembre 825.

G.M.(14, 100) dresse la liste des manuscrits qu'il a collationnés pour sa nouvelle édition: il ajoute à ma liste trois manuscrits du XIIIe siècle (Q,R,S) et surtout un manuscrit du Xe siècle (Paris, BNF lat. 18168, sigle N), provenant du prieuré clunisien de St-Martin-des-Champs (et non de la "Zisterzienserabtei St-Martin-des-Champs," 12 et 14, rectification au vol. 2, p. 379), dont il donne la description détaillée. Plus loin (51), G.M. estime, toujours sans la moindre évidence, que ce manuscrit fut "vraisemblablement" écrit à St-Denis.

À la fin de la liste des sigles précédant son édition, G.M. inscrit le nom de Christophorus comme auteur de la "présente édition." Du prologue historique de l'hymne, G.M. (100) croit pouvoir conclure que le traducteur vivait "plutôt en Vénétie" qu'en pays franc et qu'il dut travailler entre 787 et 813 (G.M., 48).

Il découvre ensuite "un certain Christophorus, d'origine grecque, évêque d'Olivolo" (49). Mais de quelle source l'origine prétendue grecque de Christophorus est-elle tirée? On ne saurait affirmer que son nom prouve son origine grecque, pas plus que celle du prêtre Christoforo, mansionaire du diocèse d'Aquilée au XVe siècle (Article V, 316). D'autre part, on ne peut citer dans l'histoire des traductions du grec en latin un seul nom d'helléniste traducteur d'un texte grec en latin: au contraire, des grecs vivant à Rome – par exemple, le pape Zacharie ou un moine grec de St-Denis *in via lata* (M.H., 57) – ont traduit des textes latins dans leur propre langue.

Pour mieux asseoir son hypothèse en faveur de Christophorus, G.M. est obligé d'écarter la pièce maitresse de ma démonstration en faveur de St-Denis, c'est-à-dire le "glossaire gréco-latin d'Hilduin" (M.H., 56–7): mon argument est exécuté comme "philologiquement faible" (51). G.M. conclut: "Par conséquent, notre hypothèse selon laquelle la version [latine de l'Acathiste] aurait été entreprise plutôt à Venise et, de là, serait parvenue à Paris en passant par Reichenau, demeure provisoirement la plus vraisemblable" (52). Le bollandiste François Halkin remarque que "ce qui est présenté d'abord comme la conjecture la plus vraisemblable (p. 52) est ensuite affirmé sans la moindre réserve (pp. 59, 77, 98, 100)": CR de l'ouvrage de G.M. dans *Analecta bollandiana* 76 (1958): 232–3.

C'est encore grâce à un nouveau "wahrscheinlich" que l'étape de Reichenau a été imaginée par G.M. (50): contraint de fuir son diocèse en 810, Christoforus, emportant avec lui sa traduction de l'acathiste, s'arrêta "vraisemblablement" à Reichenau. Pourquoi? D'abord, parce que cette abbaye impériale possédait des reliques de saint Marc de Venise (en note, p. 50, G.M. relève la "difficulté" soulevée du fait que les reliques de l'évangéliste sont arrivées d'Alexandrie à Venise vers 829–30); ensuite, parce qu'il faut bien expliquer la présence du prologue de l'acathiste à l'abbaye voisine de St. Gall vers 895, soit 85 ans plus tard!

À propos de ce manuscrit sangallien du IXe siècle, G.M. (58) passe rapidement sur la remarque du copiste, insultante pour Christophorus, au sujet de cette mauvaise traduction du grec en latin qui l'incite à refuser la copie de l'hymne (M.H., 55): la sévère remarque émane sans doute des *hellenici fratres*, ces irlandais férus de grec que Notker Balbulus mentionne dans sa lettre de 894 à Lambert.

Enfin, parvenus à Paris, le prologue historique et la version de l'acathiste furent diffusés dans le nord de la France et inspirèrent pendant plusieurs siècles les compositeurs de séquences, hymnes, versus etc. en l'honneur de la Vierge Marie, soigneusement éditées dans le second volume de G.M. Le texte le plus intéressant influencé par l'acathiste est la prose à Notre-Dame de Grâce de Cambrai que j'ai publiée en 1952, avec sa mélodie, d'après deux manuscrits notés de Cambrai (article XXI): ces versus reprennent en effet après chaque strophe le même refrain que celui de l'acathiste *Ave sponsa insponsata*. G.M. a heureusement publié cette pièce en tête de son florilège (130–32), cette fois d'après neuf manuscrits (voir plus bas, article XXI, Addenda), mais sans référence à mon édition.

Il n'est pas besoin d'aller plus loin pour juger de la fragilité de cette construction, truffée d'*eher*, d'*offenbar*, surtout de *wahrscheinlich* et autres termes au conditionnel (*dürfte, hätte*) qui dénotent une certaine faiblesse dans l'élaboration d'une hypothèse, bien imaginée peut-être, mais sans fondement historique solide. Il semble bien qu'au seuil du volume II, paru deux ans après le premier, G.M. ait éprouvé quelque doute sur son hypothèse qu'il qualifie lui même d'"hardie" (vol. 2, vij).

L'attribution de la traduction de l'hymne à l'entourage d'Hilduin se comprend mieux aujourd'hui après la publication des travaux d'Ann Freeman, *Theodulf of Orléans, Charlemagne's Spokesman against the Second Council of Niceae*, Variorum Collected Studies Series, CS 772 (Aldershot: Ashgate 2003): en effet la traduction de l'acathiste et la rédaction du prologue historique s'inscrivent dans le contexte de la querelle iconoclaste, commencée après le second concile de Nicée (787): le concile avait réhabilité saint Germain de Constantinople exilé et exécuté par Léon l'Isaurien. La controverse durait encore en 825, soit quelques années avant la traduction de l'acathiste à St-Denis.

Or, c'est en 824 et 827 que Michel le Bègue envoie ses légats à Louis le Pieux: à la seconde ambassade ils apportèrent avec eux les écrits de Denys le Mystique, conservés jusqu'à nous dans le MS grec 437 de la BNF à Paris. La traduction fut entreprise quelques années plus tard par Hilduin, abbé de St-Denis (815–40/44), avec la collaboration de moines grecs, venus de Rome ou de la Grande Grèce (Gabriel Théry, *Études Dionysiennes*, I. *Hilduin, traducteur de Denys*, Paris: Vrin, 1932).

D'autre part, la présence du *Cheroubicon* dans la *Missa greca* de St-Denis (article XVIII) et enfin la traduction de l'Acathiste, exécutée sur un texte grec provenant de l'Italie du Sud (M.H. 56) fut réalisée grâce au "glossaire d'Hilduin" dans cette ambiance gréco-latine des années 830–40.

En conclusion, il convient de rappeler avec Nanna Schiødt (Copenhague) que pour enregistrer pleinement le message de l'Acathiste, il faut tenir compte non seulement du texte, mais encore de la composition musicale et de l'iconographie propres à chacun des 24 oikoi de cette incomparable composition (Nanna Schiødt, "From Idea to Perception with a Specific View on the Akathistos Hymn," *Cantus Planus, 9th Meeting, Esztergom and Visegrád, 1998* [Budapest: Hungarian Academy of Sciences, Institute of Musicology, 2001], 541–62).

XXI. La prose de Notre-Dame de Grâce de Cambrai

À la fin de l'article précédent (p. 60), je signalais brièvement les *versus*, directement inspirés de l'Acathiste qui nous ont été transmis par deux manuscrits notés de Cambrai: l'année suivante, ces *versus* étaient édités avec leur mélodie à l'attention du chanoine Dartus, maître de chapelle de la cathédrale de Cambrai, qui les a fait chanter devant l'icone de Notre Dame de Grâce (cf. *Byzantium: Faith and Power (1261–1557)*, New York: The Metropolitan Museum of Art, 2004, 582, nº 349).

Le manuscrit 78 (79) de Cambrai est un tropaire-prosaire du XIe–XIIe siècle (voir description et bibliographie dans M.H., *Les Processionnaux manuscrits*, RISM B XIV 2 (Munich: Henle Verlag, 2004), Sigle **F–35/2**. Le manuscrit 61 (62) est un graduel du XIIe siècle destiné à St-Pierre de Lille (*Le Graduel romain*, vol. 2: *Les Sources* [Solesmes:

Abbaye St-Pierre, 1957], 39.– Denis Muzerelle et al., *Manuscrits datés des bibliothèques publiques de France*, I. *Cambrai* [Paris: Éditions du CNRS, 1999], 12).

Un troisième manuscrit notant ces versus est le graduel de Fontevraud, écrit, décoré et noté pour l'abbesse Aliénor de Bretagne (1304–42). Voir *Le Graduel romain*, vol. 2, 59-60 et compléter par le RISM B V 1 (Heinrich Husmann), 105–7.– RISM B IV 1 (Gilbert Reaney), 270–72 et enfin par l'ouvrage collectif *Le Graduel de Fontevrault* (Limoges: Groupe Régional d'Animation Musicale, 1967), avec 11 planches en couleurs: cf. M.H., *BC* 1988/1, n° 212. Facsimilé de la notation musicale dans Mary Rouse and Richard Rouse, *The Manuscripts and their Makers. Commercial Book Producers in Medieval Paris 1200–1500*, vol. 2 (Turnhout: Brepols for Harvey Miller Publishers, 2000), pl. 34.

Le processionnal de Chester (San Marino, CA, The Huntington Library EL 34 B 7, décrit par M.H. dans *Les Processionnaux manuscrits*, RISM B XIV 2 (Munich: Henle, 2004, Sigle **US–44**) donne au fol. 72 des extraits de l'Acathiste latin en tant que prière à réciter après Complies. Enfin, le Bréviaire de St-Maur de Verdun, Ms. 116 de la Bibliothèque municipale (XIIIe s.), transcrit, sans notation, le texte de l'*Ave sponsa* (cf. M.H. 58, n.41 et G.M. 130, d'après Victor Leroquais, *Les bréviaires manuscrits des bibliothèques publiques de France,* vol. 4 [Paris: l'Auteur (Mâcon: Protat, imprimeur), 1934], 320).

A ces manuscrits liturgiques, G.M. ajoute cinq manuscrits, dont deux recueils de *Miracula B. Mariae virginis* et il indique en marge de son édition la source des invocations empruntées à l'Hymne acathiste.

A propos du genre liturgico-musical de l'Acathiste latin, le '*versus*', que j'ai proposé à l'article XX, 5: la question devrait être reconsidérée à la lumière de l'étude de Marie-Danielle Popin, "Le versus et son modèle," *Revue de musicologie* 73 (1987): 18–38.

INDEX DES MANUSCRITS CITÉS

INDEX DES NOMS DE LIEUX

INDEX DES NOMS DE PERSONNES

Les noms d'auteurs cités en note ne figurent pas dans cet index. Names cited in the footnotes are omitted from this index.

INDEX DES CHANTS CITÉS

A = Antienne; All = Alleluia; C = Communion; G = Graduel; H = Hymne; I = Introït; M = Monition; O = Offertoire; Pr = Preces; Ps = Psaume; R = Répons; S = Séquence; T = Trope; V = Versus